新工科×新商科·大数据与商务智能系列

时间序列分析及其应用
——基于 R

主　编　丁咏梅

副主编　张志清　商　勇　赵喜林

编　委　刘云冰　蒋　君　何晓霞

　　　　徐　帆　宋　硕　李玉莲

电子工业出版社
Publishing House of Electronics Industry
北京·BEIJING

内 容 简 介

本书以经济、管理、气象、医学、工业生产、金融等活动中产生的时间序列数据为对象，运用数学和统计学方法，进行时间序列的时域和频域分析。本书将理论分析与数据案例相结合，从传统经典时间序列模型到现代机器学习、深度学习、强化学习与时间序列数据融合，按由浅入深的方式编写而成。

本书有配套 PPT 课件、教学大纲、案例数据、R 代码等教学资源，智慧树平台有教学视频和练习题，提供多源、丰富的辅助学习工具。

本书可以作为统计学、数据科学等相关专业本科生、硕士生学习相关课程的教材，也可以作为企业、政府等相关人员学习预测和决策方面知识的参考书。

图书在版编目（CIP）数据

时间序列分析及其应用 ： 基于 R / 丁咏梅主编.

北京 ： 电子工业出版社，2025. 8. -- ISBN 978-7-121 -50898-1

Ⅰ. O211.61

中国国家版本馆 CIP 数据核字第 2025X40W22 号

责任编辑：王二华

印　　刷：北京天宇星印刷厂

装　　订：北京天宇星印刷厂

出版发行：电子工业出版社

　　　　　北京市海淀区万寿路 173 信箱　　　　邮编：100036

开　　本：787×1092　1/16　　印张：22　　　　字数：549 千字

版　　次：2025 年 8 月第 1 版

印　　次：2025 年 8 月第 1 次印刷

定　　价：69.00 元

凡所购买电子工业出版社图书有缺损问题，请向购买书店调换。若书店售缺，请与本社发行部联系，联系及邮购电话：(010)88254888，88258888。

质量投诉请发邮件至 zlts@phei.com.cn，盗版侵权举报请发邮件至 dbqq@phei.com.cn。

本书咨询联系方式：wangrh@phei.com.cn。

前　　言

当前的人工智能时代，海量数据的处理技术丰富多样。时间序列因其自成体系的数据分析和建模方法而独具特色，已成为各领域广泛应用的数据科学利器，发挥着重要作用。本书聚焦于单变量与多变量时间序列的时域分析，并对频域分析的建模方法进行介绍，实现理论与应用的结合。

本书最大的特点是将概念、方法、软件与代码编程融为一体，使得带时间标签的动态数据处理过程有理有据，可建模、可预测，实践指导意义强。书中给出了 R 代码的具体实现过程和结果，使读者能够通过对过程的理解、结果的分析，理解建模思想和时间序列模型的本质。本书使用的案例数据大多来自多年教学中积累的项目实证研究数据，以及 R 自身的程序包，程序中也有相应数据给出，方便读者模拟和实现，从而将学习重心放在统计分析和建模方面，提升学习效率。

本书共 10 章，第 1 章介绍时间序列的定义，简述时间序列分析的发展历程，介绍时间序列时域分析的基本步骤，并对 R 软件入门进行介绍。第 2 章从随机过程入手，介绍对时间序列进行平稳性和纯随机性检验的方法，以及时间序列过程的自回归和移动平均。第 3 章和第 4 章是平稳时间序列分析的主体，重点介绍经典时间序列模型的定义、统计性质、建模步骤，以及模型预测和优化，是经典时间序列分析的灵魂。第 5 章和第 6 章涉及非平稳时间序列的季节和非季节建模，介绍有季节效应的 ARIMA 模型的特征、参数估计、预测过程，GARCH 模型及其效应检验；还介绍无季节效应的 ARIMA 建模过程，以及确定性分析的方法，如平滑法、移动平均法、序列变换、回归法。第 7 章介绍 ARIMAX 模型、干预模型，以及从计量分析中演变而来的协整与误差修正模型和对多元变量进行因果检验的 Granger 因果模型。第 8 章介绍时间序列的周期性、谱密度、谱估计和线性滤波器。第 9 章探讨机器学习/深度学习与时间序列的融合，实现分类、异常值检测、降维、特征提取等过程。第 10 章从强化学习方面探讨时间序列信息处理中的策略优化、异常检测和联合优化，以及模型评价方法等。结合 R 代码，让读者可以更好地理解理论过程，也让思维落地，通过 R 代码实现分析过程，巩固和加深对章节知识的理解。

感谢本书参考文献的所有作者，正是你们思维的指引，才使得本书成型。另外，还要感谢帮助审阅本书的丁义明教授，以及所有在本书的出版过程中给予帮助的人，并感谢 R 软件公司提供的优秀软件。

由于编者水平有限，书中难免存在不足之处，欢迎读者不吝斧正。

编　者

2024 年 11 月

于武汉科技大学

目　　录

第1章 时间序列分析概述

在当今信息化时代背景下，数据科学蓬勃发展，大数据处理技术之一的时间序列分析因其自成体系的数据分析和建模方法而独具特色，且广泛应用于经济、金融、信息、地理、天文、医学等领域，已成为数据分析的利器；与专业软件 R、EViews，以及大数据分析软件 Python 的结合更是让它如虎添翼，在各领域发挥着重要作用。

1.1 随处可见的时间序列

在日常生活中，时间序列随处可见，如金融市场中股市价格的变化、气象中某地区的降雨量、医学中的功能性磁共振成像、地理学中的地球噪声等，随着时间的变化，序列在不断发生变化。

例 1-1 中国商品服务出口总额。图 1-1 给出了中国商品服务 2010—2024 年的出口总额序列图。

图 1-1 中国商品服务 2010—2024 年的出口总额

图 1-1 的 R 代码实现如下：

```
library(WDI); data <- WDI(country = "CN", indicator = "NE.EXP.GNFS.CD", start = 2010)
data <- na.omit(data[order(data$year), ])
plot(data$year, data$NE.EXP.GNFS.CD/1e9, type = "o", col = "firebrick",
     main = "中国商品服务出口总额（2010—2024）", xlab = "年份", ylab = "十亿美元")
grid(col = "lightgray")
```

例 1-2 全球变暖。图 1-2 给出了 1850—2023 年全球温差变化序列图，该序列以 1951—1980 年的均值为基准。20 世纪后半叶的上升趋势常被用作气候变化假说的论据。令人感兴趣的问题是，这一总体趋势是自然的还是由人为原因引起的呢？

图 1-2 的 R 代码实现如下：

```
tsplot(gtemp_both, type="o", ylab="Global Temperature Deviations")
```

例 1-3 功能性磁共振成像（fMRI）。图 1-3 展示了通过 fMRI 从大脑不同区域采集的数据。在该实验中，刺激施加 32s 后停止 32s，形成一个 64s 的信号周期；采样持续了 256s，每 2s 记录一次观测值。这组数据反映了血氧水平依赖（BOLD）信号强度的连续测量过程，用于识别大脑中的活跃区域。值得注意的是，运动皮层的时间序列呈现出显著的周期性。

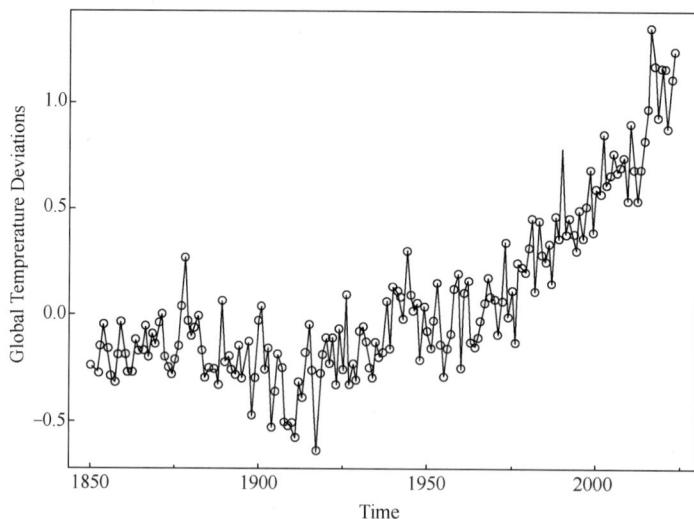

图 1-2　全球温差变化序列图（1850—2023）

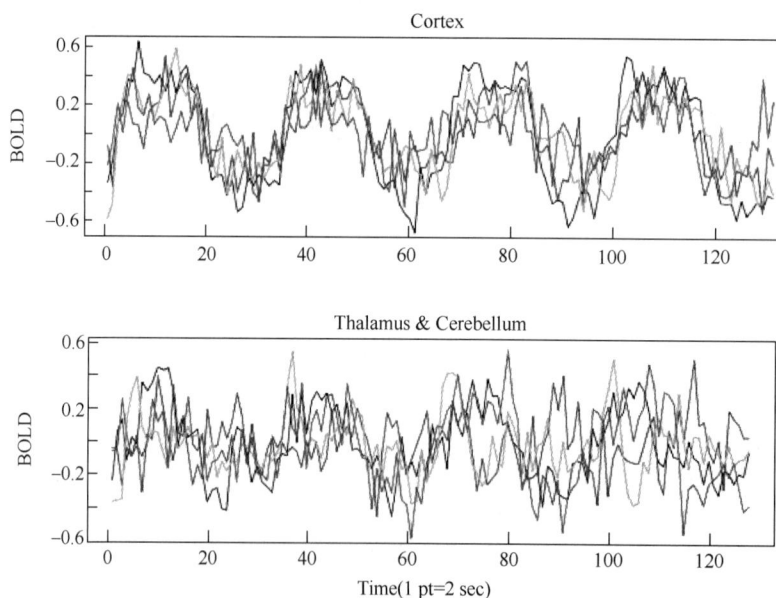

图 1-3　来自大脑皮层、丘脑和小脑不同部位的 fMRI 数据（128 个点，每 2s 观测一次）

图 1-3 的 R 代码实现如下：

```
par(mfrow=c(2,1), mar=c(3,2,1,0)+.5, mgp=c(1.6,.6,0))
ts.plot(fmri1[,2:5], col=1:4, ylab="BOLD", xlab="", main="Cortex")
ts.plot(fmri1[,6:9],col=1:4,ylab="BOLD",xlab="",main="Thalamus & Cerebellum")
mtext("Time (1 pt = 2 sec)", side=1, line=2)
```

例 1-4　道琼斯工业平均指数序列(DJIA)。图 1-4 展示了道琼斯工业平均指数从 2006 年 4 月 20 日到 2016 年 4 月 20 日的每日回报率(百分比变化)。从该数据中可以清晰地观察到 2008 年美国金融危机的显著影响。图 1-4 所示的数据具有典型的财务特征：收益的均值大致稳定，接近零；而波动性(或变异性)却呈现出聚集效应，即高波动性时期往往集中出现。对于这类财务数据的分析，关键问题之一在于预测未来的波动性变化，从而更好地把握市场动态。

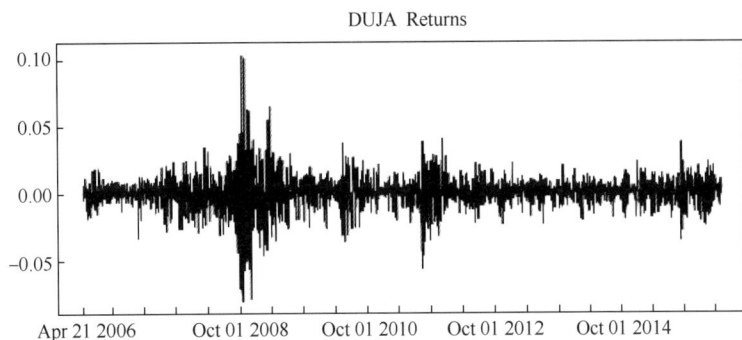

图 1-4　道琼斯工业平均指数从 2006 年 4 月 20 日到 2016 年 4 月 20 日的每日回报率

图 1-4 的 R 代码实现如下：

```
library(xts)
djiar = diff(log(djia$Close))[-1] # approximate returns
# 直接绘制线条图
plot(djiar, main = "DJIA Returns", type = "l")
```

例 1-5　中国国内生产总值(GDP)。图 1-5 展示了 1960—2023 年中国 GDP 时间序列图。

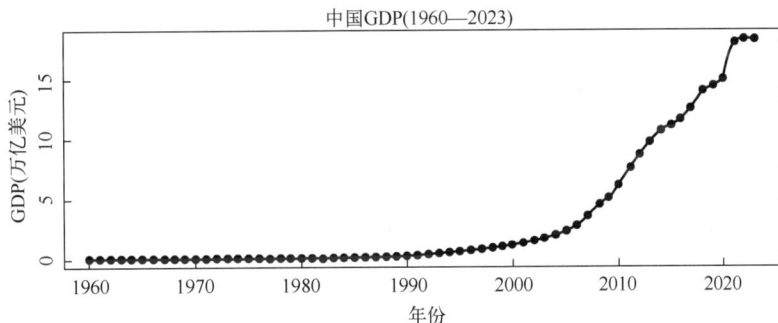

线上资源 1-1

图 1-5　2000—2023 年中国 GDP 时间序列

通过这些例子可以看出，时间序列在现实世界里比比皆是，且可为我们提供序列自身演变的规律，或者影响其他方面的关联特征。因此，对时间序列进行分析和探讨具有很强的实际意义。

当前的信息时代，数据是生产资料，分析和计算是生产力。作为大数据类别中的一种重要的数据类型，时间序列数据的建模和预测成为智能生产与决策的重要支撑之一。例如，国家经济发展的根本指标——GDP，统计公报每年都会做出 GDP 的时间序列图，以及增长速度序列图，以此来了解序列的特性，寻找可能的影响因素及其对应关系，以便对序列的未来发展进行推断和预测，从而指导当前的经济发展和生产实践。

1.2　时间序列的定义

如何描述一个时间序列呢？

通常可以做出时间序列的直方图或折线图；也可以通过列表的形式来展示数据的变化过程；还可以用符号化的表达，如 $x_1, x_2, \cdots, x_n$ 等。

下面从数学角度给出严格的时间序列的定义。

定义 1-1　从数学意义上来说，对某一过程的某个变量或一组变量进行观测，在时刻 $t_1, t_2, \cdots, t_n$ $(t_1 < t_2 < \cdots < t_n)$ 得到的有序组合

$$X(t_1), X(t_2), \cdots, X(t_n) \tag{1-1}$$

有时直接记为

$$X_1, X_2, \cdots, X_n$$

称为时间序列，它具有随机性、顺序性，彼此间可能存在统计意义上的相关关系。

定义 1-2　时间序列的观测值序列：对时间序列进行观察，产生时间序列的 n 个有序观测值，称为序列长度为 n 的观测值序列：

$$x_1, x_2, \cdots, x_n$$

也称为时间序列的一个实现。

时间序列分析就是对该序列进行观察、研究，寻找其变化、发展的规律，从而推断其性质，并预测其将来的趋势。

时间序列分析方法主要分为描述性时间序列分析和统计时间序列分析。描述性时间序列分析通过直观的数据比较或绘图观测，寻找序列中蕴含的发展规律；统计时间序列分析利用数理统计学的基本原理，分析序列值内在的相关关系。统计时间序列分析又分为时域分析和频域分析两大类。

应用频率特性研究线性系统的经典方法称为频域分析法，是 20 世纪 30 年代兴起的一种工程实用方法。控制系统中的信号可以表示为不同频率的正弦信号的合成。描述控制系统在不同频率正弦信号的作用下的稳态输出和输入信号之间关系的数学模型称为频率特性，反映了正弦信号作用下系统响应的性能。

如图 1-6 所示，自变量是频率，因变量是该频率信号的振幅，从频域分析角度看，该图为频谱图，不同频率和峰值振幅可以很直观地表现出来，立柱的位置显示正弦波的频率，立柱的高度显示正弦波的峰值振幅；在时域分析中，自变量是时间，因变量是随时间变化的个体变化值，如信号的变化，即振幅。图 1-6 中显示的是振幅随时间的变化情况。

时域、频域序列图如图 1-7 所示。

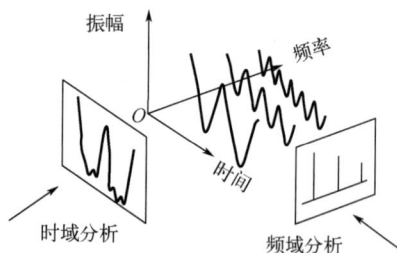

图 1-6　时域、频域分析视角图

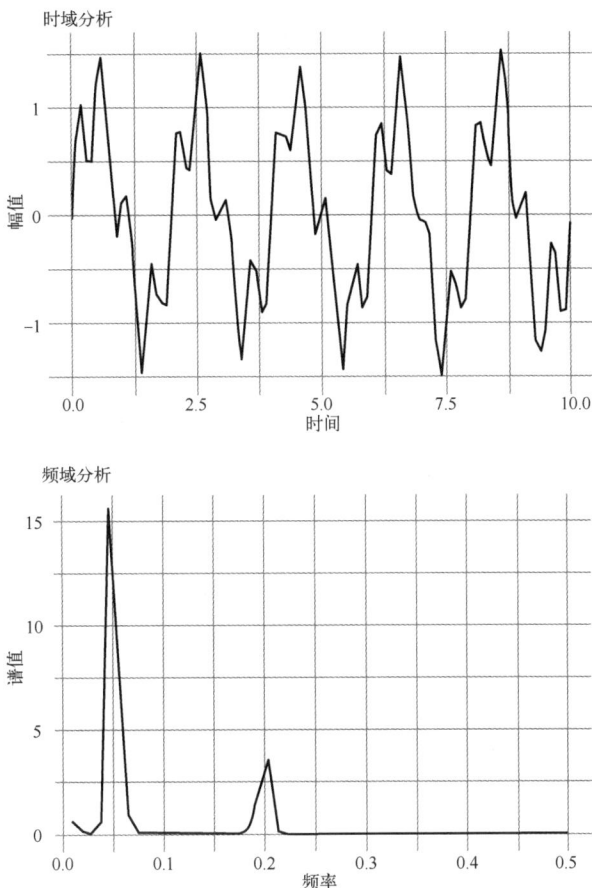

图 1-7　时域、频域序列图

线上资源 1-2

从时域变换到频域主要通过傅里叶级数和傅里叶变换等实现。时域分析的函数参数是 t，即 $y = f(t)$。在进行频域分析时，参数是 w，即 $y = F(w)$，两者之间可以互相转换。时域函数通过傅里叶变换或拉普拉斯变换就变成了频域函数。本书前 7 章介绍时域分析；第 8 章介绍频域分析，即谱分析。

1.3　时间序列分析的发展历程

1.3.1　描述性时间序列分析

7000 年前，古埃及人通过长期观察发现尼罗河涨落具有规律。为了更好地研究这种规律，他们首次定义了"元旦"和"天"的概念，将尼罗河每日水位涨落的情况记录在竹竿上。这些记录成为历史上最早的时间序列。经过对这一时间序列的长期观察，古埃及人发现，从元旦起约 200 天后，尼罗河开始涨潮，涨潮期和落潮期各持续约 60 天。泛滥过后，河水带来的泥沙让土地肥沃。这一发现不仅揭示了自然的周期性规律，还为古埃及文明的农业发展奠定了基础。

在中国，描述性时间序列分析最早可追溯到 2500 年前。据《史记·货殖列传》记载，约公元前 500 年，计然和范蠡观察到农作物生长存在"6 年丰收，6 年干旱，12 年一大饥"的自然周期性规律，并据此提出了我国最早的粮价平衡方法——平粜法。这不仅是对时间序列数据的早期描述性分析，还标志着人类对自然现象周期性认识的进一步深化。通过这种方法，人们能够在丰年储粮、荒年放粮，从而稳定粮价，保障民生。

描述性时间序列分析是时间序列分析的萌芽。对于许多自然现象，只要观察时间足够长，就可以通过描述性时间序列分析揭示其中的自然规律。1500 年左右，在欧洲，人们也观察到农作物生产和价格大约呈现 12 年的周期性波动(见图 1-8)。他们进一步探究其成因，天文学家赫歇尔基于施瓦贝(Schwabe)的研究发现，太阳黑子(见图 1-9)数量减少时，地球降雨量也会减少，进而影响农业生产。他们揭示了太阳黑子活动与降雨量和农作物产量之间的周期性联系，提出了太阳黑子数量变化影响气候和农业产量的假说。

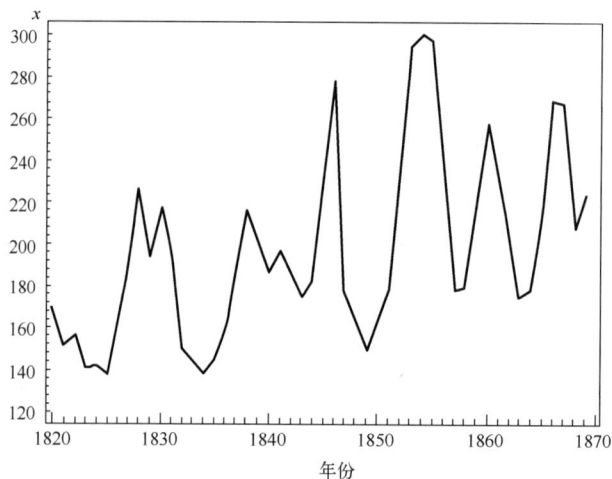

图 1-8　贝弗里奇小麦价格指数序列

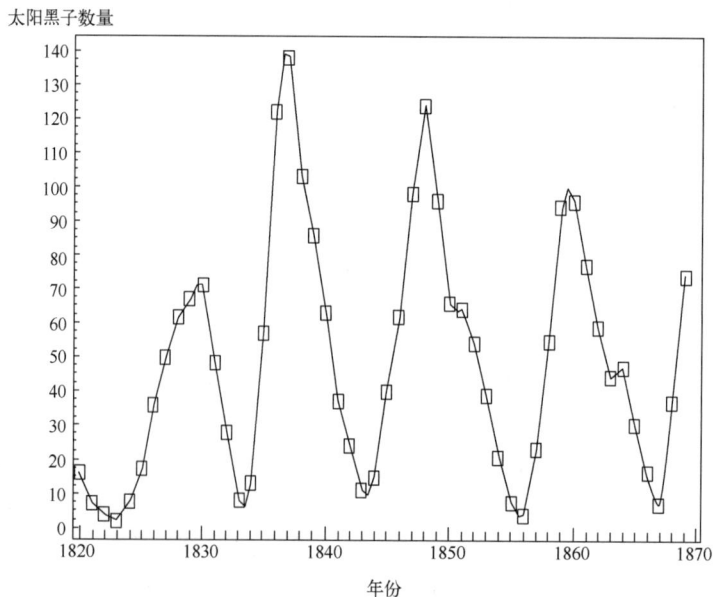

图 1-9　太阳黑子序列

这段历史展示了人类在古代通过对自然现象的长期观察，逐渐认识到自然的周期性规律。这些早期的时间序列分析为现代科学奠定了基础，使得时间序列分析逐步发展为揭示自然和社会现象内部规律的有力工具。

1.3.2　统计时间序列分析

描述性时间序列分析可以被视为时间序列分析方法的萌芽。然而，时间序列在不断发展变化，没有哪个描述性时间序列的规律是绝对恒定的。如何看待描述性统计规律的可靠性引发了两种不同的统计哲学思想：**统计相关**和**真实相关**。统计相关聚焦于现象间的关联及其相关程度，而真实相关则注重现象背后的原因和机理。

1622 年，英国经济学家、人口统计学奠基人 John Graunt 在《关于死亡公报的自然和政治观察》(*Natural and Political Observations Made Upon the Bills of Mortality*) 一书中，系统整理了伦敦地区的圣公会教区 (Parishes of the Church of England in London) 自 1604 年起每周发布的死亡公报，提出在频繁观察中某些事件或特性的出现频率趋于稳定值，从而得出"统计比率在时间和空间上的稳定性"这一结论，并引入了差分思想。这一理念在 1914 年于 *Biometrika*(《生物统计学》) 期刊上得到了进一步拓展，Anderson 和 Gosset 发表的论文探讨了时间序列差分方法的有效性，指出当变量与时间呈线性关系时，一阶差分方法尤为有效。

到了 19 世纪末和 20 世纪初，现代时间序列分析方法逐渐兴起，形成了两种主要的分析视角：一种是自外而内的分析视角，着重于对确定性因素的分解；另一种是自内而外的分析视角，即时域分析方法。

英国统计学家 W. M. Persons 在 1919 年发表的论文《经济状况指数》(*Indices of Business Conditions*) 中首次提出了因素分解法，认为所有的序列波动都可以归纳为以下 4 类因素的综合影响。

长期趋势(Secular Trends)：序列呈现出显著的长期递增或递减趋势。

循环波动(Cyclical Fluctuations)：序列呈现出由低到高再由高到低的周期性波动，周期长短不一且不固定。

季节性变化(Seasonal Variation)：序列随着季节变化出现规律的波动。

随机波动(Irregular Variation)：除长期趋势、循环波动和季节性变化外，其他无法通过确定性因素解释的序列波动都归为随机波动。

通常假设序列受上述 4 类因素中的全部或部分的影响，从而表现出多样的波动特征。换句话说，任何时间序列都可以用上述 4 类因素的某种组合函数来拟合，从而揭示时间序列的结构和规律。

常用的时间序列模型包括以下两种。

(1)加法模型：$x_t = T_t + C_t + S_t + I_t$。

(2)乘法模型：$x_t = T_t \times C_t \times S_t \times I_t$。

随着确定性因素分解方法的发展，涌现出了指数平滑方法和基于 X11 模型的各种季节调整模型。指数平滑方法分为不同的类型：简单指数平滑适用于平稳序列的预测，Holt 两参数指数平滑适用于趋势序列的预测，Holt-Winters 三参数指数平滑可用于周期序列预测。关于这些方法的详细讨论将在第 6 章展开。

1926 年，Undy Yule 通过对随机序列的相关性进行分析发现：相关系数的分布依赖一阶差分的相关性，而不是序列本身的相关性。1927 年，他在分析单摆运动和太阳黑子序列时提出了新观点，即许多时间序列变量不和时间相关，而和该序列中的滞后变量相关，并提出了 AR(2) 和 AR(4) 模型。这一思想在 1931 年由 Thomas Walker 进一步完善，提出了 AR(s) 模型，并应用于气压周期分析。同年，Eugen Slutsky 在研究随机扰动的叠加效应时提出了 MA(n) 模型，认为随机成分不仅是误差，而是数据生成过程中的重要部分。1938 年，Herman Wold 在其博士论文中提出了平稳随机过程的定义，并给出了 Wold 分解定理，指出任何平稳序列都可以分解为确定性序列和随机序列的和。Wold 构造的 ARMA 模型成为现代时间序列分析的理论基础。1962 年，Cramer 进一步推广了 Wold 分解定理，为非平稳序列的分解提供了理论依据，成为构建 ARIMA 模型的理论基础。

1970 年，Box 和 Jenkins 出版了 *Time Series Analysis: Forecasting and Control* 一书，系统地整理并分析了前人的研究成果，提出了 **ARIMA 模型**，并详细阐述了 ARIMA 模型的识别、估计、检验与预测的理论和方法。这些内容构成了时域分析的核心基础，被称为经典时间序列分析方法。为纪念 Box 和 Jenkins 在时间序列分析发展中做出的特殊贡献，ARIMA 模型也被称为 **Box-Jenkins 模型**。

这里总结时域分析的阶段和流派（见图 1-10）。

1982 年，Engle 在研究英国 1958 年第二季度至 1977 年第二季度的通货膨胀问题时，发现基于方差齐性假设的传统模型容易得出偏小的置信区间，无法准确捕捉物价指数的波动特征。为了更好地刻画通货膨胀率的波动性，Engle 提出了自回归条件异方差（Autoregressive Conditional Heteroskedasticity，ARCH）模型，相比于无条件方差模型，自回归条件异方差模型能够更精确地模拟序列的即期波动。随后，ARCH 模型得到了广泛扩展，其中，Bollerslev 在 1986 年提出的广义自回归条件异方差（GARCH）模型最具影响力。GARCH 模型的众多衍生版本包括 EGARCH、IGARCH、GARCH-M 和 TGARCH 等。

图 1-10　时域分析的阶段和流派

1968 年，Granger 发现了多元非平稳序列在构建回归模型时容易出现伪回归现象，且在 1974 年通过随机模拟试验验证了这一问题，证明在非平稳序列场合，回归方程的显著性检验会高频地犯第一类错误。这一问题给多元非平稳序列的回归分析带来了严峻的挑战。1970 年，Box 和 Jenkins 提出了用于多元平稳序列的 **ARIMAX 模型**，以应对此类问题。1975

年，Box 和 Tiao 首次运用干预模型研究经济政策对空气污染控制的影响，发展了评估特定事件对时间序列影响的方法，即干预分析。

在多元时间序列分析领域，1980 年，Sims 在研究货币政策的影响时提出了向量自回归（VAR）模型。VAR 模型通过多方程联立回归的方式估计内生变量的动态关系，结构简单且预测精度高，可用于协整分析、脉冲响应分析和方差分解。1987 年，Granger 提出了协整的概念，放宽了"变量平稳"的要求，只要求"某种线性组合"平稳，从而有效解决了多元回归中的伪回归问题，为多元回归分析带来了重大突破。

在非线性时间序列建模方面，1980 年，汤家豪提出了门限自回归（TAR）模型，被认为是非线性建模领域的重大突破。然而，TAR 模型的门限确定问题尚未得到解决，未能完全满足实际应用需求。1997 年，Hochreiter 和 Schmidhuber 提出的长短期记忆（LSTM）网络成为当前热门的非线性时间序列预测方法，广泛应用于金融、自然语言处理和图像识别等领域。

近年来，随着大数据和深度学习技术的迅猛发展，时间序列分析迎来了新的突破。在传统统计建模的基础上，现代机器学习和深度学习方法日益得到广泛应用与推广。针对时间序列数据的特性，特别是非平稳性和非线性，研究者提出了许多创新性的模型和方法。

（1）基于时间序列的深度学习模型：基于 LSTM 网络的改进模型，如双向 LSTM 网络、注意力机制（Attention Mechanism）与 LSTM 网络结合的模型已经成为时间序列分析的"新宠"。特别是 Transformer 模型在序列数据中的应用取得了显著效果。尤其在语言和金融领域，Transformer 模型以其在长序列依赖建模中的优越表现逐渐取代了传统的 RNN 和 LSTM 网络。它能够更有效地捕捉长时依赖关系，且训练效率更高。随着 Transformers 模型的进一步发展，Temporal Fusion Transformer（TFT）模型被提出，用于处理复杂的时间序列预测任务。

（2）多变量时间序列分析：近年来，VAR 模型得到了进一步发展，通过结合贝叶斯方法或扩展至结构化 VAR 模型（如 SVAR 模型）来刻画因果关系和变量间的复杂互动。此外，基于图神经网络（GNN）的多变量时间序列分析模型也在迅速发展，它通过图结构刻画变量间的关系，能够有效处理多维、具有复杂依赖关系的时间序列数据。

（3）深度生成模型：如变分自编码器（VAE）和生成对抗网络（GAN）在时间序列分析中逐渐崭露头角。这些模型不仅可以用于时间序列数据的生成与模拟，还可以用于异常检测、缺失值填补等领域。例如，时间序列 GAN（TimeGAN）能够生成逼真的时间序列数据，广泛用于金融数据生成、医疗数据隐私保护等场景。

（4）强化学习与时间序列决策：随着强化学习（Reinforcement Learning）在动态决策中的应用，时间序列分析也逐渐与强化学习结合，尤其在金融投资、智能电网负荷预测等领域。强化学习能够基于时间序列预测结果进行动态策略优化，实现对复杂环境的决策支持。

（5）异质性时间序列分析：在实际应用中，不同数据源的时间序列往往具有异质性。近年来，跨模态学习、多源异构数据融合得到广泛研究。通过融合图数据、文本数据等不同模态的数据，模型可以在时间序列分析中实现更全面的预测和洞察。

综上，现代时间序列分析已超越传统统计建模的范畴，通过融合深度学习、强化学习、多模态数据处理等前沿技术，为金融市场分析、医疗诊断、智能制造、气候预测等领域提供了更为精确的预测和洞察。随着计算能力和数据获取技术的不断提升，时间序列分析的应用场景和技术方法将继续拓展，为解决复杂的现实问题提供更加有效的工具。

1.4 时间序列分析的基本流程与课程导论

1.4.1 时间序列分析的系统化流程

时间序列分析遵循以下系统化流程，以确保从数据的观察到模型的构建及预测的完整性和科学性。

（1）观察序列特征。

对序列进行初步分析，考察其整体趋势、周期性和波动性等基本特征。这一环节为后续建模奠定了基础，常见方法包括绘制时间序列图、计算统计描述指标等。

（2）选择拟合模型。

根据观察到的序列特征，选择适当的模型对数据进行拟合。例如，平稳序列可以考虑 ARMA 模型，而非平稳序列则可能需要差分或协整分析。

（3）模型参数估计。

利用观察数据对模型参数进行估计，常见方法包括最小二乘法（OLS）、最大似然估计（MLE）等，以便构建符合数据特征的准确模型。

（4）检验与优化模型。

对所选模型进行检验与优化，以确保其合理性和有效性。例如，检验残差的正态性、独立性和同方差性，以及优化模型以改善拟合效果。

（5）推断与预测。

在模型验证通过后，利用已拟合的模型对时间序列的统计特征进行推断，并预测其未来的变化趋势，满足实际应用需求。

1.4.2 前置要求

为有效学习时间序列分析相关知识，需要具备以下数学与统计学基础知识。

● 微积分、常微分方程：为理解时间序列模型的数学推导提供工具。

● 概率统计、数理统计：为参数估计和模型检验提供理论支撑。

● 随机过程：为动态模型的理解和复杂模型的构建提供背景知识。

本书结合经济、金融和工程领域的实际时间序列数据，从基础到应用进行系统性探讨。

1.4.3 主要参考书目

本书参考的主要文献涵盖时间序列分析的基础理论、发展历程及其在实际中的应用，需要特别提出的是，中国人民大学出版社出版的王燕编著的《时间序列分析——基于 R》、南京大学人工智能学院的《时间序列分析》网络资源、科学出版社出版的聂淑媛编著的《时间序列分析发展简史》、中国人民大学出版社出版的詹姆斯·D·汉密尔顿编著的《时间序列分析》、北京大学出版社出版的何书元编著的《应用时间序列分析》、人民邮电出版社出版的涂云东编著的《时间序列分析》、清华大学出版社出版的李子奈、叶阿忠编著的《高级应用计量经济学》、Robert H. Shumway 和 David S. Stoffer 的著作 *Time Series Analysis and Its Applications*。在此，对上述作者及出版单位表示衷心的感谢。

1.5　R 语言

R 语言是一种开源软件编程语言和操作环境，广泛用于统计分析、数据可视化和数据挖掘。R 语言源于 S 统计绘图语言，可被视为 S 语言的"方言"。S 语言诞生于 20 世纪 70 年代的贝尔实验室，由 Rick Becker、John Chambers 和 Allan Wilks 开发。基于 S 语言的商业软件 S-Plus 的功能强大，具备编写函数、构建模型的灵活性，广泛应用于国际学术界。

1995 年，新西兰奥克兰大学统计系的 Robert Gentleman 和 Ross Ihaka 基于 S 语言源代码开发出 R 软件，并公开其源代码，从而形成了如今的 R 语言。R 语言拥有丰富的扩展性，目前在其官方仓库中已有约 2400 个程序包，涵盖基础统计学、社会学、经济学、生态学、空间分析、系统发育分析和生物信息学等众多领域，支持多种操作系统，如 Windows、macOS、Linux 和 UNIX。R 语言采用即时解释方式，用户输入命令后可立即获得结果，其登录界面如图 1-11 所示。

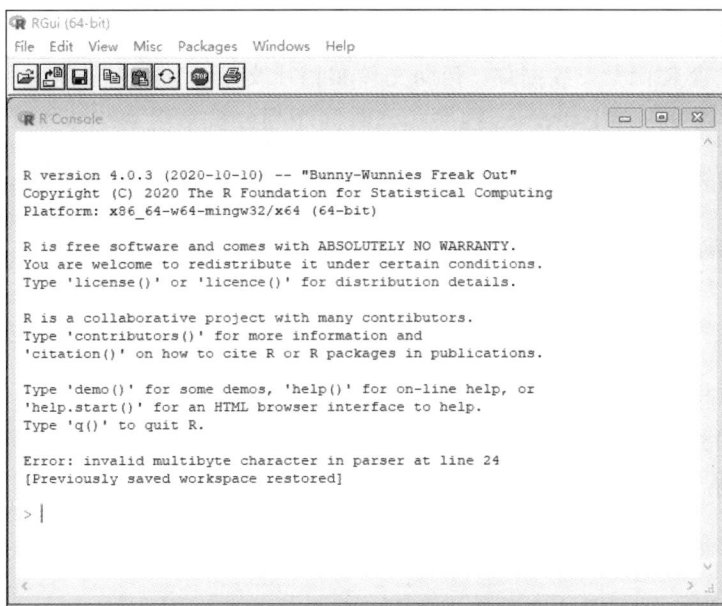

图 1-11　R 语言的登录界面

为方便全球用户，R 语言提供了众多资源和在线支持。

- **R 主页**：R 语言的官方主页提供最新版本的下载、详细的文档和用户指南。
- CRAN（Comprehensive R Archive Network）：R 语言的综合存档网络，提供 R 软件及其附加包的下载资源。

- **CRAN 镜像站点**：全球用户可通过 CRAN 镜像站点下载 R 软件及其更新包，提高下载速度和稳定性。
- 加利福尼亚大学洛杉矶分校(UCLA)的 **R 和 S-Plus 资源**：UCLA 统计计算中心提供了关于 R 和 S-Plus 的丰富教程与资源，并且带有搜索功能。
- 北京大学数学学院：李东风教授主页提供了 R 语言的 Windows 版本，便于国内用户获取。
- **CRAN 宏包资源**：CRAN 提供了大量 R 的宏包，涵盖各类统计分析需求，这些包是 R 功能扩展的重要来源。

通过以上资源，R 用户可以快速获取更新、扩展功能和在线支持，进一步提升数据分析和统计建模的能力。这些资源为 R 语言的全球化应用和推广奠定了坚实基础。

上述资源的网络链接可以扫描右侧二维码获得。

线上资源 1-3

1.5.1　R 程序包的安装

R 提供了多种方式安装程序包，以便扩展其分析功能。

(1)在线安装：使用 install.packages()函数连接至互联网进行安装。在控制台中输入包名，如 install.packages("tseries")，选择镜像后，程序将自动下载并安装该包。

(2)本地安装：在图 1-11 中选择"Packages">"Install packages from local files"选项，找到本地磁盘上的 ZIP 文件包，完成安装。

在 Windows 操作系统中，R 程序包通常为编译好的 ZIP 文件，是多个函数的集合。每个 R 程序包都包含 R 函数、数据集、帮助文件和描述文件，专门用于特定分析功能。例如，空间地理分析可用 SpacialExtremes 程序包，时间序列分析常用 tseries 和 astsa 程序包。

1.5.2　调用 R 程序包

在使用 R 程序包中的函数前，需要先导入 R 程序包。在控制台输入以下命令即可调用 R 程序包：

```
library(astsa)
```

查询 R 程序包内容的常用方法如下。

(1)选择"Help">"HTML help"选项。

(2)查看 R 程序包的 PDF 帮助文档("Help"菜单)

1.5.3　查看函数的帮助文件

查询函数的默认值、用法及注意事项时，可使用以下几种方法。

(1)?box.test：在控制台输入"?+函数名"，打开相关函数的帮助文档，查看其说明及用法示例。

(2)选择"RGui">"Help">"HTML help"选项：等同于方法(1)，直接打开 HTML 帮助界面。

(3)apropos("box.test")：在当前工作空间查找所有符合指定模式(正则表达式)的函数。

(4) help("box.test")：与方法(1)、(2)相同，直接显示函数的帮助文档。

(5) help.search("box.test")：搜索并显示所有与"box.test"相关的内容，如用于纯随机性检验的资源。

(6) 查看 R 程序包 PDF 手册：更全面地浏览函数及其参数设置。

帮助系统非常强大。例如，输入"?lm"可以查看线性回归函数 lm() 的详细说明(见图 1-12)。

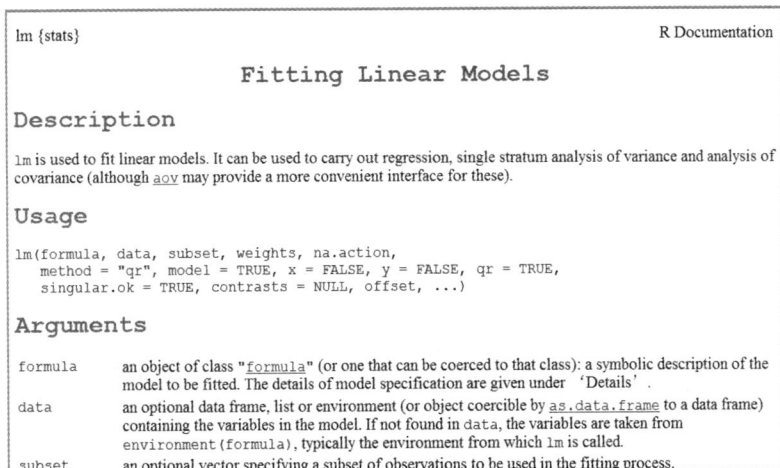

图 1-12　lm() 函数的详细说明

帮助文档提供以下详细信息。

- **lm{stats}**：函数名及函数所在 R 程序包。
- Fitting Linear Models：标题。
- Description：函数描述。
- **Usage**：默认选项和调用方式。
- Arguments：参数说明。
- **Details**：使用细节。
- Author(s)：作者信息。
- References：参考文献。
- **Examples**：使用示例。

这些信息有助于用户全面理解函数的功能和使用方法。

1.5.4　R 的函数

R 的主要功能通过函数实现。函数的基本形式为"函数(输入数据，参数=值)"，如果参数未指定，则采用默认值。例如，计算均值可以使用 mean(x,trim=0,na.rm=FALSE,…)，而线性回归模型则可以使用 lm(y~x, data = test)。R 中的函数各司其职，函数名后跟括号以调用功能，例如：

- **mean()**：计算均值。
- **sum()**：求和。
- **plot()**：绘图。
- **sort()**：排序。

R 的函数分为高级与低级两类，高级函数可以调用低级函数实现功能。在这种层次结构中，高级函数通常被称为泛型函数，如 plot()，它根据数据类型调用底层函数，以应用适当的方法绘制图形。这种设计反映了面向对象编程的思想。

1.5.5 赋值、注释和对象命名

在 R 中，赋值、注释和对象命名是进行数据分析与编程的重要基础，以下是关于这些内容的详细说明。

(1) 赋值。

R 中的赋值操作通常使用 <- 或 =，其中，<- 是 R 编程的传统赋值符号，用于将右侧的值赋予左侧的变量或对象。

● 基本语法：

```
x <- 10        # 将 10 赋给变量 x
y = 5          # 将 5 赋给变量 y
z <- x + y     # 将 x 和 y 的和赋给变量 z
```

● 注意事项：

○ = 和 <- 都可以用于赋值，但在函数的参数中一般使用 = 进行参数指定。

○ R 是一种解释性语言，每一步赋值的结果都会在控制台即时输出。

(2) 注释。

注释用于说明代码，R 中的注释符号为 #，# 后的内容将不会被 R 解释器执行。

● 基本语法：

```
x <- 10  # 将 10 赋给变量 x
# 下面的代码用于计算 x 和 y 的和
y <- 5
z <- x + y # 计算并将结果赋给变量 z
```

● 注意事项：

○ 注释符号后的内容对代码执行无影响，用于提高代码的可读性。

○ 注释应尽量清晰、简洁，帮助理解代码逻辑。

(3) 对象命名。

R 中所有的数据、变量、函数和结果都以对象的形式保存，给对象命名时应遵循一定的规则，以确保代码清晰和准确。

● 命名规则。

① **区分大小写**：R 区分大小写，因此 varName 和 Varname 是不同的对象。

② **避免以数字开头**：对象名称不能以数字开头，但可以包含数字。例如，data2 是合法名称，而 2data 则是非法名称。

③ **避免过短的名称**：鉴于代码的可读性，尽量避免使用过短的名称，可以用描述性的名称来表示对象的含义，如使用 average_value 而非 av。

④ **使用分隔符**：可以使用下画线 "_" 或点 "." 分隔单词，如 sales_data 或 sales.data。

⑤ **避免使用保留字**：不要使用 R 中的保留字作为对象名，如 TRUE、FALSE、NA、

NaN、Inf、NULL、if、else、for 等。

- 示例：

```
total_sales <- 100        # 合法名称，使用下画线分隔单词
avg_value <- 5.3          # 合法名称，代表均值
```

- 不推荐的命名：

```
t <- 20                   # 名称过短，不易理解
2value <- 10              # 非法名称，不能以数字开头
sales-total <- 300        # 非法名称，不能包含减号
```

通过合理的赋值、注释和对象命名，R 代码不仅更易读、易维护，还能减少错误，提升编程效率。

1.5.6　元素与对象的类

在 R 中，元素与对象的类（数据类型）主要包括以下几种。

数值型（Numeric）：表示实数，包括整数和小数，如 100、–3.14、0。

整数型（Integer）：表示整数。在 R 中，可以通过在数字后加上 L 来将其指定为整数型，如 3L、100L。

字符型（Character）：用于存储文本数据，用引号引起来，如 "Hello"和"China"。

逻辑型（Logical）：用于存储布尔值，通常表示为 TRUE 或 FALSE。

因子型（Factor）：表示分类数据或有序分类数据，是对有限类别的编码，如性别变量可以定义为 Male 和 Female，并存储为因子。

复数型（Complex）：表示复数，形如 2 + 3i。

列表（List）：可以包含多种数据类型，是一种容纳不同数据类型元素的容器，如 list(1, "A", TRUE, 3+2i)。

数据框（Data Frame）：用于存储表格数据，类似数据库中的表格，可以包含不同数据类型的列，如 data.frame(Name = c("Alice", "Bob")，Age = c(25, 30), Gender = c("Female", "Male"))。

矩阵（Matrix）：二维的同质数据结构，即矩阵的所有元素必须具有相同的数据类型，如数值型或字符型。

数组（Array）：高维数据结构，可以容纳多维度的数据，所有元素必须具有相同的数据类型。通过 array() 函数创建数组，如 array(1:8, dim = c(2, 2, 2))用于创建一个二维的2×2×2 数组。

时间序列（Time Series）：用于存储和分析时间序列数据，如金融市场的每日收盘价。可以使用 ts() 函数生成时间序列对象。

这些数据类型各自适用于不同的数据分析需求，可以通过 class() 函数检查对象的数据类型。

1.5.7　R 的运算符

在 R 中，运算符是处理数据、执行计算和生成逻辑操作的基本工具。R 提供了丰富的

运算符，以下是常用运算符的分类和用法说明。

(1) 算术运算符。

算术运算符用于执行基本的数学运算。

- +：加法。
- –：减法。
- *：乘法。
- /：除法。
- ^ 或 **：指数。
- %%：取模，返回余数。
- %/%：整数除法，返回商的整数部分。

示例：

```
a <- 10
b <- 3
a + b        # 13
a - b        # 7
a * b        # 30
a / b        # 3.333
a ^ b        # 1000
a %% b       # 1（10 除以 3 的余数）
a %/% b      # 3（10 除以 3 的商的整数部分）
```

(2) 关系运算符。

关系运算符用于比较两个值的大小，返回布尔值 TRUE 或 FALSE。

- ==：等于。
- !=：不等于。
- <：小于。
- >：大于。
- <=：小于或等于。
- >=：大于或等于。

示例：

```
x <- 5
y <- 10
x == y       # FALSE
x != y       # TRUE
x < y        # TRUE
x > y        # FALSE
x <= y       # TRUE
x >= y       # FALSE
```

(3) 逻辑运算符。

逻辑运算符用于对逻辑值进行操作，通常用于布尔型数据和条件判断。

- &：逻辑与，元素级比较(逐元素)。

- |：逻辑或，元素级比较。
- !：逻辑非。
- &&：逻辑与，仅比较第一个元素。
- ||：逻辑或，仅比较第一个元素。

示例：

```
a <- TRUE
b <- FALSE
a & b      # FALSE
a | b      # TRUE
!a         # FALSE
a && b     # FALSE（仅比较第一个元素）
a || b     # TRUE（仅比较第一个元素）
```

(4) 赋值运算符。

赋值运算符用于将值赋给变量，R 中常用的赋值符号是 <- 和 =。

- <-：左赋值。
- ->：右赋值。
- =：赋值。

示例：

```
x <- 5     # 左赋值，将 5 赋给变量 x
5 -> y     # 右赋值，将 5 赋给变量 y
z = 10     # 赋值，将 10 赋给变量 z
```

(5) 索引运算符。

索引运算符用于访问向量、矩阵、数组或列表中的特定元素。

- []：用于单层索引，如向量或数据框。
- [[]]：用于访问列表中的元素。
- $：用于提取数据框或列表中的命名元素。

示例：

```
vec <- c(1, 2, 3, 4)
vec[2]               # 返回向量 vec 中的第二个元素
lst <- list(a = 1, b = 2)
lst[["a"]]           # 返回列表 lst 中键为"a"的元素
lst$a                # 等价于 lst[["a"]]
```

(6) 其他运算符。

R 中还包含一些特定功能的运算符，用于集合运算和特定数据结构。

- %in%：判断元素是否属于集合。
- %*%：矩阵乘法。
- :：序列生成。

示例：

```
x <- 1:5
```

```
x                              # 生成序列1, 2, 3, 4, 5
matrix1 <- matrix(1:4, 2, 2)
matrix2 <- matrix(5:8, 2, 2)
matrix1 %*% matrix2            # 矩阵乘法
element <- 3
element %in% x                 # 判断 3 是否属于向量 x
```

R 的运算符可以满足多种数据操作需求，包括基本数学运算、逻辑运算、条件判断和数据访问等。这些运算符为数据分析提供了灵活且强大的工具，便于在复杂的数据处理中实现简洁的计算和操作。

1.5.8　R 的数据读取和存储

在 R 中，读取和存储数据是数据分析的关键步骤。R 提供了多种方法来读取不同类型的数据文件（如 CSV、Excel、TXT 等），以及将处理后的数据保存到本地文件，便于后续使用和共享。以下是 R 中常用的读取和存储数据的方法。

（1）读取数据。

① 读取 CSV 文件。

CSV 是最常见的数据文件格式之一。read.csv() 函数用于读取 CSV 文件：

```
# 读取 CSV 文件
data <- read.csv("data.csv", header = TRUE, sep = ",")
```

● header 参数指定文件的第一行是否为列名。

● sep 参数指定分隔符，默认为逗号。

② 读取 Excel 文件。

对于 Excel 文件，R 提供了 readxl 和 openxlsx 等包。使用 readxl 包中的 read_excel() 函数可以读取 Excel 文件：

```
# 安装并加载 readxl 包
install.packages("readxl")
library(readxl)
# 读取 Excel 文件
data <- read_excel("data.xlsx", sheet = 1)
```

● sheet 参数指定要读取的工作表，可以使用工作表名称或索引。

③ 读取 TXT 文件。

对于 TXT 文件，可以使用 read.table() 函数来读取。read.table() 函数适用于读取由空格、制表符等分隔的文件：

```
# 读取 TXT 文件
data <- read.table("data.txt", header = TRUE, sep = "\t")
```

● sep 参数为"\t"表示使用制表符进行分隔。

④ 读取 RData 文件。

RData 文件是 R 特有的二进制数据格式文件，用于保存 R 对象。可以使用 load() 函数读取 RData 文件：

```
# 读取 RData 文件
load("data.RData")
```

上述代码会将 RData 文件中的所有对象都加载到 R 的全局环境中。

(2) 存储数据。

① 保存为 CSV 文件。

write.csv() 函数可以将数据框保存为 CSV 文件：

```
# 保存为 CSV 文件
write.csv(data, "output.csv", row.names = FALSE)
```

● row.names 参数指定是否保存行名，默认为 TRUE，即保存行名。

② 保存为 Excel 文件。

可以使用 openxlsx 包中的 write.xlsx() 函数将数据保存为 Excel 文件：

```
# 安装并加载 openxlsx 包
install.packages("openxlsx")
library(openxlsx)
# 保存为 Excel 文件
write.xlsx(data, "output.xlsx", sheetName = "Sheet1")
```

● sheetName 参数用于指定工作表的名称。

③ 保存为 TXT 文件。

write.table() 函数可以将数据框保存为 TXT 文件：

```
# 保存为 TXT 文件
write.table(data, "output.txt", sep = "\t", row.names = FALSE)
```

● sep 参数指定分隔符。

● row.names 参数指定是否保存行名。

④ 保存为 RData 文件。

可以使用 save() 函数将 R 中的对象保存为 RData 文件，便于后续加载和使用：

```
# 保存为 RData 文件
save(data, file = "data.RData")
```

● file 参数指定保存文件的名称和路径。

⑤ 保存为 RDS 文件。

RDS 是一种只包含一个对象的数据文件格式，适用于保存单个数据对象。使用 saveRDS() 和 readRDS() 函数可以分别保存与读取 RDS 文件：

```
# 保存为 RDS 文件
saveRDS(data, file = "data.rds")
# 读取 RDS 文件
data <- readRDS("data.rds")
```

R 提供了多种读取和存储数据的方法，使得数据处理变得灵活且高效。通过使用合适的函数和包，可以方便地读取不同类型的数据文件，并将分析结果保存为不同格式，满足实际的数据存储需求。这些方法在数据分析和报告制作中非常重要，为实现高效的数据管理提供了基础。

1.5.9　向量、矩阵和数据框的创建

在 R 中，向量、矩阵和数据框是 3 种最基本的数据结构，它们分别适用于不同的数据存储需求。以下是这 3 种数据结构的创建方法及相关操作。

（1）向量的创建。

向量（Vector）是最基本的数据类型，用于存储同一类型的数据，可以是数值、字符、逻辑值等。可以使用 c() 函数创建向量。

示例：

```
# 创建数值型向量
num_vector <- c(1, 2, 3, 4, 5)
# 创建字符型向量
char_vector <- c("apple", "banana", "cherry")
# 创建逻辑型向量
logic_vector <- c(TRUE, FALSE, TRUE)
```

常用操作如下。

● 可以使用索引访问向量中的元素，如 num_vector[1]将返回向量的第一个元素。

● 使用 length() 函数可以获得向量的长度。例如：

```
length(num_vector) # 返回 5
```

（2）矩阵的创建。

矩阵（Matrix）是具有行和列的二维数据结构，用于存储同一类型的数据。可以使用 matrix() 函数创建矩阵，并指定行数和列数。

示例：

```
# 创建 3 行 2 列的数值型矩阵
matrix_data <- matrix(1:6, nrow = 3, ncol = 2)
```

● 在 matrix() 函数中，nrow 参数指定行数，ncol 参数指定列数。

● 可以通过 byrow = TRUE 来按行填充矩阵元素。例如：

```
# 按行填充矩阵元素
matrix_data <- matrix(1:6, nrow = 3, ncol = 2, byrow = TRUE)
```

矩阵操作如下。

● 使用 dim() 函数可以查看矩阵的维度（行数和列数）。

● 可以通过索引访问矩阵中的特定元素，如 matrix_data[1, 2]表示第一行第二列的元素。

（3）数据框的创建。

数据框（Data Frame）是 R 中最常用的数据结构之一，类似于 Excel 表格，可以包含不同类型的数据（如数值、字符、逻辑值等）。可以使用 data.frame() 函数创建数据框。

示例:

```
# 创建数据框
data_frame <- data.frame(
  Name = c("John", "Jane", "Tom"),
  Age = c(25, 30, 22),
  Score = c(85, 90, 88)
)
```

● 在 data.frame()函数中,可以为每列指定一个名称,每列可以包含不同类型的数据。
● 可以通过列名或索引访问数据框中的特定列或元素,如 data_frame$Name 表示 Name 列。

数据框操作如下。
● 使用 str()函数可以查看数据框的结构信息。
● 使用 summary()函数可以获得数据框中每列的概况。
● 通过行、列索引可以访问特定的单元格,如 data_frame[1, 2]表示第一行第二列的元素。

向量、矩阵和数据框分别用于存储单类型数据、同一类型的二维数据和混合类型的二维数据。

1.5.10　R 对象类的判断与转换

在 R 中,判断对象的类(type/class),以及进行类的转换是数据处理中的基础操作。R 提供了多种函数来识别和转换对象的类,以便在不同的数据分析需求下灵活使用对象。以下是 R 中常见的对象类的判断与转换方法。

(1)判断对象的类。

R 中的对象可以是数值型、字符型、逻辑型、因子型、数据框、列表等。常用的类判断函数如下。
● class():返回对象的类。
● typeof():返回对象的类型。
● is.numeric()、is.character()、is.logical()等:判断对象是否为指定的类型,返回布尔值。

示例:

```
x <- 10
y <- "R Programming"
z <- TRUE
# 使用 class() 判断对象的类
class(x) # "numeric"
class(y) # "character"
class(z) # "logical"
# 使用 typeof() 判断对象的类型
typeof(x) # "double"
typeof(y) # "character"
```

```
typeof(z) # "logical"
# 判断对象是否为指定类型
is.numeric(x)  # TRUE
is.character(y) # TRUE
is.logical(z)  # TRUE
```

（2）对象类的转换。

在 R 中，可以使用转换函数将对象转换为不同的类。这些转换函数一般以 as.开头，如 as.numeric()、as.character()等。

常用转换函数如下。

- as.numeric()：将对象转换为数值型。
- as.character()：将对象转换为字符型。
- as.logical()：将对象转换为逻辑型。
- as.factor()：将对象转换为因子型。
- as.data.frame()：将对象转换为数据框。
- as.matrix()：将对象转换为矩阵。
- as.list()：将对象转换为列表。

示例：

```
# 转换为数值型
char_var <- "123"
num_var <- as.numeric(char_var)
# 转换为字符型
num_var2 <- 456
char_var2 <- as.character(num_var2)
# 转换为因子型
char_vec <- c("apple", "banana", "apple")
factor_var <- as.factor(char_vec)
# 转换为数据框
matrix_var <- matrix(1:4, nrow = 2)
df_var <- as.data.frame(matrix_var)
```

（3）类型转换的注意事项。

在进行类型转换时，需要注意以下事项。

- **不可转换的情况**：某些转换可能会导致得到 NA 值。例如，将无法识别的字符转换为数值时，会得到 NA 值：

```
char_var <- "ABC"
num_var <- as.numeric(char_var)  # 结果为 NA 值，并发出警告
```

- **因子转换**：因子是 R 中的分类变量，如果直接将其转换为数值型，则会得到因子内部的数值编码。应先将其转换为字符型，再转换为数值型：

```
factor_var <- as.factor(c("1", "2", "3"))
num_var <- as.numeric(as.character(factor_var))  # 正确转换
```

- **保留原始类信息**：在列表或数据框中，可以包含不同类型的对象。在数据操作中，

通常需要保持每列的类信息，以便正确地解析数据。

(4) 判断和转换的综合应用。

在实际的数据处理中，通常需要先判断数据的类型，再进行转换，以确保数据在分析中使用正确的格式。例如：

```
# 判断列是否为因子型，若不是，则将其转换为因子型
if (!is.factor(df$Category)) {
  df$Category <- as.factor(df$Category)
}
```

R 提供的 class()、typeof()、is.系列函数可以帮助我们识别对象的类型，as.系列函数可以进行灵活的类型转换。合理使用这些函数能够确保数据在处理和分析中的一致性与准确性。

1.5.11　R 中元素的引用与访问

R 提供了灵活的语法来引用向量、矩阵、数据框及列表等数据结构中的元素。以下是 R 中常用的数据结构的元素引用方法。

(1) 向量中的元素引用。

在向量中，使用方括号[]进行索引，索引值从 1 开始。

- **单个元素的引用**：通过向量的索引位置引用指定位置的元素。
- **多个元素的引用**：通过向量的多个索引值获取多个元素。
- **条件引用**：通过逻辑条件筛选出符合条件的元素。

示例：

```
# 创建向量
vec <- c(10, 20, 30, 40, 50)
# 单个元素的引用
vec[2]                 # 结果为 20
# 多个元素的引用
vec[c(1, 3, 5)]        # 结果为 10, 30, 50
# 条件引用
vec[vec > 25]          # 结果为 30, 40, 50
```

(2) 矩阵中的元素引用。

矩阵中的元素引用使用行和列的索引，语法为[row, column]。

- **单个元素的引用**：指定行和列的位置以引用单个元素。
- **整行或整列的引用**：只指定行索引或列索引。
- **多行/多列的引用**：可以用向量指定多个行或列索引。

示例：

```
# 创建矩阵
mat <- matrix(1:9, nrow = 3, byrow = TRUE)
#      [,1] [,2] [,3]
# [1,]   1    2    3
# [2,]   4    5    6
```

```
# [3,]    7    8    9
# 引用单个元素
mat[2, 3]   # 结果为 6
# 引用整行或整列
mat[1, ]    # 结果为 1, 2, 3
mat[, 2]    # 结果为 2, 5, 8
# 多行/多列的引用
mat[c(1, 3), c(1, 3)]  # 结果为子矩阵 [1,3; 7,9]
```

(3) 数据框中的元素引用。

数据框中的元素引用方法类似于矩阵，并提供按列名引用的方式。

● **按行列索引引用**：使用[row, column]。

● **按列名引用**：使用$符号或按列名索引[, "column_name"]。

示例：

```
# 创建数据框
df <- data.frame(Name = c("Alice", "Bob", "Charlie"), Age = c(25, 30,
35), Score = c(88, 92, 95))
# 引用单个元素
df[2, "Score"]              # 结果为 92
# 引用整列(按列名)
df$Age                      # 结果为 25, 30, 35
# 引用多列
df[, c("Name", "Score")]    # 结果为 Name 和 Score 列
```

(4) 列表中的元素引用。

列表中的元素可以通过双方括号[[]]来引用，也可以通过$符号来引用。

● **单个元素的引用**：通过[[]]或$引用列表中的单个元素。

● **子集引用**：使用方括号[]引用列表的子集。

示例：

```
# 创建列表
lst <- list(Name = "Alice", Age = 25, Scores = c(88, 92, 95))
# 引用单个元素
lst$Name        # 结果为 "Alice"
lst[["Age"]]    # 结果为 25
# 引用子集
lst[c("Name", "Scores")]  # 返回包含 Name 和 Scores 的子列表
```

(5) 访问数据框中的元素。

① attach() 和 detach() 函数。

attach() 函数将数据框添加到 R 的搜索路径，使得用户可以直接访问数据框中的列名称，但需要在使用完后使用 detach() 函数以避免命名冲突：

```
attach(df)
print(Age) # 直接访问列名
detach(df) # 解除数据框
```

② with()函数。

with()函数在一个临时环境中使用数据框的列，这样可以简化对列的访问：

```
with(df, print(Age + 5))  # 在 with 环境中直接使用 Age 列
```

③ within()函数。

within()函数允许在数据框内部进行数据操作或变换，并返回修改后的数据框：

```
df <- within(df, { Age_in_5_years <- Age + 5 })
print(df)  # 增加了 Age_in_5_years 列
```

④ transform()函数。

transform()函数用于在数据框中进行数据转换，如取对数、求平方等：

```
df <- transform(df, log_Age = log(Age))
```

⑤ subset()函数。

subset()函数可以用来从数据框中筛选特定的行或列，方便提取子集。

```
younger_df <- subset(df, Age < 30, select = c(Name, Age))
```

⑥ apply()函数。

apply()函数用于对数据框或矩阵的行或列应用某个函数，从而简化操作，减少循环：

```
# 对数据框的数值列取对数
apply(df[ , c("Age")], 2, log)
```

假设有一个包含多列的数据框，可以结合使用以上函数来操作和访问数据框中的列：

```
# 创建示例数据框
df <- data.frame(Name = c("Alice", "Bob", "Charlie"), Age = c(25, 30,
35), Score = c(88, 92, 95))
# 使用 attach()和 detach()函数
attach(df)
print(Score)                              # 输出 Score 列
detach(df)
# 使用 with()函数
with(df, print(Age + Score))              # 直接在 with 环境中进行计算
# 使用 transform()函数进行数据转换
df <- transform(df, Age_log = log(Age))   # 新增一列取对数
# 使用 subset()函数筛选 Age > 30 的行
older_than_30 <- subset(df, Age > 30)
# 使用 apply()函数对 Score 列求平方
df$Score_squared <- apply(df[, "Score", drop = FALSE], 2, function(x) x^2)
```

通过这些方法，可以灵活、高效地操作和访问数据框中的元素，实现数据的转换、筛选和处理。

(6)复合引用。

在复杂数据结构(如包含数据框的列表)中，可以结合使用不同的引用方法，逐层访问元素。

示例:

```
# 创建嵌套结构的列表
nested_lst <- list(Student = list(Name = "Alice", Scores = data.frame(Math
= 90, Science = 85)))
# 引用嵌套数据框中的元素
nested_lst$Student$Scores$Math                          # 结果为 90
nested_lst[[c("Student", "Scores")]][1, "Math"]    # 结果为 90
```

通过向量、矩阵、数据框和列表的索引引用,可以高效地访问和操作 R 中的数据对象。熟练掌握这些引用方法有助于在数据分析过程中快速提取和处理数据。

1.5.12 条件筛选与排序

在数据分析过程中,条件筛选与排序是数据清洗和准备的重要步骤。R 提供了多种方法来实现条件筛选与排序,帮助用户从数据中提取有用的信息。

(1)条件筛选。

① 基本的条件筛选。

通过逻辑运算符(==、!=、>、<、>=、<=)对数据框进行条件筛选。例如,使用 subset() 函数或方括号筛选符合条件的行:

```
# 创建示例数据框
df <- data.frame(Name = c("Alice", "Bob", "Charlie"), Age = c(25, 30,
35), Score = c(88, 92, 95))
# 筛选 Age > 30 的行
df[df$Age > 30, ]
```

② 使用 subset() 函数进行条件筛选。

subset() 函数可以按条件筛选数据,并选择指定的列:

```
# 筛选 Score > 90 的行,并选择 Name 和 Score 列
high_score_df <- subset(df, Score > 90, select = c(Name, Score))
```

③ 使用%in%进行多条件筛选。

使用%in%运算符可以筛选符合多个值的条件,常用于筛选特定类别的数据:

```
# 筛选 Name 为 "Alice" 或 "Charlie" 的行
selected_names <- df[df$Name %in% c("Alice", "Charlie"), ]
```

④ 组合条件筛选。

可以使用逻辑运算符&、|和!进行组合条件筛选:

```
# 筛选 Age > 25 且 Score > 90 的行
combined_condition <- df[df$Age > 25 & df$Score > 90, ]
```

(2)排序。

① 使用 order() 函数。

order() 函数根据指定的列对数据框进行排序。order() 函数返回一个排列顺序的向量,可以将其应用于数据框:

```
# 按 Age 升序排序
df_ordered <- df[order(df$Age), ]
# 按 Score 降序排序
df_ordered_desc <- df[order(df$Score, decreasing = TRUE), ]
```

② 按多列排序。

可以在 order()函数中指定多列，进行多条件排序。例如，先按 Age 升序排序，再按 Score 降序排序：

```
# 先按 Age 升序排序，再按 Score 降序排序
df_multi_ordered <- df[order(df$Age, -df$Score), ]
```

③ 使用 dplyr 包中的 arrange()函数。

dplyr 包中的 arrange()函数更具可读性，支持链式操作：

```
library(dplyr)
# 按 Score 降序排序
df_dplyr_sorted <- df %>% arrange(desc(Score))
# 按多列排序
df_dplyr_multi_sorted <- df %>% arrange(Age, desc(Score))
```

以下是一个包含条件筛选与排序的完整示例：

```
# 创建数据框
df <- data.frame(Name = c("Alice", "Bob", "Charlie", "David", "Eve"),
                 Age = c(25, 30, 35, 40, 45),
                 Score = c(88, 92, 95, 85, 90))
# 1. 条件筛选：筛选 Age > 30 且 Score > 90 的行
filtered_df <- df[df$Age > 30 & df$Score > 90, ]
# 2. 排序：按 Age 升序排序
age_sorted_df <- df[order(df$Age), ]
# 3. dplyr 包的条件筛选与排序：筛选 Age > 30 的行，并按 Score 降序排序
library(dplyr)
dplyr_filtered_sorted_df <- df %>%
  filter(Age > 30) %>%
  arrange(desc(Score))
```

通过条件筛选与排序，可以有效提取满足特定条件的数据，并根据需求对其进行有序排序，以便进行进一步分析和处理。

1.5.13　R 的工作路径

在 R 中，工作路径、工作空间和历史记录是管理、保存数据与结果的重要工具。了解并合理运用这些工具，可以有效提高工作效率并确保数据安全。

（1）工作路径。

R 的工作路径（Working Directory）是指 R 当前默认的文件操作路径。读取文件或保存结果时，R 会默认在当前工作路径中查找或保存文件。可以使用以下方法查看和设置工作路径。

① 查看当前工作路径。

使用 getwd() 函数可以查看当前工作路径：

```
getwd()
```

② 设置工作路径。

使用 setwd() 函数可以设置新的工作路径：

```
setwd("路径/到/工作目录")
```

③ 临时更改工作路径。

在某些情况下，可能只需在一次性操作中更改工作路径。此时，可以直接在函数中指定文件的绝对路径，无须更改工作路径。

（2）工作空间。

R 的工作空间（Workspace）是指 R 当前会话中存储的所有变量、数据、函数和其他对象。工作空间的管理可以确保对象在多次会话中保持一致，便于日后的分析或检索。

① 查看工作空间中的对象。

使用 ls() 函数可以列出当前工作空间中的所有对象：

```
ls()
```

② 清理工作空间。

使用 rm() 函数可以删除指定对象，rm(list = ls()) 可以清空整个工作空间，即删除所有对象：

```
# 删除单个对象
rm(object_name)
# 删除所有对象
rm(list = ls())
```

③ 保存工作空间。

可以使用 save.image() 函数将当前工作空间保存为 RData 文件，以便在下次会话中载入：

```
save.image("my_workspace.RData")
```

④ 加载工作空间。

使用 load() 函数可以载入之前保存的 RData 文件，恢复会话中的所有对象：

```
load("my_workspace.RData")
```

（3）历史记录。

R 的历史记录（History）功能可以记录用户在控制台中输入的命令，便于查看或重现先前的分析过程。

① 查看历史记录。

使用 history() 函数可以查看当前会话的历史记录，可以指定显示的条目数量：

```
history(10)   # 查看最近 10 条历史记录
```

② 保存历史记录。

可以将当前会话的历史记录保存为 Rhistory 文件，以便在未来会话中复用：

```
savehistory("my_history.Rhistory")
```

③ 加载历史记录。

使用 loadhistory()函数可以载入之前保存的 Rhistory 文件，恢复会话中的历史命令：

```
loadhistory("my_history.Rhistory")
```

④ 清除历史记录。

使用 history()函数的-c 选项可以清除当前会话的所有历史记录：

```
history(-c)  # 清除当前会话的所有历史记录
```

以下示例展示了如何结合使用工作路径、工作空间和历史记录功能：

```
# 1. 设置工作路径
setwd("C:/Users/User/Documents/R_Projects")
# 2. 查看并保存当前工作路径中的数据
my_data <- read.csv("data.csv")
save(my_data, file = "my_data.RData")
# 3. 清理工作空间中的对象
rm(list = ls())
# 4. 加载保存的工作空间
load("my_data.RData")
# 5. 保存并加载历史记录
savehistory("session_history.Rhistory")
loadhistory("session_history.Rhistory")
```

通过合理使用工作路径、工作空间和历史记录功能，用户可以方便地管理数据和命令记录，确保分析过程的可追溯性和一致性。

1.5.14　R 绘图

R 在数据可视化方面功能强大，提供了丰富的基础绘图函数和高级绘图包，使得用户可以灵活生成各类数据图形。绘图可以分为基本绘图、ggplot2 高级绘图，以及面向专业需求的专题绘图。以下是主要的 R 绘图方法和常用技巧。

（1）基本绘图系统。

R 的基本绘图系统可以使用 plot()等简单命令生成直观的图形，如散点图、柱状图、折线图和直方图。基本绘图函数较为便捷，适用于快速探索数据特征。

① 散点图（Scatter Plot）用于展示两个变量之间的关系：

```
plot(x, y, main="Scatter Plot", xlab="X-Axis Label", ylab="Y-Axis Label",
col="blue", pch=16)
```

② 柱状图（Bar Plot）用于显示分类数据的频率或数值：

```
barplot(values,    names.arg=categories,    main="Bar    Plot",    xlab=
```

```
"Categories", ylab="Values", col="skyblue")
```

③ 直方图（Histogram）用于展示数据的分布情况：

```
hist(data,    main="Histogram",    xlab="Values",    ylab="Frequency",
col="lightgreen", breaks=10)
```

④ 折线图（Line Plot）用于展示数据随时间的变化趋势：

```
plot(time_series, type="l", main="Line Plot", xlab="Time", ylab="Values",
col="purple")
```

⑤ 箱线图（Box Plot）用于展示数据的集中趋势和离散程度：

```
boxplot(values ~ groups, main="Box Plot", xlab="Groups", ylab="Values",
col="orange")
```

（2）ggplot2 高级绘图系统。

ggplot2 是 R 中功能强大的可视化包，提供了基于图层的绘图系统。ggplot2 高级绘图系统使用美学映射（Aesthetic Mapping）和图层叠加（Layering）来构建复杂的图形。

① 安装和加载 ggplot2 包：

```
install.packages("ggplot2")
library(ggplot2)
```

② ggplot2 绘图基本语法。

ggplot2 包中的图形通常分为数据、映射和几何对象 3 个组成部分：

```
ggplot(data, aes(x=variable_x, y=variable_y)) +
    geom_point(color="blue") +
    labs(title="Scatter Plot", x="X-Axis", y="Y-Axis")
```

③ 主要的 ggplot2 几何图层。

- geom_point()：用于散点图。
- geom_bar()：用于柱状图。
- geom_histogram()：用于直方图。
- geom_line()：用于折线图。
- geom_boxplot()：用于箱线图。

以下示例展示了如何使用多个图层来构建一个组合图：

```
ggplot(data, aes(x=variable_x, y=variable_y, color=category)) +
    geom_point() +
    geom_smooth(method="lm", se=FALSE) +
    labs(title="Scatter Plot with Linear Fit", x="X Variable", y="Y
Variable") +
    theme_minimal()
```

（3）专题绘图。

R 中还有许多绘图包可以满足专业化的可视化需求。

① 时间序列绘图。

xts 和 zoo 包提供了专门用于金融和时间序列数据的可视化工具，dygraphs 和 quantmod 包支持交互式时间序列绘图：

```
library(xts)
plot(time_series_xts, main="Time Series Plot", type="l", col="darkgreen")
```

② 地理地图的绘制。

sp、rgdal 和 sf 包可以用于绘制地理地图，leaflet 和 ggmap 包支持交互式地图的绘制：

```
library(ggplot2)
library(maps)
map_data <- map_data("world")
ggplot(map_data, aes(long, lat, group=group)) +
    geom_polygon(fill="lightblue", color="black") +
    labs(title="World Map")
```

③ 网络图的绘制。

igraph 和 ggraph 包分别用于构建与可视化网络数据：

```
library(igraph)
graph <- graph_from_data_frame(edges, vertices=nodes)
plot(graph, vertex.color="skyblue", edge.color="gray")
```

(4) 可视化美化。

R 的绘图系统支持丰富的美化选项，包括调整主题、坐标轴、颜色方案和图例。

① 调整主题。

使用 theme() 函数自定义图形的背景和文字大小：

```
ggplot(data, aes(x=variable_x, y=variable_y)) +
  geom_point() +
  theme_minimal() +
  theme(axis.text.x = element_text(angle=45, hjust=1))
```

② 自定义配色。

使用 scale_color_manual() 或 scale_fill_manual() 函数实现颜色方案的自定义：

```
ggplot(data, aes(x=variable_x, y=variable_y, color=category)) +
  geom_point() +
  scale_color_manual(values=c("red", "blue", "green"))
```

③ 添加标题和图例等。

使用 labs() 函数添加标题、坐标轴标签和图例说明：

```
ggplot(data, aes(x=variable_x, y=variable_y, color=category)) +
  geom_point() +
    labs(title="Customized Scatter Plot", x="X Axis", y="Y Axis",
color="Category")
```

以下示例展示如何综合运用基本和高级绘图函数创建一个带回归线与分组颜色的散点图：

```
library(ggplot2)
# 创建示例数据
data <- data.frame(
  x = rnorm(100),
  y = rnorm(100) + 0.5 * rnorm(100),
  group = rep(c("A", "B"), each = 50)
)
# 绘制散点图，并添加分组颜色和回归线
ggplot(data, aes(x = x, y = y, color = group)) +
  geom_point() +
  geom_smooth(method = "lm", se = FALSE, linetype = "dashed") +
  labs(title = "Scatter Plot with Regression Line by Group", x = "X Value",
y = "Y Value", color = "Group")
    theme_classic()
```

R 的绘图功能不仅强大、灵活，还可以根据需求进行个性化调整。无论是基本绘图系统，还是高级绘图系统，都可以通过不同的方法轻松实现。

1.5.15　R 函数编写

R 提供了灵活的函数编写能力，使用户能够自定义函数，以实现重复性的操作或复杂的计算逻辑。函数编写不仅可以提高代码的可读性，还能促进代码的复用和结构化。

（1）基本结构。

在 R 中，函数使用 function 关键字进行定义，基本结构如下：

```
my_function <- function(arg1, arg2 = default_value) {
  # 函数体
  result <- arg1 + arg2
  return(result)  # 返回值
}
```

● my_function：自定义的函数名称，可以根据实际需要命名。

● arg1、arg2：函数的参数。参数可以有默认值，如 arg2 = default_value。

● return()：指定函数的返回值。若不指定，则函数将返回最后一行代码的计算结果。

以下是一些常见的自定义函数示例，可以帮助读者理解 R 函数的基本用法。

① 无参数函数：

```
greet <- function() {
  print("Hello, R!")
}
greet()
```

② 带参数的函数：

```
add <- function(a, b) {
  result <- a + b
  return(result)
}
add(3, 5)  # 返回 8
```

③ 具有默认参数的函数：

```
power <- function(base, exponent = 2) {
  result <- base^exponent
  return(result)
}
power(3)           # 默认返回 9，因为 exponent 的默认值为 2
power(3, 3)        # 返回 27，因为 exponent 被指定为 3
```

④ 函数的返回值。

函数可以通过 return() 返回一个或多个值：

```
summary_stats <- function(x) {
  mean_value <- mean(x)
  sd_value <- sd(x)
  return(list(mean = mean_value, sd = sd_value))
}
data <- c(2, 4, 6, 8, 10)
summary_stats(data)
```

(2) 条件判断与循环的应用。

在函数内部，可以加入条件判断与循环，以应对更复杂的操作。

① 条件判断：

```
check_value <- function(x) {
  if (x > 0) {
    return("Positive")
  } else if (x < 0) {
    return("Negative")
  } else {
    return("Zero")
  }
}
```

② 循环：

```
sum_sequence <- function(n) {
  total <- 0
  for (i in 1:n) {
    total <- total + i
  }
  return(total)
}
sum_sequence(5)  # 返回 15 （1+2+3+4+5）
```

③ 使用...参数。

在 R 中，...参数允许向函数传递不定数量的参数，特别适用于需要灵活参数的情况：

```
custom_plot <- function(x, y, ...) {
  plot(x, y, ...)
```

```
}
custom_plot(1:10, 1:10, type = "l", col = "blue", main = "Custom Line
Plot")
```

（3）函数的嵌套。

R 函数可以嵌套，尤其在定义辅助函数时非常有用：

```
outer_function <- function(x) {
  inner_function <- function(y) {
    return(y^2)
  }
  return(inner_function(x) + x)
}
outer_function(3)  # 返回 12
```

（4）函数的调试。

在开发函数时，可以通过以下方法调试代码。

① **使用 print**()：在函数内添加 print()语句，输出中间变量的值，帮助查看函数的执行过程。例如：

```
debug_function <- function(x) {
  print(paste("Input value:", x))
  result <- x^2
  print(paste("Squared result:", result))
  return(result)
}
debug_function(4)
```

② **使用 traceback**()：当函数出错时，使用 traceback()可以显示错误的调用栈，帮助定位出错行。

③ **使用 browser**()：将 browser()放在代码的特定行，可以在运行到该行时暂停执行，并进入交互模式进行调试。

以下示例展示如何编写一个函数计算向量中的统计量，包括均值、标准差和最大值，并根据输入决定是否绘制图形：

```
stat_summary <- function(data, plot = FALSE) {
  mean_val <- mean(data)
  sd_val <- sd(data)
  max_val <- max(data)
  if (plot) {
    hist(data, main = "Data Distribution", xlab = "Value", col = "skyblue")
    abline(v = mean_val, col = "red", lwd = 2)
  }

  return(list(mean = mean_val, sd = sd_val, max = max_val))
}
# 调用函数并生成图形
data <- rnorm(100)
stat_summary(data, plot = TRUE)
```

通过函数编写，用户可以更有效地组织和重用代码。在掌握基本语法的基础上，结合条件判断、循环及调试技巧，R 函数能实现复杂的数据分析和统计计算。

1.5.16　R 脚本编程

在 R 中，脚本编程（Scripting）是一种常用的方法，用于将多条 R 命令和函数组合成一个完整的脚本文件。通过脚本编程，用户可以保存代码，以便重用或共享，并将复杂的数据分析任务自动化，从而提高工作效率和代码的可读性。

（1）脚本文件的基本操作。

R 脚本文件通常使用.R 扩展名保存，其中包含了一系列可以顺序执行的 R 代码。以下是创建和运行脚本的基本操作。

① 创建脚本文件。

在 RStudio 或其他编辑器中，选择"File">"New File">"R Script"选项即可新建一个 R 脚本文件。

② 保存脚本文件。

创建完成后，选择"File">"Save"选项，或者使用快捷键 Ctrl+S（Windows）或 Cmd+S（Mac）来保存脚本文件。

③ 运行脚本文件。

在 RStudio 中，可以选择整个脚本或部分代码，使用快捷键 Ctrl+Enter（Windows）或 Cmd+Enter（Mac）来执行。

使用 source()函数运行整个脚本。例如，source("myscript.R")会运行名为 myscript.R 的脚本文件。

（2）脚本文件的结构。

一个好的 R 脚本文件通常包括以下结构。

- **头部说明**：包括脚本的标题、作者信息、创建日期和简要描述。
- **加载所需包**：使用 library()函数加载所有所需的 R 包。
- **参数设置**：定义脚本所需的全局参数，以便在后续代码中调用。
- **主代码**：包含数据加载、处理、分析和可视化的主要代码块。
- **结果输出**：将分析结果输出到控制台、文件或绘图设备。
- **清理工作**：清除临时变量或执行其他清理任务，保持工作环境整洁。

示例脚本的基本结构可扫描右侧二维码获取。

（3）使用注释提高代码的可读性。

在脚本编程中，注释（#）是一个重要的工具。良好的注释可以帮助他人（包括未来的自己）更快地理解代码的意图和流程。

线上资源 1-4

- **模块注释**：在每个代码模块的开始处添加简要说明。
- **行内注释**：在关键代码行后添加简要说明。

例如：

```
# 数据加载
data <- read.csv("data.csv")        # 从文件中加载数据
# 计算每组的均值
```

```
group_mean <- data %>%
  group_by(group_variable) %>%
  summarize(mean_value = mean(target_variable, na.rm = TRUE))  # 排除 NA 值
```

（4）条件语句与循环结构。

在脚本编程中，可以使用条件语句与循环结构来实现逻辑控制，从而自动化数据分析过程。

① 条件语句。使用 if、else 语句实现条件逻辑：

```
# 检查数据是否包含缺失值
if (any(is.na(data))) {
  print("Data contains missing values")
} else {
  print("No missing values in the data")
}
```

② 循环结构。使用 for、while 循环对多组数据进行批量处理：

```
# 批量计算多个变量的均值
results <- list()
for (variable in c("var1", "var2", "var3")) {
  results[[variable]] <- mean(data[[variable]], na.rm = TRUE)
}
```

（5）脚本中的错误处理。

使用 tryCatch()函数可以在脚本中处理错误，以确保代码的稳定性。例如：

```
# 读取数据时进行错误处理
data <- tryCatch(
  read.csv("data.csv"),
  error = function(e) {
    message("Error in reading data: ", e)
    NULL  # 返回 NULL 以继续代码的执行
  }
)
```

（6）将函数封装到脚本中。

为了增强代码的重用性和模块化，建议将特定分析任务封装成函数。例如：

```
# 计算均值的函数
calculate_mean <- function(data, variable) {
  mean(data[[variable]], na.rm = TRUE)
}

# 在脚本中调用函数
mean_value <- calculate_mean(data, "target_variable")
```

（7）使用脚本自动化分析流程。

R 脚本编程还可以通过自动化不同数据文件的批量处理来大幅提高工作效率。例如：

```
# 自动处理多个数据文件
file_list <- list.files(path = "data/", pattern = "*.csv", full.names = TRUE)
```

```
results <- list()
for (file in file_list) {
  data <- read.csv(file)
  mean_value <- mean(data$target_variable, na.rm = TRUE)
  results[[file]] <- mean_value
}
```

　　R 脚本编程功能强大，使得用户可以快速实现重复性任务、批量数据处理和复杂的分析流程。结合条件控制、错误处理、注释和函数封装，可以编写清晰、高效的脚本文件，极大地提高数据分析的生产力。

习　　题

1. 结合你对生活的观察，收集几个时间序列的例子。
2. 简述时间序列的发展历程。
3. 基于习题 1，应用 R 语言绘制时间序列图。
4. 请模拟例 1-2 写一段 R 代码，生成时间序列。

第2章　时间序列分析的基础

基于研究对象的历史和现状推测其未来趋势是进行时间序列分析的基本目标。这一目标的实现需要假设时间序列的历史和现状具有代表性或可延续性。也就是说，时间序列的基本特性在未来一段时间内能够维持不变，即满足平稳性假设。另外，还需要假设时间序列各时间点之间存在一定的统计关联性，便于提取其中的潜在规律，以支持建模和推断。因此，在对某一过程进行观测并得到时间序列数据之后，首要任务是检验其平稳性和纯随机性。这是因为大多数经典时间序列模型的构建都建立在序列是平稳且非随机的前提之上。平稳性检验用于判断序列的统计特征是否随时间保持稳定，而纯随机性检验则用于判断序列是否仅由随机波动组成。如果一个序列被判定为非平稳序列或包含系统性趋势，就需要进行进一步预处理，以转换为平稳序列。根据预处理检验的结果，时间序列可以划分为不同类型，并据此选择适当的分析方法。

时间序列本质上是描述随机事件的过程，因此可以视作随机过程的特例。本章在介绍随机过程的概率分布和特征统计量的基础上，重点探讨时间序列的平稳性和纯随机性检验，并简要介绍时间序列分析中的线性差分方程。本章内容将为后续时间序列的建模和预测奠定重要的理论基础。

2.1　随　机　过　程

2.1.1　随机过程的定义

随机过程指随着时间变化的随机的过程。更精确地说，随机过程就是一簇以时间为参考的随机变量 X_t。若时间是非负整数集 $\{0,1,2,\cdots\}$ 的子集，则称 $\{X_t, t \in T\}$ 为离散时间过程；若时间是非负实数集 $[0, \infty)$ 的子集，则称 $\{X_t, t \in T\}$ 为连续时间过程。

一个时间序列就是来自某个随机过程的实现或样本函数。若 ω 为来自某个样本空间 Ω 的元素，则 $\{X(\omega,t): \omega \in \Omega, t \in T\}$ 就是一个随机过程。考虑一个来自随机过程 $\{X(\omega,t): t=0,\pm1, \pm2,\cdots\}$ 的有限随机变量集 $\{X_{t_1}, X_{t_2}, \cdots, X_{t_n}\}$，其 n 维分布函数定义为

$$F_{X_{t_1}, X_{t_2}, \cdots, X_{t_n}}(x_1, x_2, \cdots, x_n) = P(\omega : X_{t_1} \leqslant x_1, X_{t_2} \leqslant x_2, \cdots, X_{t_n} \leqslant x_n) \tag{2-1}$$

其中，$x_i (i=1,2,\cdots,n)$ 是任意实数。

2.1.2　随机过程的矩统计量

对于随机过程 $\{X(\omega,t)\}$，若固定 t，则 $\{X(\omega)\}$ 为一随机变量；若固定 ω，则 $\{X(t)\}$ 为一时间序列。如果一个过程仅取实值，则该过程称为实值过程。对于一个给定的实值过程 $\{X_t : t=0,\pm1,\pm2,\cdots\}$，定义该过程的均值函数为

$$\mu_t = E(X_t) \tag{2-2}$$

该过程的方差函数为

$$\sigma_t^2 = E(X_t - \mu_t)^2$$

X_{t_1} 和 X_{t_2} 之间的协方差为

$$\gamma(t_1, t_2) = E(X_{t_1} - \mu_{t_1})(X_{t_2} - \mu_{t_2})$$

X_{t_1} 和 X_{t_2} 之间的相关系数为

$$\rho(t_1, t_2) = \frac{\gamma(t_1, t_2)}{\sqrt{\sigma_{t_1}^2} \sqrt{\sigma_{t_2}^2}}$$

2.1.3 随机过程的平稳性

如果 $\{X_t, t \in T\}$ 的一维分布函数是时间不变的，即对任意整数 t、k 和 $t+k$，均有

$$F_{X_t}(x) = F_{X_{t+k}}(x) \tag{2-3}$$

则称为依分布一阶平稳。类似地，若对于任意整数 t_1、t_2、k 和 t_1+k、t_2+k，均有

$$F_{X_{t_1}, X_{t_2}}(x_1, x_2) = F_{X_{t_1+k}, X_{t_2+k}}(x_1, x_2)$$

则称为依分布二阶平稳。依分布 n 阶平稳

$$F_{X_{t_1}, X_{t_2}, \cdots, X_{t_n}}(x_1, x_2, \cdots, x_n) = F_{X_{t_1+k}, X_{t_2+k}, \cdots, X_{t_n+k}}(x_1, x_2, \cdots, x_n) \tag{2-4}$$

对于任意 n 元组 $\{t_1, t_2, \cdots, t_n\}$ 和整数 k 均成立。

若对于任意整数 n（$n = 1, 2, \cdots$），式(2-4)均成立，则称该过程为严平稳随机过程。

对于一个严平稳随机过程，分布函数对于所有的 t 都是一样的，若 $E(|X_t|) < \infty$，则均值函数 $\mu_t = \mu$ 是一个常数；若 $E(|X_t|^2) < \infty$，则对于所有的 t，都有 $\sigma_t^2 = \sigma^2$，即方差函数也是一个常数。进一步有

$$\gamma(t_1, t_2) = \gamma(t_1 + k, t_2 + k) \tag{2-5}$$

若令 $t_1 = t - k$，$t_2 = t$，则有

$$\gamma(t_1, t_2) = \gamma(t - k, t) = \gamma(t, t + k) = \gamma_k, \quad \rho(t_1, t_2) = \rho_k \tag{2-6}$$

因此，对于具有有限二阶矩的严平稳随机过程，其二阶协方差和相关函数仅依赖时间间隔 k。

当随机过程的概率分布难以明确时，平稳性的判断就变得复杂了，对于非独立同分布 (i.i.d.) 的时间序列，分布函数或联合分布函数的推导尤其困难。在这种情况下，通常通过矩条件来判断过程的平稳性。若一个过程具有直至 n 阶的混合矩，且这些矩不随时间变化，则称该过程为宽平稳过程，实际分析中常取 $n = 2$。因此，一个二阶宽平稳过程具有常数均值和方差，且其二阶协方差不随时间变化。

需要注意的是，一阶矩和二阶矩有限的严平稳过程同时是宽平稳过程，也称协方差平稳过程。然而，严平稳过程不一定存在有限矩。例如，由独立同分布的柯西随机

变量构成的随机过程虽然满足严平稳性，但不具备任何阶的混合矩，因此不能称为宽平稳过程。

例 2-1 考虑时间序列

$$X_t = A\sin(\omega t + \theta)$$

是否平稳。其中，A 是均值为 0、方差为 1 的随机变量；θ 是服从 $[-\pi, \pi]$ 上的均匀分布的随机变量，且与 A 独立。

因为

$$E(X_t) = E(A\sin(\omega t + \theta)) = E(A)E(\sin(\omega t + \theta)) = 0$$

$$\begin{aligned}
E(X_t X_{t+k}) &= E\{A^2 \sin(\omega t + \theta)\sin[\omega(t+k)+\theta]\} \\
&= \frac{1}{2}\cos(\omega k) - \frac{1}{2}E\{\cos(\omega(2t+k)+2\theta)\} \\
&= \frac{1}{2}\cos(\omega k) - \frac{1}{2}\int_{-\pi}^{\pi}\cos(\omega(2t+k)+2\theta)\frac{1}{2\pi}\mathrm{d}\theta \\
&= \frac{1}{2}\cos(\omega k) - \frac{1}{8\pi}[\sin(\omega(2t+k)+2\theta)]_{-\pi}^{\pi} \\
&= \frac{1}{2}\cos(\omega k)
\end{aligned}$$

即二阶协方差矩仅与时间长度有关，与时间 t 无关，所以，该过程是宽平稳过程。

例 2-2 令 X_t 为一独立的随机变量序列，该序列交替地服从标准正态分布 $N(0,1)$ 和一个以相等的概率取 1 或 −1 两个值的**离散均匀分布**（扫描右侧二维码获取该定义）。

线上资源 2-1

对于所有 t，均有

$$E(X_t) = 0, \ E(X_t^2) = 1$$

且

$$E(X_t X_s) = \begin{cases} 0 & t \neq s \\ 1 & t = s \end{cases}$$

$$\rho(s,t) = \frac{E(X_t X_s)}{\sqrt{E(X_t^2)}\sqrt{E(X_s^2)}} = \begin{cases} 0 & t \neq s \\ 1 & t = s \end{cases}$$

因此，这个过程是宽平稳的，但不是严平稳的。

如果一个随机过程的联合概率分布是正态分布，则它被称为正态或高斯过程，该过程的严平稳和宽平稳等价。

随机变量族的统计特征完全由其联合分布函数或联合密度函数决定。作为随机序列的时间序列，其概率分布族定义如下。

设 $\{X_t, t \in T\}$ 是一随机时间序列，对任意整数 n 及任意 $t_i \in T$，$x_i \in \mathbf{R}$

$$F_{t_1, t_2, \cdots, t_n}(x_1, x_2, \cdots, x_n) \triangleq P_{t_1, t_2, \cdots, t_n}(X_1 \leq x_1, X_2 \leq x_2, \cdots, X_n \leq x_n)$$

称为 X_t 的 n 维概率分布函数。显然，时间序列是固定随机事件的一个随机过程。

2.2　概率分布与特征统计量

在了解时间序列的统计特征之前，先来回顾一下随机变量的统计特征。

(1)随机变量的矩。

从统计学角度来说，一个随机变量 X 的 n 阶原点矩为

$$\mu_n = E(X^n) = \int_{-\infty}^{\infty} x^n \mathrm{d}F(x) \tag{2-7}$$

n 阶中心矩为

$$\mu_n = E[X - E(X)]^n = \int_{-\infty}^{\infty} [x - E(X)]^n \mathrm{d}F(x) \tag{2-8}$$

显然，一阶原点矩为均值，度量随机变量的平均水平；二阶中心矩为方差，刻画随机变量的波动程度；三阶中心矩为偏度，度量随机变量分布的非对称程度；四阶中心矩为峰度，衡量随机变量分布的尖峰或平坦程度。设随机变量 X 的密度函数为 $f(x)$，则其前四阶矩表示如下：

$$E(X) = \mu = \int_{-\infty}^{\infty} x f(x) \mathrm{d}x$$

$$\mathrm{Var}(X) = E[(X - E(X))^2] = \int_{-\infty}^{\infty} (x - E(x))^2 f(x) \mathrm{d}x$$

$$S(x) = E[(X - E(X))^3] = \int_{-\infty}^{\infty} (x - E(x))^3 f(x) \mathrm{d}x (偏度)$$

$$K(x) = E[(X - E(X))^4] = \int_{-\infty}^{\infty} (x - E(x))^4 f(x) \mathrm{d}x (峰度)$$

相应地，有各阶样本矩：

$$\hat{\mu} = \overline{x} = \frac{1}{n} \sum_{i=1}^{n} x_i \quad \hat{\sigma}^2 = \frac{1}{n-1} \sum_{i=1}^{n} (x_i - \overline{x})^2$$

$$\hat{s} = \frac{\dfrac{1}{n-1} \sum_{i=1}^{n} (x_i - \overline{x})^3}{\hat{\sigma}^3} \quad \hat{k} = \frac{\dfrac{1}{n-1} \sum_{i=1}^{n} (x_i - \overline{x})^4}{\hat{\sigma}^4}$$

关于期望和方差的一些有用的运算规则如下(这里，A 为常数)：

$$E(AX) = AE(X) \qquad E(A + X) = A + E(X)$$

$$E(X + Y) = E(X) + E(Y)$$

$$\mathrm{Var}(AX) = A^2 \mathrm{Var}(X) \qquad \mathrm{Var}(A + X) = \mathrm{Var}(X)$$

$$\mathrm{Var}(X + Y) = \mathrm{Var}(X) + 2\mathrm{Cov}(X, Y) + \mathrm{Var}(Y)$$

$$\mathrm{Cov}(AX, Y) = A\mathrm{Cov}(X, Y)$$

$$\mathrm{Cov}(X + Y, Z) = \mathrm{Cov}(X, Z) + \mathrm{Cov}(Y, Z)$$

(2)特征统计量。

在时间序列分析中，重点关注 4 个特征统计量：均值、方差、协方差和相关系数。

对于时间序列 $\{X_t\}$，若任意的时间序列值 X_t 都有一个分布函数 $F_t(x)$，且满足 $\int_{-\infty}^{\infty} x\mathrm{d}F_t(x) < +\infty$，则称 $\mu_t = E(X_t) = \int_{-\infty}^{\infty} x\mathrm{d}F_t(x)$ 为序列 $\{X_t\}$ 的均值函数；若 $\int_{-\infty}^{\infty} x^2\mathrm{d}F_t(x) < +\infty$，则称 $\sigma_t^2 = \mathrm{Var}(X_t) = E(X_t - \mu_t)^2 = \int_{-\infty}^{\infty} (x - \mu_t)^2\mathrm{d}F_t(x)$ 为序列 $\{X_t\}$ 的方差函数。

类似地，定义 $\gamma(t,s) = \mathrm{Cov}(X_t, X_s) = E(X_t - \mu_t)(X_s - \mu_s) = E(X_t X_s - \mu_t \mu_s)$ 为序列 $\{X_t\}$ 的自协方差函数，特别地，$\gamma(t,t) = \mathrm{Cov}(X_t, X_t) = D(X_t) = \sigma_t^2 \geqslant 0$，其中 D 代表方差。

(3) 自相关系数和偏自相关系数。

定义

$$\rho(t,s) = \frac{\gamma(t,s)}{\sqrt{D(X_t) \cdot D(X_s)}} \tag{2-9}$$

为序列 $\{X_t\}$ 的自相关系数，也称自相关函数（Auto-Correlation Function，ACF），它描述了在同一个随机过程中，相距 $s-t$ 个时滞的 X_s 与 X_t 的相关性。

除了 X_t 与 X_{t+k} 的自相关，还考察剔除 X_t 与 X_{t+k} 之间的干预变量 $X_{t+1}, X_{t+2}, \cdots, X_{t+k-1}$ 的影响后的相关，这种条件相关

$$\mathrm{Corr}(X_t, X_{t+k} \mid X_{t+1}, X_{t+2}, \cdots, X_{t+k-1})$$

称为偏自相关系数（Partial Auto-Correlation Function，PACF）：

$$\rho_{X_t, X_{t+k} \mid X_{t+1}, X_{t+2}, \cdots, X_{t+k-1}} = \frac{E[(X_t - \widehat{EX_t})(X_{t+k} - \widehat{EX_{t+k}})]}{E(X_t - \widehat{EX_t})^2} \tag{2-10}$$

常记为 ϕ_{kk}，其中，$\widehat{EX_t} = E(X_t \mid X_{t+1}, X_{t+2}, \cdots, X_{t+k-1})$，$\widehat{EX_{t+k}} = E(X_{t+k} \mid X_{t+1}, X_{t+2}, \cdots, X_{t+k-1})$。

2.3 样本的特征统计量

如果能够获得一个随机时间序列的所有可能实现或多次独立实现，就可以计算出其均值、方差、协方差、自相关系数和偏自相关系数的精确值。然而，在大多数实际应用中，很难获得序列的多次独立实现，通常只能获得时间序列的单次实现，这使得直接计算总体统计量变得不可能。在接下来的讨论中，我们在满足良好统计特征检测条件的前提下，利用时间平均来估计序列的均值、自协方差和自相关系数。

2.3.1 样本均值

对于单次实现，随机过程的均值 $E(X_t)$ 的一个自然估计是简单均值：

$$\bar{X} = \frac{1}{n} \sum_{t=1}^{n} X_t$$

它是 n 个观测值的时间平均。若考虑这一随机过程是平稳的，记 $E(X_t) = \mu$，则显然有

$$E(\bar{X}) = E\left(\frac{1}{n} \sum_{t=1}^{n} X_t\right) = \frac{1}{n} \sum_{t=1}^{n} E(X_t) = \mu$$

表明 $\bar{X}$ 是 μ 的无偏估计。

需要特别说明的是，考虑到样本依然是随机变量，且随着观察值的变化而变化，本书中的样本统计量有时也用大写字母表示。在后续的时间序列的实现中，理论模型和总体特征统计量通常用大写字母表示，样本模型及其实现通常用小写字母表示。

记

$$\mathrm{Var}(\bar{X}) = \frac{1}{n^2}\sum_{t=1}^{n}\sum_{s=1}^{n}\mathrm{Cov}(X_t, X_s) = \frac{\gamma_0}{n^2}\sum_{t=1}^{n}\sum_{s=1}^{n}\rho(t-s) = \frac{\gamma_0}{n^2}\sum_{k=-(n-1)}^{n-1}(n-|k|)\rho_k$$

$$= \frac{\gamma_0}{n}\sum_{k=-(n-1)}^{n-1}\left(1 - \frac{|k|}{n}\right)\rho_k \qquad k = t-s$$

如果 $\displaystyle\lim_{n\to\infty}\sum_{k=-(n-1)}^{n-1}\left(1-\frac{|k|}{n}\right)\rho_k$ 存在，则当 $n\to\infty$ 时，$\mathrm{Var}(\bar{X})\to 0$，从而得 $\bar{X}$ 是 μ 的一致估计，即在均方意义下，有

$$\lim_{n\to\infty}\frac{1}{n}\sum_{t=1}^{n}X_t = \mu$$

说明该随机过程是均值遍历的。

若 $k\to\infty$ 时，$\rho_k\to 0$ 成立，则随机过程 $\{X_t\}$ 也是均值遍历的。这是因为，对于任意 $\varepsilon>0$，都可以找到一个 N，使得对于所有 $k>N$，都有 $|\rho_k|<\dfrac{\varepsilon}{4}$。所以，对于 $n>N$，有

$$\left|\frac{1}{n}\sum_{k=-(n-1)}^{n-1}\rho_k\right| \leqslant \frac{2}{n}\sum_{k=0}^{n-1}|\rho_k| = \frac{2}{n}\sum_{k=0}^{N}|\rho_k| + \frac{2}{n}\sum_{k=N+1}^{n-1}|\rho_k|$$

选择足够大的 n，使得 $\dfrac{2}{n}\displaystyle\sum_{k=0}^{N}|\rho_k|<\varepsilon$，即有

$$\left|\frac{1}{n}\sum_{k=-(n-1)}^{n-1}\rho_k\right| \leqslant \frac{2}{n}\sum_{k=0}^{N}|\rho_k| + \frac{1}{2}\varepsilon \leqslant \varepsilon$$

因此，当 $k\to\infty$ 时，$\rho_k\to 0$，也即有

$$\lim_{n\to\infty}\frac{1}{n}\sum_{k=-(n-1)}^{n-1}\rho_k = 0$$

这意味着 $\displaystyle\lim_{n\to\infty}\mathrm{Var}(\bar{X})=0$，说明当 X_t 与 X_{t+k} 相距足够远时，它们几乎不相关，一些新的有用信息增加进来，使得有限时间序列的时间平均接近总体平均。

2.3.2　样本自协方差函数

对于单次实现，可以使用时间序列的平均来估计自协方差函数 γ_k：

$$\hat{\gamma}_k = \frac{1}{n}\sum_{t=1}^{n-k}(X_t - \bar{X})(X_{t+k} - \bar{X})$$

或

$$\hat{\hat{\gamma}}_k = \frac{1}{n-k}\sum_{t=1}^{n-k}(X_t - \bar{X})(X_{t+k} - \bar{X})$$

$$\sum_{t=1}^{n-k}(X_t - \bar{X})(X_{t+k} - \bar{X}) = \sum_{t=1}^{n-k}[(X_t - \mu) - (\bar{X} - \mu)][(X_{t+k} - \mu) - (\bar{X} - \mu)]$$

$$\approx \sum_{t=1}^{n-k}(X_t - \mu)(X_{t+k} - \mu) - (n-k)(\bar{X} - \mu)^2$$

其中，$(n-k)(\bar{X} - \mu)$ 为 $\sum_{t=1}^{n-k}(X_t - \mu)$ 和 $\sum_{t=1}^{n-k}(X_{t+k} - \mu)$ 的近似，因此

$$E(\hat{\hat{\gamma}}_k) \cong \gamma_k - \frac{k}{n}\gamma_k - \left(\frac{n-k}{n}\right)\mathrm{Var}(\bar{X})$$

$$E(\hat{\hat{\gamma}}_k) \cong \gamma_k - \mathrm{Var}(\bar{X})$$

显然，这两个估计都是有偏的。一般地，$\hat{\gamma}_k$ 比 $\hat{\hat{\gamma}}_k$ 的偏差大，尤其在 k 相对于 n 很大时。因此，在时间序列中，对于给定的 n，常建议至多计算到 $n/4$ 时的估计，若当 $k \to \infty$ 时，$\rho_k \to 0$，则该过程是均值遍历的，且 $\lim_{n \to \infty}\mathrm{Var}(\bar{X}) = 0$，$\hat{\gamma}_k$ 和 $\hat{\hat{\gamma}}_k$ 都是渐近无偏的。 通常，$\hat{\gamma}_k$ 比 $\hat{\hat{\gamma}}_k$ 有更小的均方误差，常用它作为样本自相关系数来估计总体的自相关系数 γ_k。

对于任意给定的 k，由于样本自协方差函数 $\hat{\gamma}_k$ 是总体 γ_k 的渐近无偏估计，因此 $\hat{\gamma}_k$ 是均方一致的，该过程是自协方差遍历的一个充分条件为自协方差函数是绝对可和的，即 $\sum_{k=-\infty}^{+\infty}|\gamma_k| < \infty$，并且 $\lim_{k \to \infty}\mathrm{Var}(\hat{\gamma}_k) = 0$。证明过程略。

2.3.3 样本自相关系数

对于样本序列 $X_1, X_2, \cdots, X_n$，其自相关系数为

$$\hat{\rho}_k = \frac{\hat{\gamma}_k}{\hat{\gamma}_0} = \frac{\sum_{t=1}^{n-k}(X_t - \bar{X})(X_{t+k} - \bar{X})}{\sum_{t=1}^{n}(X_t - \bar{X})^2} \quad k = 0,1,2,\cdots$$

其中，$\bar{X} = \frac{1}{n}\sum_{t=1}^{n}X_t$ 是序列的样本均值。

补充 2-1 $\hat{\rho}_k$ 关于 k 的图像称为样本自相关图。对于平稳的高斯过程，Bartlett 于 1946 年得出，对于 $k > 0$ 和 $k + j > 0$，有

$$\mathrm{Cov}(\hat{\rho}_k, \hat{\rho}_{k+j}) \cong \frac{1}{n}\sum_{i=-\infty}^{\infty}(\rho_i\rho_{i+j} + \rho_{i+k+j}\rho_{i+k} - 2\rho_i\rho_k\rho_{i-j-k} - 2\rho_i\rho_{k+j}\rho_{i-k} + 2\rho_{k+j}\rho_k\rho_i^2)$$

对于较大的 n，$\hat{\rho}_k$ 的分布近似于正态分布，均值为 ρ_k，方差为

$$\mathrm{Var}(\hat{\rho}_k) \cong \frac{1}{n}\sum_{i=-\infty}^{\infty}(\rho_i^2 + \rho_{i+k}\rho_{i-k} - 4\rho_i\rho_k\rho_{i-k} + 2\rho_i^2\rho_k^2)$$

当 $k > m$ 时，$\rho_k = 0$，$\mathrm{Var}(\hat{\rho}_k) \cong \dfrac{1}{n}(1 + 2\rho_1^2 + 2\rho_2^2 + \cdots + 2\rho_m^2)$。

在实际中，当 ρ_i（$i = 1, 2, \cdots, m$）未知时，用样本估计 $\hat{\rho}_k$ 来代替，并且有 $\hat{\rho}_k$ 的滞后标准差

$$S_{\hat{\rho}_k} = \sqrt{\frac{1}{n}(1 + 2\hat{\rho}_1^2 + 2\hat{\rho}_2^2 + \cdots + 2\hat{\rho}_m^2)}。$$

我们还注意到

$$\hat{\rho}_k = \frac{\displaystyle\sum_{t=1}^{n-k}(X_t - \bar{X})(X_{t+k} - \bar{X})}{\displaystyle\sum_{t=1}^{n}(X_t - \bar{X})^2} = \frac{\displaystyle\sum_{t=k+1}^{n}(X_t - \bar{X})(X_{t-k} - \bar{X})}{\displaystyle\sum_{t=1}^{n}(X_t - \bar{X})^2} = \hat{\rho}_{-k}$$

即样本自相关系数关于原点对称。

2.3.4　样本偏自相关系数

样本偏自相关系数常用 $\hat{\phi}_{kk}$ 来表示。Durbin 于 1960 年给出了样本偏自相关系数的递推算法：

$$\hat{\phi}_{k+1, k+1} = \frac{\hat{\rho}_{k+1} - \displaystyle\sum_{j=1}^{k}\hat{\phi}_{kj}\hat{\rho}_{k+1-j}}{1 - \displaystyle\sum_{j=1}^{k}\hat{\phi}_{kj}\hat{\rho}_j} \qquad \hat{\phi}_{k+1, j} = \hat{\phi}_{kj} - \hat{\phi}_{k+1, k+1}\hat{\phi}_{k, k+1-j} \ (\, j = 1, 2, \cdots, k\,)$$

例如，计算如下时间序列 X_t 的 10 次观测样本的自相关系数和偏自相关系数：

t	X_t	X_{t+1}	X_{t+2}	X_{t+3}	$\cdots$
1	13	8	15	4	
2	8	15	4	4	
3	15	4	4	12	
4	4	4	12	11	
5	4	12	11	7	
6	12	11	7	14	
7	11	7	14	12	
8	7	14	12		
9	14	12			
10	12				

经计算可知，样本均值 $\bar{X} = 10$，$\hat{\rho}_1 = -0.188$, $\hat{\rho}_2 = -0.201$, $\hat{\rho}_3 = 0.181$，$\cdots$，$\hat{\phi}_{11} = \hat{\rho}_1 = -0.188, \hat{\phi}_{22} = -0.245, \hat{\phi}_{33} = 0.097, \cdots$。

2.4　时间序列的平稳性的概念

时间序列的平稳性是时间序列分析的核心概念，也是建模的基础。平稳性检验是时间序列预处理中的关键步骤。简单而言，平稳性表示系统达到统计平衡，其统计特征不随时间变化。根据约束条件的严格程度，平稳性可分为严平稳和宽平稳。

2.4.1 严平稳

严平稳是一种较为苛刻的平稳性定义，要求序列的所有统计特征均不随时间变化，其数学定义如下。

若 $\{X_t,\ t \in T\}$ 是一个随机时间序列，则对于任意正整数 m，任取 $t_1, t_2, \cdots, t_m \in T$，对于任意正整数 τ，满足

$$F_{t_1, t_2, \cdots t_m}(x_1, x_2, \cdots, x_m) = F_{t_{1+\tau}, t_{2+\tau}, \cdots t_{m+\tau}}(x_1, x_2, \cdots, x_m) \tag{2-11}$$

的序列称为严平稳序列。

2.4.2 宽平稳

宽平稳是基于序列的特征统计量来定义的一种平稳性，主要关注序列的低阶矩(通常为二阶矩)是否稳定。宽平稳认为，如果序列的低阶矩不随时间变化，则可以认为其主要统计特征基本稳定。满足以下条件的序列称为宽平稳序列。

(1) $E(X_t^2) < \infty$，$\forall t \in T$。

(2) $E(X_t) = \mu$，$\mu \in \text{Constant}$ 即 μ 为与时间 t 无关的常数，$\forall t \in T$。

(3) $\gamma(t,s) = \gamma(k, k+s-t)$，$\forall t, s, k$ 且 $k+s-t \in T$。

严平稳条件比宽平稳条件更加严格，通常情况下，严平稳(在低阶矩存在时)能推导出宽平稳，但宽平稳不能反推导出严平稳。某些严平稳序列由于缺乏低阶矩(如服从柯西分布的严平稳序列)而不满足宽平稳条件。对于服从多元正态分布的序列，宽平稳可以推导出严平稳，因此正态分布下的严平稳与宽平稳是等价的。

2.4.3 平稳时间序列的统计性质

平稳时间序列具有常数均值和方差，且自协方差函数和自相关系数只依赖时间的平移长度(间隔)，而与时间的起止点无关。延迟 k 阶的自协方差函数为 $\gamma(k) = \gamma(t, t+k)$，$\forall k \in N$；延迟 k 阶的自相关系数 $\rho_k = \dfrac{\text{Cov}(X_t, X_{t+k})}{\sqrt{D(X_t) \cdot D(X_{t+k})}} = \dfrac{\gamma(t, t+k)}{\gamma(0)} = \dfrac{\gamma(k)}{\gamma(0)}$。

自相关系数具有以下性质。

(1) 规范性：$\rho_0 = 1$，且 $|\rho_k| \leqslant 1$。

(2) 对称性：$\rho_k = \rho_{-k}$。

(3) 非负定性：

$$\boldsymbol{\Gamma}_m = \begin{pmatrix} \rho_0 & \rho_1 & \cdots & \rho_{m-1} \\ \rho_1 & \rho_0 & \cdots & \rho_{m-2} \\ \vdots & \vdots & \cdots & \vdots \\ \rho_{m-1} & \rho_{m-2} & \cdots & \rho_0 \end{pmatrix} \tag{2-12}$$

这里，对于任意正整数 m，$\boldsymbol{\Gamma}_m$ 均为非负定矩阵。

(4) 非唯一性：一个平稳时间序列一定唯一决定了它的自相关系数，但一个自相关系数未必唯一对应着一个平稳时间序列。

2.4.4 平稳性的意义

在平稳序列场合，序列的均值等于常数，这意味着原本含有多个随机变量的均值序列变成了只含有一个变量的常数序列：

$$\{\mu_t, t \in T\} \quad \Rightarrow \quad \{\mu, t \in T\} \tag{2-13}$$

原本每个随机变量的均值（方差、自相关系数）只能依靠唯一的一个样本观测值来估计，现在由于平稳性，每个统计量都将拥有大量的样本观测值。这极大地减少了随机变量的个数，并增加了待估变量的样本容量，从而极大地降低了时间序列分析的难度，同时提高了对特征统计量的估计精度。

对于平稳时间序列，一般由其样本信息推断其统计相关性，用样本均值估计总体均值，用样本自协方差估计总体协方差，用样本相关函数推断总体相关程度，即

$$\hat{\mu} = \overline{x} = \frac{\sum_{t=1}^{n} x_t}{n}, \quad \hat{\sigma}^2 = \hat{\gamma}_0 = \frac{\sum_{t=1}^{n}(x_t - \overline{x})^2}{n-1}$$

$$\hat{\gamma}_k = \frac{\sum_{t=1}^{n-k}(x_t - \overline{x})(x_{t+k} - \overline{x})}{n-k} \text{ 或 } \hat{\hat{\gamma}}_k = \frac{\sum_{t=1}^{n-k}(x_t - \overline{x})(x_{t+k} - \overline{x})}{n}$$

$$\hat{\rho}_k = \frac{\hat{\gamma}_k}{\hat{\gamma}_0} = \frac{n}{n-k} \frac{\sum_{t=1}^{n-k}(x_t - \overline{x})(x_{t+k} - \overline{x})}{\sum_{t=1}^{n}(x_t - \overline{x})^2} \approx \frac{\hat{\hat{\gamma}}_k}{\hat{\gamma}_0} = \frac{\sum_{t=1}^{n-k}(x_t - \overline{x})(x_{t+k} - \overline{x})}{\sum_{t=1}^{n}(x_t - \overline{x})^2} \quad 0 < k << n$$

其中，$\hat{\mu}$、$\hat{\gamma}_k$（或 $\hat{\hat{\gamma}}_k$）、$\hat{\rho}_k$ 分别为总体均值、自协方差、自相关系数的估计；n 为样本量；k 为延迟阶数。

2.5 平稳性检验

当实现对某序列的观测后，应该如何对其进行平稳性检验呢？目前，对时间序列进行平稳性检验主要有两种方法：一种是图检法，即根据时间序列图和自相关图进行直观判断；另一种是构造检验统计量的方法，目前主要有单位根检验法。

2.5.1 图检法

由宽平稳的定义可知，平稳时间序列具有常数均值和方差。这意味着平稳序列的时间序列图应该显示出该序列始终在一个常数值附近波动，而且波动的范围有界、无明显趋势及周期特征的特点。

对于图检法，一般绘制时间序列图来判断序列的平稳性。直观地来说，就是如果时间序列是平稳的，那么序列应该围绕某个均值上下随机波动；若序列明显具有一定的变化趋势，则该序列不是平稳时间序列。根据这个性质，对于很多非平稳序列，通过查看其时间

序列图就可以直接辨识出来。

例 2-3 电力是国民经济的重要基础工业，是能源行业的中心。一个国家的工业发展离不开电力事业的发展，随着我国工业化的发展，我国的用电量也持续增长。我国现在的主要电力供应来源主要包括风电、火电、水电、光电等。火电作为我国的主要供应来源，其发电量占我国发电量的 80%，但由于发电的化石能源的不可再生性，以及火电带来的环境污染，进入 21 世纪以来，我国的新能源逐渐得到重视，风电、光电、水电得到大力发展。现收集了 2016 年 5 月至 2021 年 9 月我国的火电、水电、光电、风电发电量数据序列，并做出了时间序列图，如图 2-1 所示。

线上资源 2-2

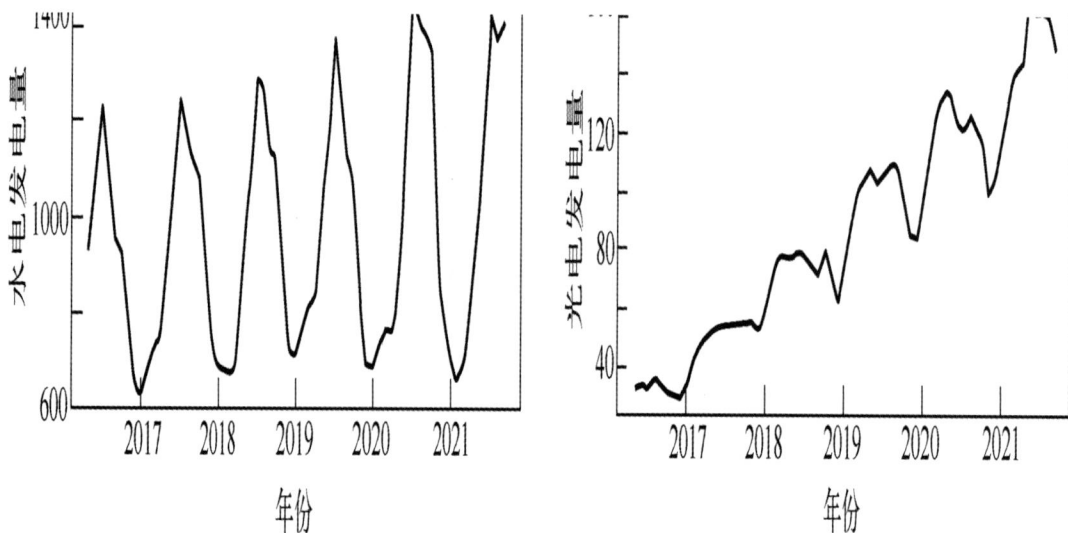

图 2-1　我国的火电、水电、光电、风电发电量时间序列图

直观上看，风电、火电、光电时间序列都随时间呈现递增趋势，故其不是平稳的；而水电时间序列则表现出平稳性。

再来看另一个例子。

例 2-4 前面提到，太阳黑子的活动周期与农业生产的周期非常接近，这引起了英国天文学家、天王星的发现者赫歇尔的兴趣。19 世纪中期，他观察到太阳黑子减少时地球的降雨量也随之减少，农业产量表现出与太阳黑子的活动周期相似的波动。因此，通过记录太阳黑子随时间的变化规律，可以为农业生产提供指导，从而提高农业产量与人们的生活质量。图 2-2 展示的太阳黑子时间序列呈现出围绕某一恒定值的有界波动，表明该序列为平稳时间序列。

```
# 加载时间序列数据
data("sunspot.year")
# 绘制太阳黑子时间序列图
plot(sunspot.year, type = "l", col = "blue",
    main = "Yearly Sunspot Activity",
    xlab = "Year", ylab = "Sunspot Count")
```

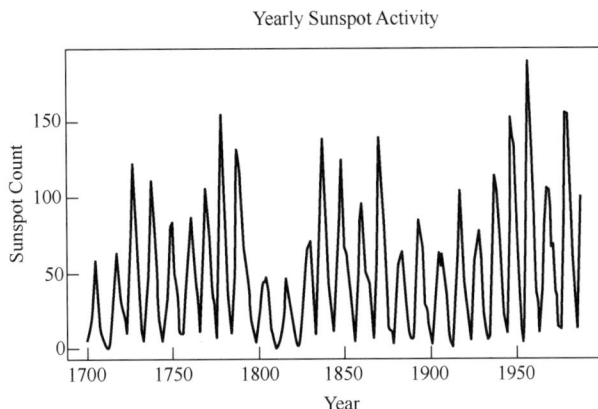

图 2-2 太阳黑子时间序列图

另外，还可以通过时间序列的自相关图初步判断序列的平稳性。自相关图是一种二维悬垂线图，横轴表示延迟阶数，纵轴表示自相关系数，悬垂线的长度反映自相关系数值的大小。平稳序列通常表现出短期相关性，随着延迟阶数 k 的升高，自相关系数 ρ_k 会快速衰减至零；而对于非平稳序列，自相关系数 ρ_k 通常衰减至零的速度较慢。

例 2-5 中国出口贸易时间序列图如图 2-3 所示，该序列涵盖了 2000 年至 2023 年间的中国出口贸易占 GDP 的百分比。整体上，数据展现出波动趋势，反映了国际经济环境变化和国内经济政策调整的影响。从该序列的自相关图中可以观察到，数据波动存在一定的周期性，尤其在全球经济周期或重大事件(见图 2-4)期间表现出较大幅度的波动。

图 2-3 中国出口贸易时间序列图

例 2-6 quantmod 包提供了 S&P 500 指数自 2022 年 1 月 3 日至 2022 年 12 月 30 日的每日收盘价，并计算了每日收益率，作出时间序列图(见图 2-5)。通过直观观察可知，该序列平稳；图 2-6 展示的是其自相关图，显示出该序列的自相关系数迅速衰减至零左右，即该序列是平稳的。

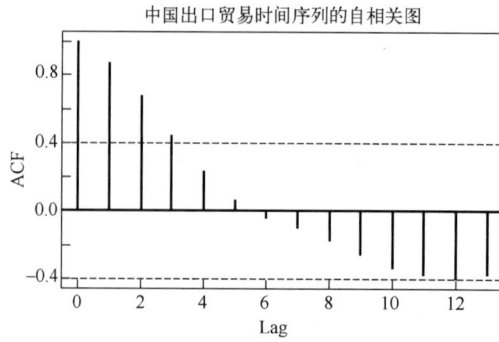

图 2-4　图 2-3 所示序列的自相关图

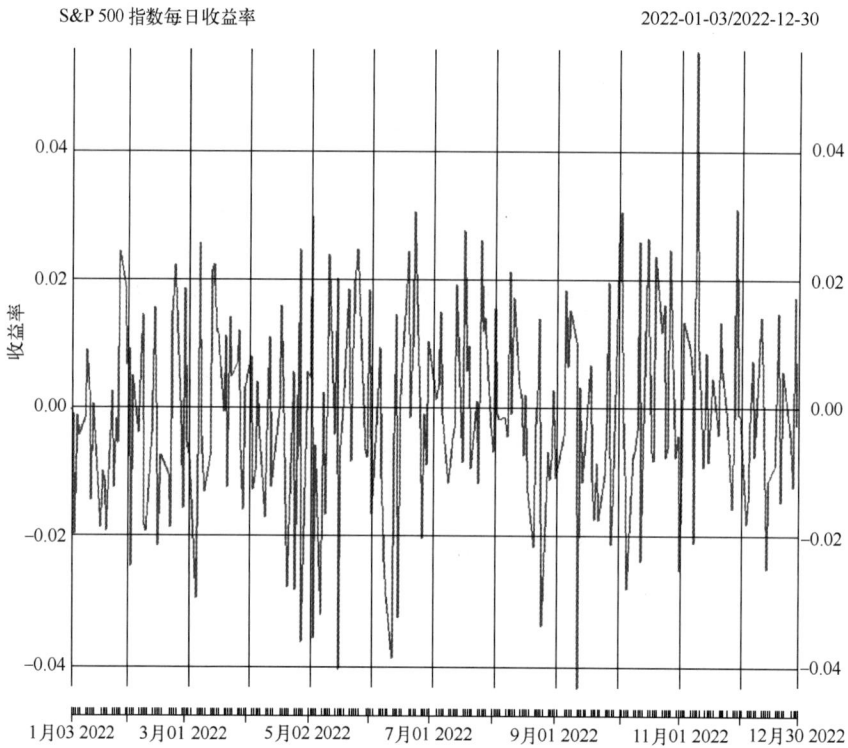

线上资源 2-3

图 2-5　S&P 500 指数时间序列图

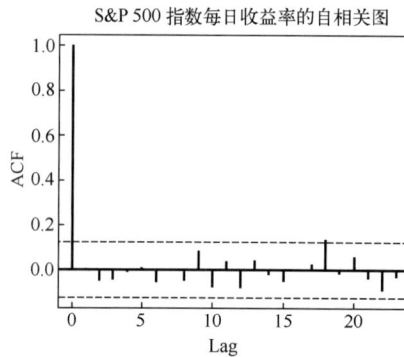

图 2-6　图 2-5 所示序列的自相关图

一个最简单的随机时间序列是具有零均值同方差的独立分布序列：

$$X_t = \mu_t \quad \mu_t \sim N(0, \sigma^2) \tag{2-14}$$

该序列常被称为白噪声序列。

由于 X_t 具有相同的均值与方差，且协方差为零，因此由定义可知白噪声序列是平稳的。

另一个简单的随机时间序列被称为随机游走（Random Walk）序列，该序列由如下随机过程生成：

$$X_t = X_{t-1} + \mu_t \tag{2-15}$$

其中，μ_t 是一个白噪声。

容易知道该序列具有相同的均值：$E(X_t) = E(X_{t-1})$。

为了检验该序列是否具有相同的方差，可假设 X_t 的初值为 X_0，则易知

$$X_1 = X_0 + \mu_1$$

$$X_2 = X_1 + \mu_2 = X_0 + \mu_1 + \mu_2$$

$$\vdots$$

$$X_t = X_0 + \mu_1 + \mu_2 + \cdots + \mu_t$$

由于 X_0 是常数，μ_t 是一个白噪声，因此 $\mathrm{Var}(X_t) = t\sigma^2$，即 X_t 的方差与时间 t 有关而非常数，它是一个非平稳序列。

然而，对 X 取一阶差分可得

$$\Delta X_t = X_t - X_{t-1} = \mu_t$$

由于 μ_t 是一个白噪声，因此 $\{X_t\}$ 是平稳的。

后面将会看到，如果一个时间序列是非平稳的，则它常常可通过取差分的方法形成平稳序列。事实上，随机游走过程是 1 阶自回归 AR(1) 过程的特例：

$$X_t = \phi X_{t-1} + \mu_t$$

不难验证：

（1）当 $|\phi| > 1$ 时，该随机过程生成的时间序列是发散的，表现为持续上升（$\phi > 1$）或持续下降（$\phi < -1$），因此该序列是非平稳的。

（2）当 $\phi - 1$ 时，X_t 是一个随机游走过程，也是非平稳的。

下面通过举例来进一步理解如何通过自相关图判断序列的平稳性。

例 2-7　曼联是英超甚至全球最成功的球队之一，拥有贝克汉姆、鲁尼等众多传奇球星。在英超 28 年的历史中，曼联共夺得 13 次英格兰足总杯冠军，堪称英超霸主。尽管弗格森爵士退休后其战绩有所下滑，但曼联依旧是一支不可小觑的劲旅。

为了研究曼联在英超将近 30 年的进攻和防守水平，这里选取了 1992—2018 年的进球数、失球数，2006—2018 年的射门数、抢断数 4 项典型数据，作出时间序列图，检验序列的平稳性。

图 2-7 显示的进球数和失球数序列具有平稳性；抢断数和射门数序列具有明显的下降趋势，显示出非平稳性。

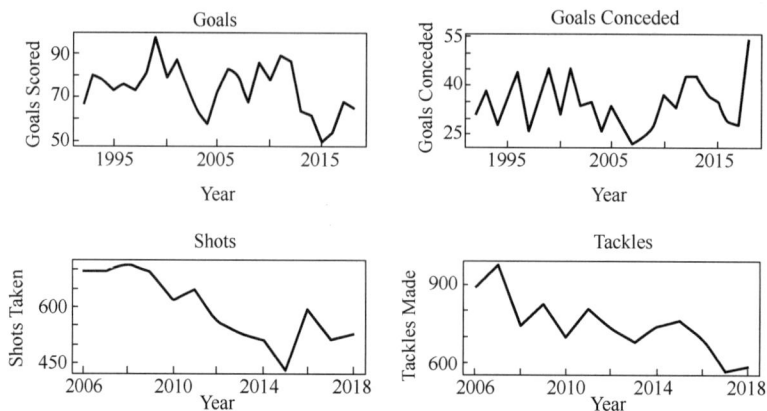

线上资源 2-4

图 2-7 进球数、失球数、射门数、抢断数的时间序列图

可进一步绘制自相关图：

```
# 绘制自相关图
acf(goals_ts, main = "ACF of Goals")
acf(goalsconceded_ts, main = "ACF of Goals Conceded")
acf(shots_ts, main = "ACF of Shots")
acf(tackles_ts, main = "ACF of Tackles")
```

显然，该序列的自相关性会随着延迟阶数的升高逐渐减弱，即自相关系数随着延迟阶数的升高逐渐衰减至零。平稳序列的自相关系数衰减较快，而非平稳序列的自相关系数则通常衰减较慢，这一特性常作为判断序列是否平稳的依据之一。在图 2-8 中，两条平行虚线表示自相关系数的 2 倍标准差。当自相关系数超出该范围时，表明相关性显著；当自相关系数落在该范围内时，可认为自相关系数近似为零。在图 2-8 的左上图中，延迟 2 阶及以上的自相关系数落在 2 倍标准差范围内，显示序列平稳；右上图中除 0 阶外的自相关系数也均落在此范围内，序列显然平稳；而左下图和右下图表现出下降趋势，暗示序列具有非平稳性，但样本的自相关图呈现平稳特征，这可能是由于序列较短造成的，难以在短期内直观判断该序列的平稳性。

例 2-8 AirPassengers 数据集记录了 1949 年到 1960 年每月乘坐国航的旅客人数，单位为千人次。

线上资源 2-5

```
# 加载 AirPassengers 数据集
data("AirPassengers")
# 绘制时间序列图
plot(AirPassengers, main = "International Airline Passengers (1949-1960)",
    ylab = "Passengers (1000s)", xlab = "Year", col = "blue")
# 绘制自相关图
acf(AirPassengers, main = "ACF of AirPassengers Data")
```

绘制结果如图 2-9 所示，可以看到数据的年际增长趋势，且波动幅度逐渐增大；自相关图显示，延迟阶数较高的自相关系数衰减较慢，且在每年周期(如延迟阶数为 12、24)出现较强的相关性，表明数据具有周期性并且不平稳。

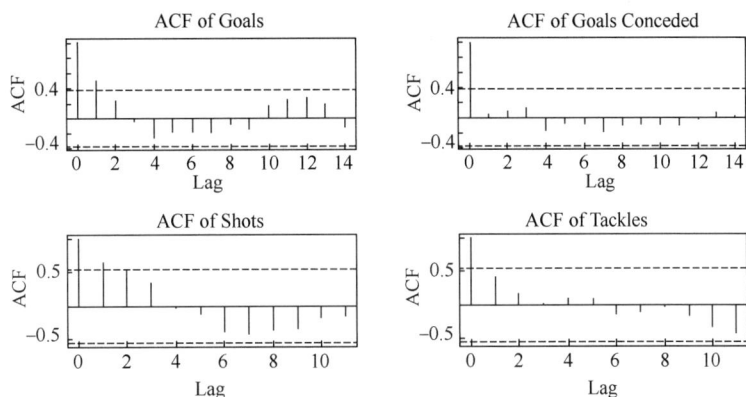

图 2-8　进球数、失球数、射门数、抢断数时间序列的自相关图

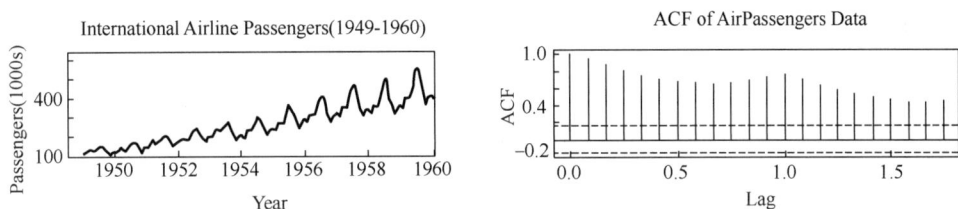

图 2-9　每月乘坐国航的旅客人数的时间序列图及其自相关图

2.5.2　ADF 检验

单位根检验法是通过构造统计量来检验序列平稳性的一种常用方法，其理论基础是，如果一个序列是平稳的，那么该序列的所有特征根都应位于单位圆内。基于此性质构建的平稳性检验方法即单位根检验法。

最早的单位根检验法由统计学家 Dickey 和 Fuller 提出，因此被命名为 DF 检验。随着该领域的不断发展，涌现出了多种改进的单位根检验法，如增强型的 DF 检验和 Phillips-Perron(PP)检验等。

DF 检验从最简单的情况出发，假设序列仅存在一阶相关，即其确定性部分可以仅由前一期的历史数据表示，序列的表达形式可描述为

$$x_t = \phi_1 x_{t-1} + \xi_t \tag{2-16}$$

其中，ξ_t 为序列的随机部分，常假设 $\xi_t \sim N(0, \sigma^2)$。

显然，该序列只有一个特征根，且 $\lambda = \phi_1$，通过检验特征根是在单位圆内还是单位圆上(外)可以检验序列的平稳性。由于现实生活中绝大多数序列都是非平稳序列，因此 DF 检验的原假设为序列非平稳，备择假设为序列平稳，即

$$H_0: |\phi_1| \geq 1 \quad \leftrightarrow \quad H_1: |\phi_1| < 1 \tag{2-17}$$

当 $|\phi_1| < 1$ 时，设计 t 统计量：

$$t(\phi_1) = \frac{\hat{\phi}_1 - \phi_1}{S(\hat{\phi}_1)} \xrightarrow{\text{渐近}} N(0,1) \tag{2-18}$$

其中，$\hat{\phi}_1$ 为参数 ϕ_1 的估计；$S(\hat{\phi}_1)$ 为 $\hat{\phi}_1$ 的样本标准差。当 $|\phi_1| = 1$ 时，统计量的渐近分布不是我们熟知的任何参数分布。1979 年，Dickey 和 Fuller 通过随机模拟的方法得到该统计量的经验分布：

$$\tau = \frac{|\hat{\phi}_1| - 1}{S(\hat{\phi}_1)} \xrightarrow{a.s.} \frac{\int_0^1 W(r)\mathrm{d}W(r)}{\sqrt{\int_0^1 [W(r)]^2 \mathrm{d}r}} \tag{2-19}$$

其中，$W(r)$ 是自由度为 r 的维纳过程。这就是 DF 统计量。这个统计量的模拟分布表由 Dickey 和 Fuller 同步给出，从而可以比较方便地做出序列是否平稳的判断。

在显著性水平为 α 的条件下，若记 τ_α 为 DF 检验的 α 分位点处的值，则当 $\tau \leqslant \tau_\alpha$，或者 τ 统计量的 p 值小于显著性水平 α 时，拒绝原假设，认为序列平稳。

反之，若 $\tau > \tau_\alpha$，或者 τ 统计量的 p 值大于显著性水平 α，则接受原假设，认为没有足够的证据表明该序列平稳，故判定序列非平稳。

DF 检验的 3 种模型如下。

模型一，无漂移项自回归结构：$x_t = \phi_1 x_{t-1} + \xi_t$。

模型二，有漂移项自回归结构：$x_t = \phi_0 + \phi_1 x_{t-1} + \xi_t$。

模型三，带趋势回归结构：$x_t = \alpha + \beta t + \phi_1 x_{t-1} + \xi_t$。

DF 检验适用于仅包含前一期历史数据的简单序列的平稳性检验。为了拓展其适用性，使其能够处理包含多期确定性信息的序列，人们对 DF 检验进行了修正，形成了增强型的 DF 检验，即 ADF 检验。

ADF 检验的原理如下。

假设序列的确定性部分可以由过去 p 期的历史数据描述，即序列可以表示为

$$x_t = \phi_1 x_{t-1} + \phi_2 x_{t-2} + \cdots + \phi_p x_{t-p} + \xi_t$$

如果序列平稳，则它必须满足所有非零特征根都在单位圆内的条件。假如有一个单位根存在，不妨假设 $\lambda_1 = 1$，则序列非平稳。把 $\lambda_1 = 1$ 代入特征方程，可得

$$1 - \phi_1 - \phi_2 - \cdots - \phi_p = 0 \Rightarrow \phi_1 + \phi_2 + \cdots + \phi_p = 1$$

这意味着，如果序列非平稳，且存在特征根，那么序列回归系数之和恰好等于 1。因此，对于序列的平稳性检验，可以通过检验它的回归系数之和进行判断。

令 $\rho = \phi_1 + \phi_2 + \cdots + \phi_p - 1$，ADF 检验的假设条件为

$$H_0 : \rho = 0 \leftrightarrow H_1 : \rho < 0$$

设检验统计量 $\tau = \dfrac{\hat{\rho}}{S(\hat{\rho})}$。与 DF 检验一样，通过蒙特卡洛方法，可以得到 ADF 检验统

计量的临界值表。

当显著性水平为 α 时，记 τ_α 为 ADF 检验的 α 分位点处的值，则当 $\tau \leq \tau_\alpha$，或者 τ 统计量的 p 值小于显著性水平 α 时，拒绝原假设，认为序列平稳。

反之，若 $\tau > \tau_\alpha$，或者 τ 统计量的 p 值大于显著性水平 α，则接受原假设，认为没有足够的证据表明该序列平稳，故判定序列非平稳。

常用的平稳性检验的 R 命令为 adf.test()，其使用格式如下：

```
adf.test(x, alternative = c("stationary", "explosive"),k = trunk
((length(x)-1)^(1/3)))
```

x：待检测的时间序列数据，必须是向量或时间序列对象。

alternative：备择假设，其取值如下。

● "stationary"（默认）：假设序列是平稳的。

● "explosive"：假设序列是爆发性增长的。

k：延迟阶数，默认为 floor$((n-1)^{1/3})$，其中，n 是时间序列的长度。

在原假设 (H_0) 序列存在单位根（非平稳）的条件下，当 p 值小于显著性水平（如 $\alpha=0.05$）时，表明有充分的证据拒绝原假设，即认为序列是平稳的。

例2-9 对例 2-8 中的序列进行 ADF 检验，判断其平稳性。

检验结果如图 2-10 所示。

```
Model 1: No constant, no trend

        Augmented Dickey-Fuller Test

data: series
Dickey-Fuller = -4.6392, Lag order = 0, p-value = 0.01
alternative hypothesis: stationary


Model 2: With constant, no trend

        Augmented Dickey-Fuller Test

data: series
Dickey-Fuller = -7.3186, Lag order = 5, p-value = 0.01
alternative hypothesis: stationary


Model 3: With constant and trend

        Augmented Dickey-Fuller Test

data: series
Dickey-Fuller = -7.6523, Lag order = 1, p-value = 0.01
alternative hypothesis: stationary
```

线上资源 2-6

图 2-10　检验结果

检验结果显示，3 种模型的多种统计量的 p 值显著大于显著性水平（$\alpha=0.05$），即该序列非平稳。

例 2-10 对涵盖 2000 年至 2023 年中国出口贸易占 GDP 的百分比的二阶差分序列进行平稳性检验。

检验结果如图 2-11 所示。

```
Model 1: No constant, no trend

        Augmented Dickey-Fuller Test

data: series
Dickey-Fuller = -5.8471, Lag order = 0, p-value = 0.01
alternative hypothesis: stationary

Model 2: With constant, no trend

        Augmented Dickey-Fuller Test

data: series
Dickey-Fuller = -2.9102, Lag order = 2, p-value = 0.2257
alternative hypothesis: stationary

Model 3: With constant and trend

        Augmented Dickey-Fuller Test

data: series
Dickey-Fuller = -3.6837, Lag order = 1, p-value = 0.04402
alternative hypothesis: stationary
```

线上资源 2-7

图 2-11　检验结果

可见，在显著性水平为 5%的条件下，该序列通过了平稳性检验，即该序列平稳。

2.5.3　PP 检验

进行 ADF 检验需要假设序列具有等方差性，Phillips 和 Perron 在 1988 年对 ADF 检验进行了非参数修正，提出了 PP 检验。

PP 检验的基础假设是，若序列是非平稳的，则其特征根应在单位圆上(序列包含单位根)，否则为平稳序列。单位根存在表明序列的随机扰动会累积，导致序列趋于非平稳。PP 检验在 ADF 检验的基础上进行非参数修正，以解决异方差性和高阶自相关问题。ADF 检验在模型中添加滞后项来消除自相关，而 PP 检验则通过 Newey-West 修正来调整检验统计量，无须额外添加滞后项。PP 检验统计量是基于 OLS(最小二乘法)残差的自相关系数调整过的 t 统计量或 Z 统计量，与 ADF 检验统计量的极限分布一致。这种调整能够在异方差性或存在自相关的情况下保持检验结果的有效性。PP 检验的步骤如下。

(1)建立检验模型：

$$y_t = \alpha + \beta t + \rho y_{t-1} + \varepsilon_t \tag{2-20}$$

其中，α 是截距；β 是趋势系数；ρ 是滞后项的系数；ε_t 是误差项。

(2)建立原假设和备择假设。

原假设(H_0)：序列存在单位根，即 $\rho = 1$，序列非平稳。

备择假设(H_1)：序列不存在单位根，即 $|\rho| < 1$，序列平稳。

(3)计算统计量。

根据 OLS 得到回归残差，并计算 PP 检验 Z 统计量。Z 统计量主要包括两种：$Z(\alpha)$，检验序列的水平平稳性；$Z(t\alpha)$，检验序列的趋势平稳性。

(4)进行 Newey-West 修正。

使用 Newey-West 方法调整 Z 统计量，以修正序列中的异方差性和高阶自相关，确保检验的鲁棒性。

(5) 计算 p 值。

通过与关键值做比较或直接计算 p 值来判断检验结果。若 p 值小于显著性水平，则拒绝原假设，表明序列是平稳的。

在 R 中，可以通过 tseries 程序包的 pp.test() 函数实现 PP 检验，格式如下：

```
pp.test(x, alternative = c("stationary", "explosive"),
        type = c("Z(alpha)", "Z(t_alpha)"), lshort = TRUE)
pp.test(x, alternative= c("stationary", "explosive"),
type= c("Z(alpha)", "Z(t_alpha)"), lshort= TRUE)
```

其中，前两个参数的名称、取值及含义与 adf.test() 函数的相同。

例 2-11 R 的 airmiles 数据集中记录了 1937 年至 1960 年美国商业飞行的年度乘客英里 (mi，1mi = 1609.34m) 数。使用 PP 检验分析该序列是否为平稳序列。

PP 检验命令如下：

```
pp.test(airmiles)
```

输出：

```
Phillips-Perron Unit Root Test
data: airmiles
Dickey-Fuller Z(alpha) = -1.5491, Truncation lag parameter = 2, p-value
= 0.9745
Alternative hypothesis: stationary
```

结果显示无法拒绝原假设，表明该序列非平稳。下面对该序列做爆发性增长的备择假设检验：

```
pp.test(airmiles, alternative = "explosive")
```

输出：

```
Phillips-Perron Unit Root Test
data: airmiles
Dickey-Fuller Z(alpha) = -1.5491, Truncation lag parameter = 2, p-value
= 0.02549
Alternative hypothesis: explosive
```

此时拒绝原假设，表明该序列存在爆炸性增长。

例 2-12 使用 PP 检验分析美国康涅狄格州纽黑文市的年平均气温序列 (R 的基本数据集 nhtemp) 是否为平稳序列。

PP 检验命令如下：

```
pp.test(nhtemp)
```

输出：

```
Phillips-Perron Unit Root Test
data: nhtemp
Dickey-Fuller Z(alpha) = -56.952, Truncation lag parameter = 3, p-value
= 0.01
```

Alternative hypothesis: stationary

结果表明拒绝原假设，说明 nhtemp 数据集中的序列为平稳序列（$\alpha = 0.05$）。

2.5.4 KPSS 检验

Kwiatkowski 等（Kwiatkowski, Phillips, Schmidt 和 Shin）于 1992 年发展了与 DF 检验不同的单位根检验，称为 KPSS 检验。该检验的原假设或者是平稳的，或者是趋势平稳的。

考虑序列 $\{X_t\}$ 满足如下过程：

$$X_t = \alpha + \beta t + \gamma Z_t + \varepsilon_t \tag{2-21}$$

其中，$\{X_t\}$ 是平稳过程；$\{Z_t\}$ 是随机游走过程。如果 $\gamma = 0$，则在 $\beta = 0$ 时，序列 $\{X_t\}$ 是平稳的；在 $\beta \neq 0$ 的情况下，序列 $\{X_t\}$ 是趋势平稳的（去掉线性趋势是平稳的）。如果 $\gamma \neq 0$，则序列 $\{X_t\}$ 是非平稳的。因此，KPSS 检验的原假设有两种：一种是平稳，$\gamma = 0$，$\beta = 0$；另一种是趋势平稳，$\gamma = 0$，$\beta \neq 0$。

KPSS 检验统计量定义为

$$T = \frac{1}{n} \sum_{t=1}^{n} \frac{S_t^2}{\hat{\sigma}^2} \tag{2-22}$$

其中，n 为样本量；S_t 为序列的累积残差和，即 $S_t = \sum_{i=1}^{t} \varepsilon_t$；$\hat{\sigma}^2$ 为误差项的方差估计，用来调整序列的异方差性。

Tseries 程序包中的 kpss.test( ) 函数提供了 KPSS 检验功能，其使用格式如下：

```
kpss.test(x, null= c("Level", "Trend"), lshort = TRUE)
```

其中各参数的名称、取值及含义如下。

x：待检测的时间序列数据，必须是向量或时间序列对象。

null：零假设，其取值如下。

● "Level"（默认）：序列是水平平稳的（无趋势，均值平稳）。

● "Trend"：序列是趋势平稳的。

lshort：逻辑参数，指明是否使用较低的延迟阶数来估计残差的长期方差，其取值如下。

● TRUE（默认）：使用较低的延迟阶数。

● FALSE：使用较高的延迟阶数。

kpss.test( ) 函数返回一个列表，主要包括以下信息。

statistic：KPSS 检验的检验统计量。

parameter：延迟阶数。

p.value：检验的 p 值，表示是否拒绝零假设。

method：描述检验类型的信息。

data.name：数据名称。

在原假设（H_0）:序列是平稳的条件下,当 p 值小于显著性水平（如 0.05）时,拒绝原假设,认为序列是非平稳的。

例 2-13　使用 KPSS 检验分析例 2-8 中序列的平稳性。

KPSS 检验命令及结果如下：

```
kpss.test(AirPassengers)
# KPSS 检验用于水平平稳性
# 数据：AirPassengers
# KPSS 水平检验统计量 = 4.3423，截断延迟阶数 = 2，p 值 = 0.01 kpss.test
(AirPassengers, null = "Trend")
# KPSS 检验用于趋势平稳性
# 数据：AirPassengers
# KPSS 趋势检验统计量 = 0.10264，截断延迟阶数 = 2，p 值 = 0.1
```

第一个检验拒绝原假设，表明序列在水平特征上非平稳；第二个检验接受趋势平稳假设，表明序列具有线性增长趋势。因此结论是该序列非平稳且具有趋势性。

例 2-14 使用 KPSS 检验分析例 2-12 中序列的平稳性。

KPSS 检验命令及结果如下：

```
kpss.test(nhtemp)
# KPSS 检验用于水平平稳性
# 数据：nhtemp
# KPSS 水平检验统计量 = 1.329，截断延迟阶数 = 1，p 值 = 0.01
kpss.test(nhtemp, null = "Trend")
# KPSS 检验用于趋势平稳性
# 数据：nhtemp
# KPSS 趋势检验统计量 = 0.11475，截断延迟阶数 = 1，p 值 = 0.1
```

第一个检验拒绝平稳假设，而第二个检验（趋势检验）则接受趋势平稳假设，表明该序列是非平稳的并具有线性趋势。这一结论与其他分析可能不一致。在这种情况下，通常要结合多种检验统计量进行综合判断。

通过不同的检验方法可能会得出不同的结论，因此需要结合序列特性和检验前提进行进一步分析。例如，在异方差条件下，PP 检验通常优于 ADF 检验。

2.6 白 噪 声

2.6.1 定义

定义 2-1 纯随机序列的定义：如果序列满足如下两个性质，则称该序列为纯随机序列，也称为白噪声序列（以后根据语境灵活使用两者），简记为 $x_t \sim \mathrm{WN}(0,\sigma^2)$。

(1) $E(X_t) = \mu$，$\forall t \in T$（对于来自时间段 T 的任意时间 t，序列 $\{X_t\}$ 的均值均为常数）。

(2) $\gamma(t,s) = \begin{cases} \sigma^2 & t=s \\ 0 & t \neq s \end{cases}$，$\forall t,s \in T$（协方差 $\mathrm{Cov}(X_s, X_t)$ 在 $t=s$ 时为 σ^2，否则为 0）。

由定义 2-1 易知，白噪声序列一定是平稳序列，而且是最简单的平稳序列。随机产生 1000 个服从标准正态分布的白噪声序列观测值，并绘制时间序列图，可知该序列在零附近上下波动，且波动幅度基本相同。

例 2-15 随机产生 1000 个服从标准正态分布的白噪声序列观测值，并绘制时间序列图，如图 2-12 所示。

```
white noise <- rnorm(1000);white noise <- ts(white noise);plot(white noise);
hist(whitenoise)
```

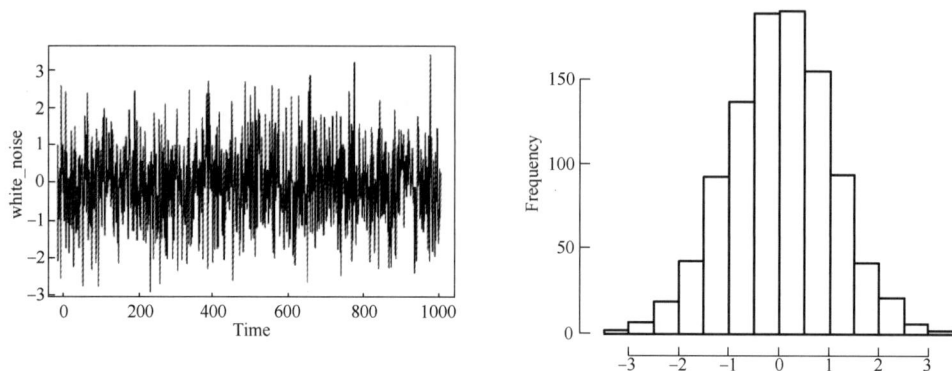

图 2-12　时间序列图及其直方图

(**续例 2-15**)　随机产生 1000 个服从[0, 1]区间上的均匀分布的白噪声序列观测值，并绘制时间序列图（见图 2-13）：

```
uni <- runif(1000);uni <- ts(uni);plot(uni)
```

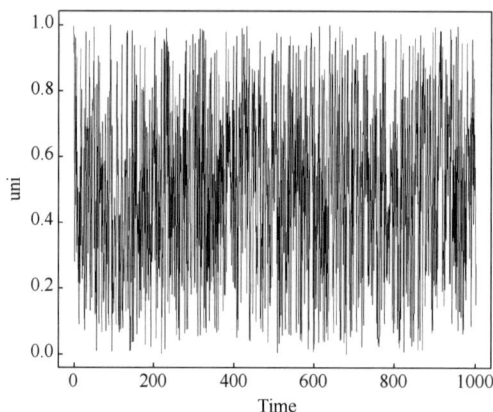

图 2-13　时间序列图

2.6.2　纯随机序列的性质

(1)各序列值之间没有任何相关关系，是"没有记忆"的序列，即 $\gamma(k)=0,\ \forall k\neq 0$ 。

(2)方差齐性，即 $D(X_t)=\gamma(0)=\sigma^2$ 。

如何检验一个平稳序列是否为纯随机序列？在统计检验中，通常需要以下步骤：提出假设、构建检验统计量、计算统计量值、判断是否接受或拒绝假设。在构建检验统计量时，需要考虑其分布特性。此处引入 Barlett 定理，作为纯随机性检验的理论依据。

Barlett 定理：若时间序列为纯随机序列，且观测期为 n，则该序列的非零延迟各阶样本自相关系数近似服从均值为零、方差为 $1/n$ 的正态分布，即

$$\hat{\rho}_k \sim N\left(0,\frac{1}{n}\right),\quad \forall k\neq 0 \tag{2-23}$$

2.6.3　纯随机性检验

（1）检验原理。

纯随机性检验也称为白噪声检验，是专门用来检验序列是否为纯随机序列的一种方法。前面提到，纯随机序列的各序列值之间应该没有任何相关关系，即满足

$$\gamma_j = \begin{cases} \sigma^2 & j = 0 \\ 0 & j \neq 0 \end{cases}, \quad \rho_j = \begin{cases} 1 & j = 0 \\ 0 & j \neq 0 \end{cases} \text{ 或 } \rho_k = 0, \quad \forall k \neq 0$$

这是一种理论上才会出现的理想状况。实际上，由于观测值序列的有限性，纯随机序列的样本自相关系数不会绝对为零。

（2）检验步骤。

① 构造原假设：延迟阶数低于或等于 m 的序列值之间相互独立，即

$$H_0: \rho_1 = \rho_2 = \cdots = \rho_m = 0, \quad \forall m \geq 1$$

备择假设：延迟阶数低于或等于 m 的序列值之间具有相关性，即

$$H_1: \text{至少存在某个 } \rho_k \neq 0, \ \forall m \geq 1, \ k \leq m$$

② 根据计算出的检验统计量做出判断：当检验统计量大于 $\chi^2_{1-\alpha}(m)$ 分位点处的值，或者该统计量的 p 值小于 α 时，则可以以 $1-\alpha$ 的显著性水平拒绝原假设，认为该序列为非纯随机序列；反之，则没有充分的理由拒绝该序列为纯随机序列，即认为该序列的波动没有任何统计规律可循。

通常会对序列的延迟 6 期或 12 期进行纯随机性检验，延迟阶数可随意选取，但不宜过大。平稳序列通常仅具有短期相关性，即若序列存在显著相关性，则通常出现在较短的延迟期内。如果序列在较短的延迟期内不存在显著相关性，则通常在更长的延迟期内也不会存在显著相关性。

此外，若平稳序列在较短的延迟期内存在显著相关性，则该序列是非纯随机序列，此时可以进一步分析序列的相关结构。若选取过长的延迟期，则可能会掩盖短期相关性，因为平稳序列的自相关系数通常会随着延迟阶数的升高逐渐收敛至零。

（3）构造检验统计量。

根据 Barlett 定理，可以构造检验统计量以检验序列的纯随机性。常用的检验统计量有 Q 统计量和 LB 统计量：

$$Q = n\sum_{k=1}^{m} \hat{\rho}_k^2 \sim \chi^2(m) \tag{2-24}$$

$$\text{LB} = n(n+2)\sum_{k=1}^{m}\left(\frac{\hat{\rho}_k^2}{n-k}\right) \sim \chi^2(m) \tag{2-25}$$

其中，n 为序列观测值期数；m 为指定的延迟阶数。当 Q 统计量或 LB 统计量大于自由度为 m 的卡方分布的 $1-\alpha$ 分位点处的值或该统计量的 p 值小于给定的显著性水平 α 时，以 $1-\alpha$ 的显著性水平拒绝原假设，认为序列不是纯随机序列；反之，则认为该序列是纯随机

序列，即表现出了纯随机性。

例 2-16 随机生成正态白噪声序列，并作出其自相关图，如图 2-14 所示。对白噪声序列而言，期望它的各阶自相关系数接近零。但是由于随机扰动的存在，自相关系数并不会严格等于零。对于一个长度为 T 的白噪声序列，期望在 0.05 的显著性水平下，它的自相关值处于 $\pm\dfrac{2}{\sqrt{T}}$ 之间。此时可以很容易地画出自相关系数的边界值[见图 2-14(c)中的虚线]。如果一个序列中有较多的自相关值处于边界之外，那么该序列很可能不是白噪声序列。这里取 T=50，此时边界为 $\pm\dfrac{2}{\sqrt{50}}\approx\pm 0.28$。所有的自相关系数值均落在边界之内，说明序列是白噪声序列。

```
set.seed(100);x=rnorm(1000) ; par(mfrow=c(1,2)); ts.plot(x);hist(x);
acf(x);box.test(x)
```

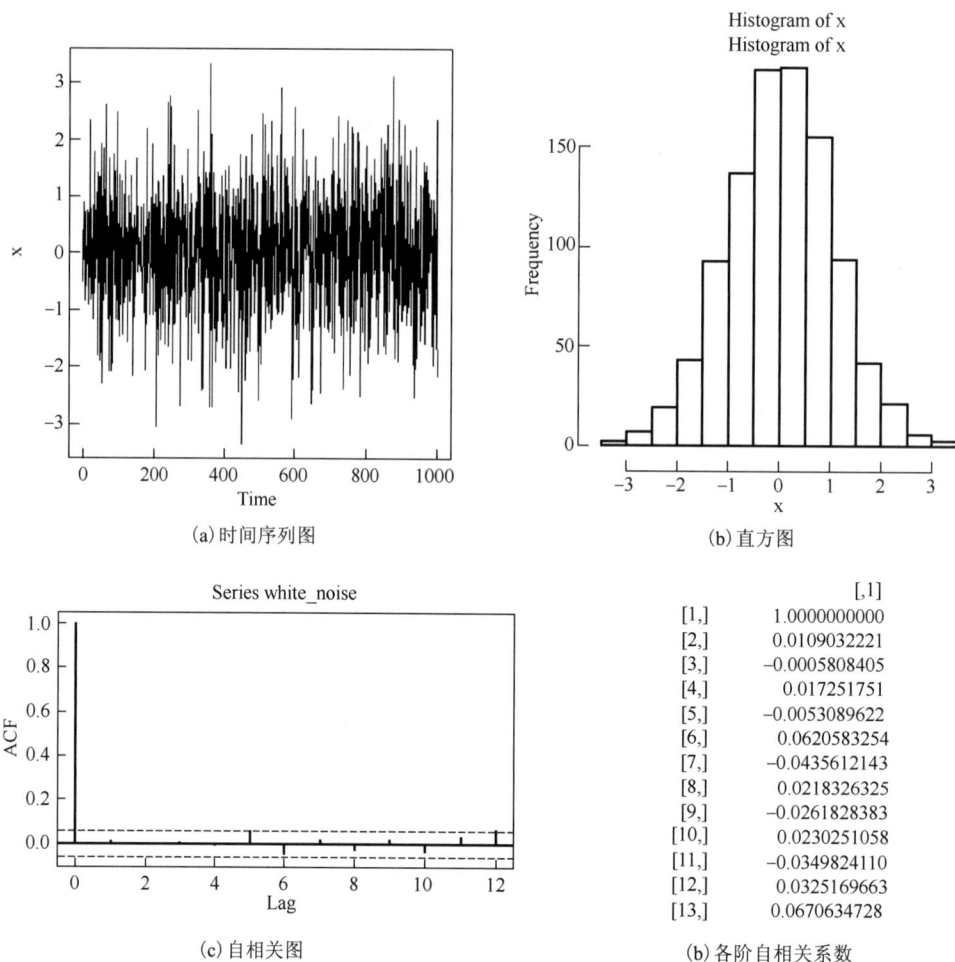

(a) 时间序列图

(b) 直方图

(c) 自相关图

	[,1]
[1,]	1.0000000000
[2,]	0.0109032221
[3,]	−0.0005808405
[4,]	0.0172517510
[5,]	−0.0053089622
[6,]	0.0620583254
[7,]	−0.0435612143
[8,]	0.0218326325
[9,]	−0.0261828383
[10,]	0.0230251058
[11,]	−0.0349824110
[12,]	0.0325169663
[13,]	0.0670634728

(b) 各阶自相关系数

图 2-14　服从正态分布的白噪声序列

该序列样本自相关图显示这个白噪声序列没有一个样本自相关系数严格等于零。但这些自相关系数值确实都非常小，都在零值附近以一个很小的幅度随机波动。这就提醒我们应该考虑样本自相关系数的分布性质，从统计意义上判断序列的纯随机性。

纯随机性检验的 R 代码输出结果(表 2-1 对该输出结果做了相应的翻译和解读)如下：

```
        Box-Ljung test
data: white_noise
x-squared=5.9421, df=6, p-value=0.4297
        Box-Ljung test
data: white noise
x-squared=14.523, df=12, p-value=0.2686
```

表 2-1　输出结果的相应翻译和解读

统计量检验		
延迟阶数	统计量值	p 值
6	5.9421	0.4297
12	14.523	0.2686

由于 LB 检验统计量的 p 值显著大于显著性水平 α，因此该序列不能拒绝纯随机的原假设。换言之，认为该序列为白噪声序列，其波动没有任何统计规律可循。

还需要解释的一点是，为什么在本例中只检验了延迟 6 期和 12 期的 Q 统计量就直接判断该序列是白噪声序列呢？为什么不进行全部 999 期延迟检验呢？

一方面，平稳序列通常具有短期相关性。

另一方面，假如一个平稳序列显示出显著的短期相关性，那么该序列一定不是白噪声序列，此时可以对各序列值之间存在的相关性进行分析。假如考虑的延迟阶数太高，则反而可能淹没该序列的短期相关性。因为平稳序列只要延迟阶数足够高，自相关系数就会收敛于零。

LB 统计量有比 Q 统计量更好的小样本性质，即在小样本情况下，LB 统计量的方差小于 Q 统计量的方差。

例 2-17　对例 2-6 中的序列进行平稳性和纯随机性检验。

相关检验结果如图 2-15～图 2-17 所示。

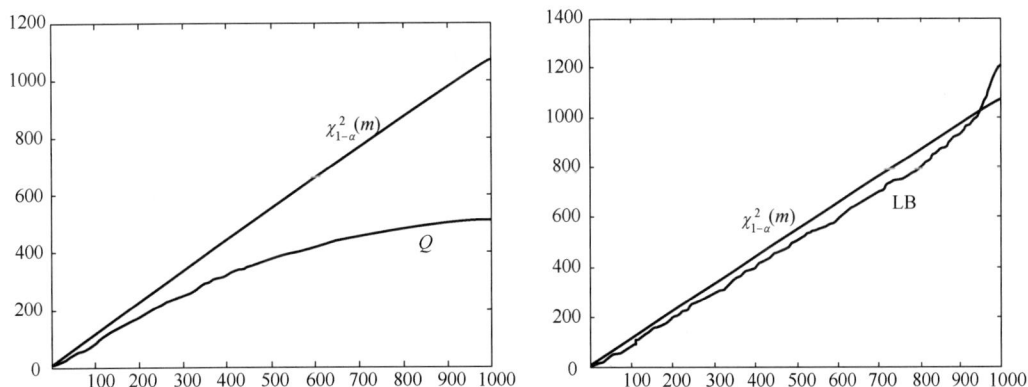

图 2-15　纯随机性检验的 Q 统计量和 LB 统计量

S&P 500 Daily Retuns   2022-01-03/2022-12-30

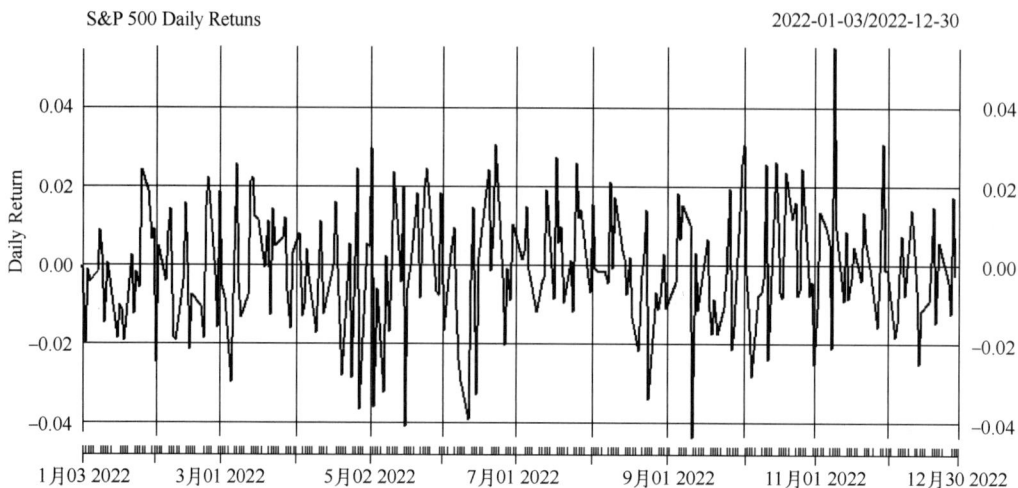

图 2-16　S&P 500 指数每日收益率时间序列图

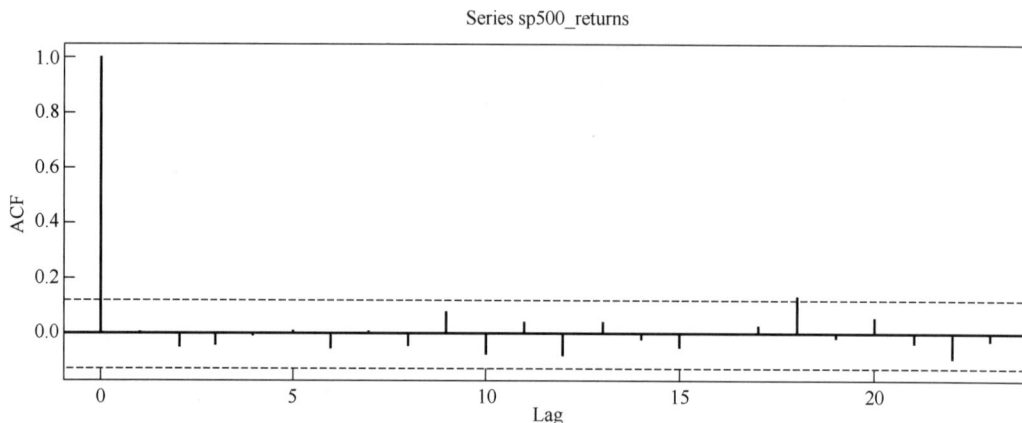

Series sp500_returns

图 2-17　S&P 500 指数每日收益率序列的自相关图

图 2-16 显示该序列平稳，图 2-17 显示该序列没有自相关性。因此，可以判断该序列为平稳序列。检验结果的 R 代码输出如下：

```
            Augmented Dickey Fu77er Test
data: sp500_returns
Dickey-Fuller = -6.2553, Lag order = 6, p-value = 0.01
alternative hypothesis: stationary
```

进一步地，进行纯随机性检验：

```
            Box-Ljung test
data: sp500_returns
X-squared = 5.5023, df = 10, p-value = 0.8552
```

在此结果中，p 值为 0.8552，大于常用的显著性水平（如 0.05），因此无法拒绝原假设，即没有足够的证据表明该序列存在显著的自相关性。这表明时间序列 sp500_returns 可以被视为纯随机序列。

线上资源 2-8

　　注意　对于一个观测值序列，一旦相关信息全部提取（通过拟合模型进行）完毕，那么剩余的残差序列就应具有纯随机性。因此检验模型残差的纯随机性常用于判断序列相关信息是否提取充分（模型好坏）的标准之一。

　　一般拿到一个时间序列后，首先应对其进行平稳性检验，以确定其是否平稳。若平稳，则接着进行纯随机性检验，若序列为纯随机序列，则分析结束。若序列平稳且不是纯随机序列，则可进入经典时间序列建模步骤。若序列非平稳，则可能需要通过非线性变换等处理后构建经典时间序列模型，这将在后续章节中展开讨论。

2.7　时间序列过程的自回归和移动平均

　　在时间序列分析中，描述时间序列过程的常用方法有两种。一种是将过程写成自回归形式，即将系统当前 t 时刻的状态表示成历史时刻 $t-1$, $t-2$, $\cdots$ 与随机扰动的回归形式：

$$X_t = \varphi_1 X_{t-1} + \varphi_2 X_{t-2} + \cdots + \varphi_p X_{t-p} + \varepsilon_t \tag{2-26}$$

称这一过程为自回归（Auto Regression，AR）过程。

　　引入延迟算子 B，记

$$B^i X_t = X_{t-i} \quad i = 0, 1, 2, \cdots$$

式 (2-26) 等价地表示为

$$\Phi(B) X_t = \varepsilon_t \tag{2-27}$$

其中，$\Phi(B) = 1 - \sum_{j=1}^{p} \varphi_j B^j$。如果 $1 + \sum_{j=1}^{p} |\varphi_j| < \infty$，Box 和 Jenkins（1976）就称该过程是可逆的。他们认为，在进行过程预报时，不可逆的过程是没有意义的。显然，并不是每个平稳过程都是可逆的，如果一个线性过程 $\{X_t\}$ 是可逆的，从而可以表示成自回归形式，那么 $\Phi(B)$ 作为 B 的函数，它的根必在单位圆外。也就是说，如果 λ 是 $\Phi(B) = 0$ 的一个根，则 $|\lambda| > 1$，其中，$|.|$ 是标准欧几里得距离。当 λ 是实数时，$|\lambda|$ 为 λ 的绝对值；当 λ 是复数时，即 $\lambda = c + id$，$|\lambda| = \sqrt{c^2 + d^2}$。

　　另一种是将过程 $\{X_t\}$ 表示为一组不相关的随机变量的线性组合：

$$X_t = \mu + \varepsilon_t + \theta_1 \varepsilon_{t-1} + \theta_2 \varepsilon_{t-2} + \cdots$$

其中，$\{\varepsilon_t\}$ 是零均值的白噪声过程，并且 $\sum_{j=0}^{\infty} \theta_j^2 < \infty$。记 $\mathrm{Var}(\varepsilon_t) = \sigma_\varepsilon^2$，称这一过程为**移动平均（Moving Average，MA）**过程。显然

$$E(X_t) = \mu$$

$$\mathrm{Var}(X_t) = \sigma_\varepsilon^2 \sum_{j=0}^{\infty} \theta_j^2$$

$$E(X_{t-j} \varepsilon_t) = \begin{cases} \sigma_\varepsilon^2 & j = 0 \\ 0 & j > 0 \end{cases}$$

因此有

$$\gamma_k = E(X_t X_{t+k}) = E\left(\sum_{i=0}^{\infty}\sum_{j=0}^{\infty}\theta_i\theta_j\varepsilon_{t-i}\varepsilon_{t+k-j}\right) = \sigma_\varepsilon^2\sum_{i=0}^{\infty}\theta_i\theta_{i+k}$$

相应地

$$\rho_k = \frac{\displaystyle\sum_{i=0}^{\infty}\theta_i\theta_{i+k}}{\displaystyle\sum_{i=0}^{\infty}\theta_i\theta_i}$$

当 $\displaystyle\sum_{j=0}^{\infty}\theta_j^2 < \infty$ 时，过程 $\{X_t\}$ 满足宽平稳条件。

通常，若一个随机过程表示为有限阶的自回归或移动平均过程，则参数的个数可能很多。一种有效的解决方法就是使用自回归移动平均模型：

$$X_t - \varphi_1 X_{t-1} - \varphi_2 X_{t-2} - \cdots - \varphi_p X_{t-p} = \varepsilon_t - \theta_1\varepsilon_{t-1} - \theta_2\varepsilon_{t-2} - \cdots - \theta_q\varepsilon_{t-q}$$

2.8 线性差分方程

在时间序列分析中，线性差分方程起着重要的作用。实际上，上面提到的 3 个过程都是用线性差分方程表示的，因此有时也称它们为线性差分方程模型。这些过程的性质依赖线性差分方程的特性。为了更好地理解这些过程，下面给出线性差分方程的简单介绍。

2.8.1 差分的定义

在得到时间序列的观测值之后，需要通过有效手段提取序列中蕴含的确定性信息，差分是其中一种方便、快捷、有效的方法。

作为数学运算的基本工具，差分的历史可以追溯到古希腊和中国古代天文学，两者都曾运用差分表来构造算法，以解决天体运行、日食预测等复杂的计算问题。尤其在中国古代历法中，差分的应用极其广泛且普遍，如《周髀算经》等早期数学文献中已有相关思想。到了 1303 年，朱世杰在其数学著作《四元玉鉴》中进一步系统化差分方法，提出了"上差""二差""三差""下差"等高阶差分的概念。

一般地，在连续变化的时间范围内，变量 x 关于时间 t 的变化率是用 $\dfrac{\mathrm{d}x}{\mathrm{d}t}$ 来刻画的；若变量 x 是离散的，则常用时间区间上的差商 $\dfrac{\nabla x}{\nabla t}$ 来刻画 y 的变化率，若是在单位时间内，即 $\nabla t = 1$，则

$$\nabla x_t = x_t - x_{t-1}$$

可近似表示变量 x 的变化率，称 ∇x_t 为变量 x 的延迟阶数为 1 的一阶差分，∇ 称为差分算子。

d 阶差分的定义： 设函数 $x_t = x(t)$，称

$$\nabla^d x_t = \nabla^{d-1} x_t - \nabla^{d-1} x_{t-1} \tag{2-28}$$

为函数 x_t 的 d 阶差分。例如，二阶差分 $\nabla^2 x_t$ 为

$$\nabla^2 x_t = \nabla \nabla x_t = \nabla(x_t - x_{t-1}) = \nabla x_t - \nabla x_{t-1} = (x_t - x_{t-1}) - (x_{t-1} - x_{t-2}) = x_t - 2x_{t-1} + x_{t-2}$$

类似地，称

$$\nabla_s x_t = x_t - x_{t-s}$$

是延迟阶数为 s 的一阶差分。在 R 中，使用 diff() 函数进行差分运算。使用格式为 diff(y, lag=, differences=……)。

差分具有以下性质。

（1）$\nabla c x_t = c \nabla x_t$（$c$ 为常数）。

（2）$\nabla(x_t + y_t) = \nabla x_t + \nabla y_t$。

p 阶差分为

$$\nabla^p x_t = \nabla^{p-1} x_t - \nabla^{p-1} x_{t-1}$$

延迟阶数为 k 的一阶差分为

$$\nabla_k x_t = x_t - x_{t-k}$$

适当阶数的差分可以充分提取确定性信息。事实上，$\nabla^d \sum_{j=1}^{d} \beta_j t^j = c$，其中 c 为一常数。

差分运算的实质是使用自回归的方式提取确定性信息：

$$\nabla^d x_t = (1-B)^d x_t = \sum_{i=0}^{d} (-1)^i C_d^i x_{t-i} = x_t + \sum_{i=1}^{d} (-1)^i C_d^i x_{t-i}$$

$$x_t = \nabla^d x_t - \sum_{i=1}^{d} (-1)^i C_d^i x_{t-i} = \sum_{i=1}^{d} (-1)^{i+1} C_d^i x_{t-i} + \nabla^d x_t$$

如果序列蕴含着显著的线性趋势，则一阶差分可以实现趋势平稳。

如果序列蕴含着曲线趋势，则通常低阶（二阶或三阶）差分就可以提取出曲线趋势的影响。

对蕴含着固定周期的序列进行步长为周期长度的差分运算通常可以较好地提取周期信息。

2.8.2 延迟算子

延迟算子是一种运算符号，作用于当前序列值，相当于把当前序列值的时间向过去回拨一个时刻，当前值相应变为前一期的值。若记 B 为延迟算子，则有

$$Bx_t = x_{t-1}$$
$$B^2 x_t = B(Bx_t) = Bx_{t-1} = x_{t-2}$$
$$\vdots$$
$$B^k x_t = \underbrace{B(\cdots(B(Bx_t)))}_{k \uparrow B} = x_{t-k}, \quad \forall k \geqslant 1$$

延迟算子的性质如下。

(1) $B^0 = 1$，也可称 B^0 为单位(恒等)算子 I，显然，$B^0 x_t = I x_t = x_t$。

(2) $B(C x_t) = C B(x_t) = C x_{t-1}$，其中，$C$ 为任意常数，$BC = C$。

(3) $B(\alpha x_t \pm \beta y_t) = B(\alpha x_t) \pm B(\beta y_t) = \alpha x_{t-1} \pm \beta y_{t-1}$。

(4) $B^i B^j x_t = B^{i+j} x_t = B^j B^i x_t = x_{t-i-j}$。

(5) $(1-B)^n = \sum_{i=0}^{n} (-1)^i C_n^i B^i$，其中，$C_n^i = \dfrac{n!}{i!(n-i)!}$。

下面用延迟算子表示差分。

由定义有 $\nabla = 1 - B$，同时，p 阶差分为

$$\nabla^p x_t = (1-B)^p x_t = \sum_{i=1}^{p} (-1)^i C_p^i x_{t-i}$$

s 步差分为

$$\nabla_s x_t = x_t - x_{t-s} = (1-B^s) x_t$$

2.8.3 差分方程及其求解

定义 2-2 含有未知函数 x_t 的差分的方程称为差分方程。

差分方程的一般形式为

$$F(t, x_t, \nabla x_t, \nabla^2 x_t, \cdots, \nabla^n x_t) = 0 \ \ \text{或} \ F(t, x_t, x_{t-1}, x_{t-2}, \cdots, x_{t-n}) = 0$$

差分方程中所含未知函数的差分的最高阶数称为该差分方程的阶。

定义 2-3 满足差分方程的函数称为该差分方程的解。

如果差分方程的解中含有相互独立的任意常数的个数恰好等于方程的阶数，则称这个解是差分方程的通解。给任意常数以确定值的解称为差分方程的特解，用以确定通解中任意常数的条件称为初始条件。

定义 2-4 若差分方程中所含未知函数及其各阶差分均为一次，则其一般形式为

$$z_t + a_1 z_{t-1} + a_2 z_{t-2} + \cdots + a_p z_{t-p} = f(t) \tag{2-29}$$

若 a_i 为常数，则称该方程为 p 阶常系数线性差分方程。

利用延迟算子，有

$$(1 + a_1 B + a_2 B^2 + \cdots + a_p B^p) z_t = f(t)$$

p 阶常系数齐次线性差分方程的特征方程为

$$\lambda^p + a_1 \lambda^{p-1} + a_2 \lambda^{p-2} + \cdots + a_p = 0$$

它共有 p 个根，记作 $\lambda_1, \lambda_2, \cdots, \lambda_p$，其通解可表示如下。

(1)若特征方程有 p 个不相等的实根 $\lambda_1 \neq \lambda_2 \neq \cdots \neq \lambda_p$，则通解 $x_t = c_1\lambda_1^t + c_2\lambda_2^t + \cdots + c_p\lambda_p^t$。

(2)若特征方程有 d 重实根，设 $\lambda_1 = \lambda_2 = \cdots = \lambda_d$，则通解 $x_t = (c_1 + c_2t + c_dt^{d-1})\lambda_1^t + c_{d+1}\lambda_{d+1}^t + \cdots + c_p\lambda_p^t$。

(3)若特征方程有 q 个实根且均为重根($q<p$)，设第 k 个根的重数为 d_k，则

$$x_t = \sum_{i=1}^{q}(c_{i1} + c_{i2}t + \cdots + c_{id_i}t^{d_i-1})\lambda_i^t$$

它有一对复根：

$$z_t = r^t(c_1\mathrm{e}^{it\omega} + c_2\mathrm{e}^{-it\omega}) + c_3\lambda_3^t + \cdots + c_p\lambda_p^t$$

此时通解可写为

$$x_t = \sum_{j=1}^{q}c_jt^{j-1}\lambda_1^t + \sum_{j=q+1}^{p-2m}c_j\lambda_j^t + \sum_{j=1}^{m}r_j^t(c_{1j}\cos t\omega_j + c_{2j}\sin t\omega_j) \tag{2-30}$$

2.8.4 时间序列模型与线性差分方程的关系

常用时间序列模型的自协方差函数和自相关系数具有线性差分方程的特征，因此，线性差分方程的特征根的性质对判断模型的平稳性至关重要。对于 p 阶线性差分方程，其解稳定的充分必要条件是特征方程的特征根 $\lambda_1, \lambda_2, \cdots, \lambda_p$ 满足

$$|\lambda_i| < 1, \quad i = 1, 2, \cdots, p$$

例 2-18 1964—1999 年中国纱年产量序列蕴含着一个近似线性的递增趋势，对该序列进行一阶差分运算。

考察差分运算对该序列线性趋势信息的提取作用：

$$\nabla x_t = x_t - x_{t-1}$$

原始时间序列图如图 2-18 所示。

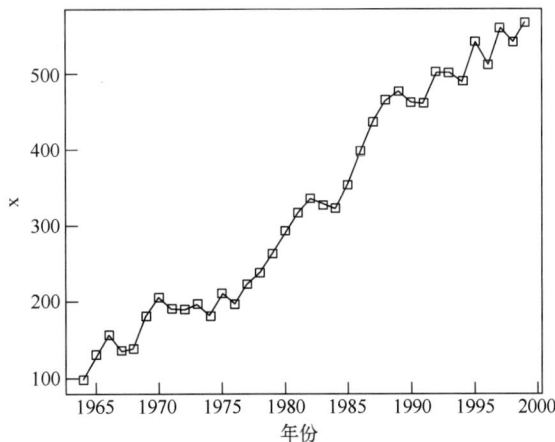

图 2-18 原始时间序列图

一阶差分后的时间序列图如图 2-19 所示。

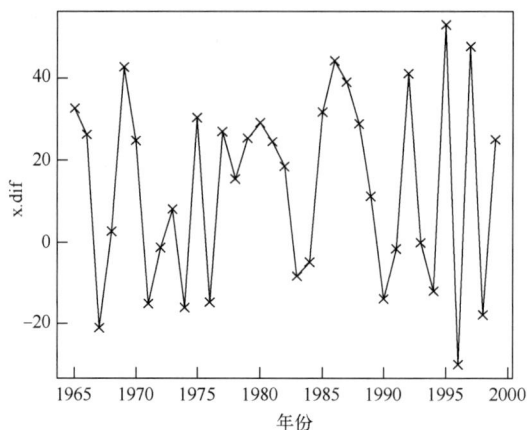

图 2-19　一阶差分后的时间序列图

例 2-19 尝试提取 1950—1999 年北京市民用车辆拥有量序列（见图 2-20）的确定性信息。

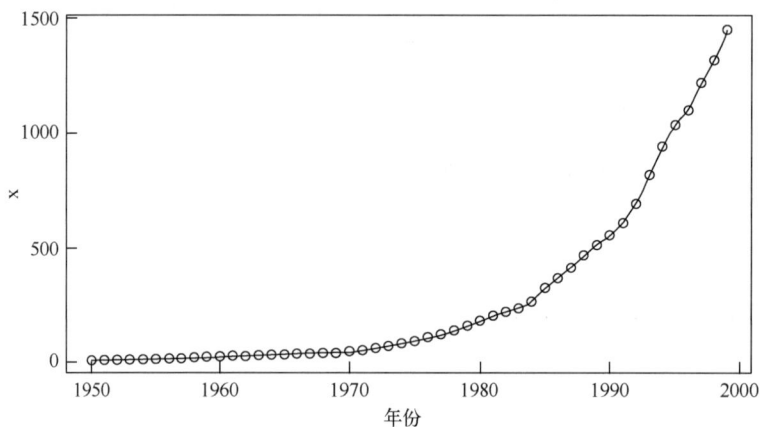

图 2-20　1950—1999 年北京市民用车辆拥有量时间序列图

一阶差分后的时间序列如图 2-21 所示。

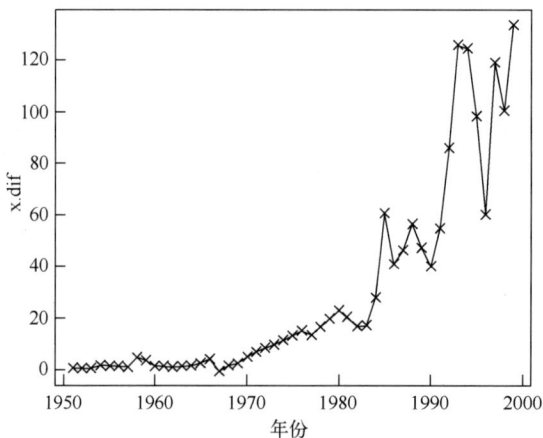

图 2-21　一阶差分后的时间序列图

可见，一阶差分并没有实现趋势平稳，进行二阶差分，结果如图 2-22 所示。

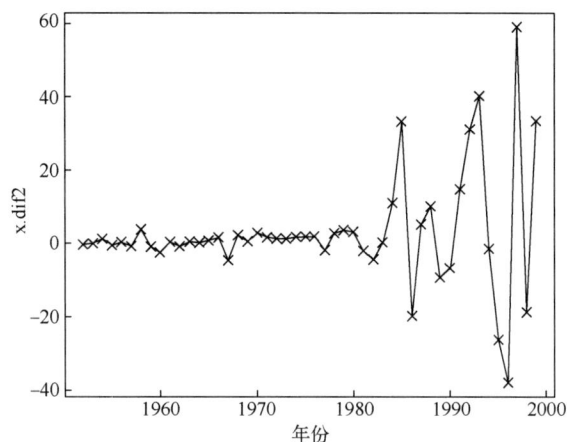

图 2-22　二阶差分后的时间序列图

可见，二阶差分后实现了趋势平稳，但随机波动不平稳，1982 年左右后波动程度显著。

例 2-20　利用差分运算提取 1962 年 1 月至 1975 年 12 月平均每头奶牛的月产奶量序列（见图 2-23）中的确定性信息。

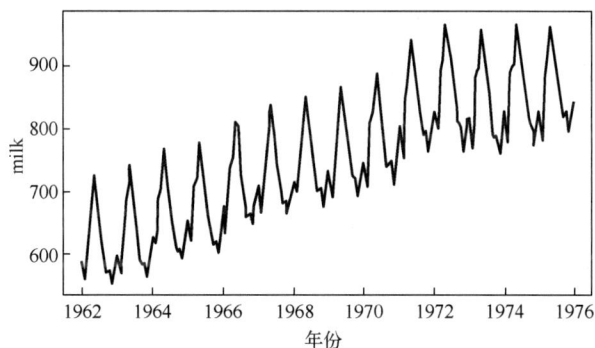

图 2-23　1962 年 1 月至 1975 年 12 月平均每头奶牛的月产奶量时间序列图

一阶差分后的时间序列图如图 2-24 所示。

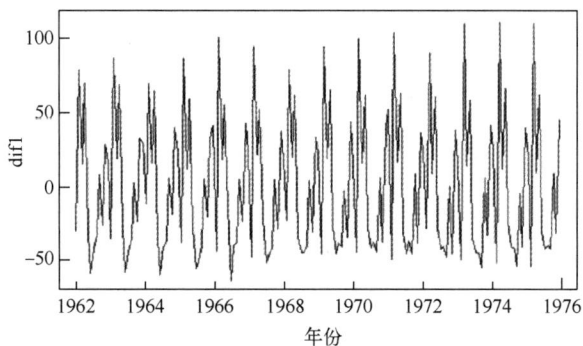

图 2-24　一阶差分后的时间序列图

一阶差分后，线性递增信息被提取，残留稳定的季节波动和随机波动。于是进行一阶

12 步差分，结果如图 2-25 所示。

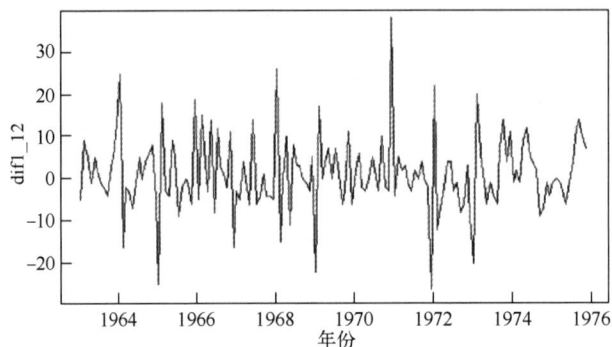

图 2-25 一阶 12 步差分后的时间序列图

由图 2-25 可以看出，周期差分可以非常好地提取周期信息。

理论上，足够多次的差分运算可以充分提取原序列中的非平稳信息。但差分次数不宜过多，因为每次差分都会导致信息损失。在实际应用中，应合理选择差分次数，避免过度差分。例如，考察时间序列 $\{X_t, \ t \in T\}$，这里的 X_t 为

$$x_t = \beta_0 + \beta_1 t + a_t \tag{2-31}$$

$$E(a_t) = 0, \ \operatorname{Var}(a_t) = \sigma^2, \ \operatorname{Cov}(a_t, a_{t-i}) = 0, \ \forall i \geqslant 1$$

考察一阶差分后的序列和二阶差分的序列的平稳性与方差。

一阶差分：

$$\nabla x_t = x_t - x_{t-1} = \beta_1 + a_t$$

$$E(\nabla x_t) = E(a_t - a_{t-1}) = \beta_1$$

$$\gamma_k = \operatorname{Cov}(x_t - x_{t-1}, x_{t-k} - x_{t-k-1}) = \begin{cases} -\sigma^2 & k = 1 \\ 0 & k > 1 \end{cases}$$

$$\gamma_0 = \operatorname{Var}(\nabla x_t) = \operatorname{Var}(a_t - a_{t-1}) = 2\sigma^2$$

显然，序列平稳。

二阶差分：

$$\nabla^2 x_t = \nabla x_t - \nabla x_{t-1} = a_t - 2a_{t-1}$$

$$\operatorname{Var}(\nabla^2 x_t) = \operatorname{Var}(a_t - 2a_{t-1} + a_{t-2}) = 6\sigma^2$$

可见，过度差分使序列的方差增大，在模型预测方面，使得精度降低。

习　　题

1. 已知 $E(X) = 2$，$\operatorname{Var}(X) = 9$，$E(Y) = 0$，$\operatorname{Var}(y) = 4$，$\operatorname{Corr}(X, Y) = 0.25$，求以下几项：

$$\operatorname{Var}(X+Y), \ \operatorname{Cov}(X, X+Y), \ \operatorname{Corr}(X+Y, X-Y)$$

2．设 $Y_t=A+X_t$，其中，X_t 是均值为 0 的平稳序列，A 是独立于 X_t 的随机变量，且二阶矩存在，求 $E(Y_t)$ 和 $\mathrm{Cov}(Y_t, Y_{t-k})$。

3．已知 $Y_t=5+2t+X_t$，X_t 是均值为 0 的平稳序列，问 Y_t 是否平稳？

4．若 $y_t = \varepsilon_t + \phi\varepsilon_{t-1} + \phi^2\varepsilon_{t-2} + \cdots + \phi^p\varepsilon_{t-p}$，其中，$|\phi| < 1$，$\varepsilon_t \sim \mathrm{WN}(0, \sigma_\varepsilon^2)$，则证明 Y_t 是平稳序列，且其自相关系数为

$$\rho_k = \frac{(1+\phi^2+\phi^4+\cdots+\phi^{2(p-k)})}{(1+\phi^2+\phi^4+\cdots+\phi^{2p})}\phi^k$$

5．设随机变量 U 在区间 $[0,1]$ 上服从均匀分布，令 $X_t = \sin(2\pi Ut)$，$t = 0,1,2,\cdots$。证明 $\{X_t\}$ 是宽平稳序列，但不是严平稳序列。

6．设 $E(U)=E(V)=0$，$\mathrm{Var}(U)=\mathrm{Var}(V)=s^2$，$E(UV)=0$，$X_t=U\cos(\omega t)+V\sin(\omega t)$，其中，$\omega$ 是不为 0 的常数，判断 X_t 的平稳性。

7．证明：若 X 为平稳序列，则其线性变换依然为平稳序列。

第3章 平稳时间序列分析

我们得到的时间序列的观测值序列其实是有限的，通常通过构建有限阶的参数模型来描述序列的演进规律。 本章引入 3 个经典的平稳时间序列模型：自回归(AR)模型、移动平均(MA)模型及自回归移动平均(ARMA)模型。当确定一个时间序列是平稳非白噪声序列后，就可以进行时间序列建模了。

3.1 AR 模型

3.1.1 AR 模型的定义

具有如下结构的模型称为 p 阶 AR 模型，简记为 AR(p)模型：

$$\begin{cases} x_t = \varphi_0 + \varphi_1 x_{t-1} + \varphi_2 x_{t-2} + \cdots + \varphi_p x_{t-p} + \varepsilon_t \\ \varphi_p \neq 0 \\ E(\varepsilon_t) = 0, \ \ \mathrm{Var}(\varepsilon_t) = \sigma_\varepsilon^2, \ \ E(\varepsilon_t \varepsilon_s) = 0, \ \ s \neq t \\ Ex_s \varepsilon_t = 0, \ \ \forall s < t \end{cases} \tag{3-1}$$

若将 x_t 中心化，则需要做 $x_t - \mu$ 变换，其中，$\mu = \dfrac{\varphi_0}{1 - \varphi_1 - \cdots - \varphi_p}$ 为中心化算子。如果引进延迟算子 B，即 $x_{t-p} = B^p x_t$，$\forall p \geq 1$，则中心化 AR(p) 模型又可以简记为

$$\Phi(B)x_t = \varepsilon_t$$

其中，$\Phi(B) = 1 - \varphi_1 B - \varphi_2 B^2 - \cdots - \varphi_p B^p$ 称为 AR 系数多项式。

对比特征方程

$$\lambda^p - \varphi_1 \lambda^{p-1} - \varphi_2 \lambda^{p-2} - \cdots - \varphi_p = 0 \tag{3-2}$$

显然，AR 系数多项式的根和特征方程的根互为倒数。

3.1.2 AR 模型的平稳性

AR 模型是常用的平稳序列的拟合模型之一，但并不是所有的 AR 模型都是平稳的。常用的判别方法有平稳域判别法和特征根判别法。

任何一个中心化 AR(p)模型 $\Phi(B)x_t = \varepsilon_t$ 都可以被视为一个非齐次线性差分方程，其通解由齐次线性差分方程的通解和非齐次线性差分方程的一个特解构成。

（1）求齐次线性差分方程 $\Phi(B)x_t = 0$ 的一个通解：

$$\bar{x}_t = \sum_{j=1}^{q} c_j t^{j-1} \lambda_1^t + \sum_{j=q+1}^{p-2m} c_j \lambda_j^t + \sum_{j=1}^{m} r_j^t (c_{1j} \cos t \omega_j + c_{2j} \sin t \omega_j) \tag{3-3}$$

（2）求非齐次线性差分方程 $\Phi(B)x_t = \varepsilon_t$ 的一个特解：

$$\tilde{x}_t = \frac{\varepsilon_t}{\varPhi(B)} = \frac{\varepsilon_t}{\prod_{i=1}^{p}(1-\lambda_i B)} = \sum_{i=1}^{p}\frac{k_i}{1-\lambda_i B}\varepsilon_t \tag{3-4}$$

(3) 求非齐次线性差分方程 $\varPhi(B)x_t = \varepsilon_t$ 的通解 $x_t = \bar{x}_t + \tilde{x}_t$，即

$$x_t = \sum_{j=1}^{q}c_j t^{j-1}\lambda_1^t + \sum_{j=q+1}^{p-2m}c_j\lambda_j^t + \sum_{j=1}^{m}r_j^t(c_{1j}\cos t\omega_j + c_{2j}\sin t\omega_j) + \sum_{i=1}^{p}\frac{k_i}{1-\lambda_i B}\varepsilon_t \tag{3-5}$$

AR(p)模型平稳，即序列 $\{x_t\}$ 收敛，其基本要求为

$$\lim_{t\to\infty}x_t = \lim_{t\to\infty}\left[\sum_{j=1}^{q}c_j t^{j-1}\lambda_1^t + \sum_{j=q+1}^{p-2m}c_j\lambda_j^t + \sum_{j=1}^{m}r_j^t(c_{1j}\cos t\omega_j + c_{2j}\sin t\omega_j) + \sum_{i=1}^{p}\frac{k_i}{1-\lambda_i B}\varepsilon_t\right] = 0 \tag{3-6}$$

根据级数的收敛性必要条件，有

$$|\lambda_j| < 1, \quad j = 1,2,\cdots,p-2m$$
$$|r_j| < 1, \quad j = 1,2,\cdots,m \tag{3-7}$$

对于一个 AR(p)模型，如果没有平稳性要求，那么实际上也就意味着对参数向量没有任何限制，它们可以取遍 p 维欧几里得空间的任意一点。

如果加上了平稳性限制，那么参数向量就只能取 p 维欧几里得空间的一个子集，使得特征根都在单位圆内：

$$\{\varphi_1, \varphi_2, \cdots \mid \text{特征根都在单位圆内}\}$$

对于低阶 AR 模型，用平稳域判别法判别模型的平稳性通常更为简便。下面具体看看低阶 AR 模型的平稳域判别。

AR(1)模型如下：

$$x_t = \varphi x_{t-1} + \varepsilon_t \tag{3-8}$$

其特征根为 $\lambda = \varphi$，从而可知其平稳域为 $|\varphi| < 1$。

例 3-1 作出如下两个理论模型的时间序列图。

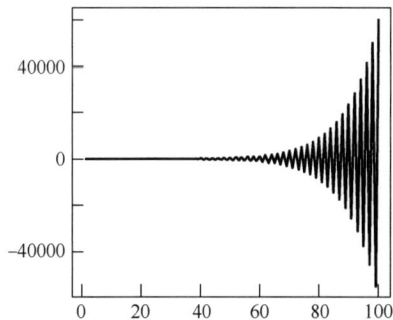

(1) $x_t = 0.8x_{t-1} + \varepsilon_t$ (2) $x_t = -1.1x_{t-1} + \varepsilon_t$

```
x1=arima.sim(n=100,list(ar=0.8)) ;e=rnorm(100);
x2=filter(e,filter=-1.1,method="recursive") ;plot(x1); plot(e)
```

结果如图 3-1 和图 3-2 所示。

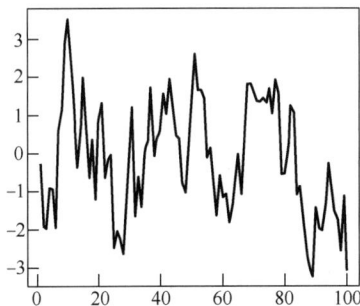

图 3-1 模型(1)的时间序列图   图 3-2 模型(2)的时间序列图

平稳性判断如表 3-1 所示。

表 3-1　平稳性判断

模型	特征根判别	平稳域判别	结论
（1）	$\lambda_1 = 0.8$	$\varphi_1 = 0.8$	平稳
（2）	$\lambda_1 = -1.1$	$\varphi_1 = -1.1$	非平稳

对于 AR(1)模型

$$X_t = \varphi X_{t-1} + \varepsilon_t \tag{3-9}$$

两边分别做方差运算，得到

$$\mathrm{Var}(X_t) = \mathrm{Var}(\varphi X_{t-1} + \varepsilon_t) \tag{3-10}$$

即得

$$\gamma_0 = \varphi^2 \gamma_0 + \sigma_\varepsilon^2 \tag{3-11}$$

从而

$$\gamma_0 = \frac{\sigma_\varepsilon^2}{1 - \varphi^2} \tag{3-12}$$

在 AR(1)模型两边同时乘以 X_{t-k}，并取其数学期望，有

$$\mathrm{Cov}(X_{t-k}, X_t) = \varphi \mathrm{Cov}(X_{t-k}, X_{t-1}) + \mathrm{Cov}(X_{t-k}, \varepsilon_t) \tag{3-13}$$

由于 X_{t-k} 与 ε_t 独立，因此得

$$\gamma_k = \varphi \gamma_{k-1}, \quad k = 1, 2, \cdots \tag{3-14}$$

两边同时除以 γ_0，可得

$$\rho_k = \varphi \rho_{k-1} = \cdots = \varphi^k \rho_0 = \varphi^k, \quad k = 1, 2, \cdots \tag{3-15}$$

当 $|\varphi| < 1$ 时，$\rho_k \to 0$；当 φ 为正数时，ρ_k 递减并趋于零；当 φ 为负数时，ρ_k 正负交替趋于零。$|\varphi|$ 越接近 1，ρ_k 趋向于零的速度越慢；反之，$|\varphi|$ 越接近 0，ρ_k 趋于零的速度越快，如图 3-3 所示。

上面的例子是在已知理论参数的条件下进行模拟的。下面继续用随机模拟的方法生成 AR(1)模型的仿真序列，利用 arima.sim()函数实现。

例 3-2　使用随机模拟的方法生成下列模型的仿真序列（100 个样本点）。并作出仿真序列的自相关图。

（1）$X_t = 0.9 X_{t-1} + \varepsilon_t$　　　　　　　　　　（2）$X_t = -0.8 X_{t-1} + \varepsilon_t$

这里用 arima.sim()函数产生 AR 模型的仿真序列：

```
sim.data <- arima.sim(list(order = c(1,0,0), ar = 0.9), n =100)
acf(sim.data)
```

其中

```
     arima.sim(model, n, rand.gen = rnorm, innov = rand.gen(n, ...), n.start
= NA, start.innov = rand.gen(n.start, ...),
                    ...)
```

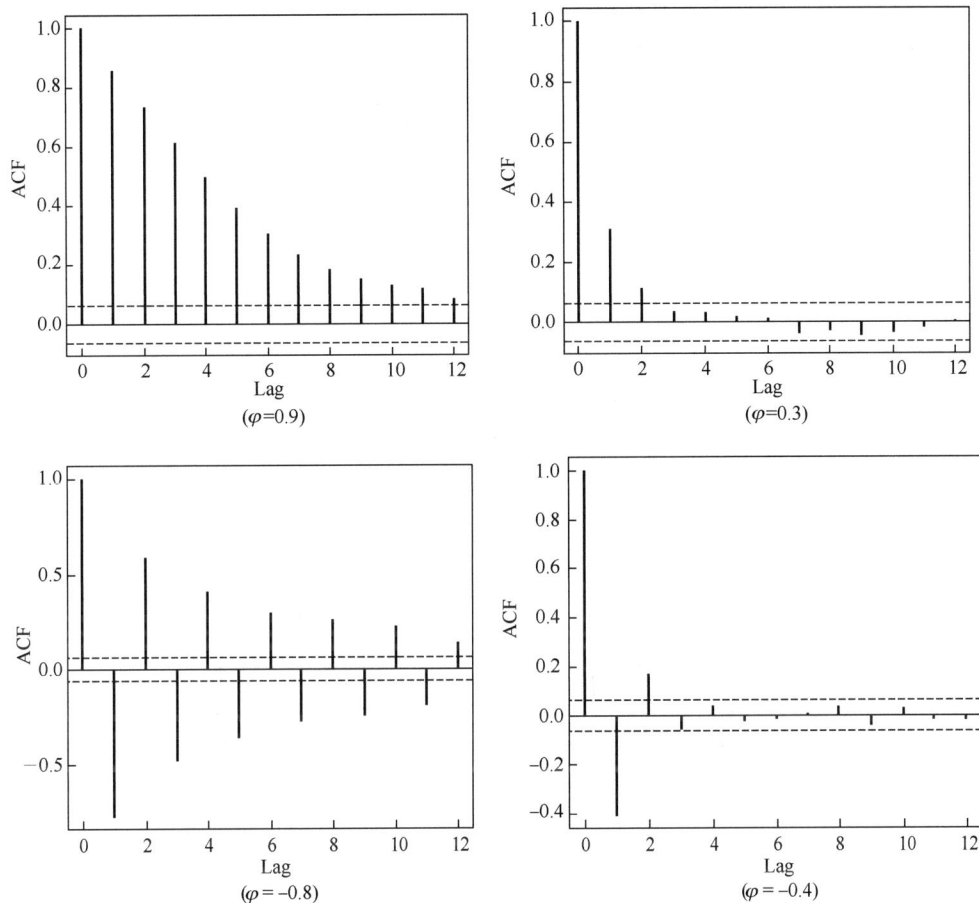

图 3-3　AR(1)模型的参数 φ 对自相关系数趋于零的影响

参数说明如下。

model：包含 ar 和/或 ma 分量，分别给出 ar 和 ma 系数，默认给出 ARIMA(0,0,0)模型，即白噪声。

n：输出序列的长度，没有进行差分计算前的序列长度，严格为正整数。

rand.gen：可选项，生成更新的函数。

n.start："老化"期的长度。如果 NA 是默认值，则计算可行值。

start.innov：承接 n.start 使用，用于可选的更新时间序列（n.start 默认在函数内部进行计算）。

模型 $X_t = 0.9X_{t-1} + \varepsilon_t$ 和 $X_t = -0.8X_{t-1} + \varepsilon_t$ 的仿真序列的自相关图分别如图 3-4 与图 3-5 所示。

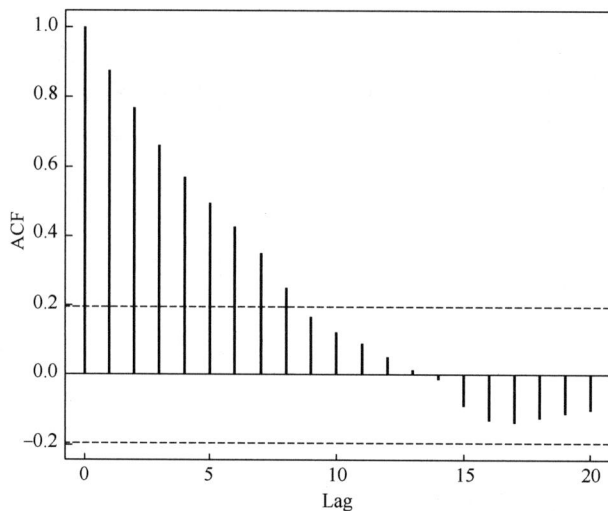

图 3-4　模型 $X_t = 0.9X_{t-1} + \varepsilon_t$ 的仿真序列的自相关图

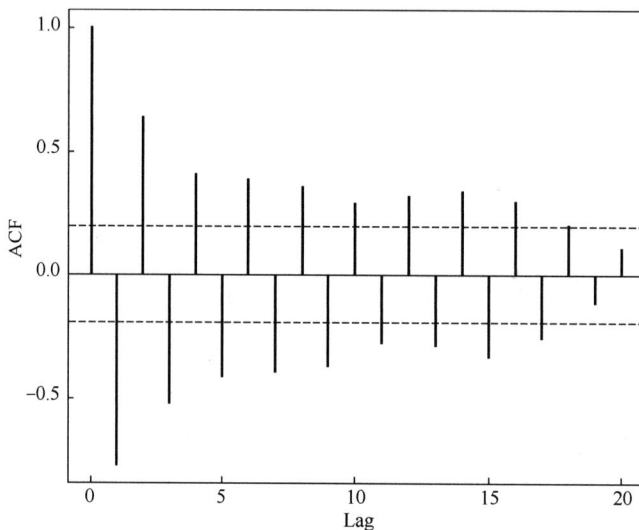

图 3-5　模型 $X_t = -0.8X_{t-1} + \varepsilon_t$ 的仿真序列的自相关图

AR(2)模型如下：

$$x_t = \varphi_1 x_{t-1} + \varphi_2 x_{t-2} + \varepsilon_t \tag{3-16}$$

设 λ_1 和 λ_2 是方程 $1 - \varphi_1 z - \varphi_2 z^2 = 0$ 的根的倒数，即特征方程 $\lambda^2 - \varphi_1 \lambda - \varphi_2 = 0$ 的根，由根与系数的关系可得

$$|\varphi_2| = |-\lambda_1 \lambda_2| = |\lambda_1 \lambda_2| < 1 \tag{3-17}$$

若 λ_1 和 λ_2 为实根（$\varphi_1^2 + 4\varphi_2 \geq 0$），则

$$\lambda_1 = \frac{\varphi_1 + \sqrt{\varphi_1^2 + 4\varphi_2}}{2} \qquad \lambda_2 = \frac{\varphi_1 - \sqrt{\varphi_1^2 + 4\varphi_2}}{2} \tag{3-18}$$

$|\lambda_1 \lambda_2| < 1$ 等价于

$$-2 \leqslant \varphi_1 - \sqrt{\varphi_1^2 + 4\varphi_2} \leqslant \varphi_1 + \sqrt{\varphi_1^2 + 4\varphi_2} \leqslant 2 \tag{3-19}$$

解得 $\varphi_2 \pm \varphi_1 < 1$。

当 λ_1 和 λ_2 为共轭复根时，有 $\varphi_1^2 + 4\varphi_2 < 0$，可得

$$\varphi_2 + \varphi_1 < -\frac{1}{4}\varphi_1^2 + \varphi_1 = -\frac{1}{4}(\varphi_1 - 2)^2 + 1 < 1 \quad \varphi_2 - \varphi_1 < -\frac{1}{4}\varphi_1^2 - \varphi_1 = -\frac{1}{4}(\varphi_1 + 2)^2 + 1 < 1$$

综上，AR(2)模型的平稳域如下。

(1) $|\varphi_2| = |\lambda_1 \lambda_2| < 1$。

(2) $\varphi_2 + \varphi_1 = -\lambda_1 \lambda_2 + \lambda_1 + \lambda_2 = 1 - (1 - \lambda_1)(1 - \lambda_2) < 1$。

(3) $\varphi_2 - \varphi_1 = -\lambda_1 \lambda_2 - \lambda_1 - \lambda_2 = 1 - (1 + \lambda_1)(1 + \lambda_2) < 1$。

AR(2)模型的平稳域为图 3-6 中的三角形区域。

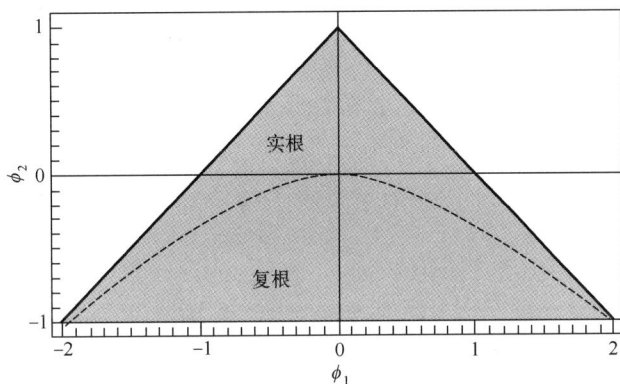

图 3-6　AR(2)模型的平稳域

为了进一步了解 AR(2)模型的平稳性，考察如下例子。

① $x_t = x_{t-1} - 0.5x_{t-2} + \varepsilon_t$ ② $x_t = x_{t-1} + 0.5x_{t-2} + \varepsilon_t$

相应的 R 代码如下：

```
X3=arima.sim(n=100,list(ar=c(1,-0.5))
x4=filter(e,filter=c(1,0.5),method="recursive"); plot(X3);plot(x4)
```

结果如图 3-7 所示。

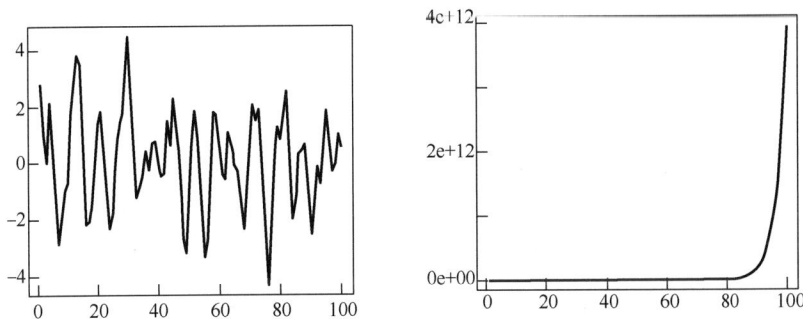

图 3-7　AR(2)模型的时间序列图

平稳性判断如表 3-2 所示。

表 3-2 平稳性判断

模型	特征根判别	平稳域判别	结论
①	$\lambda_1 = \dfrac{1+i}{2}$ $\quad\lambda_2 = \dfrac{1-i}{2}$	$|\varphi_1| = 0.5$, $\varphi_2 + \varphi_1 = 0.5$, $\varphi_2 - \varphi_1 = -1.5$	平稳
②	$\lambda_1 = \dfrac{1+\sqrt{3}}{2}$ $\quad\lambda_2 = \dfrac{1-\sqrt{3}}{2}$	$|\varphi_2| = 0.5$, $\varphi_2 + \varphi_1 = 1.5$, $\varphi_2 - \varphi_1 = -0.5$	非平稳

例 3-3 考察 AR(3)模型 $X_t = -X_{t-1} + X_{t-3} + \varepsilon_t$ 的平稳性。

由题意可得 $\varphi(z) = 1 + z - z^3$，使用 R 中的 polyroot()函数实现：

```
polyroot(c(1,1,0, -1))
[1] -0.662359+0.5622795i  -0.662359-0.5622795i  1.324718+0.0000000i
```

由此得到系数多项式方程的 3 个根，且复根的模小于 1，即该模型是非平稳的。

3.1.3 平稳 AR 模型的统计性质

（1）均值。如果 AR(p)模型满足平稳性条件，则平稳序列的均值为常数，不妨设 $E(x_t) = \mu$，且 $\{\varepsilon_t\}$ 为白噪声序列，此时有

$$E(x_t) = E(\varphi_0 + \varphi_1 x_{t-1} + \cdots + \varphi_p x_{t-p} + \varepsilon_t) = \varphi_0 + \varphi_1 E(x_{t-1}) + \cdots + \varphi_p E(x_{t-p}) \tag{3-20}$$

即

$$\mu = \varphi_0 + (\varphi_1 + \cdots + \varphi_p)\mu$$

从而有

$$\mu = \frac{\varphi_0}{1 - \varphi_1 - \cdots - \varphi_p} \tag{3-21}$$

（2）格林函数。由 AR 模型 $\Phi(B)x_t = \varepsilon_t$ 可得

$$
\begin{aligned}
x_t &= \frac{\varepsilon_t}{\Phi(B)} = \sum_{i=1}^{p} \frac{k_i}{1 - \lambda_i B} \varepsilon_t = \sum_{i=1}^{p} \sum_{j=0}^{\infty} k_i (\lambda_i B)^j \varepsilon_t \\
&= \sum_{j=0}^{\infty} \sum_{i=1}^{p} k_i \lambda_i^j \varepsilon_{t-j} \\
&\triangleq \sum_{j=0}^{\infty} G_j \varepsilon_{t-j}
\end{aligned}
\tag{3-22}
$$

其中，$G_j = \sum_{i=1}^{p} k_i \lambda_i^j$（$j = 1, 2, \cdots$）称为格林函数。

$$
\begin{aligned}
x_t &= G_0 \varepsilon_t + G_1 \varepsilon_{t-1} + G_2 \varepsilon_{t-2} + \cdots + G_n \varepsilon_{t-n} + \cdots \\
&= G_0 \varepsilon_t + G_1 B \varepsilon_t + G_2 B^2 \varepsilon_t + \cdots + G_n B^n \varepsilon_t + \cdots \\
&= (G_0 + G_1 B + G_2 B^2 + \cdots + G_n B^n + \cdots) \varepsilon_t \\
&= G(B) \varepsilon_t
\end{aligned}
\tag{3-23}
$$

其中，$G(B) = \sum\limits_{j=0}^{\infty} G_j B^j$

　　这表明具有传递形式的平稳序列可以由当前时刻以前的白噪声通过系统 $G(B) = \sum\limits_{j=0}^{\infty} G_j B^j$ 的作用生成，G_j 是 j 个单位时间以前加入系统的干扰项 ε_{t-j} 对现实 x_t 响应的权，即系统对 ε_{t-j} 的"记忆"。

　　那么，格林系数如何求呢？显然

$$\begin{cases} \Phi(B)x_t = \varepsilon_t \\ x_t = G(B)\varepsilon_t \end{cases} \Rightarrow \Phi(B)G(B)\varepsilon_t = \varepsilon_t \tag{3-24}$$

于是

$$\left(1 - \sum_{k=1}^{p} \varphi_k B^k\right)\left(\sum_{j=0}^{\infty} G_j B^j\right)\varepsilon_t = \varepsilon_t$$

$$\Rightarrow [1 + \sum_{j=1}^{\infty}(G_j - \sum_{k=1}^{j}\varphi_k' G_{j-k})B^j]\varepsilon_t = \varepsilon_t$$

$$\Rightarrow G_j - \sum_{k=1}^{j}\varphi_k' G_{j-k} = 0 \tag{3-25}$$

$$\Rightarrow \begin{cases} G_0 = 1 \\ G_j = \sum_{k=1}^{j}\varphi_k' G_{j-k} \quad j=1,2,\cdots \end{cases}$$

其中，$\varphi_k' = \begin{cases} \varphi_k & k \leqslant p \\ 0 & k > p \end{cases}$，由此可得

$$\begin{aligned} &G_0 = 1 \\ &G_1 = \varphi_1 G_0 \\ &G_2 = \varphi_1 G_1 + \varphi_2 G_0 \\ &\quad\vdots \\ &G_{p-1} = \varphi_1 G_{p-2} + \varphi_2 G_{p-3} + \cdots + \varphi_{p-1} G_0 \\ &G_k = \varphi_1 G_{k-1} + \varphi_2 G_{k-2} + \cdots + \varphi_p G_{k-p} \quad k = p, p+1, \cdots \end{aligned} \tag{3-26}$$

即可以先从 G_0 出发，依次递推得到 $G_1, \cdots, G_{p-1}$；再求解 p 阶齐次线性差分方程得到 G_k：

$$G_k = \varphi_1 G_{k-1} + \varphi_2 G_{k-2} + \cdots + \varphi_p G_{k-p} \tag{3-27}$$

　　(3) 方差。平稳 AR(p) 模型的传递形式为

$$x_t = \sum_{j=0}^{\infty} G_j \varepsilon_{t-j} \tag{3-28}$$

两边求方差即得

$$\mathrm{Var}(x_t) = \sigma_\varepsilon^2 \sum_{j=0}^{\infty} G_j^2 \tag{3-29}$$

相应地，协方差为

$$\gamma_k = \mathrm{Cov}(X_t, X_{t+k}) = \mathrm{Cov}(\sum_{i=0}^{\infty} G_i \varepsilon_{t-i}, \sum_{j=0}^{\infty} G_j \varepsilon_{t+k-j})$$

$$= \sum_{i=0}^{\infty} \sum_{j=0}^{\infty} G_i G_j \mathrm{Cov}(\varepsilon_{t-i}, \varepsilon_{t+k-j}) = \sum_{i=0}^{\infty} G_i G_{i+k} \mathrm{Cov}(\varepsilon_{t-i}, \varepsilon_{t-i}) \tag{3-30}$$

$$= \sigma_\varepsilon^2 \sum_{i=0}^{\infty} G_i G_{i+k}$$

（4）自相关系数为

$$\rho_k = \frac{\displaystyle\sum_{i=0}^{\infty} G_i G_{i+k}}{\displaystyle\sum_{j=0}^{\infty} G_j^2} \tag{3-31}$$

例如，求以下平稳 AR(1)模型的方差和协方差：

$$x_t = \frac{\varepsilon_t}{1 - \varphi_1 B} = \sum_{i=0}^{\infty} (\varphi_1 B)^i \varepsilon_t = \sum_{i=0}^{\infty} \varphi_1^i \varepsilon_{t-i} \tag{3-32}$$

格林函数为

$$G_j = \varphi_1^j, \ \ j = 0, 1, \cdots \tag{3-33}$$

AR(1)模型的方差为

$$\mathrm{Var}(x_t) = \sum_{j=0}^{\infty} G_j^2 \mathrm{Var}(\varepsilon_t) = \sum_{j=0}^{\infty} \varphi_1^{2j} \sigma_\varepsilon^2 = \frac{\sigma_\varepsilon^2}{1 - \varphi_1^2} \tag{3-34}$$

AR(1)模型的协方差为

$$\gamma_k = \sigma_\varepsilon^2 \sum_{i=0}^{\infty} G_i G_{i+k} = \sigma_\varepsilon^2 \sum_{i=0}^{\infty} \varphi_1^i \varphi_1^{i+k} = \varphi_1^k \sigma_\varepsilon^2 \sum_{i=0}^{\infty} \varphi_1^{2i} = \frac{\varphi_1^k \sigma_\varepsilon^2}{1 - \varphi_1^2} \tag{3-35}$$

著名的统计学家 Yule 和 Walker 创立了著名的 Yule-Walker 方程，它是 AR 模型求解方差、协方差的另一种方法。

先在平稳 AR(p)模型两边同时乘以 x_{t-k}，$\forall k \geq 1$，再求期望，可得

$$E(x_t x_{t-k}) = \varphi_1 E(x_{t-1} x_{t-k}) + \cdots + \varphi_p E(x_{t-p} x_{t-k}) + E(\varepsilon_t x_{t-k}) \tag{3-36}$$

由此便可得协方差的递推公式为

$$\gamma_k = \varphi_1 \gamma_{k-1} + \varphi_2 \gamma_{k-2} + \cdots + \varphi_p \gamma_{k-p}, \ \ \forall k \geq 1 \tag{3-37}$$

当 $k = 0$ 时，有

$$\gamma_0 = \varphi_1 \gamma_1 + \varphi_2 \gamma_2 + \cdots + \varphi_p \gamma_p + \sigma_\varepsilon^2 \tag{3-38}$$

当 $k = 1, 2, \cdots, p$ 时，有

$$
\begin{cases}
\gamma_1 = \varphi_1 \gamma_0 + \varphi_2 \gamma_1 + \cdots + \varphi_p \gamma_{p-1} \\
\quad\vdots \\
\gamma_p = \varphi_1 \gamma_{p-1} + \varphi_2 \gamma_{p-2} + \cdots + \varphi_p \gamma_0
\end{cases} \tag{3-39}
$$

这便是著名的 Yule-Walker 方程。解该方程组，即可求得方差和各阶自协方差。

例如，对于 AR(1)模型，递推公式为 $\gamma_k = \varphi_1 \gamma_{k-1} = \varphi_1^k \gamma_0$。运用该递推公式，可得 AR(1)模型的方差、协方差等统计特征。

方差：

$$
\gamma_0 = \frac{\sigma_\varepsilon^2}{1 - \varphi_1^2} \tag{3-40}
$$

协方差：

$$
\gamma_k = \varphi_1^k \frac{\sigma_\varepsilon^2}{1 - \varphi_1^2}, \quad \forall k \geq 1 \tag{3-41}
$$

自相关系数：

$$
\rho_k = \frac{\gamma_k}{\gamma_0} = \varphi_1^k, \quad \forall k \geq 1 \tag{3-42}
$$

若 AR(1)模型平稳，则 $|\varphi_1| < 1$，因此，当 $k \to \infty$ 时，ρ_k 呈指数形式衰减，直到零。这种现象称为拖尾或称 AR(1)有无穷记忆（Infinite Memory）。需要注意的是，当 $\varphi_1 < 0$ 时，ρ_k 呈振荡状衰减。

同理，平稳 AR(2)模型的递推方程为

$$
\gamma_k = \varphi_1 \gamma_{k-1} + \varphi_2 \gamma_{k-2}, \quad k \geq 1
$$

方差为

$$
\gamma_0 = \varphi_1 \gamma_1 + \varphi_2 \gamma_2 + \sigma_\varepsilon^2 \tag{3-43}
$$

令 $k = 1, 2$，则有

$$
\begin{cases}
\gamma_1 = \varphi_1 \gamma_0 + \varphi_2 \gamma_1 \\
\gamma_2 = \varphi_1 \gamma_1 + \varphi_2 \gamma_0
\end{cases} \tag{3-44}
$$

于是有

$$
\begin{cases}
\gamma_0 = \dfrac{1 - \varphi_2}{(1 + \varphi_2)(1 - \varphi_1 - \varphi_2)(1 + \varphi_1 - \varphi_2)} \sigma_\varepsilon^2 \\
\gamma_1 = \dfrac{\varphi_1 \gamma_0}{1 - \varphi_2} \\
\gamma_k = \varphi_1 \gamma_{k-1} + \varphi_2 \gamma_{k-2}, \quad k \geq 2
\end{cases} \tag{3-45}
$$

自相关系数为

$$\rho_k = \begin{cases} 1 & k = 0 \\ \dfrac{\varphi_1}{1 - \varphi_2} & k = 1 \\ \varphi_1 \rho_{k-1} + \varphi_2 \rho_{k-2} & k \geqslant 2 \end{cases} \tag{3-46}$$

一般地，由 Yule-Walker 方程得到自相关系数的递推公式：

$$\rho_k = \varphi_1 \rho_{k-1} + \varphi_2 \rho_{k-2} + \cdots + \varphi_p \rho_{k-p} \tag{3-47}$$

其通解设为

$$\rho_k = \sum_{i=1}^{p} c_i \lambda_i^k$$

其中，$|\lambda_i| < 1$；$c_1, c_2, \cdots, c_p$ 不全为零。显然，由 $|\lambda_i| < 1$，可得 $\rho_k = \sum_{i=1}^{p} c_i \lambda_i^k \to 0$，由于 $c_1, c_2, \cdots, c_p$ 不全为零，因此 ρ_k 呈现拖尾性。

例 3-4 考察如下平稳 AR 模型的自相关系数。

(1) $x_t = 0.8x_{t-1} + \varepsilon_t$ (2) $x_t = -0.8x_{t-1} + \varepsilon_t$

(3) $x_t = x_{t-1} - 0.5x_{t-2} + \varepsilon_t$ (4) $x_t = -x_{t-1} - 0.5x_{t-2} + \varepsilon_t$

模型(1)的自相关系数按复指数单调收敛到零，如图 3-8(a)所示；模型(2)的自相关系数呈正负相间衰减，如图 3-8(b)所示；模型(3)的自相关系数呈现伪周期性，如图 3-8(c)所示；模型(4)的自相关系数不规则衰减，如图 3-8(d)所示。

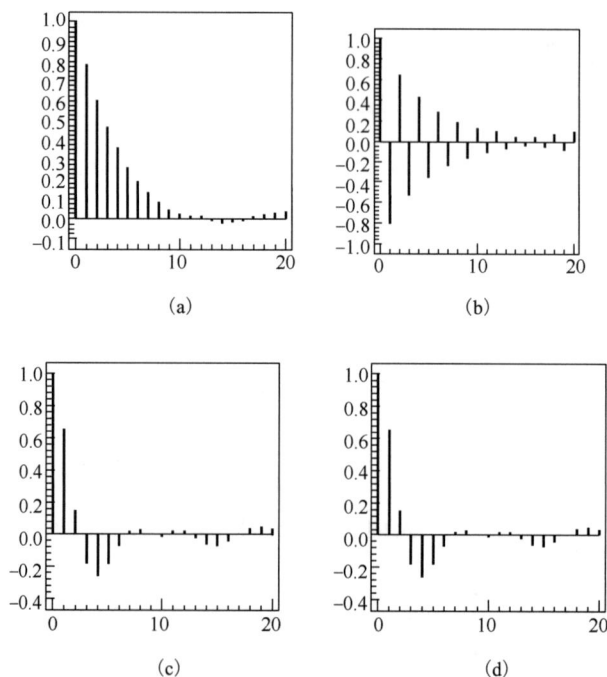

图 3-8　例 3-4 图

从图 3-8 中可以看到，这 4 个平稳 AR 模型，无论它们是 AR(1)模型还是 AR(2)模型，无论它们的特征根是实根还是复根、是正根还是负根，它们的自相关系数都具有拖尾性和呈指数衰减到零附近的性质。

但由于特征根不同，它们的自相关系数衰减的方式不一样。

- 有的是按负指数单调衰减的，如模型(1)。
- 有的呈正负相间衰减，如模型(2)。
- 有的呈现出类似周期性的余弦衰减，即具有伪周期性，如模型(3)。
- 有的是不规则衰减的，如模型(4)。

不难发现，格林函数、协方差函数、自相关系数具有相同的传递函数形式，即

$$G_k = \varphi_1 G_{k-1} + \varphi_2 G_{k-2} + \cdots + \varphi_p G_{k-p}$$

$$\gamma_k = \varphi_1 \gamma_{k-1} + \varphi_2 \gamma_{k-2} + \cdots + \varphi_p \gamma_{k-p}$$

$$\rho_k = \varphi_1 \rho_{k-1} + \varphi_2 \rho_{k-2} + \cdots + \varphi_p \rho_{k-p}$$

(5)偏自相关系数。

自相关系数 γ_k 给出了 X_t 与 X_{t-k} 的相关性，但这一相关性可能掩盖变量之间完全不同的隐含关系。例如，在 AR(1)模型中，X_t 与 X_{t-2} 之间存在相关性可能主要是由于它们各自与 X_{t-1} 的相关性带来的：

$$\rho_2 = \rho_1^2 = (\gamma_1/\gamma_0)^2 = \frac{E(X_t X_{t-1})E(X_{t-1}X_{t-2})}{\gamma_0^2} \tag{3-48}$$

即自相关系数中包含了这种所有的"间接"相关。

这里引入偏自相关系数。X_t 与 X_{t-k} 之间的偏自相关系数是消除了中间变量 $X_{t-1}, X_{t-2}, \cdots, X_{t-k+1}$ 带来的间接相关后的直接相关性，是在已知序列值 $X_{t-1}, X_{t-2}, \cdots, X_{t-k+1}$ 的条件下，X_t 与 X_{t-k} 之间关系的度量：

$$\rho_{X_1, X_2, \cdots, X_{t-k}|X_{t-1}, X_{t-2}, \cdots, X_{t-k+1}} = \frac{E[(X_t - \widehat{EX_t})(X_{t-k} - \widehat{EX_{t-k}})]}{E(X_t - \widehat{EX_t})^2} \tag{3-49}$$

其中，$\widehat{EX_t} = E(X_t|X_{t-1}, X_{t-2}, \cdots, X_{t-k+1})$；$\widehat{EX_{t-k}} = E(X_{t-k}|X_{t-1}, X_{t-2}, \cdots, X_{t-k+1})$。

如何求偏自相关系数呢？

用过去 k 期的序列值对 x_t 做 k 阶 AR 拟合，即

$$x_t = \phi_{k1} x_{t-1} + \phi_{k2} x_{t-2} + \cdots \phi_{k(k-1)} x_{t-k+1} + \phi_{kk} x_{t-k} \tag{3-50}$$

于是有

$$\begin{aligned} \hat{E}(x_t) &= \phi_{k1} x_{t-1} + \phi_{k2} x_{t-2} + \cdots + \phi_{k(k-1)} x_{t-k+1} + \phi_{kk} \hat{E}(x_{t-k}) + E(\varepsilon_t | x_{t-1}, x_{t-2}, \cdots, x_{t-k+1}) \\ &= \phi_{k1} x_{t-1} + \phi_{k2} x_{t-2} + \cdots + \phi_{k(k-1)} x_{t-k+1} + \phi_{kk} \hat{E}(x_{t-k}) \end{aligned} \tag{3-51}$$

因此

$$E[(x_t - \hat{E}(x_t))(x_{t-k} - \hat{E}(x_{t-k}))] = \phi_{kk} E[(x_{t-k} - \hat{E}(x_{t-k}))^2]$$

$$\Rightarrow \rho_{x_t, x_{t-k}|x_{t-1}, x_{t-2}, \cdots, x_{t-k+1}} = \frac{E[(x_t - \hat{E}(x_t))(x_{t-k} - \hat{E}(x_{k-t}))]}{E[(x_{t-k} - \hat{E}(x_{t-k}))^2]} = \phi_{kk}$$

显然，偏自相关系数即 ϕ_{kk}。为了求解该系数，式 (3-50) 两边同时乘以 x_{t-l}，并取条件数学期望，即有

$$\rho_l = \phi_{k1}\rho_{l-1} + \phi_{k2}\rho_{l-2} + \cdots + \phi_{kk}\rho_{l-k}, \quad \forall l > 0 \tag{3-52}$$

取 $l = 1, 2, \cdots, k$，构成 k 个方程组成的 Yule-Walker 方程组：

$$\begin{aligned}
\rho_1 &= \phi_{k1}\rho_0 + \phi_{k2}\rho_1 + \cdots + \phi_{kk}\rho_{k-1} \\
\rho_2 &= \phi_{k1}\rho_1 + \phi_{k2}\rho_0 + \cdots + \phi_{kk}\rho_{k-2} \\
&\vdots \\
\rho_k &= \phi_{k1}\rho_{k-1} + \phi_{k2}\rho_{k-2} + \cdots + \phi_{kk}\rho_0
\end{aligned} \tag{3-53}$$

解 Yule-Walker 方程组可以得到参数 $(\phi_{k1}, \phi_{k2}, \cdots, \phi_{kk})'$ 的解，最后一个参数的解即延迟 k 阶偏自相关系数。

将 Yule-Walker 方程组写成矩阵形式为

$$\begin{bmatrix} \rho_0 & \rho_1 & \cdots & \rho_{k-1} \\ \rho_1 & \rho_0 & \cdots & \rho_{k-2} \\ \vdots & \vdots & & \vdots \\ \rho_{k-1} & \rho_{k-2} & \cdots & \rho_0 \end{bmatrix} \cdot \begin{bmatrix} \phi_{k1} \\ \phi_{k2} \\ \vdots \\ \phi_{kk} \end{bmatrix} = \begin{bmatrix} \rho_1 \\ \rho_2 \\ \vdots \\ \rho_k \end{bmatrix} \tag{3-54}$$

由线性代数的克拉默法则可知 $\phi_{kk} = \dfrac{D_k}{D}$，其中

$$D = \begin{vmatrix} 1 & \rho_1 & \cdots & \rho_{k-1} \\ \rho_1 & 1 & \cdots & \rho_{k-2} \\ \vdots & \vdots & & \vdots \\ \rho_{k-1} & \rho_{k-2} & \cdots & 1 \end{vmatrix}, \quad D_k = \begin{vmatrix} 1 & \rho_1 & \cdots & \rho_1 \\ \rho_1 & 1 & \cdots & \rho_2 \\ \vdots & \vdots & & \vdots \\ \rho_{k-1} & \rho_{k-2} & \cdots & \rho_k \end{vmatrix} \tag{3-55}$$

对 $k = 1, 2, 3, \cdots$ 依次求解 Yule-Walker 方程，得

$$\phi_{11} = \rho_1$$

$$\phi_{22} = \frac{\begin{vmatrix} 1 & \rho_1 \\ \rho_1 & \rho_2 \end{vmatrix}}{\begin{vmatrix} 1 & \rho_1 \\ \rho_1 & 1 \end{vmatrix}} = \frac{\rho_2 - \rho_1^2}{1 - \rho_1^2}$$

$$\phi_{33} = \frac{\begin{vmatrix} 1 & \rho_1 & \rho_1 \\ \rho_1 & 1 & \rho_2 \\ \rho_2 & \rho_1 & \rho_3 \end{vmatrix}}{\begin{vmatrix} 1 & \rho_1 & \rho_2 \\ \rho_1 & 1 & \rho_1 \\ \rho_2 & \rho_1 & 1 \end{vmatrix}}$$

$$\vdots$$

$$\phi_{kk} = \frac{\begin{vmatrix} 1 & \rho_1 & \rho_2 & \cdots & \rho_{k-2} & \rho_1 \\ \rho_1 & 1 & \rho_1 & \cdots & \rho_{k-3} & \rho_2 \\ \vdots & \vdots & \vdots & & \vdots & \vdots \\ \rho_{k-1} & \rho_{k-2} & \rho_{k-3} & \cdots & \rho_1 & \rho_k \end{vmatrix}}{\begin{vmatrix} 1 & \rho_1 & \rho_2 & \cdots & \rho_{k-1} \\ \rho_1 & 1 & \rho_1 & \cdots & \rho_{k-2} \\ \vdots & \vdots & \vdots & & \vdots \\ \rho_{k-1} & \rho_{k-2} & \rho_{k-3} & \cdots & 1 \end{vmatrix}} \tag{3-56}$$

AR(1)模型的偏自相关系数的计算公式为

$$x_t = \phi_1 x_{t-1} + \varepsilon_t$$

其 Yule-Walker 方程为 $\rho_1 = \phi_{11}\rho_0 \Rightarrow \phi_{11} = \rho_1 = \phi_1$，因此偏自相关系数为

$$\phi_{kk} = \begin{cases} \phi_1 & k=1 \\ 0 & k \geqslant 2 \end{cases} \tag{3-57}$$

AR(2)模型的偏自相关系数的计算公式为

$$x_t = \phi_1 x_{t-1} + \phi_2 x_{t-2} + \varepsilon_t$$

当 $k=1$ 时，$\phi_{11} = \rho_1$，同时有 $\rho_1 = \phi_1 + \phi_2\rho_1 \Rightarrow \phi_{11} = \rho_1 = \dfrac{\phi_1}{1-\phi_2}$。

当 $k=2$ 时，$\begin{cases} \rho_1 = \phi_{21} + \phi_{22}\rho_1 \\ \rho_2 = \phi_{21}\rho_1 + \phi_{22} \end{cases}$，同时有 $\begin{cases} \rho_1 = \phi_1 + \phi_2\rho_1 \\ \rho_2 = \phi_1\rho_1 + \phi_2 \end{cases}$，因此 $\phi_{22} = \phi_2$。

同理，$\phi_{33} = \dfrac{\begin{vmatrix} 1 & \rho_1 & \rho_1 \\ \rho_1 & 1 & \rho_2 \\ \rho_2 & \rho_1 & \rho_3 \end{vmatrix}}{\begin{vmatrix} 1 & \rho_1 & \rho_2 \\ \rho_1 & 1 & \rho_1 \\ \rho_2 & \rho_1 & 1 \end{vmatrix}} = \dfrac{\begin{vmatrix} 1 & \rho_1 & \phi_{21}\rho_0 + \phi_{22}\rho_1 \\ \rho_1 & 1 & \phi_{21}\rho_1 + \phi_{22}\rho_0 \\ \rho_2 & \rho_1 & \phi_{21}\rho_2 + \phi_{22}\rho_1 \end{vmatrix}}{\begin{vmatrix} 1 & \rho_1 & \rho_2 \\ \rho_1 & 1 & \rho_1 \\ \rho_2 & \rho_1 & 1 \end{vmatrix}} = 0$。从而，AR(2)模型的偏自相关系

数为

$$\phi_{kk} = \begin{cases} \dfrac{\phi_1}{1-\phi_2} & k=1 \\ \phi_2 & k=2 \\ 0 & k \geqslant 3 \end{cases}$$

对于 AR(p)模型，由 Yule-Walker 方程组可推出 $D_k = \begin{vmatrix} 1 & \rho_1 & \cdots \rho_{p-1} \cdots & \rho_1 \\ \rho_1 & 1 & \cdots \rho_{p-2} \cdots & \rho_2 \\ \vdots & \vdots & \vdots & \vdots \\ \rho_{k-1} & \rho_{k-2} & \cdots \rho_{k-p} \cdots & \rho_k \end{vmatrix}$，且当 $k>p$ 时，

由矩阵的性质可知，$D_k = 0$。于是有

$$\phi_{kk} = \begin{cases} \dfrac{D_k}{D} & k \leq p \\ 0 & k > p \end{cases}$$

从而，在 AR(p) 模型中，对于所有的 $k>p$，x_t 与 x_{t-k} 之间的偏自相关系数均为零。AR(p) 的一个主要特征是，当 $k>p$ 时，偏自相关系数 $\rho_k^* = \mathrm{Corr}(X_t, X_{t-k}) = 0$，即 ρ_k^* 在 p 以后是截尾的。

于是导出随机时间序列的识别原则：若 X_t 的偏自相关系数在 p 以后截尾，即当 $k>p$ 时，$\rho_k^* = 0$，而它的自相关系数 ρ_k 是拖尾的，则此序列是 AR(p) 序列。

下面来看看样本的偏自相关系数呈现什么特征。

在 Yule-Walker 方程组中，用样本的自相关系数 $\hat{\rho}_k$ 替代模型的自相关系数 ρ_k，将方程组改写为

$$\begin{aligned}
\hat{\rho}_1 &= \phi_{k1}\hat{\rho}_0 + \phi_{k2}\hat{\rho}_1 + \cdots + \phi_{kk}\hat{\rho}_{k-1} \\
\hat{\rho}_2 &= \phi_{k1}\hat{\rho}_1 + \phi_{k2}\hat{\rho}_0 + \cdots + \phi_{kk}\hat{\rho}_{k-2} \\
&\vdots \\
\hat{\rho}_k &= \phi_{k1}\hat{\rho}_{k-1} + \phi_{k2}\hat{\rho}_{k-2} + \cdots + \phi_{kk}\hat{\rho}_0
\end{aligned} \tag{3-58}$$

对于 $k = 1,2,\cdots$，求解该方程组，得到样本的偏自相关系数 $\hat{\phi}_{kk}$ ($k = 1,2,\cdots$)。该指标是基于样本信息得到的，不满足 $\hat{\phi}_{kk} = 0\,(k > p)$ 的性质，但它的绝对值会有较小的值。

在 R 中，pacf() 函数用于计算样本的偏自相关系数，或者绘制偏自相关图，调用格式为

```
pacf(x, lag.max = NULL, plot = TRUE, na.action = na.fail,…)
```

例 3-5 使用模拟方法生成模型 $X_t = X_{t-1} - 0.5X_{t-2} + \varepsilon_t$ 的仿真系列的偏自相关图：

```
data  <- arima.sim(list(order = c(2,0,0), ar = c(1,-0.5)), n = 100)
pacf(data)
```

结果如图 3-9 所示。可以看出，除两个点的偏自相关系数的数值较大外，其余各点的偏自相关系数基本在两条虚线以内，样本的偏自相关系数具有截尾特性。该 AR(2) 模型的偏自相关系数的理论值是 $\phi_{11} = \dfrac{\phi_1}{1-\phi_2} = \dfrac{2}{3}$，$\phi_{22} = \phi_2 = -0.5$，$\phi_{kk} = 0$ ($k>2$)。

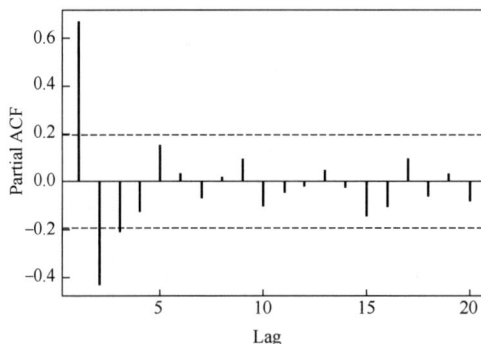

图 3-9 模型 $X_t = X_{t-1} - 0.5X_{t-2} + \varepsilon_t$ 的仿真序列的偏自相关图

使用命令 pacf(data, plot=FALSE) 直接计算出仿真序列的偏自相关系数：

1	2	3	4	5	6	7	8	9	10
0.667	-0.431	-0.209	-0.127	0.148	0.032	-0.071	0.019	0.093	

-0.103

11	12	13	14	15	16	17	18	19	20
-0.047	-0.021	0.044	-0.026	-0.145	-0.106	0.096	-0.063	0.027	

-0.081

观察发现，样本的偏自相关系数的前两项值较大，随后迅速衰减，绝对值较小，与理论值的趋势相同，自相关图也呈现出类似的特征。但由于样本的随机性，存在误差，二阶以后样本的偏自相关系数并不能严格收敛到零。

继续考察如下模型的偏自相关系数。

(1) $x_t = 0.8x_{t-1} + \varepsilon_t$　　　　(2) $x_t = -0.8x_{t-1} + \varepsilon_t$

(3) $x_t = x_{t-1} - 0.5x_{t-2} + \varepsilon_t$　　(4) $x_t = -x_{t-1} - 0.5x_{t-2} + \varepsilon_t$

模型(1)，理论偏自相关系数 $\phi_{kk} = \begin{cases} 0.8 & k=1 \\ 0 & k \geqslant 2 \end{cases}$，样本的偏自相关图如图 3-10(a)所示。

模型(2)，理论偏自相关系数 $\phi_{kk} = \begin{cases} -0.8 & k=1 \\ 0 & k \geqslant 2 \end{cases}$，样本的偏自相关图如图 3-10(b)所示。

模型(3)，理论偏自相关系数 $\phi_{kk} = \begin{cases} \dfrac{2}{3} & k=1 \\ -0.5 & k=2 \\ 0 & k \geqslant 3 \end{cases}$，样本的偏自相关图如图 3-10(c)所示。

模型(4)，理论偏自相关系数 $\phi_{kk} = \begin{cases} -\dfrac{2}{3}, & k=1 \\ -0.5, & k=2 \\ 0, & k \geqslant 3 \end{cases}$，样本的偏自相关图如图 3-10(d)所示。

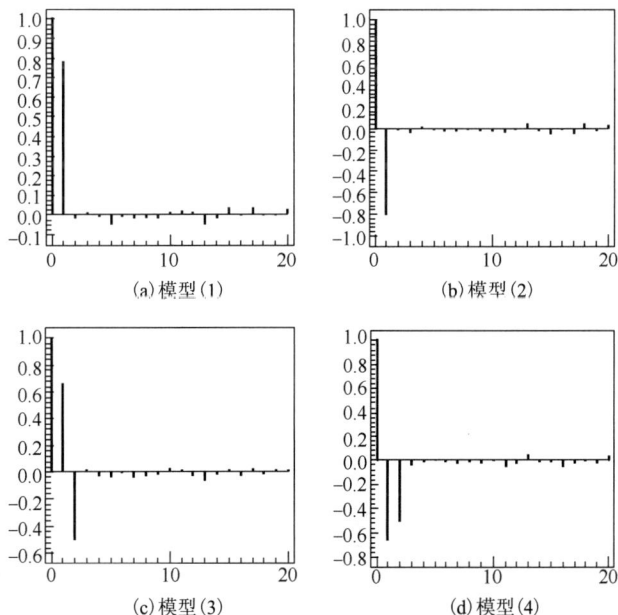

(a)模型(1)　　(b)模型(2)

(c)模型(3)　　(d)模型(4)

图 3-10　样本的偏自相关图

3.2 MA 模型

3.2.1 MA 模型的定义

具有如下结构的模型称为 q 阶移(滑)动平均模型，简记为 $\mathrm{MA}(q)$：

$$\begin{cases} x_t = \mu + \varepsilon_t - \theta_1\varepsilon_{t-1} - \theta_2\varepsilon_{t-2} - \cdots - \theta_q\varepsilon_{t-q} \\ \theta_q \neq 0 \\ E(\varepsilon_t) = 0, \ \mathrm{Var}(\varepsilon_t) = \sigma_\varepsilon^2, \ E(\varepsilon_t\varepsilon_s) = 0, \ s \neq t \end{cases} \tag{3-59}$$

特别地，当 $\mu=0$ 时，该模型称为中心化 $\mathrm{MA}(q)$ 模型。若引入延迟算子 B，则中心化 $\mathrm{MA}(q)$ 模型又可以简记为

$$x_t = \Theta(B)\varepsilon_t$$

其中，$\Theta(B) = 1 - \theta_1 B - \theta_2 B^2 - \cdots - \theta_q B^q$ 为 q 阶系数多项式。

$\mathrm{MA}(q)$ 模型的特征方程为

$$F(\lambda) = \lambda^q - \theta_1\lambda^{q-1} - \theta_2\lambda^{q-2} - \cdots - \theta_q = 0$$

显然，特征方程 $F(\lambda)=0$ 与 $\Theta(B)=0$ 的根互为倒数。

3.2.2 MA 模型的统计性质

(1) 均值：

$$E(x_t) = E(\mu + \varepsilon_t - \theta_1\varepsilon_{t-1} - \theta_2\varepsilon_{t-2} - \cdots - \theta_q\varepsilon_{t-q}) = \mu \tag{3-60}$$

显然，MA 模型的均值为常数。

(2) 方差：

$$\mathrm{Var}(x_t) = \mathrm{Var}(\mu + \varepsilon_t - \theta_1\varepsilon_{t-1} - \theta_2\varepsilon_{t-2} - \cdots - \theta_q\varepsilon_{t-q}) = (1 + \theta_1^2 + \cdots + \theta_q^2)\sigma_\varepsilon^2 \tag{3-61}$$

可见，MA 模型的方差也是与时间 t 无关的常数。

(3) 自协方差函数：

$$\begin{aligned} \gamma_k &= \mathrm{Cov}(X_t, X_{t+k}) \\ &= E[(\varepsilon_t - \theta_1\varepsilon_{t-1} - \theta_2\varepsilon_{t-2} - \cdots - \theta_q\varepsilon_{t-q})(\varepsilon_{t+k} - \theta_1\varepsilon_{t+k-1} - \theta_2\varepsilon_{t+k-2} - \cdots - \theta_q\varepsilon_{t+k-q})] \end{aligned} \tag{3-61}$$

得

$$\gamma_k = \begin{cases} (1 + \theta_1^2 + \cdots + \theta_q^2)\sigma_\varepsilon^2 & k = 0 \\ \left(-\theta_k + \sum_{i=1}^{q-k}\theta_i\theta_{k+i}\right)\sigma_\varepsilon^2 & 1 \leqslant k \leqslant q \\ 0 & k > q \end{cases} \tag{3-62}$$

（4）自相关系数：

$$\rho_k = \begin{cases} 1 & k = 0 \\ \dfrac{-\theta_k + \sum\limits_{i=1}^{q-k} \theta_i \theta_{k+i}}{1 + \theta_1^2 + \cdots + \theta_q^2} & 1 \leqslant k \leqslant q \\ 0 & k > q \end{cases} \tag{3-63}$$

MA 模型的自协方差函数和自相关系数均 q 阶截尾。

例如，对于 MA(1)模型：

$$X_t = \varepsilon_t - \theta_1 \varepsilon_{t-1}$$

有

$$\begin{aligned} r_0 &= \mathrm{Cov}(X_t, X_t) = \mathrm{Cov}(\varepsilon_t - \theta_1 \varepsilon_{t-1}, \varepsilon_t - \theta_1 \varepsilon_{t-1}) \\ &= \mathrm{Cov}(\varepsilon_t, \varepsilon_t) - 2\theta_1 \mathrm{Cov}(\varepsilon_t, \varepsilon_{t-1}) + \theta_1^2 \mathrm{Cov}(\varepsilon_{t-1}, \varepsilon_{t-1}) \\ &= (1 + \theta_1^2)\sigma_\varepsilon^2 \end{aligned}$$

$$\begin{aligned} r_1 &= \mathrm{Cov}(X_t, X_{t-1}) = \mathrm{Cov}(\varepsilon_t - \theta_1 \varepsilon_{t-1}, \varepsilon_{t-1} - \theta_2 \varepsilon_{t-2}) \\ &= -\theta_1 \mathrm{cov}(\varepsilon_{t-1}, \varepsilon_{t-1}) = -\theta_1 \sigma_\varepsilon^2 \end{aligned}$$

$$r_k = \mathrm{Cov}(X_t, X_{t+k}) = \mathrm{Cov}(\varepsilon_t - \theta_1 \varepsilon_{t-1}, \varepsilon_{t+k} - \theta_1 \varepsilon_{t+k-1}) = 0 (k \geqslant 2)$$

从而得 MA(1)模型的自相关系数为

$$\rho_k = \begin{cases} 1 & k = 0 \\ \dfrac{-\theta_1}{1 + \theta_1^2} & k = 1 \\ 0 & k \geqslant 2 \end{cases}$$

对于 MA(2)模型：

$$X_t = \varepsilon_t - \theta_1 \varepsilon_{t-1} - \theta_2 \varepsilon_{t-2}$$

有

$$\rho_k = \begin{cases} 1 & k = 0 \\ \dfrac{-\theta_1 + \theta_1 \theta_2}{1 + \theta_1^2 + \theta_2^2} & k = 1 \\ \dfrac{-\theta_2}{1 + \theta_1^2 + \theta_2^2} & k = 2 \\ 0 & k \geqslant 3 \end{cases} \tag{3-64}$$

对于 MA(q)模型：

$$X_t = \varepsilon_t - \theta_1 \varepsilon_{t-1} - \theta_2 \varepsilon_{t-2} - \ldots - \theta_q \varepsilon_{t-q} \tag{3-65}$$

有

$$r_0 = (1 + \theta_1^2 + \theta_2^2 + \cdots + \theta_q^2)\sigma_\varepsilon^2 \tag{3-66}$$

$$\rho_k = \begin{cases} 1 & k = 0 \\ \dfrac{-\theta_k + \theta_1\theta_{k+1} + \theta_2\theta_{k+2}\cdots + \theta_{q-k}\theta_q}{1 + \theta_1^2 + \theta_2^2 + \cdots + \theta_q^2} & 0 < k \leqslant q \\ 0 & k \geqslant q+1 \end{cases} \tag{3-67}$$

从而可知 MA(q)模型的自相关系数在延迟 q 阶后截尾，常由这一特征测试 MA 模型的阶数。

例 3-6　考察如下 MA 模型的自相关性。

（1）$x_t = \varepsilon_t - 2\varepsilon_{t-1}$　　　　　　　　　　（2）$x_t = \varepsilon_t - 0.5\varepsilon_{t-1}$

（3）$x_t = \varepsilon_t - \dfrac{4}{5}\varepsilon_{t-1} + \dfrac{16}{25}\varepsilon_{t-2}$　　　　（4）$x_t = \varepsilon_t - \dfrac{5}{4}\varepsilon_{t-1} + \dfrac{25}{16}\varepsilon_{t-2}$

模型（1）～模型（4）的自相关图分别如图 3-11（a）～（d）所示。

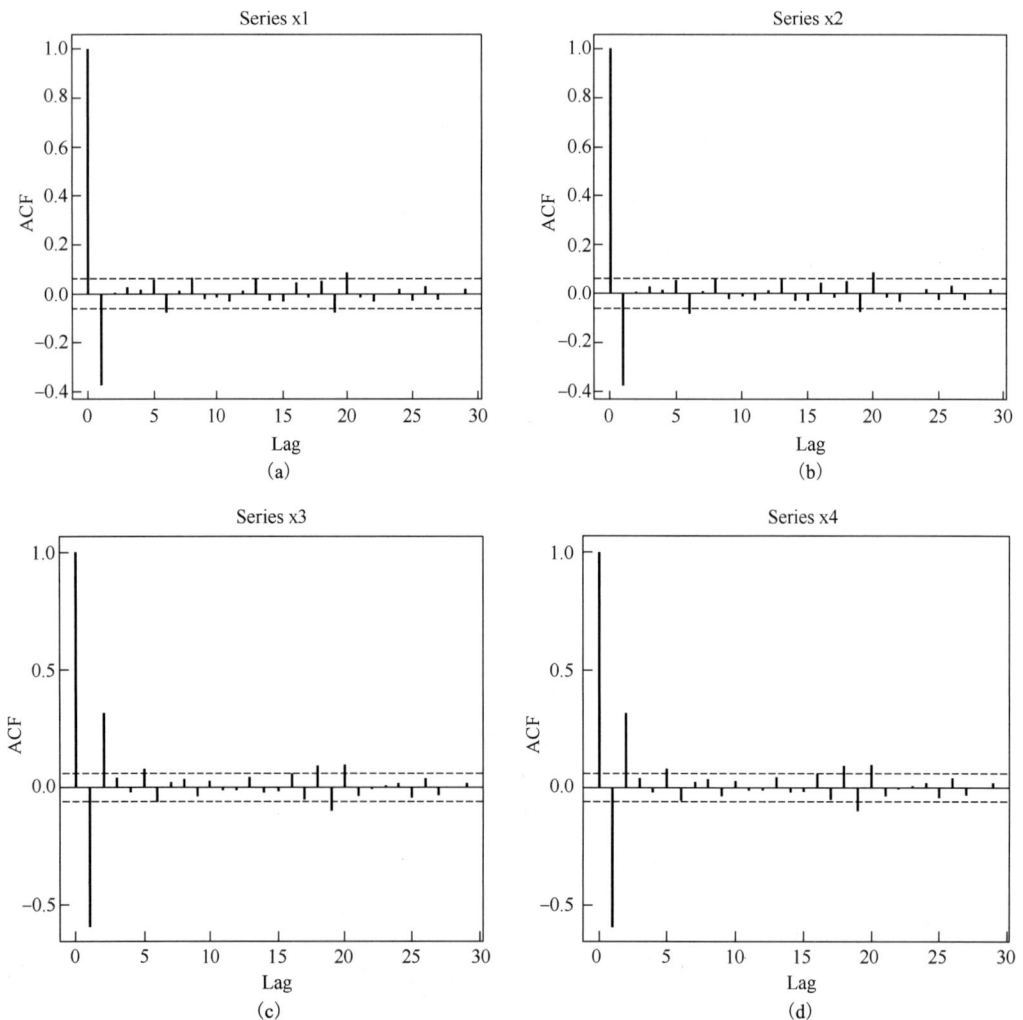

图 3-11　MA 模型的自相关图

通过图 3-11(a)、(b)可以发现,这两个不同的 MA 模型具有相同的自相关图,经计算,两个模型的理论自相关系数完全相同,为

$$\rho_k = \begin{cases} -0.4 & k=1 \\ 0 & k \geqslant 2 \end{cases}$$

同样,模型(3)和模型(4)的理论自相关系数也完全相同,为

$$\rho_k = \begin{cases} -0.64012 & k=1 \\ 0.312256 & k=2 \\ 0 & k \geqslant 3 \end{cases} \tag{3-68}$$

由此可知,不同的 MA 模型可能具有完全相同的自相关系数。产生这种现象的原因是自相关系数的非唯一性。

这种自相关系数的非唯一性会给我们将来的工作带来麻烦,即无法根据样本的自相关系数确定拟合的模型。为了保证一个给定的自相关系数能够对应唯一的模型,就要给模型增加约束条件。这个约束条件称为模型的可逆性条件。

3.2.3 MA 模型的可逆性

定义 3-1 若一个 MA 模型能够表示成收敛的 AR 模型形式,那么该 MA 模型称为**可逆 MA 模型**。

显然,任意一个平稳 AR 模型都无条件可逆。

可逆的重要性在于,一个自相关系数唯一对应一个可逆 MA 模型。

在例 3-6 中,模型(2)、模型(3)可逆,模型(1)、模型(4)不可逆。

一个 $MA(q)$ 模型可逆需要满足什么条件呢?

要将 $MA(q)$ 模型 $x_t = \Theta(B)\varepsilon_t$ 转化成 AR 模型形式,需要系数多项式的根

$$\Theta(z) = 1 - \theta_1 z - \theta_2 z^2 - \cdots - \theta_q z^q = 0$$

在单位圆外,或者特征方程

$$\lambda^q - \theta_1 \lambda^{q-1} - \theta_2 \lambda^{q-2} - \cdots - \theta_q = 0$$

的根在单位圆内,即 $|\lambda_i| < 1$,$i = 1, 2, \cdots, q$。

若一个 $MA(q)$ 模型满足可逆条件,则可以写出如下逆转形式:

$$x_t = \Theta(B)\varepsilon_t \Rightarrow \varepsilon_t = \frac{1}{\Theta(B)} x_t \hat{=} I(B)x_t = \sum_{j=0}^{\infty} I_j B^j x_t = \sum_{j=0}^{\infty} I_j x_{t-j}$$

其中,I_j($j = 1, 2, \cdots$)称为 $MA(q)$ 模型的逆函数。

由 $\begin{cases} x_t = \Theta(B)\varepsilon_t \\ \varepsilon_t = I(B)x_t \end{cases} \Rightarrow \Theta(B)I(B)x_t = x_t$,根据待定系数法,可得逆函数的递推公式:

$$\begin{cases} I_0 = 1 \\ I_j = \sum_{k=1}^{j} \theta_k' I_{j-k} & j = 1, 2, \cdots \end{cases}$$

其中,$\theta_k' = \begin{cases} \theta_k & k \leqslant q \\ 0 & k > q \end{cases}$。

根据 MA 模型的结构，求出特征方程的特征根，根据特征根都在单位圆内的约束条件，可以求出满足可逆条件的系数取值空间，这就是 MA 模型的系数可逆域。

MA 模型的系数可逆域与 AR 模型的平稳域具有对偶关系。

例如，MA(1)模型的系数可逆域为

$$\{\theta \mid -1 < \theta < 1\}$$

MA(2)模型的系数可逆域为

$$\{\theta_1, \theta_2 \mid \mid \theta_2 \mid < 1 \text{ 且 } \theta_2 \pm \theta_1 < 1\}$$

下面通过例子来加强理解。

例 3-7 考察如下 MA 模型的可逆性。

(1) $x_t = \varepsilon_t - 2\varepsilon_{t-1}$ 　　　　　　　　(2) $x_t = \varepsilon_t - 0.5\varepsilon_{t-1}$

(3) $x_t = \varepsilon_t - \dfrac{4}{5}\varepsilon_{t-1} + \dfrac{16}{25}\varepsilon_{t-2}$ 　　　(4) $x_t = \varepsilon_t - \dfrac{5}{4}\varepsilon_{t-1} + \dfrac{25}{16}\varepsilon_{t-2}$

模型（1），$x_t = \varepsilon_t - 2\varepsilon_{t-1} \Rightarrow |\theta| = 2 > 1$，不可逆。

模型（2），$x_t = \varepsilon_t - 0.5\varepsilon_{t-1} \Rightarrow |\theta| = 0.5 < 1$，可逆，且其逆函数为 $I_k = \begin{cases} 1 \\ 0.5^k & k \geq 1 \end{cases}$。该模型

的逆转形式为 $\varepsilon_t = \displaystyle\sum_{k=0}^{\infty} 0.5^k x_{t-k}$。

模型（3），$x_t = \varepsilon_t - \dfrac{4}{5}\varepsilon_{t-1} + \dfrac{16}{25}\varepsilon_{t-2} \Rightarrow \theta_2 < 1$，$\theta_2 \pm \theta_1 < 1$，可逆，相应的逆函数为

$I_k = \begin{cases} (-1)^n \theta_1^k & k = 3n \\ 0 & k = 3n+2 \end{cases}$ 或 $3n+1$（$n = 0, 1, \cdots$），其逆转形式为

$$\varepsilon_t = \sum_{n=0}^{\infty} (-1)^n 0.8^{3n} x_{t-3n} + \sum_{n=0}^{\infty} (-1)^n 0.8^{3n+1} x_{t-3n-1}$$

模型（4），$x_t = \varepsilon_t - \dfrac{5}{4}\varepsilon_{t-1} + \dfrac{25}{16}\varepsilon_{t-2} \Rightarrow \theta_2 = \dfrac{25}{16} > 1$，不可逆。

对于一个可逆 MA(q)模型，可以将其等价写成 AR(∞) 模型的形式，$\varepsilon_t = \displaystyle\sum_{j=0}^{\infty} I_j x_{t-j}$，其中

$$\begin{cases} I_0 = 1 \\ I_j = \displaystyle\sum_{k=1}^{l} \theta'_k I_{j-k} & j \geq 1 \end{cases}$$

由于 AR(q)模型的偏自相关系数 p 阶截尾，因此可逆 MA(q)模型的偏自相关系数 ∞ 阶截尾，即具有偏自相关系数的拖尾特性。

一个可逆 MA(q)模型一定对应一个与它具有相同自相关系数和偏自相关系数的不可逆 MA(q)模型，这个不可逆 MA(q)模型同样具有偏自相关系数的拖尾特性。

3.2.4 MA(q)模型的偏自相关系数

对于 MA(q)模型 $X_t = \Theta(B)\varepsilon_t$，当 $\Theta(B)$ 可逆时，$\Theta^{-1}(B)X_t = \varepsilon_t$，即 MA 模型等价于 AR(∞) 模型。因此偏自相关系数可以通过 Yule-Walker 方程组来计算。

如何求出 MA(q)模型的各阶偏自相关系数呢？下面以 MA(1)模型为例进行讲解，其表达式为 $x_t = \varepsilon_t - \theta_1 \varepsilon_{t-1}$。

由偏自相关系数的定义可知，延迟 k 阶的偏自相关系数是如下方程组的最后一个系数

$$\rho_j = \phi_{k1}\rho_{j-1} + \phi_{k2}\rho_{j-2} + \cdots + \phi_{k(k-1)}\rho_{j-k+1} + \phi_{kk}\rho_{j-k}, \quad j=1,2,\cdots,k$$

取 $j=1,2,\cdots,k$，求解该方程组，可以得到 MA(1)模型任意 k 阶的偏自相关系数的通解为

$$\phi_{kk} = \frac{-\theta_1^k}{\displaystyle\sum_{j=0}^{k}\theta_1^{2j}}, \quad k \geqslant 1$$

更一般地

$$\phi_{11} = \rho_1 = \frac{-\theta}{1+\theta^2} = \frac{-\theta(1-\theta^2)}{1-\theta^4}$$

$$\phi_{22} = \frac{-\rho_1^2}{1-\rho_1^2} = \frac{-\theta^2}{1+\theta^2+\theta^4} = \frac{-\theta^2(1-\theta^2)}{1-\theta^6}$$

$$\phi_{33} = \frac{-\phi_{22}\rho_1}{1-\phi_{22}\rho_1} = \frac{\dfrac{\rho_1^3}{1-\rho_1^2}}{1-\rho_1^2-\dfrac{\rho_1^4}{1-\rho_1^2}} = \frac{\rho_1^3}{1-2\rho_1^2}$$

$$= \frac{-\theta^3}{1+\theta^2+\theta^4+\theta^6} = \frac{-\theta^3(1-\theta^2)}{1-\theta^8}$$

由此可以得到偏自相关系数的递推公式为

$$\phi_{kk} = \frac{-\theta^k(1-\theta^2)}{1-\theta^{2(k+1)}}$$

显然，若 $\theta \neq 0$，则 $\phi_{kk} \neq 0$，且 $|\phi_{kk}| < |\theta|^k$，表明偏自相关系数呈指数衰减，具有拖尾特性。

当 $\theta > 0$ 时，偏自相关系数为负，且逐渐趋于零。当 $\theta < 0$ 时，偏自相关系数的符号交替变换且趋于零。需要注意的是，R 中的模型与理论分析模型相差一个负号。例如，运行如下 R 代码：

```
data <- arima.sim(list(order = c(0,0,1), ma = -0.9), n = 1000)
pacf(data, lag.max = 12)
```

结果如图 3-12 所示

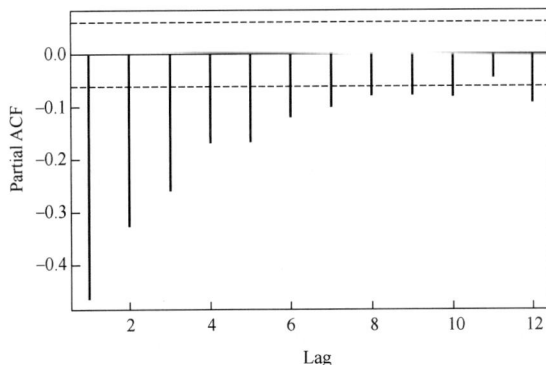

图 3-12　MA(1)模型在 $\theta=0.9$ 时的偏自相关系数趋于 0 的情况

令 $\theta = -0.8$，作出序列的偏自相关图，如图 3-13 所示。

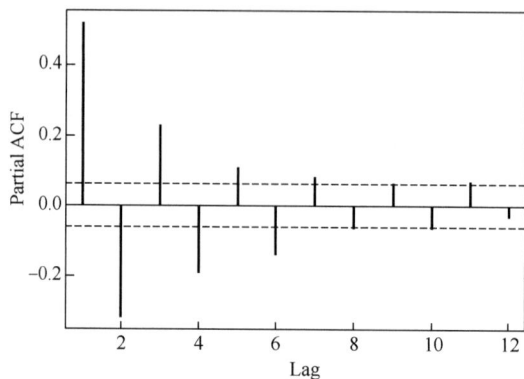

图 3-13　MA(1)模型在 $\theta = -0.8$ 时的偏自相关图

例 3-8　使用模拟方法生成下列模型的仿真序列，并画出仿真序列的偏自相关图。

(1) $X_t = \varepsilon_t + 0.8\varepsilon_{t-1}$　　　　　　　　(2) $X_t = \varepsilon_t - \varepsilon_{t-1} + 0.5\varepsilon_{t-2}$

仍然用 arima.sim() 函数生成模型的仿真序列，用 pacf() 函数画出仿真序列的偏自相关图。模型(1)的程序如下：

```
data <- arima.sim(list(order = c(0,0,1), ma = 0.8), n = 100)
pacf(data)
```

模型(2)的程序如下：

```
data <- arima.sim(list(order = c(0,0,2), ma = c(-1, 0.5)), n = 100)
pacf(data)
```

模型(1)、(2)的仿真序列的偏自相关图分别如图 3-14 和图 3-15 所示。

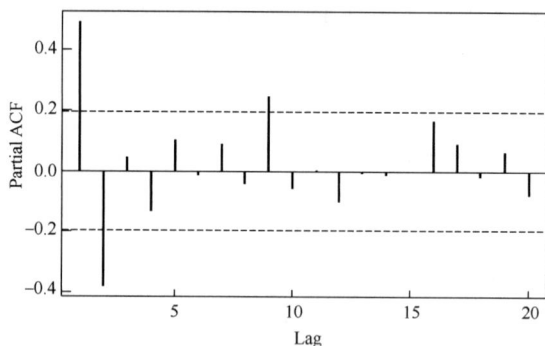

图 3-14　模型(1)的仿真序列的偏自相关图

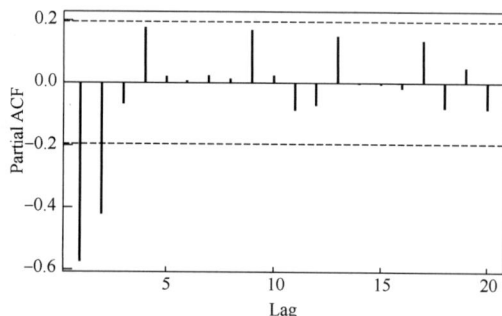

图 3-15　模型(2)的仿真序列的偏自相关图

例 3-9　绘制下列 MA 模型的偏自相关图，直观考察 MA 模型偏自相关系数的拖尾特性。

(1) $x_t = \varepsilon_t - 2\varepsilon_{t-1}$　　　　(2) $x_t = \varepsilon_t - 0.5\varepsilon_{t-1}$

(3) $x_t = \varepsilon_t - \dfrac{4}{5}\varepsilon_{t-1} + \dfrac{16}{25}$　　　　(4) $x_t = \varepsilon_t - \dfrac{5}{4}\varepsilon_{t-1} + \dfrac{25}{16}\varepsilon_{t-2}$

模型(1)~模型(4)的仿真序列的偏自相关图分别如图 3-16(a)~(d)所示。

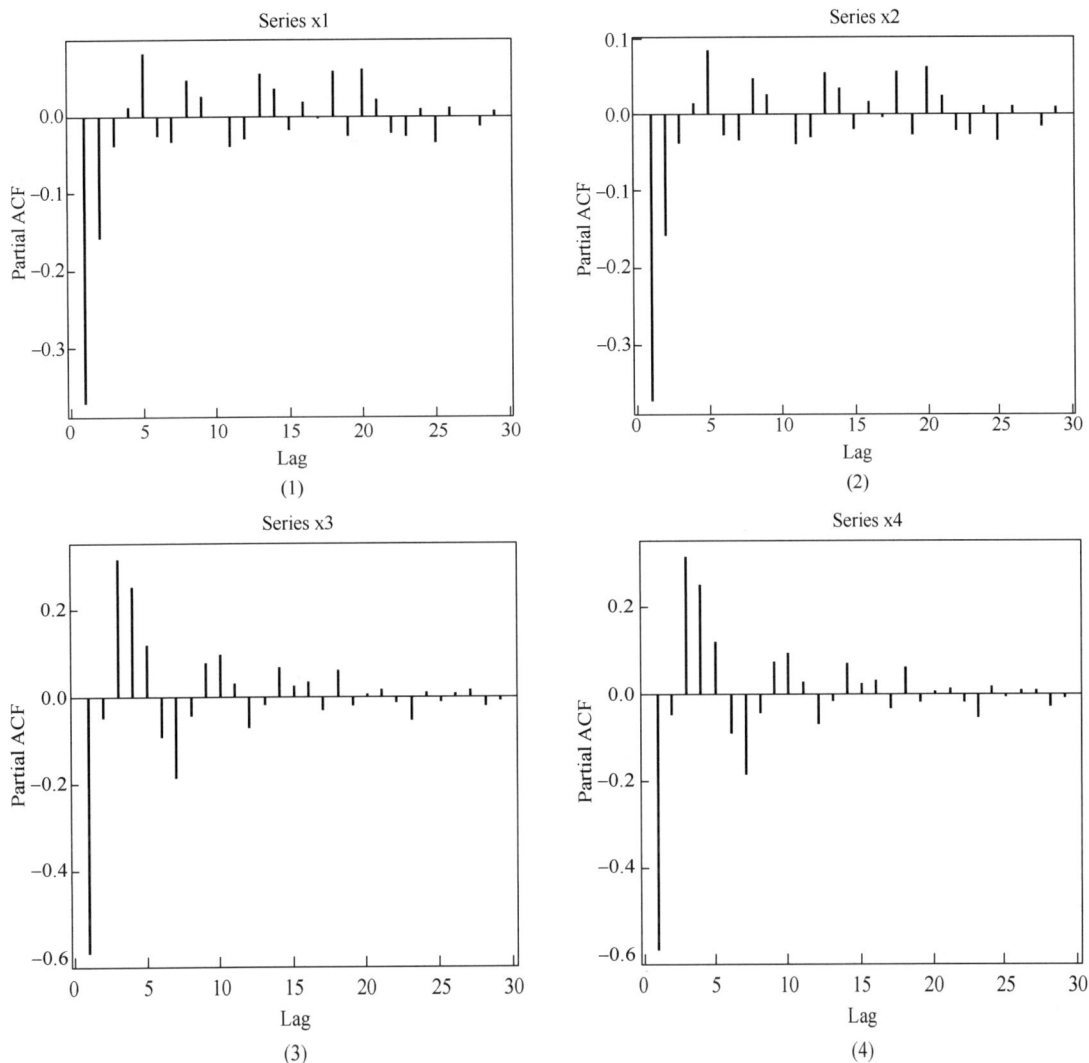

Series x1
(1)

Series x2
(2)

Series x3
(3)

Series x4
(4)

图 3-16　MA 模型的偏自相关图

从图 3-16 中可以看出，模型(1)、(2)具有相同的偏自相关系数，模型(3)、(4)的偏自相关系数也相同。但模型(1)、(4)不可逆，模型(2)、(3)可逆。

3.3　ARMA 模型

具有如下结构的模型称为自回归移动平均模型，简记为 ARMA(p,q)：

$$\begin{cases} x_t = \varphi_0 + \varphi_1 x_{t-1} + \cdots + \varphi_p x_{t-p} + \varepsilon_t - \theta_1 \varepsilon_{t-1} - \cdots - \theta_q \varepsilon_{t-q} \\ \varphi_p \neq 0, \quad \theta_q \neq 0 \\ E(\varepsilon_t) = 0, \quad \mathrm{Var}(\varepsilon_t) = \sigma_\varepsilon^2, \quad E(\varepsilon_t \varepsilon_s) = 0, \quad s \neq t \\ E(x_s \varepsilon_t) = 0, \quad \forall s < t \end{cases} \tag{3-69}$$

特别地，当 $\varphi_0 = 0$ 时，该模型称为中心化 ARMA(p, q)模型，记为

$$x_t = \varphi_1 x_{t-1} + \cdots + \varphi_p x_{t-p} + \varepsilon_t - \theta_1 \varepsilon_{t-1} - \cdots - \theta_q \varepsilon_{t-q}$$

后面在不做声明的情况下，所讨论的模型均指中心化 ARMA(p, q)模型。

若利用延迟算子 B，则中心化 ARMA 模型可以写为

$$\Phi(B)x_t = \Theta(B)\varepsilon_t \tag{3-70}$$

其中，$\Phi(B) = 1 - \varphi_1 B - \varphi_2 B^2 - \cdots - \varphi_p B^p$ 和 $\Theta(B) = 1 - \theta_1 B - \theta_2 B^2 - \cdots - \theta_q B^q$ 称为模型的系数多项式，且二者没有公因子。

如果二者有公因子，则可以对 ARMA 模型进行化简。例如：

$$X_t = 0.4X_{t-1} + 0.45X_{t-2} + \varepsilon_t + \varepsilon_{t-1} + 0.25\varepsilon_{t-2}$$

其中，$\Phi(B) = 1 - 0.4B - 0.45B^2 = (1 + 0.5B)(1 - 0.9B)$；$\Theta(B) = 1 + B + 0.25B^2 = (1 + 0.5B)^2$。该模型等价为

$$X_t = 0.9X_{t-1} + \varepsilon_t + 0.5\varepsilon_{t-1}$$

3.3.1 ARMA(p, q)模型的平稳性与可逆性

对于 ARMA 模型，可以从以下两方面来理解。首先，将 ARMA(p, q)模型理解为 AR(p)模型：

$$\Phi(B)X_t = Z_t \tag{3-71}$$

其中，$Z_t = \Theta(B)\varepsilon_t$。因此，ARMA 模型的平稳性条件与 AR 模型的相同，即 p 阶 AR 系数多项式 $\Phi(B) = 0$ 的根都在单位圆外。由此可知，ARMA(p, q)模型的平稳性完全由其 AR 部分的平稳性决定。

其次，将 ARMA(p, q)模型理解为 MA(q)模型：

$$X_t = \Theta(B)Y_t$$

其中，Y_t 满足 $\Phi(B)Y_t = \varepsilon_t$，因此

$$\Phi(B)X_t = \Phi(B)\Theta(B)Y_t = \Theta(B)\Phi(B)Y_t = \Theta(B)\varepsilon_t$$

因此，ARMA 模型可逆的条件与 MA 模型的相同，即 q 阶移动平均系数多项式 $\Theta(B) = 0$ 的根都在单位圆外。显然，ARMA(p, q)模型的可逆性完全由其移动平均部分的可逆性决定。

3.3.2 可逆性与 AR(∞)模型

当 $\Theta(B)$ 可逆时，由 $\Phi(B)X_t = \Theta(B)\varepsilon_t$ 可得

$$\Theta^{-1}(B)\Phi(B)X_t = \varepsilon_t \tag{3-72}$$

展开该模型为

$$X_t + I_1 X_{t-1} + \cdots + I_j X_{t-j} + \cdots = \varepsilon_t$$

其中

$$\Theta^{-1}(B)\Phi(B) = \sum_{j=0}^{\infty} I_j B^j = 1 + I_1 B + I_2 B^2 + \cdots$$

两边同时乘以 $\Theta(B)$，可得

$$(1 - \theta_1 B - \theta_2 B^2 - \cdots - \theta_q B^q)(1 + I_1 B + I_2 B^2 + \cdots)$$
$$= 1 - \varphi_1 B - \varphi_2 B^2 - \cdots - \varphi_p B^p$$

由于两边 B 的多项式的系数相等，因此可得

$$I_1 - \theta_1 = -\varphi_1$$

$$I_2 - \theta_1 I_1 - \theta_2 = -\varphi_2$$

$$I_3 - \theta_1 I_2 - \theta_2 I_1 - \theta_3 = -\varphi_3$$

$$\vdots$$

$$I_j - \theta_1 I_{j-1} - \cdots - \theta_{j-1} I_1 - \theta_j = -\varphi_j$$

并规定 $\varphi_j = 0$（$j > p$）$\theta_j = 0$（$j > q$），求解上述方程，从而可得逆转系数 I_j。

例 3-10　将模型 $X_t = 0.9 X_{t-1} + \varepsilon_t + 0.5 \varepsilon_{t-1}$ 转换为 $\text{AR}(\infty)$ 模型，并计算系数 I_j（$j = 1, 2, \cdots$）。

已知 $\theta_1 = -0.5$，$\varphi_1 = 0.9$，$\theta_j = 0$（$j \geqslant 2$），$\varphi_j = 0$（$j \geqslant 2$），由

$$I_j = \theta_1 I_{j-1} = \cdots = \theta^{j-1} I_1 = (\theta_1 - \varphi_1)\theta^{j-1}$$

可得

$$I_j = -1.4(-0.5)^{j-1}, \quad j = 1, 2, \cdots$$

astsa 程序包提供了计算系数 I_j 的函数 ARMAtoAR()，其使用格式如下：

```
ARMAtoAR(ar = 0, ma = 0, lag.max = 20)
```

ar 表示 AR 模型中的系数 φ_j。

ma 表示 MA 模型中的系数 $-\theta_j$。

lag.max 表示 $\text{AR}(\infty)$ 模型中的系数 I_j 的最大项数。

例如，在例 3-10 中，计算前 10 项系数：

```
ARMAtoAR(ar = 0.9, ma = 0.5, 10)
   [1] -1.400000000  0.700000000 -0.350000000  0.175000000 -0.087500000
0.043750000 -0.021875000  0.010937500 -0.005468750  0.002734375
```

可见。上述结果与理论值 $I_j = -1.4(-0.5)^{j-1}$（$j = 1, 2, \cdots$）一致。

更一般地，$\text{ARMA}(p, q)$ 模型的逆转形式为

$$\varepsilon_t = \Theta^{-1}(B)\Phi(B)x_t = \sum_{j=0}^{\infty} I_j x_{t-j}$$

$$\begin{cases} I_0 = 1 \\ I_k = \sum_{j=1}^{k} \theta'_j I_{k-j} - \phi'_k & k \geqslant 1 \end{cases} \tag{3-73}$$

其中

$$\theta'_j = \begin{cases} \theta_j & 1 \leqslant j \leqslant q \\ 0 & j > q \end{cases}$$

3.3.3 平稳性与 MA(∞)模型

对于 ARMA(p,q)模型，如果模型是平稳的，则方程 $\varPhi(z) = 0$ 的根都在单位圆外，因此有

$$X_t = \varPhi^{-1}(B)\varTheta(B)\varepsilon_t = \sum_{j=0}^{\infty} G_j B^j \varepsilon_t = \varepsilon_t + G_1 \varepsilon_{t-1} + \cdots + G_j \varepsilon_{t-j} + \cdots$$

两边同时乘以 $\varPhi(B)$，对照系数，即有

$$G_1 - \varphi_1 = -\theta_1$$

$$G_2 - \varphi_1 G_1 - \varphi_2 = -\theta_2$$

$$G_3 - \varphi_1 G_2 - \varphi_2 G_1 - \varphi_3 = -\theta_3$$

$$\vdots$$

$$G_j - \varphi_1 G_{j-1} - \cdots - \varphi_{j-1} G_1 - \varphi_j = -\theta_j$$

同样规定，$\varphi_j = 0$（$j > p$）$\theta_j = 0$（$j > q$），求解即得传递系数 G_j。

例 3-11 将模型 $X_t = 0.9X_{t-1} + \varepsilon_t + 0.5\varepsilon_{t-1}$ 转换为 MA(∞) 模型，并计算系数 $G_j(j = 1, 2, \cdots)$。

已知 $\theta_1 = -0.5$，$\varphi_1 = 0.9$，$\theta_j = 0(j \geqslant 2)$，$\varphi_j = 0(j \geqslant 2)$，由

$$G_j = \varphi_1 G_{j-1} = \cdots = \varphi_1^{j-1} G_1 = (\varphi_1 - \theta_1)\,\varphi_1^{j-1}$$

可得

$$G_j = 1.4(0.9)^{j-1} \quad j = 1, 2, \cdots$$

类似地，借用 astsa 程序包中的函数 ARMAtoMA()计算系数 G_j：

```
ARMAtoMA(ar = numeric(), ma = numeric(), lag.max)
```

例如，计算例 3-11 中前 10 项系数，结果如下：

```
ARMAtoMA(ar = 0.9, ma = 0.5, 10)
 [1] 1.4000000 1.2600000 1.1340000 1.0206000 0.9185400 0.8266860 0.7440174
0.6696157 0.6026541 0.5423887
```

更一般地，ARMA(p, q)模型的传递形式为

$$x_t = \Phi^{-1}(B)\Theta(B)\varepsilon_t = \sum_{j=0}^{\infty} G_j \varepsilon_{t-j}$$

$$\begin{cases} G_0 = 1 \\ G_k = \sum_{j=1}^{k} \phi'_j G_{k-j} - \theta'_k & k \geqslant 1 \end{cases} \tag{3-74}$$

其中

$$\phi'_j = \begin{cases} \phi_j & 1 \leqslant j \leqslant q \\ 0 & j > q \end{cases}$$

该传递形式与其逆转形式对偶。

3.3.4　ARMA 模型的统计性质

对于非中心化 ARMA 模型，其均值为

$$E(x_t) = \frac{\varphi_0}{1 - \varphi_1 - \cdots - \varphi_p}$$

方差和自协方差函数分别为

$$\gamma_0 = \mathrm{Cov}(X_t, X_t) = \sigma_\varepsilon^2 \sum_{j=0}^{\infty} G_j^2$$

$$\gamma_k = \mathrm{Cov}(X_t, X_{t+k}) = \sigma_\varepsilon^2 \sum_{j=0}^{\infty} G_j G_{j+k}$$

从而，其自相关系数为

$$\rho(k) = \frac{\gamma_k}{\gamma_0} = \frac{\displaystyle\sum_{j=0}^{\infty} G_j G_{j+k}}{\displaystyle\sum_{j=0}^{\infty} G_j^2} \tag{3-75}$$

可见，自相关系数和偏自相关系数都表现出拖尾特性。

下面以 ARMA(1,1)模型为例进行讲解：

$$X_t = \varphi_1 X_{t-1} + \varepsilon_t - \theta_1 \varepsilon_{t-1}$$

事实上

$$\gamma_0 = \mathrm{Cov}(X_t, X_t) = \left[1 + (\varphi_1 - \theta_1)^2 \sum_{j=1}^{\infty} \varphi_1^{2j-1}\right]\sigma_\varepsilon^2 = \left(1 + \frac{(\varphi_1 - \theta_1)^2}{1 - \varphi_1^2}\right)\sigma_\varepsilon^2 = \frac{1 - 2\varphi_1\theta_1 + \theta_1^2}{1 - \varphi_1^2}\sigma_\varepsilon^2$$

$$\gamma_k = \text{Cov}(X_t, X_{t+k}) = \left[(\varphi_1 - \theta_1)\varphi_1^{k-1} + (\varphi_1 - \theta_1)^2 \sum_{j=1}^{\infty} \varphi_1^{j-1}\varphi_1^{j+k-1} \right] \sigma_\varepsilon^2$$

$$= \left[(\varphi_1 - \theta_1)\varphi_1^{k-1} + \frac{(\varphi_1 - \theta_1)^2 \varphi_1^k}{1 - \varphi_1^2} \right] \sigma_\varepsilon^2$$

$$= \frac{(1 - \varphi_1\theta_1)(\varphi_1 - \theta_1)}{1 - \varphi_1^2}\varphi_1^{k-1}\sigma_\varepsilon^2 \quad k = 1, 2, \cdots$$

从而，自相关系数为

$$\rho_k = \frac{(1 - \varphi_1\theta_1)(\varphi_1 - \theta_1)}{1 - 2\varphi_1\theta_1 + \theta_1^2}\varphi_1^{k-1} \quad k = 1, 2, \cdots$$

显然，ARMA(1,1)模型的自相关系数是拖尾的。

实际上，ARMA(p, q)模型等价于一个 AR(∞) 模型，借助 Yule-Walker 方程组的求解，可以得到偏自相关系数，这一点与 MA 模型相同，也是拖尾的。

这里总结一下经典的平稳时间序列模型的统计特征，如表 3-3 所示。

表 3-3　经典的平稳时间序列模型的统计特征

属性	AR(p)	MA(q)	ARMA(p, q)
模型方程	$\Phi(B)x_t = a_t$	$x_t = \Theta(B)a_t$	$\Phi(B)x_t = \Theta(B)a_t$
逆转形式(用过去的 x_t 表示的模型)	$\Phi(B)x_t = a_t$	$a_t = \Theta^{-1}(B)x_t$	$a_t = \Theta^{-1}(B)\Phi(B)x_t$
传递形式(用过去的 a_t 表示的模型)	$x_t = \Phi^{-1}(B)a_t$	$x_t = \Theta(B)a_t$	$x_t = \Theta^{-1}(B)\Phi(B)x_t$
平衡性条件	$\Phi(B)=0$ 的根均在单位圆外	无条件	$\Phi(B)=0$ 的根均在单位圆外
可逆性条件	无条件	$\Theta(B)=0$ 的根均在单位圆外	$\Theta(B)=0$ 的根均在单位圆外
自相关系数	拖尾	延迟 q 阶后截尾	拖尾
偏自相关系数	延迟 q 阶后截尾	拖尾	拖尾

对于 ARMA 模型，其自相关系数和偏自相关系数的计算较复杂，这里就不推导一般的计算公式了。下面借助 ARMAacf()函数来计算 ARMA 模型的自相关系数和偏自相关系数。该函数的使用格式如下：

```
ARMAacf(ar = numeric(), ma = numeric(), lag.max = r, pacf = FALSE)
```

ar：AR 模型的系数向量。

ma：MA 模型的系数向量。

lag.max：最高延迟阶数，整数，默认为 max(p,q+1)，其中，p、q 分别为 AR 和 MA 项的参数。

pacf：逻辑选择，指明是否显示偏自相关系数，默认为 FALSE。

例如，对于 ARMA(1,1)模型 $x_t - 0.5x_{t-1} = \varepsilon_t - 0.8\varepsilon_{t-1}$，计算其自相关系数和偏自相关系数：

```
ARMAacf(ar=0.5, ma = -0.8, lag.max = 5)
```

基于该命令，给出的运算结果如下：

```
       0          1          2          3          4          5
  1.00000000 -0.21428571 -0.10714286 -0.05357143 -0.02678571 -0.01339286
  ARMAacf(ar=0.5, ma = -0.8, lag.max = 5, pacf = TRUE)
  [1] -0.21428571 -0.16042781 -0.12327923 -0.09619470 -0.07576171
```

作出该模型的自相关图和偏自相关图，如图 3-17 所示。

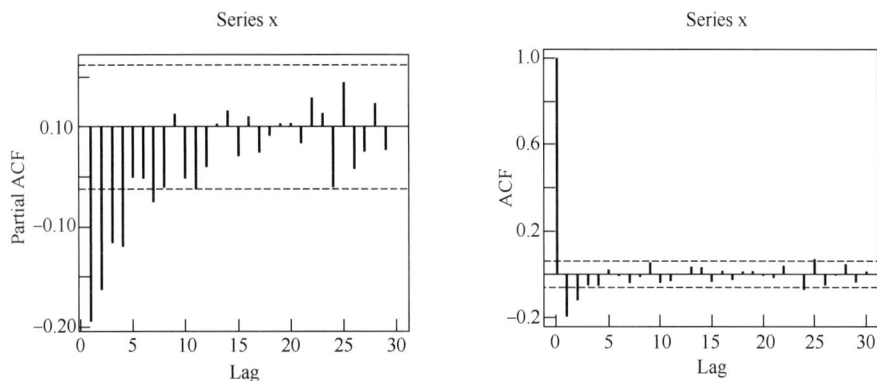

图 3-17　ARMA(1,1)模型的自相关图和偏自相关图

可以用前面推导出来的理论自相关系数验证一下，构建函数 rio_k()，输入相应的阶数，可见，理论计算结果与软件中的函数命令执行结果一致：

```
  rio_k <- function( fai, theta, k) {
fai^(k-1)*(1-theta*fai)*(fai-theta)/(1-2*theta*fai + theta^2)
}
 rio_k(0.5,0.8, 1)
[1] -0.2142857
```

astsa 程序包中还提供了用于计算自相关系数和偏自相关系数的 adf2()函数，该函数还可以作出从样本一阶自相关开始的自相关图和偏自相关图。

例 3-12　使用模拟方法生成模型 $X_t = 0.7X_{t-1} + \varepsilon_t + 0.9\varepsilon_{t-1}$ 的仿真序列，并作出该序列的自相关图和偏自相关图。

用 arima.sim()生成 ARMA(1,1)模型的仿真序列：

```
  X <- arima.sim(list(order = c(1,0,1), ar = 0.7, ma = 0.9), n =100)
  acf2(X)
```

结果显示：

```
        [,1]   [,2] [,3]  [,4]  [,5]  [,6]  [,7]  [,8]  [,9] [,10] [,11] [,12]
[,13] [,14] [,15] [,16] [,17] [,18] [,19] [,20]
    ACF
    0.81  0.52 0.33  0.14 -0.03 -0.12 -0.18 -0.26 -0.32 -0.36 -0.33 -0.22
-0.11 -0.03  0.06  0.13  0.14  0.13  0.11  0.06
    PACF
    0.81 -0.41 0.23 -0.41  0.21 -0.19  0.01 -0.20 -0.05 -0.10  0.17 -0.02  0.05
-0.08  0.14 -0.08 -0.04  0.03 -0.13 -0.02
```

仿真序列的自相关图和偏自相关图如图 3-18 所示。

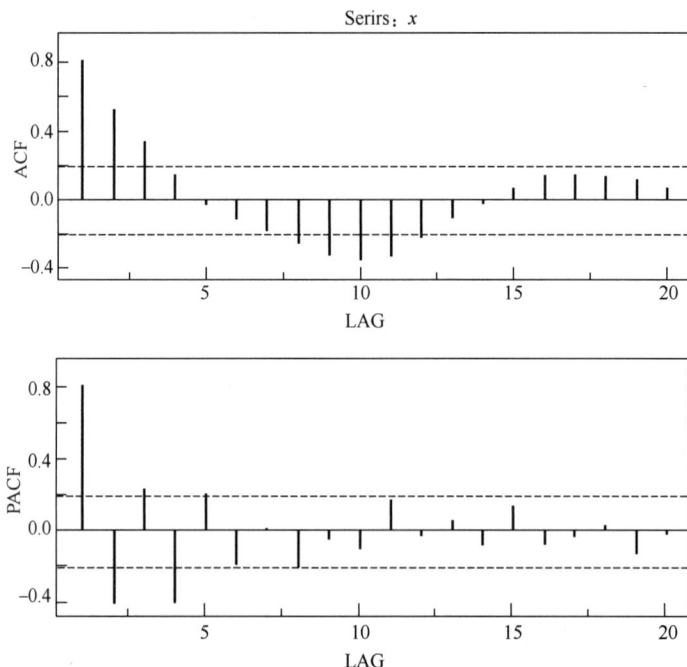

图 3-18　仿真序列的自相关图和偏自相关图

注意到，若 ARMA(p, q)模型有漂移项，则可将模型写为

$$(1-\varphi_1 B-\varphi_2 B^2-\cdots-\varphi_p B^p)(X_t-\mu)=(1-\theta_1 B-\theta_2 B^2-\cdots-\theta_q B^q)\varepsilon_t$$

也可以写为

$$(1-\varphi_1 B-\varphi_2 B^2-\cdots-\varphi_p B^p)X_t=\theta_0+(1-\theta_1 B-\theta_2 B^2-\cdots-\theta_q B^q)\varepsilon_t$$

其中，$\theta_0=(1-\varphi_1 B-\varphi_2 B^2-\cdots-\varphi_p B^p)\mu=(1-\varphi_1-\varphi_2-\cdots-\varphi_p)\mu$。

按照这种形式，AR(p)模型就变为

$$(1-\varphi_1 B-\varphi_2 B^2-\cdots-\varphi_p B^p)X_t=\theta_0+\varepsilon_t$$

MA(q)模型就变为

$$X_t=\theta_0+(1-\theta_1 B-\theta_2 B^2-\cdots-\theta_q B^q)\varepsilon_t$$

显然，在 MA(q)模型中，$\theta_0=\mu$。

3.4　平稳时间序列建模步骤

第 1 步　平稳性检验：ARMA 模型适用于平稳时间序列，因此建模前首先需要确认序列满足平稳性条件。

第 2 步　阶数确定：在确认序列平稳后，需要确定 ARMA(p, q)模型的阶数 p 和 q。这通常通过序列的自相关系数和偏自相关系数实现，有时也会借助 AIC（最小信息量准则）或 BIC（贝叶斯信息准则）实现，但这些准则要求先得到模型的参数估计。

第 3 步　参数估计：模型参数 φ_i 和 θ_j 的估计是 ARMA 建模的核心。通常在确定阶数后进行参数估计，阶数确定与参数估计常需要进行循环调整，以找到最佳阶数并估计相应参数。

第 4 步　模型检验：完成参数估计与阶数确定后，需要对模型进行检验，包括参数检验与模型诊断。只有在检验通过后，模型才能用于预测。

第 5 步　模型预测：通过检验的模型通常用于短期预测，提供未来一段时间内的预测值和置信区间，为后续决策提供依据。

第 4 章将从第 2 步开始，进行具体的探讨。

习　题

1．拟合 ARMA(1,1)模型 $x_t - 0.5x_{t-1} = \varepsilon_t - 0.8\varepsilon_{t-1}$，并直观地考察该模型的自相关系数和偏自相关系数的性质。求出模型的格林函数和逆函数，以及方差和自协方差函数。

2．已知 AR(2)模型 $X_t = \varepsilon_t + \varphi_1 X_{t-1} + \varphi_2 X_{t-2}$，且 $\rho_1 = 0.5$，$\rho_2 = 0.3$。

(1) 求 φ_1、φ_2。

(2) 计算前 3 个格林函数和 $G_j(j = 1,2,3)$。

3．现有一个 AR(2)过程 $x_t = 0.5x_{t-1} + 0.3x_{t-2} + \varepsilon_t$：

(1) 判断其平稳性，写出过程。

(2) 计算其自相关系数 ρ_1、ρ_2 和 ρ_3。

第4章 平稳时间序列的拟合与预测

在时间序列分析中，核心步骤是基于可用数据识别并构建合适的模型。这要求读者深入理解第 3 章讨论的模型，特别是这些模型的自相关系数和偏自相关系数的特性。在实践中，当对序列进行预处理并判定其为平稳非白噪声过程后，可利用样本的自相关系数和偏自相关系数来识别可能的模型形式。根据识别的模型形式进行 AR、MA、ARMA 等模型的拟合，并在此基础上进行参数估计、假设检验和模型优化。最终基于统计上显著的模型对序列进行预测。

4.1　模型识别

对于平稳非白噪声时间序列，可依据样本观测值的自相关系数和偏自相关系数进行模型识别，基本步骤如下。

（1）**绘制时间序列图并进行初步判断**：在分析时间序列时，首先应绘制时间序列图。通过观察散点图，可以直观判断序列的平稳性，以及是否存在趋势、季节性或异常值等特征，并由此决定是否需要进行数据变换。

（2）**平稳性和纯随机性检验**：对序列进行平稳性和纯随机性检验，以判断序列是否为平稳非白噪声时间序列。若确定序列符合这一特征，则继续进行下一步分析。

（3）**计算自相关系数和偏自相关系数**：在确认序列为平稳非白噪声时间序列后，计算其样本的自相关系数 $\hat{\rho}_k$ 和偏自相关系数 $\hat{\phi}_{kk}$，以此识别合适的模型阶数 p 和 q（一般来说，建议至少有 50 个观测值，且自相关系数和偏自相关系数的计算量不小于 $n/4$。通常 p 和 q 不超过 3，但在数据质量高的情况下，较少的样本也可能支持有效的模型识别）：

$$\hat{\rho}_k = \frac{\sum_{t=1}^{n-k}(x_t - \overline{x})(x_{t+k} - \overline{x})}{\sum_{t=1}^{n}(x_t - \overline{x})^2}, \quad \hat{\phi}_{kk} = \frac{\hat{D}_k}{\hat{D}}$$

表 4-1　平稳过程的理论自相关系数和偏自相关系数的特征

自相关系数	偏自相关系数	选择模型
指数衰减或阻尼正弦波动式拖尾	p 步延迟后截尾	AR(p)
q 步延迟后截尾	指数衰减或阻尼正弦波动式拖尾	MA(q)
在 q–p 步延迟后拖尾	在 q–p 步延迟后拖尾	ARMA(p, q)

说明：

（1）由于样本的随机性，样本的相关系数不会呈现出理论截尾的完美情况，本应截尾的样本的自相关系数 $\hat{\rho}_k$ 和偏自相关系数 $\hat{\phi}_{kk}$ 仍会呈现出小值振荡的情况。

（2）由于平稳时间序列通常都具有短期相关性，因此，随着延迟阶数 $k \to \infty$，$\hat{\rho}_k$ 与 $\hat{\phi}_{kk}$ 都会衰减至零值附近做小值波动。

(3) 当 $\hat{\rho}_k$ 或 $\hat{\phi}_{kk}$ 在延迟若干阶后衰减为小值波动时，在什么情况下该看作相关系数截尾？在什么情况下该看作拖尾波动呢？

这实际上没有绝对的标准，在很大程度上依靠分析人员的主观经验。但样本的自相关系数和偏自相关系数的近似分布可以帮助缺乏经验的分析人员做出尽量合理的判断。Barlett 和 Quenouille 定理可以帮助我们做出科学的判断。

4.2　模　型　定　阶

Barlett 定理　当样本容量 n 充分大时，样本自相关系数近似服从正态分布，即

$$\hat{\rho}_k \sim N\left(0, \frac{1}{n}\right) \quad n \to \infty \tag{4-1}$$

Quenouille 定理　当样本容量 n 充分大时，样本偏自相关系数也近似服从正态分布，即

$$\hat{\varphi}_{kk} \sim N\left(0, \frac{1}{n}\right) \quad n \to \infty \tag{4-2}$$

从而，样本的自相关系数和偏自相关系数的 95% 置信区间分别为

$$\Pr\left(-\frac{2}{\sqrt{n}} \leqslant \hat{\rho}_k \leqslant \frac{2}{\sqrt{n}}\right) \geqslant 0.95$$

$$\Pr\left(-\frac{2}{\sqrt{n}} \leqslant \hat{\phi}_{kk} \leqslant \frac{2}{\sqrt{n}}\right) \geqslant 0.95$$

由正态分布的性质可知，如果样本自相关系数(偏自相关系数)在最初的 d 阶明显大于 2 倍标准差范围，而后几乎 95% 的自相关系数都落在 2 倍标准差范围内，而且通常由非零自相关系数衰减为小值波动的过程非常突然，那么这时通常视为自相关系数(偏自相关系数)截尾，截尾阶数为 d。

如果有超过 5% 的样本自相关系数(偏自相关系数)落入 2 倍标准差范围外，或者由显著非零的自相关系数(偏自相关系数)衰减为小值波动的过程比较缓慢或非常连续，那么这时通常视为自相关系数拖尾。

例 4-1　选择合适的模型拟合 1900—1998 年全球 7 级以上地震年发生次数序列。

(1) 作出自相关图和偏自相关图，如图 4-1 所示。

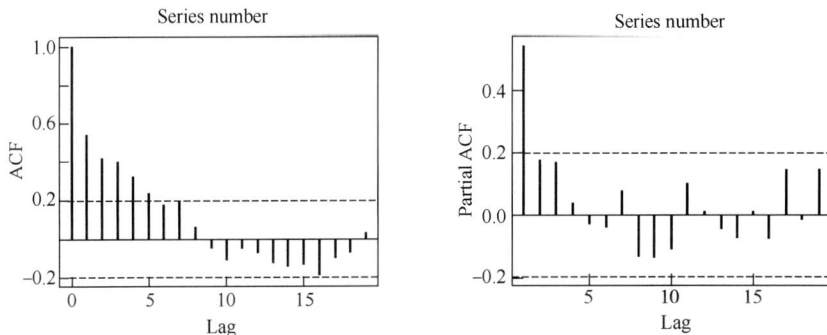

图 4-1　1900—1998 年全球 7 级以上地震年发生次数序列的自相关图和偏自相关图

(2)模型识别。

从自相关图中可以看出，自相关系数是以一种有规律的方式，按指数函数规律衰减的，这说明自相关系数衰减到零不是一个突然截尾的过程，而是一个连续渐变的过程，这是自相关系数拖尾的典型特性。我们可以把这种拖尾特性形象地描述为"坐着滑梯落水"。

从偏自相关图中可以看出，1 阶偏自相关系数在 2 倍标准差范围外，其他阶数的偏自相关系数都在 2 倍标准差范围内，这是偏自相关系数 1 阶截尾的典型特性。我们可以把这种截尾特性形象地描述为"1 阶之后高台跳水"。

本例中，根据自相关系数拖尾、偏自相关系数 1 阶截尾的特性，可以初步确定拟合模型为 AR(1)模型。

例 4-2 选择合适的模型拟合美国科罗拉多州某一加油站连续 57 天的每日盈亏序列（见图 4-2）。

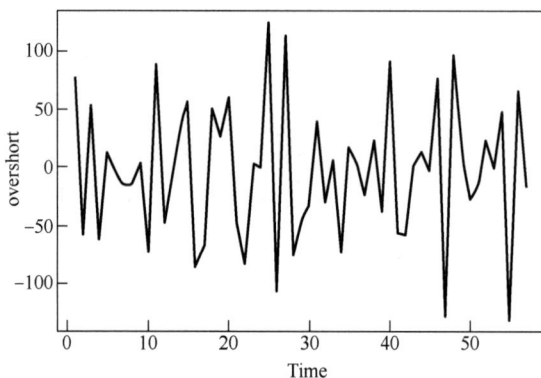

图 4-2　美国科罗拉多州某一加油站连续 57 天的每日盈亏序列图

首先作出该序列的自相关图和偏自相关图，如图 4-3 所示。

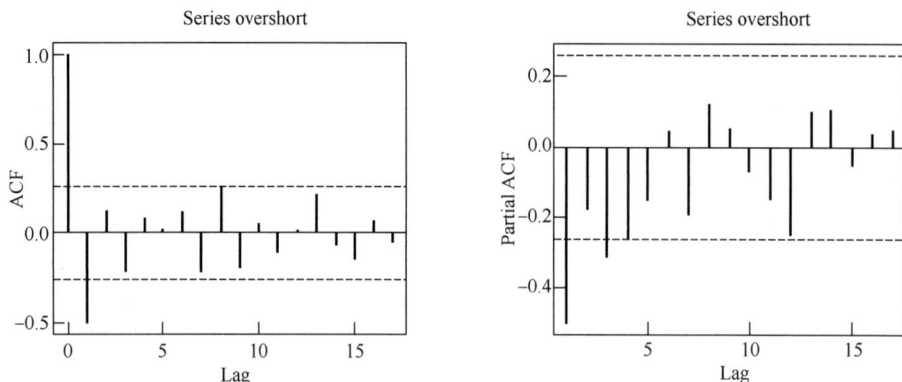

图 4-3　美国科罗拉多州某一加油站连续 57 天的每日盈亏序列的自相关图和偏自相关图

然后对序列进行 ADF 检验和纯随机性检验，检验结果显示该序列为平稳非白噪声序列。现在考察该序列的自相关图和偏自相关图，给该序列的拟合模型定阶。

自相关图显示延迟 1 阶的自相关系数在 2 倍标准差范围外，其他阶数的自相关系数都在 2 倍标准差范围内。根据这个特点，可以判断该序列具有短期相关性，进一步确定序列平稳。同时，可以认为该序列自相关系数 1 阶截尾。

偏自相关系数显示出典型的非截尾特性。

综合该序列自相关系数和偏自相关系数的特性，为拟合模型定阶为 MA(1)。

例 4-3　选择合适的模型拟合 1880—1985 年全球地表平均温度改变值差分序列（见图 4-4）。

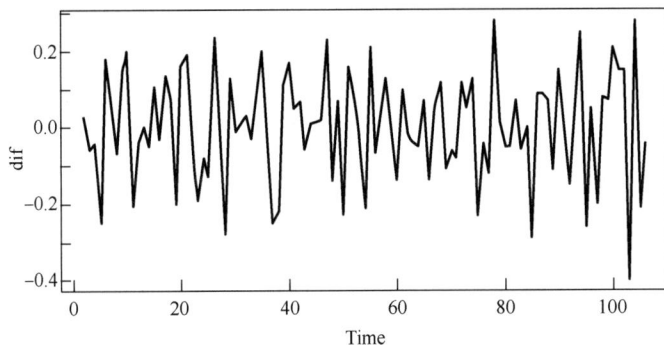

图 4-4　1880—1985 年全球地表平均温度改变值差分序列图

对该序列进行 ADF 检验和纯随机性检验，结果表明序列为平稳非白噪声序列。接下来，通过自相关图和偏自相关图确定模型阶数。图 4-5 给出了差分后序列的自相关系数、偏自相关图。观察到二者均呈现不截尾的特性，可考虑使用 ARMA(1,1)模型拟合该序列。

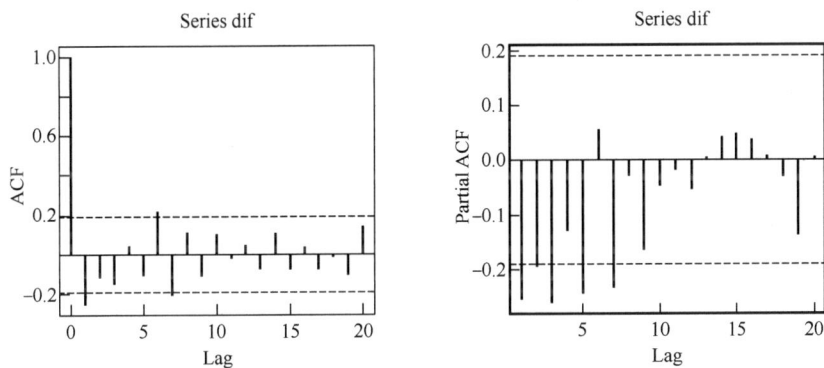

图 4-5　1880—1985 全球地表平均温度改变值差分序列的自相关图和偏自相关图

自相关图和偏自相关图的特征为模型选择与定阶提供了依据，但该过程带有一定的主观性。由于数据采集中可能存在误差，因此模型定阶时可能出现多个阶数适配观察序列的情况，从而导致识别的阶数并不唯一。

4.3　参　数　估　计

完成模型识别后，接下来需要确定模型的具体口径，即模型的参数估计。对于非中心化 ARMA 模型，有

$$x_t = \mu + \frac{\Theta_q(B)}{\Phi_p(B)}\varepsilon_t \tag{4-3}$$

其中，$\varepsilon_t \sim \mathrm{WN}(0,\sigma_\varepsilon^2)$；$\Phi(B) = 1 - \varphi_1 B - \varphi_2 B^2 - \cdots - \varphi_p B^p$；$\Theta(B) = 1 - \theta_1 B - \theta_2 B^2 - \cdots - \theta_q B^q$。

该模型共有 $p+q+2$ 个未知参数：$\varphi_1, \varphi_2, \cdots, \varphi_p$、$\theta_1, \theta_2, \cdots, \theta_q$、$\mu$、$\sigma_\varepsilon^2$。对于均值 μ，用矩法进行估计，样本均值作为总体均值的估计即可得到相应的估计量：

$$\hat{\mu} = \bar{x} = \frac{\sum_{i=1}^{n} x_i}{n} \tag{4-4}$$

此时，原待估参数就有 $p+q+1$ 个。常用的估计方法有矩法(矩估计)、最大似然法(最大似然估计)和最小二乘估计。

4.3.1　矩估计

矩估计是英国统计学家卡尔·皮尔逊于 1894 年提出的，是一种数字特征法，是用样本矩的某一函数代替总体矩的同一函数来构造估计量的方法。

矩估计的原理是，用样本矩估计总体矩，即用样本自相关系数估计总体自相关系数。特别地，用样本一阶均值估计总体均值，用样本方差估计总体方差：

$$\hat{\mu} = \bar{x}\frac{\sum_{i=1}^{n} x_i}{n}\,, \qquad \hat{\gamma}_0 = s^2 = \frac{1}{n-1}\sum_{t-1}^{n}(x_t - \bar{x})^2 \tag{4-5}$$

1. AR 模型

对于 AR(1)模型：

$$X_t = \varphi X_{t-1} + \varepsilon_t \tag{4-6}$$

由 $\rho_1 = \varphi$ 可得 $\hat{\varphi} = \hat{\rho}_1$，其中，$\hat{\rho}_1$ 是样本一阶自相关系数。

对模型两边同时求方差，即得 $\sigma_\varepsilon^2 = \gamma_0 - \varphi^2 \gamma_0 = \gamma_0 - \varphi\gamma_1$，从而得到 σ_ε^2 的估计：

$$\hat{\sigma}_\varepsilon^2 = \hat{\gamma}_0 - \hat{\varphi}\hat{\gamma}_1$$

其中，$\hat{\gamma}_0$、$\hat{\gamma}_1$ 分别是样本的方差和一阶自协方差函数。

对于 AR(2)模型：

$$X_t = \varphi_1 X_{t-1} + \varphi_2 X_{t-2} + \varepsilon_t \tag{4-7}$$

由二阶的样本 Yule-Walker 方程组

$$\begin{cases} \varphi_1 + \hat{\rho}_1 \varphi_2 = \hat{\rho}_1 \\ \hat{\rho}_1 \varphi_1 + \varphi_2 = \hat{\rho}_2 \end{cases} \tag{4-8}$$

得到

$$\hat{\varphi}_1 = \frac{1 - \hat{\rho}_2}{1 - \hat{\rho}_1^2}\hat{\rho}_1\,, \quad \hat{\varphi}_2 = \frac{\hat{\rho}_2 - \hat{\rho}_1^2}{1 - \hat{\rho}_1^2}$$

且有

$$\hat{\sigma}_\varepsilon^2 = \hat{\gamma}_0 - \hat{\varphi}_1 \hat{\gamma}_1 - \hat{\varphi}_2 \hat{\gamma}_2$$

其中，$\hat{\gamma}_0$、$\hat{\gamma}_1$、$\hat{\gamma}_2$ 是样本各阶自协方差函数。

对于 AR(p) 模型

$$X_t = \varphi_1 X_{t-1} + \varphi_2 X_{t-2} + \cdots + \varphi_p X_{t-p} + \varepsilon_t \tag{4-9}$$

有递推式

$$\rho_k = \varphi_1 \rho_{k-1} + \varphi_2 \rho_{k-2} + \cdots + \varphi_p \rho_{k-p} \tag{4-10}$$

取 k 为 $1,2,\cdots,p$，则有以下 Yule-Walker 方程组：

$$\begin{cases} \rho_1 = \varphi_1 \rho_0 + \varphi_2 \rho_1 + \cdots + \varphi_p \rho_{p-1} \\ \rho_2 = \varphi_1 \rho_1 + \varphi_2 \rho_0 + \cdots + \varphi_p \rho_{p-2} \\ \qquad\qquad\qquad \vdots \\ \rho_p = \varphi_1 \rho_{p-1} + \varphi_2 \rho_{p-2} + \cdots + \varphi_p \rho_0 \end{cases} \tag{4-11}$$

用样本各阶自相关系数 $\hat{\rho}_k$ 代替 ρ_k，求解即得

$$\begin{bmatrix} \hat{\varphi}_1 \\ \hat{\varphi}_2 \\ \vdots \\ \hat{\varphi}_p \end{bmatrix} = \begin{bmatrix} 1 & \hat{\rho}_1 & \hat{\rho}_2 & \cdots & \hat{\rho}_{p-1} \\ \hat{\rho}_1 & 1 & \hat{\rho}_2 & \cdots & \hat{\rho}_{p-2} \\ \vdots & \vdots & \vdots & \vdots & \vdots \\ \hat{\rho}_{p-1} & \hat{\rho}_{p-2} & \hat{\rho}_{p-3} & \cdots & 1 \end{bmatrix}^{-1} \begin{bmatrix} \hat{\rho}_1 \\ \hat{\rho}_2 \\ \vdots \\ \hat{\rho}_p \end{bmatrix}$$

进一步，利用协方差递推式

$$\gamma_0 = \varphi_1 \gamma_1 + \varphi_1 \gamma_2 + \cdots + \varphi_p \gamma_p + \sigma_\varepsilon^2$$

得到白噪声的方差估计：

$$\hat{\sigma}_\varepsilon^2 = \hat{\gamma}_0 (1 - \hat{\varphi}_1 \hat{\rho}_1 - \hat{\varphi}_2 \hat{\rho}_2 - \cdots - \hat{\varphi}_p \hat{\rho}_p)$$

其中，$\hat{\rho}_1, \hat{\rho}_2, \cdots, \hat{\rho}_p$ 是样本各阶自相关系数。

例 4-4　用模拟方法生成如下模型的仿真序列并计算 φ 和 σ_ε^2 的估计。

(1) $X_t = 0.9 X_{t-1} + \varepsilon_t$ 　　　　　(2) $X_t = X_{t-1} - 0.5 X_{t-2} + \varepsilon_t$

模型 (1)：利用 acf() 函数计算出仿真序列的自相关系数 $\hat{\rho}_1 = 0.8873$，自协方差函数 $\hat{\gamma}_0 = 6.501$，$\hat{\gamma}_1 = 5.768$，得 $\hat{\varphi} = \hat{\rho}_1 = 0.8873$，$\hat{\sigma}_\varepsilon^2 = \hat{\gamma}_0 - \hat{\varphi} \hat{\gamma}_1 = 1.3830$。

模型 (2)：利用 acf() 函数计算出仿真序列的自相关系数 $\hat{\rho}_1 = 0.6733$，$\hat{\rho}_2 = 0.2006$，以及自协方差函数 $\hat{\gamma}_0 = 2.2920$，$\hat{\gamma}_1 = 1.5433$，$\hat{\gamma}_2 = 0.4597$。

求解样本得 Yule-Walker 方程组：

$$\begin{cases} \varphi_1 + 0.6733 \varphi_2 = 0.6733 \\ 0.6733 \varphi_1 + \varphi_2 = 0.2006 \end{cases}$$

解得

$$\hat{\varphi}_1 = 0.9848, \quad \hat{\varphi}_2 = -0.4625$$
$$\hat{\sigma}_\varepsilon^2 = \hat{\gamma}_0 - \hat{\varphi}_1 \hat{\gamma}_1 - \hat{\varphi}_2 \hat{\gamma}_2 = 1.1606$$

计算程序如下。

模型（1）：

```
data <- arima.sim(list(order =c(1,0,0), ar= 0.9), n = 100)
rho <- acf(data, lag.max = 1, plot = FALSE)[[1]];rho
gamma <- acf(data, lag.max = 1, type = "covariance", plot = FALSE)[[1]]
sigma2 <- gamma[0]-rho[2]*gamma[1];sigma2
```

模型（2）

```
data <- arima.sim(list(order =c(2,0,0), ar=c(1, - 0.5)), n = 100)
rho <- acf(data, lag.max = 2, plot = FALSE)[[1]];rho
a <- matrix(c(1, rho[2], rho[3], 1), ncol = 2);b <- c(rho[2], rho[2])
phi <- solve(a, b); phi
gamma <- acf(data, lag.max = 2, type = "covariance", plot = FALSE)[[1]]
sigma2 <- gamma[1]-rho[2]*gamma[2] - rho[3]*gamma[3];sigma2
```

值得说明的是，由于样本的随机性，这里仿真的参数结果可能并不完全等于理论值，而是接近理论值。

2. MA 模型

对于 MA(1)模型：

$$X_t = \varepsilon_t - \theta_1 \varepsilon_{t-1}$$

其矩估计方程为 $\begin{cases} \gamma_0 = (1+\theta_1^2)\sigma_\varepsilon^2 \\ \gamma_1 = -\theta_1\sigma_\varepsilon^2 \end{cases} \Rightarrow \rho_1 = \dfrac{\gamma_1}{\gamma_0} = \dfrac{-\theta_1}{1+\theta_1^2}$。

用样本自相关系数代替模型自相关系数，得到关于参数 θ_1 的一元二次方程：

$$\hat{\rho}_1 \theta_1^2 + \theta_1 + \hat{\rho}_1 = 0$$

由可逆性条件可知 $|\theta_1| < 1$，方程只有一个满足条件的解：

$$\hat{\theta}_1 = \frac{-1 + \sqrt{1 - 4\hat{\rho}_1^2}}{2\hat{\rho}_1}$$

其中，$\hat{\rho}_1$ 是样本的一阶自相关系数。进而可得 σ_ε^2 的估计 $\hat{\sigma}_\varepsilon^2 = \dfrac{\hat{\gamma}_0}{1+\theta_1^2}$，其中，$\hat{\gamma}_0$ 是样本方差。

当 $\hat{\rho}_1 = \pm\dfrac{1}{2}$ 时，$\hat{\theta}_1 = \mp 1$，不满足可逆性条件；当 $|\hat{\rho}_1| > \dfrac{1}{2}$ 时，$\hat{\theta}$ 是复数，无法用矩估计给出 θ 的估计。

对于 MA(q)模型，有

$$\rho_k = \begin{cases} 1 & k = 0 \\ \dfrac{-\theta_k + \theta_1\theta_{k+1} + \theta_2\theta_{k+2} + \cdots + \theta_{q-k}\theta_q}{1 + \theta_1^2 + \theta_2^2 + \cdots + \theta_q^2} & 0 < k \leq q \\ 0 & k \geq q+1 \end{cases} \tag{4-12}$$

由于上述方程组关于参数 θ_k 是高度非线性的，因此只能求解数值解。另外，该方程组有多个解，但仅有一个解满足可逆性条件。

在计算出 $\hat{\theta}_k\ (k=1,2,\cdots,q)$ 后，得到 σ_ε^2 的估计：

$$\hat{\sigma}_\varepsilon^2 = \frac{\hat{\gamma}_0}{1+\hat{\theta}_1^2+\hat{\theta}_2^2+\cdots+\hat{\theta}_q^2} \tag{4-13}$$

例 4-5　用模拟方法生成如下模型的仿真序列，并用矩估计计算参数的估计。

（1）$X_t = \varepsilon_t - 0.9\varepsilon_{t-1}$　　　　　　（2）$X_t = \varepsilon_t - \varepsilon_{t-1} + 0.5\varepsilon_{t-2}$

模型（1）：利用 acf() 函数计算出仿真序列的自相关系数 $\hat{\rho}_1 = -0.4657$ 和方差 $\hat{\gamma}_0 = 2.2796$，从而有

$$\hat{\theta} = \frac{-1+\sqrt{1-4\hat{\rho}_1^2}}{2\hat{\rho}_1} \approx 0.6827, \quad \hat{\sigma}_\varepsilon^2 = \frac{\hat{\gamma}_0}{1+\theta^2} \approx 1.5549$$

模型（2）：利用 acf() 函数计算出仿真序列的自相关系数 $\hat{\rho}_1 = -0.6418$、$\hat{\rho}_2 = 0.1565$ 和方差 $\hat{\gamma}_0 = 2.3039$。

根据 MA(q) 的自相关系数，取 $k=1,2$，得如下方程组：

$$\begin{cases} \hat{\rho}_1(1+\theta_1^2+\theta_2^2)+\theta_1-\theta_1\theta_2 = 0 \\ \hat{\rho}_2(1+\theta_1^2+\theta_2^2)+\theta_2 = 0 \end{cases}$$

求解这个二元二次方程组，即可求得参数的估计。这里利用数值法解得 $\hat{\theta}_1 = 1.1409$，$\hat{\theta}_2 = -0.5148$。相应的程序可扫描右侧二维码查看。

3. ARMA 模型

线上资源 4-1

ARMA(p,q) 模型的参数估计更复杂一些，其矩估计表示为

$$\begin{cases} \rho_1(\varphi_1,\varphi_2,\cdots,\varphi_p,\theta_1,\theta_2,\cdots,\theta_q) = \hat{\rho}_1 \\ \qquad\qquad\vdots \\ \rho_{p+q}(\varphi_1,\varphi_2,\cdots,\varphi_p,\theta_1,\theta_2,\cdots,\theta_q) = \hat{\rho}_{p+q} \end{cases} \tag{4-14}$$

用样本一阶均值估计总体均值，并用样本方差估计总体方差：

$$\hat{\mu} = \overline{x} = \frac{\sum_{i=1}^{n} x_i}{n}, \quad \hat{\sigma}_\varepsilon^2 = \frac{1+\hat{\varphi}_1^2+\cdots+\hat{\varphi}_p^2}{1+\hat{\theta}_1^2+\cdots+\hat{\theta}_q^2}\hat{\sigma}_x^2$$

这里仅给出 ARMA(1,1) 模型的计算公式。

例 4-6　求 ARMA(1,1) 模型系数的矩估计。

ARMA(1,1) 模型为 $x_t = \varphi_1 x_{t-1} + \varepsilon_t - \theta_1\varepsilon_{t-1}$，因此有如下方程组：

$$\begin{cases} \rho_1 = \dfrac{\gamma_1}{\gamma_0} = \dfrac{(\varphi_1-\theta_1)(1-\theta_1\varphi_1)}{1+\theta_1^2-2\theta_1\varphi_1} \\ \rho_2 = \varphi_1\rho_1 \end{cases}$$

两参数的估计为

$$\hat{\varphi}_1 = \frac{\hat{\rho}_2}{\hat{\rho}_1}, \quad \hat{\theta}_1 = \begin{cases} \dfrac{c + \sqrt{c^2 - 4}}{2} & c \leqslant -2 \\[3mm] \dfrac{c - \sqrt{c^2 - 4}}{2} & c \geqslant 2 \end{cases}, \quad c = \frac{1 - \varphi_1^2 - 2\hat{\rho}_2}{\varphi_1 - \hat{\rho}_1}$$

$$\hat{\sigma}_\varepsilon^2 = \frac{1 - \hat{\varphi}_1^2}{1 + \theta_1^2 - 2\theta_1\varphi_1}\hat{\gamma}_0$$

例如，对于模型 $X_t = 0.7X_{t-1} + \varepsilon_t + 0.9\varepsilon_{t-1}$，利用 acf() 函数计算出仿真序列的自相关系数 $\hat{\rho}_1^2 = 0.8002$，$\hat{\rho}_1^2 = 0.4805$，$\hat{\varphi}_1 = 0.6005$，求解关于参数 θ 的一元二次方程

$$\hat{\rho}_1(1 - 2\hat{\varphi}_1\theta_1 + \theta_1^2) - (1 - \hat{\varphi}_1\theta_1)(\hat{\varphi}_1 - \theta_1) = 0$$

解得 $\hat{\theta}_1 = -0.9667$。

矩估计的思想简单、直观，而且不需要假设总体分布，当估计的参数较少，且只用到低阶矩时，计算量小，方便直接。但它只用到了 $p+q$ 个样本自相关系数的信息，其他信息被忽略，使得估计精度不高。实际中，矩估计被用作最小二乘估计和最大似然估计迭代计算的初始值。

4.3.2 最小二乘估计

1. AR 模型

考虑中心化 AR 模型，如 AR(1)模型：

$$X_t - \mu = \varphi_1(X_{t-1} - \mu) + \varepsilon_t$$

该模型即 $\varepsilon_t = X_t - \mu - \varphi_1(X_{t-1} - \mu)$。设 $x_1, x_2, \cdots, x_n$ 为 n 个观测样本，构造误差的平方和函数：

$$Q(\mu, \varphi_1) = \sum_{t=2}^{n} [x_t - \mu - \varphi_1(x_{t-1} - \mu)]^2$$

求该函数的极小值点。由极值条件 $\dfrac{\partial Q(\mu, \varphi_1)}{\partial \mu} = 0,\ \dfrac{\partial Q(\mu, \varphi_1)}{\partial \varphi_1} = 0$，得到以下方程组：

$$\begin{cases} \displaystyle\sum_{t=2}^{n} [x_t - \mu - \varphi_1(x_{t-1} - \mu)] = 0 \\[4mm] \displaystyle\sum_{t=2}^{n} [x_t - \mu - \varphi_1(x_{t-1} - \mu)](x_{t-1} - \mu) = 0 \end{cases}$$

从而得

$$\mu = \frac{1}{(n-1)(1 - \varphi_1)}\left(\sum_{t=2}^{n} x_t - \varphi_1 \sum_{t=2}^{n} x_{t-1}\right)$$

当 n 较大时，$\dfrac{1}{(n-1)}\displaystyle\sum_{t=2}^{n} x_t \approx \dfrac{1}{(n-1)}\sum_{t=2}^{n} x_{t-1} \approx \dfrac{1}{n}\sum_{t=1}^{n} x_t = \bar{x}$，因此

$$\hat{\mu} = \frac{1}{(1-\varphi_1)}\,(\overline{x} - \varphi_1 \overline{x}) = \overline{x}$$

进而得到

$$\hat{\varphi}_1 = \frac{\displaystyle\sum_{t=2}^{n}(x_t - \overline{x})(x_{t-1} - \overline{x})}{\displaystyle\sum_{t=2}^{n}(x_{t-1} - \overline{x})^2} = \hat{\rho}_1$$

这一结果与矩估计的结果相同。

对于 AR(2) 模型：

$$X_t - \mu = \varphi_1(X_{t-1} - \mu) + \varphi_2(X_{t-2} - \mu) + \varepsilon_t$$

设 $x_1, x_2, \cdots, x_n$ 为 n 个观测样本，类似地，有 $\hat{\mu} = \overline{x}$，在观测样本已知的条件下，平方和函数简化为

$$Q(\varphi_1, \varphi_2; \overline{x}) = \sum_{t=3}^{n}[x_t - \overline{x} - \varphi_1(x_{t-1} - \overline{x}) - \varphi_2(x_{t-2} - \overline{x})]^2$$

由极值的必要条件得

$$\sum_{t=3}^{n}[x_t - \overline{x} - \varphi_1(x_{t-1} - \overline{x}) - \varphi_2(x_{t-2} - \overline{x})](x_{t-k} - \overline{x}) = 0 \quad k = 1, 2$$

化简即得

$$\varphi_1 + \frac{\displaystyle\sum_{t=3}^{n}(x_{t-1} - \overline{x})(x_{t-2} - \overline{x})}{\displaystyle\sum_{t=3}^{n}(x_{t-1} - \overline{x})^2}\,\varphi_2 = \frac{\displaystyle\sum_{t=3}^{n}(x_t - \overline{x})(x_{t-1} - \overline{x})}{\displaystyle\sum_{t=3}^{n}(x_{t-1} - \overline{x})^2}$$

$$\frac{\displaystyle\sum_{t=3}^{n}(x_{t-1} - \overline{x})(x_{t-2} - \overline{x})}{\displaystyle\sum_{t=3}^{n}(x_{t-2} - \overline{x})^2}\,\varphi_1 + \varphi_2 = \frac{\displaystyle\sum_{t=3}^{n}(x_t - \overline{x})(x_{t-2} - \overline{x})}{\displaystyle\sum_{t=3}^{n}(x_{t-2} - \overline{x})^2}$$

当样本量很大时，样本的 Yule-Walker 方程组为

$$\begin{cases} \varphi_1 + \hat{\rho}_1 \varphi_2 = \hat{\rho}_1 \\ \hat{\rho}_1 \varphi_1 + \varphi_2 = \hat{\rho}_2 \end{cases}$$

由此可知 AR(2) 模型的最小二乘估计与其矩估计相同。显然，对于 AR(p) 模型，其参数的最小二乘估计与其矩估计等价。

2．MA(q) 模型

这里仅考虑 MA(1) 模型，即 $X_t = \varepsilon_t - \theta_1 \varepsilon_{t-1}$。

由可逆性条件得

$$X_t + \theta_1 X_{t-1} + \theta_1^2 X_{t-2} + \cdots + \theta_1^k X_{t-k} + \cdots = \varepsilon_t$$

设 $x_1, x_2, \cdots, x_n$ 为 n 个观测样本，则有

$$\varepsilon_1 = x_1$$
$$\varepsilon_2 = x_2 + \theta_1 \varepsilon_1 = x_2 + \theta_1 x_1$$
$$\vdots$$
$$\varepsilon_n = x_n + \theta_1 x_{n-1} + \theta_1^2 x_{n-2} + \theta_1^{n-1} x_1$$

条件平方和函数为

$$Q(\theta_1) = \sum_{i=1}^{n} \varepsilon_i^2 = x_1^2 + (x_2 + \theta_1 x_1)^2 + \cdots + \left[x_n + \theta_1 x_{n-1} + \theta_1^2 x_{n-2} + \theta_1^{n-1} x_1 \right]^2$$

由极值条件可知 $\dfrac{\partial Q(\theta_1)}{\partial \theta_1} = 0$，利用迭代算法即得参数估计结果。

例 4-7　使用模拟方法生成下列模型的仿真序列，并用最小二乘估计法估计模型参数。

(1) $X_t = \varepsilon_t - 0.9\varepsilon_{t-1}$　　　　　　　　(2) $X_t = \varepsilon_t - \varepsilon_{t-1} + 0.5\varepsilon_{t-2}$

模型 (1)：先构造条件平方和函数，然后使用 optimize() 函数求一元函数的极小值。

模型 (2)：用 nlm() 函数求多元函数的极小值。模型 (1) 的 R 程序如下：

```
x <- arima.sim(list(order=c(0,0,1),ma = -0.9),n = 100)
n <- length(x);e <- numeric(n);fun <- function(theta){
e[1] <- x[1]
for (i in 2:n)
e[i] <- x[i] + theta*e[i-1]
sum(e^2)
}
optimize(fun,c(-1,1))
```

得到的估计值为 $\hat{\theta}_1 = 0.8709$。

模型 (2) 的 R 程序如下：

```
x <- arima.sim(list(order=c(0,0,2),ma = c(-1,0.5)),n = 100)
n <- length(x);e <- numeric(n);
fun <- function(theta){
e[1] <- x[1]
e[2] <- x[2] + theta[1]*e[1]
for (i in 3:n)
e[i] <- x[i] + theta[1]*e[i-1]+ theta[2]*e[i-2]
sum(e^2)
}
nlm(fun,c(0.5,-0.5))
```

得到的估计值为 $\hat{\theta}_1 = 0.9326$，　$\hat{\theta}_2 = -0.3723$。

3. ARMA(p, q) 模型

对于 ARMA(p, q) 模型，使残差平方和达到最小的那组参数值即最小二乘估计值。记

$$Q(\hat{\beta}) = \min Q(\tilde{\beta})$$

$$= \min_{\beta} \sum_{t=1}^{n} (x_t - \varphi_1 x_{t-1} - \cdots - \varphi_p x_{t-p} - \theta_1 \varepsilon_{t-1} - \cdots - \theta_q \varepsilon_{t-q})^2 \tag{4-15}$$

其中，$\beta = (\varphi_1, \varphi_2, \cdots, \varphi_p, \theta_1, \theta_2, \cdots, \theta_q)$，使得 $Q(\hat{\beta})$ 最小的参数估计值即所求。由于最小二乘估计操作简单，且充分利用每个观测值提供的信息，因此其估计精度较高，在实际中得到了广泛应用。需要注意的是，式 (4-15) 中的 $\varepsilon_{t-1}, \cdots, \varepsilon_{t-q}$ 是未知的，这里并不能直接得到参数估计结果，需要用迭代法来求解。

实际上，$Q(\hat{\beta}) = \sum_{t=1}^{n} \varepsilon_t^2 = \sum_{t=1}^{n} \left[x_t - \sum_{i=1}^{t} \pi_i x_{t-i} \right]^2$，这里 $\pi_i = f(\varphi_1, \varphi_2, \cdots, \varphi_p, \theta_1, \theta_2, \cdots, \theta_q)$ ($i = 1, 2, \cdots, n$) 为待估参数。

下面以 ARMA(1,1) 模型为例进行讲解。设 $x_1, x_2, \cdots, x_n$ 为 n 个观测样本，则有

$$\varepsilon_1 = x_1$$

$$\varepsilon_2 = x_2 - \varphi_1 x_1 + \theta_1 \varepsilon_1$$

$$\vdots$$

$$\varepsilon_n = x_n - \varphi_1 x_{n-1} + \theta_1 \varepsilon_{n-1}$$

因此，条件平方和函数 $Q(\varphi_1, \theta_1) = \sum_{t=1}^{n} \varepsilon_t^2$，求解该函数的极小值即得参数的估计值。

例 4-8　使用模拟方法生成 $X_t = 0.7 X_{t-1} + \varepsilon_t + 0.9 \varepsilon_{t-1}$ 的仿真序列，并用最小二乘估计法估计参数。

程序如下：

```
x <- arima.sim(list(order=c(1,0,1),ar = 0.7,ma = 0.9),n = 100)
n <- length(x);e <- numeric(n);fun <- function(y){
phi <- y[1]
theta <- y[2]
e[1] <- x[1]
for(i in 2:n)
e[i] <- x[i] -phi*x[i-1] + theta*e[i-1]
sum(e^2)
}
nlm(fun,c(0.5,0.5))
```

解得参数 $\hat{\varphi}_1 = 0.6418$，$\hat{\theta}_1 = -0.8009$。

例 4-9　确定 1880—1985 年全球地表平均温度改变化值差分序列拟合模型的口径。

拟合模型：ARMA(1,1)。

估计方法：条件最小二乘估计。

线上资源 4-2

程序如下：

```
Call:
arima(x = dif, order = c(1, O, 1))
Coefficients:
```

```
            ar1         ma1       intercept
            0.3926     -0.8867       0.0053
    s.e.    0.1180      0.0604       0.0024
sigma^2 estimated as 0.01541:   log likelihood = 69.66,  aic = -131.3
```

模型口径：

$$x_t - 0.0053 = \frac{(1 - 0.8867B)\varepsilon_t}{1 - 0.3926B}, \quad \varepsilon_t \sim N(0, 0.01541)$$

等价表达式：

$$x_t = 0.0032 + 0.3926x_{t-1} + \varepsilon_t - 0.8867\varepsilon_{t-1}, \quad \varepsilon_t \sim N(0, 0.01541)$$

一般来说，最小二乘估计优于矩估计。因为最小二乘估计充分利用了每个观测值的信息，从而提高了估计精度。

4.3.3 最大似然估计

在最大似然准则下，认为样本来自使该样本出现概率最大的总体。因此未知参数的最大似然估计就是使得似然函数（联合密度函数）最大的参数值。

下面以 AR(1) 为例来讲解。对于非中心化的平稳 AR(1) 模型 $X_t - \mu = \varphi_1(X_{t-1} - \mu) + \varepsilon_t$，$\varepsilon_t$ 服从均值为 0、方差为 σ_ε^2 的正态分布，且相互独立，其概率密度函数为

$$f_\varepsilon(x) = \frac{1}{\sqrt{2\pi\sigma_\varepsilon^2}} \exp\left[\frac{x^2}{2\sigma_\varepsilon^2}\right] \tag{4-16}$$

设 $x_1, x_2, \cdots, x_n$ 为 n 个观测样本，则其似然函数为

$$L(\mu, \varphi_1, \sigma_\varepsilon^2) = f(x_1, x_2, \cdots, x_n \mid \mu, \varphi_1, \sigma_\varepsilon^2)$$

考虑到 AR(1) 模型的一步相关性，即

$$L(\mu, \varphi_1, \sigma_\varepsilon^2) = f(x_1)f(x_2|x_1)\cdots f(x_n \mid x_{n-1})$$

由于

$$X_t \mid X_{t-1} \sim N[\mu + \varphi_1(X_{t-1} - \mu), \sigma_\varepsilon^2]$$

因此

$$f(x_t \mid x_{t-1}) = f_\varepsilon[x_t - \mu - \varphi_1(x_{t-1} - \mu)]$$

其中，$f_\varepsilon(\cdot)$ 是 ε_t 的概率密度函数，从而，似然函数为

$$L(\mu, \varphi_1, \sigma_\varepsilon^2) = f(x_1)\prod_{t=2}^{n} f_\varepsilon[x_t - \mu - \varphi_1(x_{t-1} - \mu)]$$

这里，因为 $X_1 = \mu + \sum_{k=0}^{\infty} \varphi_1^k \varepsilon_{1-k}$，所以 X_1 服从正态分布，且

$$X_1 \sim N\left(\mu, \frac{\sigma_\varepsilon^2}{1 - \varphi_1^2}\right)$$

$$f(x_1) = \sqrt{\frac{1-\varphi_1^2}{2\pi\sigma_\varepsilon^2}} \exp\left(-\frac{(1-\varphi_1^2)(x_1-\mu)^2}{2\sigma_\varepsilon^2}\right)$$

因此，似然函数为

$$L(\mu,\varphi_1,\sigma_\varepsilon^2) = \sqrt{\frac{1-\varphi_1^2}{2\pi\sigma_\varepsilon^2}} \exp\left(-\frac{(1-\varphi_1^2)(x_1-\mu)^2}{2\sigma_\varepsilon^2}\right) \prod_{t=2}^{n} \frac{1}{\sqrt{2\pi\sigma_\varepsilon^2}} \exp\left[\frac{(x_t-\mu-\varphi_1(x_{t-1}-\mu))^2}{2\sigma_\varepsilon^2}\right]$$

$$= (2\pi\sigma_\varepsilon^2)^{-\frac{n}{2}}(1-\varphi_1^2)^{\frac{1}{2}} \exp\left[-\frac{Q(\mu,\varphi_1)}{2\sigma_\varepsilon^2}\right]$$

其中，$Q(\mu,\varphi_1) = (1-\varphi_1^2)(x_1-\mu)^2 + \sum_{t=2}^{n}[x_t-\mu-\varphi_1(x_{t-1}-\mu)]^2$。

对上述似然函数取对数，可得

$$\ln L(\mu,\varphi_1,\sigma_\varepsilon^2) = -\frac{n}{2}\ln(2\pi) - \frac{n}{2}\ln(\sigma_\varepsilon^2) + \frac{1}{2}\ln(1-\varphi_1^2) - \frac{Q(\mu,\varphi_1)}{2\sigma_\varepsilon^2}$$

对这个对数似然函数关于参数 μ、φ_1、σ_ε^2 求偏导即得参数估计结果。过程略。

对于一般的 ARMA(p,q)模型，其似然函数为

$$L(\tilde{x},\tilde{\beta}) = L(x_1,x_2,\cdots,x_n;\hat{\beta}_1,\hat{\beta}_2,\cdots,\hat{\beta}_k)$$

$$= \max\{p(\tilde{x},\tilde{\beta})|\hat{\beta}_1,\hat{\beta}_2,\cdots,\hat{\beta}_k\}$$

其中，$\tilde{\beta}=(\hat{\beta}_1,\hat{\beta}_2,\cdots,\hat{\beta}_k)'=(\varphi_1,\varphi_2,\cdots,\varphi_p,\theta_1,\cdots,\theta_q)'$ 为待估参数；$\tilde{x}=(x_1,x_2,\cdots,x_n)$ 为样本观测序列，通常假定它服从正态分布，从而有联合概率密度，即似然函数：

$$L(\tilde{x},\tilde{\beta}) = p(x_1,x_2,\cdots,x_n;\hat{\beta}_1,\hat{\beta}_2,\cdots,\hat{\beta}_k) = (2\pi)^{-\frac{n}{2}}(\sigma_\varepsilon^2)^{-\frac{n}{2}}|\Omega|^{-\frac{1}{2}} \exp\left\{-\frac{\tilde{x}'\Omega^{-1}\tilde{x}}{2\sigma_\varepsilon^2}\right\}$$

相应的对数似然函数为

$$l(\tilde{x},\tilde{\beta}) = -\frac{n}{2}\ln(2\pi) - \frac{n}{2}\ln(\sigma_\varepsilon^2) - \frac{1}{2}\ln|\Omega| - \frac{\tilde{x}'\Omega^{-1}\tilde{x}}{2\sigma_\varepsilon^2}$$

对待估参数求偏导，可得

$$\begin{cases} \dfrac{\partial}{\partial\sigma_\varepsilon^2}l(\tilde{\beta};\tilde{x}) = \dfrac{n}{2\sigma_\varepsilon^2} - \dfrac{S(\tilde{\beta})}{2\sigma_\varepsilon^4} = 0 \\[3mm] \dfrac{\partial}{\partial\tilde{\beta}}l(\tilde{\beta};\tilde{x}) = \dfrac{1}{2}\dfrac{\partial\ln|\Omega|}{\partial\tilde{\beta}} + \dfrac{1}{2\sigma_\varepsilon^2}\dfrac{\partial S(\tilde{\beta})}{\partial\tilde{\beta}} = 0 \end{cases}$$

其中，$S(\tilde{\beta}) = \tilde{x}'\Omega^{-1}\tilde{x}$。

由于 $S(\tilde{\beta})$ 和 $\ln|\Omega|$ 都不是 $\tilde{\beta}$ 的显式表达式，因此似然方程组实际上是由 $p+q+1$ 个超越方程构成的，通常需要采用复杂的迭代算法才能求出未知参数的最大似然估计值。

最大似然估计充分利用了每个观测值的信息，因此具有较高的估计精度；同时，它还具备估计的一致性、渐近正态性和渐近有效性等良好统计特征。然而，该方法要求已知总体分布，即只有在总体分布已知的情况下才能使用此方法。

在 R 中，利用最大似然估计对序列进行参数估计的函数命令格式如下：

```
arima(x,order = c(0L,0L,0L),
      seasonal = list(order = c(0L,0L,0L), period = NA),
      xreg = NULL, include.mean = TRUE,
      transform.pars = TRUE,
      fixed = NULL,init = NULL,
      method = c("CSS-ML","ML","CSS"),n.cond,
      SSinit = c("Gardner1980","Rossignol2011"),
      optim.method = "BFGS",
      optim.control = list(),kappa = 1e6)
```

该函数的具体语法格式请在 R 中通过 help(arima) 命令查询。

例 4-10 使用模拟方法生成下列序列的仿真序列，并计算仿真序列的参数估计值。

(1) $X_t = 0.9X_{t-1} + \varepsilon_t$ (2) $X_t = X_{t-1} - 0.5X_{t-2} + \varepsilon_t$

(3) $X_t = \varepsilon_t - \varepsilon_{t-1} + 0.5\varepsilon_{t-2}$ (4) $X_t = 0.7X_{t-1} + \varepsilon_t + 0.9\varepsilon_{t-1}$

模型(1)：

```
data <- arima.sim(list(order=c(1,0,0),ar = 0.9),n = 100)
 arima(data,order = c(1,0,0),include.mean = FALSE)
Coefficients:
         ar1
      0.8201
s.e.  0.0610
sigma^2 estimated as 1.679:  log likelihood = -168.36,aic = 340.72
```

模型(2)：

```
data <- arima.sim(list(order=c(2,0,0),ar = c(1,-0.5)),n = 100)
 arima(data,order = c(2,0,0),include.mean = FALSE)
Coefficients:
        ar1       ar2
      0.9735   -0.5198
s.e.  0.0867    0.0871
sigma^2 estimated as 1.095:  log likelihood = -147.03,aic = 300.05
```

模型(3)：

```
data <- arima.sim(list(order=c(0,0,2),ma = c(-1, 0.5)),n = 100)
 arima(data,order = c(0,0,2),include.mean = FALSE)
Coefficients:
        ma1      ma2
     -1.0925   0.5360
s.e.   0.0815   0.0936
sigma^2 estimated as 0.9617:  log likelihood = -140.63,aic = 287.26
```

模型(4)：

```
data <- arima.sim(list(order=c(1,0,1),ar = 0.7,ma = -0.9),n = 100)
 arima(data,order = c(1,0,1),include.mean = FALSE)
```

```
Coefficients:
          ar1      ma1
        0.8485   -1.0000
s.e.    0.0562    0.1016
sigma^2 estimated as 0.946:  log likelihood = -140.23,aic = 286.46
```

在对平稳时间序列模型进行参数估计时，有时也用 tseries 程序包中的 arma()函数，其调用格式如下：

```
arma(x,order = c(1,1),lag = NULL,coef = NULL,
     include.intercept = TRUE,series = NULL,qr.tol = 1e-07,...)
```

其中，x 表示数值向量或时间序列；order 表示 ARMA 模型的阶数(p,q)；lag 表示延迟阶数，默认值为 NULL；include.intercept 指明是否计算模型的常数项，默认值为 TRUE。

例如，对于例 4-10 中的模型(4)，利用 arma()函数估计参数，程序如下：

```
arma(data, order = c(1,1),include.intercept = FALSE)
Coefficient(s):
  ar1     ma1
 0.5070  -0.6894
```

可以看出，arma()函数的估计结果与 arima()函数的估计结果有差异。arma()函数估计参数的方法是条件最小二乘估计；而 arima()函数估计参数的方法则默认为最大似然估计，其估计精度高于 arma()函数的估计精度。

4.4　模　型　检　验

在对序列进行模型拟合后，还需要对拟合模型进行检验，主要包括模型显著性检验和参数显著性检验。通常，参数显著性检验采用 t 统计量，而模型显著性检验则采用残差白噪声性检验，常用 LB 统计量进行判断。

模型显著性检验：确保模型已充分提取序列中的相关信息，即模型的残差序列应为白噪声序列。在理想情况下，良好的模型应能提取观测序列中几乎全部的相关信息，残差无显著相关性；否则，若残差序列为非白噪声序列，则说明模型未完全提取相关信息，表明模型的拟合效果不好。

参数显著性检验：确保模型的简洁性，要求保留的参数必须显著非零，以确保每个参数对模型拟合的必要性。

4.4.1　模型显著性检验

1. 残差

模型的残差是实际值与拟合值之差，即

$$\hat{\varepsilon}_t = X_t - \hat{X}_t$$

例如，对于 AR(p)模型：

$$X_t = \varphi_0 + \varphi_1 X_{t-1} + \varphi_2 X_{t-2} + \cdots + \varphi_p X_{t-p} + \varepsilon_t$$

设 $\hat{\varphi}_0, \hat{\varphi}_1, \hat{\varphi}_2, \cdots, \hat{\varphi}_p$ 是其参数估计值，则残差为

$$\hat{\varepsilon}_t = X_t - \varphi_0 - \hat{\varphi}_1 X_{t-1} - \hat{\varphi}_2 X_{t-2} - \cdots - \hat{\varphi}_p X_{t-p}$$

arima() 函数的返回值中包含了模型的残差，使用 resid() 函数也可以直接提取模型的残差。

2. 残差图与等方差检验

绘制残差图以观察残差序列是否具有零均值和同方差的特性。如果具有该特性，则残差图应围绕零水平线波动，且呈现出无趋势、无周期的均匀分布特征。例如，在 quantmod 程序包的示例数据 tcm3y（国库券月收益率序列）上，可以基于原始序列拟合模型，并绘制残差图（见图 4-6）进行验证。

线上资源 4-3

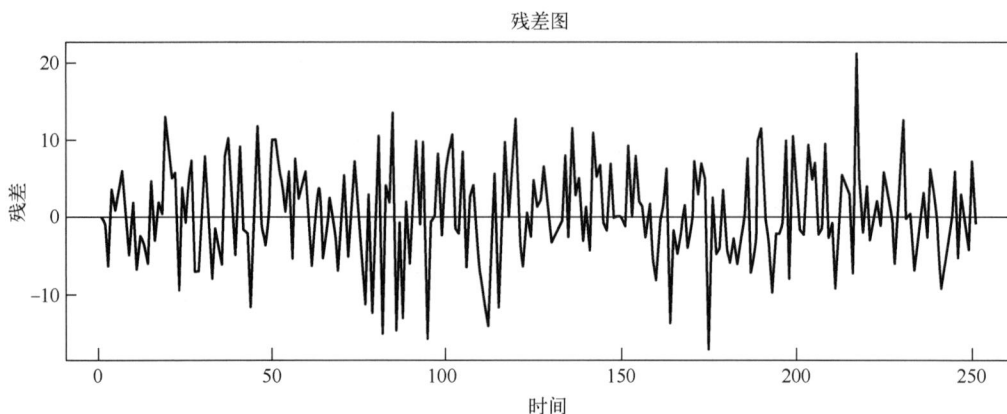

图 4-6　序列的残差图

也可作出模型的标准化残差图，该功能由 TSA 程序包里的 rstandard() 函数提供，若所绘制的图形基本上在一矩形域中，则说明该残差序列具有零均值和同方差的特性，如图 4-6 对应的标准化残差图（见图 4-7）。

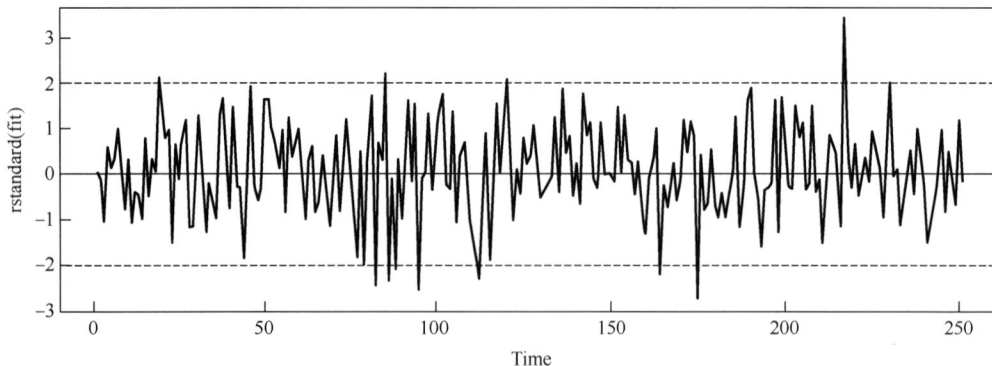

图 4-7　图 4-6 对应的标准化残差图

可见，该图形基本在[−2,2]这一矩形域中，可以认为该残差序列同方差。

再如，AR(2)模型拟合残差序列的标准化残差图如图 4-8 所示。

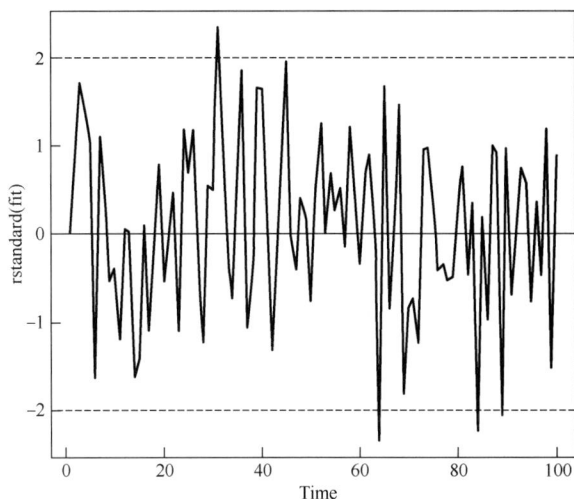

图 4-8 拟合 AR(2)模型后的标准化残差图

观察图 4-8，发现序列的残差基本在[−2,2]的矩形域中，可以认为该残差序列同方差，满足方差齐性要求。

3．残差正态性检验

在构建模型时，通常假设误差项为高斯白噪声。对序列进行模型拟合后，在对残差进行检验时，需要了解残差序列是否服从高斯分布，通常使用正态 Q-Q 图来实现。例如，上面所述的 AR(2)模型的残差正态性检验如下：

```
data <- arima.sim(list(order=c(2,0,0), ar = c(0.5,  0.3)), n = 100)
fit <- arima(data, order = c(2,0,0), include.mean = FALSE)
res <- residuals(fit);qqnorm(res);qqline(res)
```

结果如图 4-9 所示。

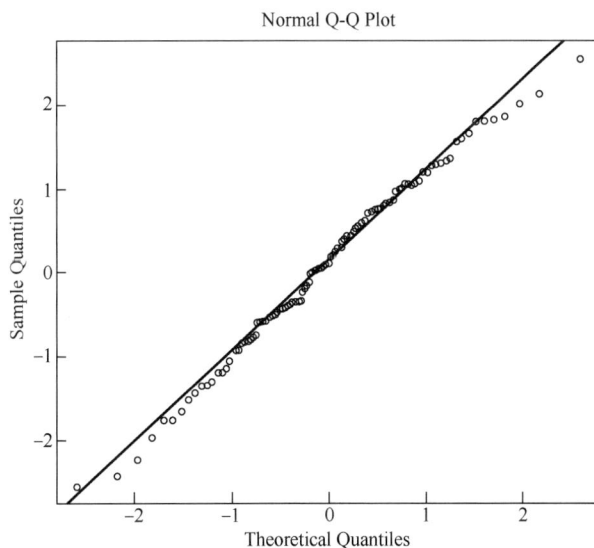

Normal Q-Q Plot

图 4-9 AR(2)拟合模型的残差正态性检验

从图 4-9 中可以看出，该残差序列的 Q-Q 点基本与理论线一致，可以认为该残差序列服从正态分布。当然，也可以选择 Shapiro-Wilk 统计量对残差序列进行正态性检验，程序如下：

```
shapiro.test(res)
```

输出如下：

```
Shapiro-Wilk normality test

data: res
W = 0.98997, p-value = 0.6623
```

在显著性水平为 5%的条件下，该残差序列显然通过了正态性检验。

若考虑 R 中的数据序列 tcm3y：

```
fit <- arima(tcm3y, order = c(2,2,1), include.mean = FALSE)
shapiro.test(fit$residuals)
```

则结果如下：

```
Shapiro-Wilk normality test
data: fit$residuals
W = 0.90926, p-value < 2.2e-16
```

可见，在 5%的显著性水平下，该残差序列不服从正态分布，Q-Q 检验也说明了这一点（见图 4-10）：

```
qqnorm(fit$residuals)
qqline(fit$residuals)
```

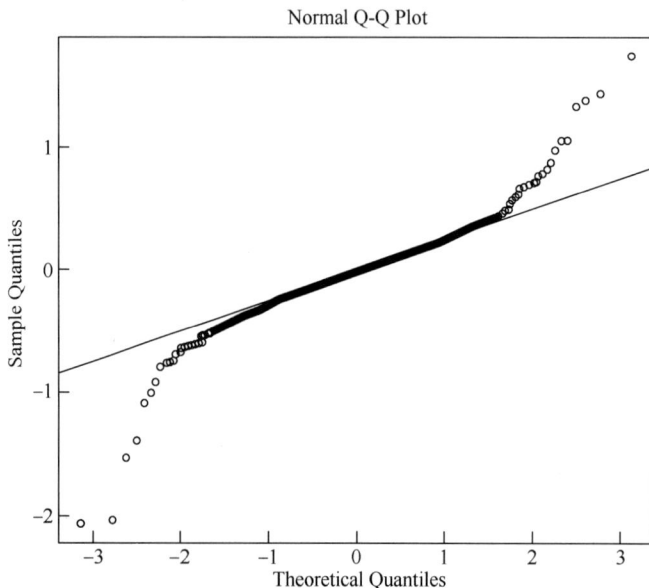

图 4-10　tcm3y 数据拟合残差序列的 Q-Q 检验

4. 残差独立性检验

残差独立性检验即检验残差的子项相关函数是否为零。

原假设：残差序列为白噪声序列；$H_0: \rho_1 = \rho_2 = \cdots = \rho_m = 0, \; \forall m \geqslant 1$。

备择假设：残差序列为非白噪声序列；H_1：至少存在一个 $\rho_k \neq 0$，对 $\forall m \geqslant 1, \; k \leqslant m$。

构造 Box-Piece 检验统计量：

$$Q = n(\hat{\rho}_1^{\,2} + \hat{\rho}_2^{\,2} + \cdots + \hat{\rho}_m^{\,2}) \tag{4-17}$$

或 Box-Ljung 统计量：

$$\text{LB} = n(n+2) \sum_{k=1}^{m} \left(\frac{\hat{\rho}_k^2}{n-k} \right) \sim \chi^2(m) \tag{4-18}$$

其中，n 为序列长度；m 为待估参数个数。在原假设成立的情况下，两个统计量均近似服从自由度为 m 的 χ^2 分布。当 $Q > \chi_\alpha^2(m)$ 或相伴概率 $p < \alpha$（α 为给定的显著性水平）时，拒绝原假设。

如果拒绝原假设，则说明序列中还有信息尚未被提取出来，需要重新确定模型口径或调整模型参数等；如果不拒绝原假设，则说明模型拟合显著有效。

在纯随机性检验中我们已经知道，R 中的 Box.test() 函数可以实现 Box-Piece 或 Box-Ljung 检验。需要特别指出的是，对 ARMA 模型来说，残差独立性检验需要减去 $p+q$ 个自由度，即当使用 Box.test() 函数做残差检验时，参数 fitdf 的取值为 $p+q$，而不是默认的零值。

例如，仍考虑数据序列 tcm3y，其 fitdr 取值为 3，这里给出延迟阶数为 12 的计算结果：

```
fit <- arima(tcm3y, order = c(2,2,1), include.mean = FALSE)
Box.test(fit$residuals, lag = 12, fitdf = 3)
Box-Pierce test
data: fit$residuals
X-squared = 8.7051, df = 9, p-value = 0.4649
```

可见，没有理由拒绝该残差序列独立的假设，说明残差序列独立，即模型对数据信息的提取显著有效。

又如：

```
data <- arima.sim(list(order=c(2,0,0), ar = c(0.5, 0.3)), n = 100)
fit <- arima(data, order = c(2,0,0), include.mean - FALSE)
Box.test(fit$residuals, lag = 12, fitdf = 3)
Box-Pierce test
data: fit$residuals
X-squared = 11.399, df = 9, p-value = 0.2494
```

可见，上述残差序列独立（在 5% 的显著性水平下），说明拟合模型合理可行。

4.4.2　参数显著性检验

参数显著性检验用于检验每个未知参数是否显著非零。删除不显著参数，使模型结构最精简。通常用 t 统计量来完成这一检验。假设 β_j 是 ARMA 模型中的参数(φ_j或θ_j),原假设和备择假设分别为

$$H_0: \beta_j = 0 \quad \leftrightarrow \quad H_1: \beta_j \neq 0 \qquad \forall 1 \leq j \leq m$$

在正态分布假定条件下,第 j 个未知参数的最小二乘估计 $\hat{\beta}_j$ 服从正态分布,即 $\hat{\beta}_j \sim N(0, \alpha_{jj}\sigma_\varepsilon^2)$,其中,$\alpha_{jj}$ 为

$$\boldsymbol{Q} = (\boldsymbol{X}'\boldsymbol{X})^{-1} = \begin{bmatrix} a_{11} & a_{12} & \cdots & a_{1n} \\ a_{21} & a_{22} & \cdots & a_{2n} \\ \vdots & \vdots & & \vdots \\ a_{n1} & a_{n2} & \cdots & a_{nn} \end{bmatrix}$$

中主对角线上的元素。

构造检验统计量,当 H_0 成立时,有

$$T = \sqrt{n-m}\,\frac{\hat{\beta}_j - \beta_j}{\sqrt{a_{jj}Q(\tilde{\beta})}} \sim t(n-m) \tag{4-19}$$

其中,n 为观察序列的长度;m 为待估参数个数;$Q(\tilde{\beta}) = \sum_{i=1}^{n} \varepsilon_t^2$。

例 4-11 NelPlo 数据集(来自 tseries 程序包)是经济学家 Charles Nelson 和 Charles Plosser 在 1982 年发布的重要的宏观经济数据集,用于分析和讨论经济时间序列的平稳性。这些数据涵盖了美国从 19 世纪末到 20 世纪的数据,包括股价指数、工业生产、国民收入等多个指标。选择 CPI(通货膨胀率)序列,进行模型构建和参数估计($\alpha = 0.05$)。

R 软件的执行结果如图 4-11 所示。

```
arima(x = cpi_data, order = c(1, 1, 1))

Coefficients:
        ar1     ma1
      0.4144  0.4612
s.e.  0.1200  0.1306

sigma^2 estimated as 0.001868:  log likelihood = 220.09.  aic = -436.19
```

线上资源 4-4

图 4-11 R 软件的执行结果

估计值除以标准差即得 t 统计量的值,由于 t 统计量的值大于 3,且每个参数的估计值均大于 2 倍标准差,因此可以认为两个参数都显著非零。

例 4-12 AirPassengers 数据集是 R 中自带的一个经典时间序列数据集。它记录了 1949 年 1 月至 1960 年 12 月每个月乘坐美国航空航班的乘客量(单位:千人)。这是一个按月采样的时间序列,共包含 144 个观测值,展示出了明显的增长趋势。请进行适当的模型拟合,实现参数估计及检验。

模型参数估计结果如图 4-12 所示。

```
Coefficients:
         ar1     ar2      ar3      ma1      ma2     ma3   drift
      0.8470  0.2995  -0.5892  -0.9110  -0.7514  0.7656  0.0100
s.e.  0.1118  0.1693   0.1102   0.0871   0.1221  0.0675  0.0016

sigma^2 = 0.007103:  log likelihood = 152.74
AIC=-289.48   AICc=-288.41   BIC=-265.78
```

线上资源 4-5

图 4-12　模型参数估计结果

　　显然，在上述模型参数估计结果中，除 ar2 参数不显著外($t = 1.77$)，其他参数都显著。

　　除了进行参数的 t 统计量的显著性检验，还可以进行区间显著性检验。在 R 中，用 arima()函数拟合序列，输出参数的估计值和标准差，以及样本量、模型的阶数等。这里编制 R 程序，以模拟 AR(2)模型为例，给出参数检验与区间检验的函数程序(扫描右侧二维可查看)。

线上资源 4-6

　　输出结果如下：

```
$p_value
       ar1          ar2
1.453466e-09    1.208872e-02

$confint
            ar1           ar2
coef    0.6464104    0.24730227
lwr     0.4543906    0.05538021
upr     0.8384301    0.43922432
```

　　上述参数检验结果显示，在 5% 的显著性水平下，参数的 p 值远小于 0.05，因此估计的参数在统计上显著。此外，置信区间不包括零，这也表明这两个参数显著非零。另外，还可以使用 summary()函数查看更详细的检验结果，程序如下：

```
fit.arma <- arma(data, order = c(2, 0))
summary(fit.arma)
```

　　输出结果如下：

```
Call:
arma(x = data, order = c(2, 0))
Model:
ARMA(2,0)
Residuals:
      Min        1Q      Median        3Q         Max
-2.9546502 -0.7126235  0.0004346  0.6308816  3.0065910
Coefficient(s):
           Estimate   Std. Error  t value  Pr(>|t|)
ar1         0.47591      0.03027   15.723    <2e-16 ***
ar2         0.29024      0.03026    9.593    <2e-16 ***
intercept   0.01268      0.03214    0.394     0.693
---
```

```
Signif. codes:  0 '***' 0.001 '**' 0.01 '*' 0.05 '.' 0.1 ' ' 1
Fit:
sigma^2 estimated as 1.033,  Conditional Sum-of-Squares = 1029.45,  AIC = 2875.91
```

在上述输出结果中，t 统计量的相伴概率表明模型参数通过了检验，且 $\hat{\sigma}_{\varepsilon}^2 = 1.033$。但模型截距项的 p 值为 0.693，大于显著性水平 5%，表明截距项在统计上不显著。可去掉截距项后，重新对该序列进行参数估计。读者可扫描右侧二维码获得 R 程序实现。

线上资源 4-7

4.5 模型优化

当一个拟合模型通过检验时，说明在一定的显著性水平下，该模型能够有效拟合观测值序列的波动。然而，这并不意味着模型是唯一的，多个通过参数显著性检验和模型显著性检验的拟合模型可能同样有效。

在这种情况下，选择一个相对更优的模型需要借助模型优化准则，常用的有 AIC 和 BIC。

AIC 由日本统计学家 Akaike 于 1973 年提出，其基本思想是，从两方面评估模型的优劣：一方面是最大似然函数值，表示模型利用样本信息的充分程度；另一方面是模型中的参数个数，衡量模型的泛化能力。

通常情况下，最大似然函数值越大，模型对样本信息的利用越充分，拟合效果越好。然而，参数个数越多，越可能导致过拟合风险，增加参数估计的难度，削弱模型的泛化能力。因此，理想的模型应在拟合精度和未知参数个数之间达到平衡。AIC 正是基于这一原则构建的，用于选择能够在拟合精度和复杂性上实现最佳配置的模型：

$$\text{AIC} = -2\ln(\text{模型的最大似然函数值}) + 2(\text{参数个数}) \tag{4-20}$$

为了使优化方向一致，右边第一项前面添加了负号。这样，使 AIC 指标达到最小的拟合模型便认为是最优模型。

对于 ARMA(p, q) 模型，其对数似然函数为

$$L(\tilde{\beta}, x_1, x_2, \cdots, x_n) = -\left[\frac{n}{2}\ln\sigma_{\varepsilon}^2 + \frac{1}{2}\ln|\Omega| + \frac{1}{2\sigma_{\varepsilon}^2}S(\tilde{\beta})\right]$$

在 $\frac{1}{2}\ln|\Omega|$ 有界，且 $\frac{1}{2\sigma_{\varepsilon}^2}S(\tilde{\beta}) \to \frac{n}{2}$ 时，有

$$L(\tilde{\beta}, x_1, x_2, \cdots, x_n) \propto \frac{n}{2}\ln\sigma_{\varepsilon}^2$$

中心化 ARMA(p,q) 模型的未知参数有 $p+q+1$ 个；而非中心化 ARMA(p,q) 模型的未知参数有 $p+q+2$ 个，从而其对应的 AIC 评价为

$$\text{AIC} = n\ln(\hat{\sigma}_{\varepsilon}^2) + 2(p + q + i) \quad i = 1, 2$$

例 4-13 以等时间间隔连续读取 70 个某次化学反应的过程数据，构成一个时间序列。

预处理显示该序列为平稳非白噪声序列，如图 4-13 所示。

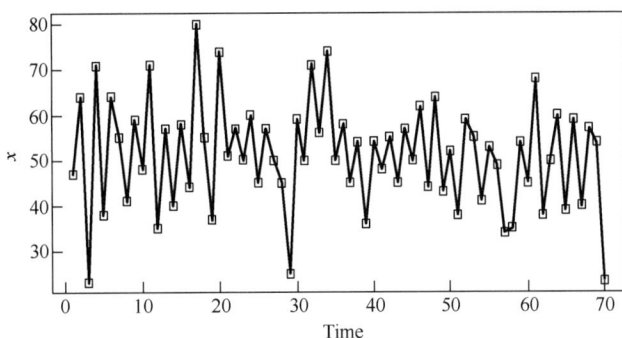

图 4-13　化学反应的过程数据构成的时间序列图

观测如图 4-14 所示序列的样本的自相关图和偏自相关图。

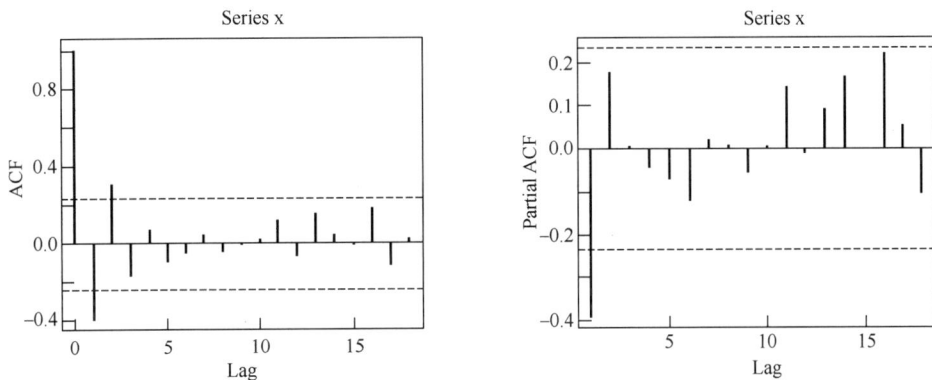

图 4-14　化学反应的过程数据构成的序列的样本自相关图和偏自相关图

根据自相关图的特征，可能有人会认为自相关系数 2 阶截尾，可以对序列拟合 MA(2) 模型。

根据偏自相关图的特征，可能有人会认为偏自相关系数 1 阶截尾，可以对序列拟合 AR(1) 模型。

下面尝试拟合模型。

拟合模型一：根据自相关系数 2 阶截尾，拟合 MA(2) 模型，即

$$x_t = 51.1695 + \varepsilon_t - 0.319\varepsilon_{t-1} + 0.3019\varepsilon_{t-2}, \quad \text{Var}(\varepsilon_t) = 114.4$$

拟合模型二：根据自相关系数 2 阶截尾，拟合 AR(1) 模型，即

$$x_t - 51.2658 = \frac{\varepsilon_t}{1 + 0.4191B}, \quad \text{Var}(\varepsilon_t) = 116.6$$

这两个模型均显著有效，所有参数在这两个模型中均显著非零。对于同一序列，可以构建两个甚至多个显著有效的拟合模型。那么，应该选择哪个模型用于统计推断呢？

解决方法是，确定合适的比较准则，构造相应的统计量，以选择最优模型。

当样本容量趋于无穷大时，由 AIC 选择的模型可能不收敛于真实模型，通常包含比真实模型更多的未知参数。为弥补 AIC 的不足，Akaike 于 1976 年提出了 BIC。随后，Schwartz

在 1978 年基于贝叶斯理论得出了相同的判别准则，因此 BIC 也被称为 SBC（Schwarz Bayesian Criterion，施瓦兹贝叶斯准则）：

$$\text{SBC} = n\ln(\hat{\sigma}_\varepsilon^2) + \ln(n)(\text{未知参数个数}) \tag{4-21}$$

相比于 AIC，BIC 将未知参数个数的惩罚权重设置成了样本容量的对数函数 $\ln(n)$。BIC 是最优拟合模型的真实阶数的相合估计。

中心化 ARMA(p,q) 模型的 BIC 为

$$\text{SBC} = n\ln(\hat{\sigma}_\varepsilon^2) + \ln(n)(p + q + 1)$$

对所有通过检验的模型使用 AIC 或 BIC，达到最小值的模型相对较优。实际上，我们不可能穷尽所有可能的模型，只能结合实际序列找到尽可能接近真实规律的可能模型，并用 AIC 和 BIC 选择较优的，使提取的信息尽可能接近真实规律。

例 4-14 用 AIC 和 BIC 评判例 4-13 中两个拟合模型的相对优劣。

比较结果如表 4-2 所示。

表 4-2　比较结果

模型	AIC	BIC（SBC）
MA(2)	538.7055	547.6995
AR(1)	537.9579	544.7033

最小信息量检验显示，无论是使用 AIC 还是 BIC，AR(1) 模型都要优于 MA(2) 模型。

4.6 模型预测

线上资源 4-8

在当前时刻 t，我们已经知道平稳时间序列 x_t 在时刻 t 及之前时刻产生的观测值 $x_{t-1}, x_{t-2}, \cdots$，现在对时刻 t 以后的观测值 x_{t+l}（$l \geq 1$）进行预测。这种预测以当前时刻 t 为原点，向前做 l 步预测，预测值可以记为 $\hat{x}_t(l)$。

对于任意平稳可逆 ARMA 模型，均可将其表示为历史观测值的线性函数：

$$x_t = \sum_{i=0}^{\infty} C_i x_{t-1-i} \tag{4-22}$$

从而对任意一个未来时刻 $t+l$（$l>0$）而言，有

$$x_{t+l} = \sum_{i=0}^{\infty} C_i x_{t+l-1-i} \longrightarrow \sum_{i=0}^{\infty} D_i x_{t-i}$$

从而可知 $\hat{x}_t(l) = \sum_{i=0}^{\infty} \hat{D}_i x_{t-i}$，进而可求出预测误差 $e_t(l) = x_{t+1} - \hat{x}_t(l)$。

显然，预测误差越小，预测精度越高。常用的预测原则是预测方差最小原则，即

$$\text{Var}_{\hat{x}_t(l)}[e_t(l)] = \min\{\text{Var}[e_t(l)]\}$$

下面分别来了解一下 AR、MA、ARMA 模型的预测过程。

1. AR(p)模型的预测

对于 AR(1)模型：

$$X_t = \varphi X_{t-1} + \varepsilon_t \tag{4-23}$$

考虑 1 步的预测问题，可得

$$X_{t+1} = \varphi X_t + \varepsilon_{t+1} \tag{4-24}$$

给定 $X_1, X_2, \cdots, X_t$ 后，在式(4-24)两边取条件数学期望，可得

$$
\begin{aligned}
\hat{X}_t(1) &= \varphi E(X_t \mid X_1, X_2, \cdots, X_t) + E(\varepsilon_{t+1} \mid X_1, X_2, \cdots, X_t) \\
&= \varphi X_t
\end{aligned} \tag{4-25}
$$

由式(4-23)和条件数学期望的性质，可得 l 步的预测表达式为

$$
\begin{aligned}
\hat{X}_t(l) &= \varphi E(X_{t-1+l} \mid X_1, X_2, \cdots, X_t) + E(\varepsilon_{t+l} \mid X_1, X_2, \cdots, X_t) \\
&= \varphi \hat{X}_t(l-1) = \varphi^2 \hat{X}_t(l-2) = \cdots = \varphi^l X_t \quad l \geqslant 1
\end{aligned} \tag{4-26}
$$

下面讨论 AR(1)模型的预测误差。预测误差定义为实际值 X_{t+l} 与预测值 $\hat{X}_t(l)$ 之差，记为 $\hat{\varepsilon}(l)$，即 $\hat{\varepsilon}_t(l) = X_{t+l} - \hat{X}_t(l)$。

由式(4-24)和式(4-25)得到 $\hat{\varepsilon}_t(1) = \varepsilon_{t+1}$，故预测误差的方差为

$$\mathrm{Var}(\hat{\varepsilon}_t(1)) = \mathrm{Var}(\varepsilon_{t+1}) = \sigma_\varepsilon^2$$

为了导出 $\hat{\varepsilon}_t(l)$ 的误差公式，需要将 AR(1)模型转换为 MA(∞)模型，由式(4-23)可得

$$X_t = (1 - \varphi B)^{-1} \varepsilon_t = \sum_{j=0}^{\infty} \varphi^j \varepsilon_{t-j}$$

从而

$$
\begin{aligned}
\hat{\varepsilon}_t(l) = X_{t+l} - \hat{X}_t(l) &= \sum_{j=0}^{\infty} \varphi^j \varepsilon_{t+l-j} - \varphi^l \sum_{j=0}^{\infty} \varphi^j \varepsilon_{t-j} \\
&= \sum_{j=0}^{l-1} \varphi^j \varepsilon_{t+l-j} + \sum_{j=l}^{\infty} \varphi^j \varepsilon_{t+l-j} - \sum_{j=0}^{\infty} \varphi^{l+j} \varepsilon_{t-j} \\
&= \varepsilon_{t+l} + \varphi \varepsilon_{t+l-1} + \cdots + \varphi^{l-1} \varepsilon_{t+1}
\end{aligned}
$$

故预测误差的方差为

$$
\begin{aligned}
\mathrm{Var}(\hat{\varepsilon}_t(l)) &= \mathrm{Var}(\varepsilon_{t+l} + \varphi \varepsilon_{t+l-1} + \ldots + \psi^{l-1} \varepsilon_{t+1}) \\
&= \sigma_\varepsilon^2 (1 + \varphi^2 + \varphi^4 + \ldots + \varphi^{2l-2}) \\
&= \sigma_\varepsilon^2 \frac{1 - \varphi^{2l}}{1 - \varphi^2}
\end{aligned}
$$

当 l 较大时，$\varphi^{2l} \approx 0$，有

$$\mathrm{Var}(\hat{\varepsilon}_t(l)) \approx \frac{\sigma_\varepsilon^2}{1 - \varphi^2} = \gamma_0 = \mathrm{Var}(X_t)$$

对于一般的 AR(p)模型

$$X_t = \varphi_1 X_{t-1} + \varphi_2 X_{t-2} + \cdots + \varphi_p X_{t-p} + \varepsilon_t$$

根据平稳 ARMA 模型的可逆性，可以用 AR 结构表达任意一个平稳 ARMA 模型，即

$$\sum_{j=0}^{\infty} I_j x_{t-j} = \varepsilon_t$$

其中，I_j（$j = 0,1,2,\cdots$）为逆函数。

这意味着使用递推法，基于现有的序列观测值可以预测未来任意时刻的序列值，即

$$\hat{x}_{t+1} = -I_1 x_t - I_2 x_{t-1} - I_3 x_{t-2} - \cdots$$

$$\hat{x}_{t+2} = -I_1 \hat{x}_{t+1} - I_2 x_t - I_3 x_{t-1} - \cdots$$

$$\hat{x}_{t+3} = -I_1 \hat{x}_{t+2} - I_2 \hat{x}_{t+1} - I_3 x_t - \cdots$$

$$\vdots$$

$$\hat{x}_{t+l} = -I_1 \hat{x}_{t+l-1} - I_2 \hat{x}_{t+l-2} - I_3 \hat{x}_{t+l-3} - \cdots$$

也即

$$\hat{x}_t(l) = E(x_{t+l} \mid x_t, x_{t-1}, \cdots) = E(\varphi_1 x_{t+l-1} + \varphi_2 x_{t+l-2} + \cdots + \varphi_p x_{t+l-p} + \varepsilon_{t+l} \mid x_t, x_{t-1}, \cdots)$$

$$= \varphi_1 \hat{x}_t(l-1) + \cdots + \varphi_p \hat{x}_t(l-p) \qquad l \geq 1$$

于是，对于任意平稳可逆 ARMA 模型，均可将其表示为历史观测值的线性函数：

$$x_t = \sum_{i=0}^{\infty} C_i x_{t-1-i}$$

从而，对于任意一个未来时刻 $t+l$（$l>0$），有

$$x_{t+l} = \sum_{i=0}^{\infty} C_i x_{t+l-1-i} \xrightarrow{\text{推导}} \sum_{i=0}^{\infty} D_i x_{t-i}$$

于是得线性预测函数为

$$\hat{x}_t(l) = \sum_{i=0}^{\infty} \hat{D}_i x_{t-i}$$

预测误差为

$$e_t(l) = x_{t+l} - \hat{x}_t(l)$$

依据预测误差的方差最小原则，考虑 ARMA 模型的传递形式：

$$x_{t+l} = \sum_{i=0}^{\infty} G_i \varepsilon_{t+l-i}$$

对于预测值

$$\hat{X}_t(I) = \sum_{i=0}^{\infty} \hat{D}_i X_{t-i} = \sum_{i=0}^{\infty} \hat{D}_i \left(\sum_{j=0}^{\infty} G_j \varepsilon_{t-i-j} \right) = \sum_{i=0}^{\infty} W_i \varepsilon_{t-i}$$

有

$$e_t(l) = X_{t+l} - \hat{x}_t(l) = \sum_{i=0}^{\infty} G_i \varepsilon_{t+l-i} - \sum_{i=0}^{\infty} W_i \varepsilon_{t-i}$$

$$= \sum_{i=0}^{l-1} G_i \varepsilon_{t+l-i} + \sum_{i=0}^{\infty} (G_{l+i} - W_i) \varepsilon_{t-i}$$

故预测误差的方差为

$$\mathrm{Var}\,(e_t(l)) = \mathrm{Var}\left[\sum_{i=0}^{l-1} G_i \varepsilon_{t+l-i} + \sum_{i=0}^{\infty} (G_{l+i} - W_i) \varepsilon_{t-i} \right]$$

$$= \left[\sum_{i=0}^{l-1} G_i^2 + \sum_{i=0}^{\infty} (G_{l+i} - W_i)^2 \right] \sigma_\varepsilon^2 \geqslant \sum_{i=0}^{l-1} G_i^2 \sigma_\varepsilon^2$$

显然，当且仅当 $W_i = G_{l+i}$ 时，预测误差的方差最小。

此时，x_{t+l} 的预测值为

$$\hat{x}_t(l) = \sum_{i=0}^{\infty} G_{l+i} \varepsilon_{t-j} \quad \forall l \geqslant 1$$

对应的预测误差为

$$e_t(l) = x_{t+l} - \hat{x}_t(l) = \sum_{i=0}^{l-1} G_i \varepsilon_{t+l-i} + \sum_{i=0}^{\infty} (G_{l+i} - W_i)\,\varepsilon_{t-i}$$

$$= \sum_{i=0}^{l-1} G_i \varepsilon_{t+l-i} = \varepsilon_{t+l} + G_1 \varepsilon_{t+l-1} + \cdots + G_{l-1} \varepsilon_{t+1}$$

且有误差均值和方差：

$$E(e_t(1)) = 0$$

$$\mathrm{Var}(e_t(l)) = \sum_{i=0}^{l-1} G_i^2 \sigma_\varepsilon^2$$

从这里可以看出：

(1) 预测是条件无偏的。

(2) 预测误差的方差与预测步长 l 有关，与预测起点 t 无关。

向前 l 步的序列的表达式可以分解为两部分，分别预测误差和预测值，即

$$x_{t+l} = (\varepsilon_{t+l} + G_1 \varepsilon_{t+l-1} + \cdots + G_{l-1} \varepsilon_{t+1}) + (G_l \varepsilon_t + G_{l+1} \varepsilon_{t-1} + \cdots)$$

$$= \qquad\quad e_t(l) \qquad\qquad + \qquad \hat{x}_t(l)$$

$$\downarrow \qquad\qquad\qquad\qquad \downarrow$$

$$\text{预测误差} \qquad\qquad\qquad \text{预测值}$$

$$E(x_{t+l} \mid x_t, x_{t-1}, \cdots) = \hat{x}(I)\,(\text{条件无偏})$$

$$\mathrm{Var}(x_{t+l} \mid x_t, x_{t-1}, \cdots) = \mathrm{Var}[e_t(l)] = \sum_{i=0}^{l-1} G_i^2 \sigma_\varepsilon^2$$

即预测误差的方差为

$$\text{Var}[e_t(l)] = (1 + G_1^2 + \cdots + G_{l-1}^2)\sigma_\varepsilon^2$$

从而，预测值的 95%置信区间为

$$\left(\hat{x}_t(l) \mp z_{1-\frac{\alpha}{2}} \left(1 + G_1^2 + \cdots + G_{l-1}^2 \right)^{\frac{1}{2}} \sigma_\varepsilon \right)$$

例 4-15 已知某超市月销售额近似服从 AR(2)模型（单位：万元/月）：

$$x_t = 10 + 0.6x_{t-1} + 0.3x_{t-2} + \varepsilon_t \quad \varepsilon_t \sim N(0,36)$$

今年第一季度该超市月销售额（万元）分别为 101、96、97.2，请确定该超市第二季度月销售额的 95%置信区间。

根据已知条件可得

$$4 \text{ 月}：\hat{x}_3(1) = 10 + 0.6x_3 + 0.3x_2 = 97.12$$

$$5 \text{ 月}：\hat{x}_3(2) = 10 + 0.6\hat{x}_3(1) + 0.3x_3 = 97.432$$

$$6 \text{ 月}：\hat{x}_3(3) = 10 + 0.6\hat{x}_3(2) + 0.3\hat{x}_3(1) = 97.5952$$

由格林函数递推式可得

$$G_0 = 1$$
$$G_1 = \varphi_1 G_0 = 0.6$$
$$G_2 = \varphi_1 G_1 + \varphi_2 G_0 = 0.36 + 0.3 = 0.66$$

从而得预测误差的方差为

$$\text{Var}[e_3(1)] = G_0^2 \sigma_\varepsilon^2 = 36$$
$$\text{Var}[e_3(2)] = (G_0^2 + G_1^2)\sigma_\varepsilon^2 = 48.96$$
$$\text{Var}[e_3(3)] = (G_0^2 + G_1^2 + G_2^2)\sigma_\varepsilon^2 = 64.6416$$

预测置信区间为

$$(\hat{x}_3(l) - 1.96\sqrt{\text{Var}[e_3(l)]} , \hat{x}_3(l) + 1.96\sqrt{\text{Var}[e_3(l)]})$$

最终结果如表 4-3 所示。

表 4-3 最终结果

预测时期	95%置信区间
4 月	(85.36,108.88)
5 月	(83.72,111.15)
6 月	(81.84,113.35)

例 4-16 首先用模拟方法生成模型 $X_t = 0.9X_{t-1} + \varepsilon_t$ 的仿真序列，再用 arima（）函数给出 φ 和 σ_ε^2 的估计值，最后给出 X_{t+l}（$l = 1,2,\cdots,5$）的预测值及其标准差。

这是一个 AR(1)模型，根据 $\hat{X}_t(l) = \varphi^l X_t$（这里 $\varphi = 0.9$），基于前面的理论表达式，计算出 X_{t+l}（$l = 1, 2, \cdots, 5$）的预测值及其标准差。计算程序(仿真及参数估计部分略)可扫描右侧二维码查看。

结果如下：

线上资源 4-9

	1	2	3	4	5
Pred	-0.6924103	-0.5539282	-0.4431426	-0.3545141	-0.2836113
se	0.9863758	1.2631774	1.4121375	1.4997273	1.5531947

其中，Pred 是预测值，se 是预测值的标准差。

再来看一个例子。

例 4-17 地震数据集记录了从 1900 年到 2023 年全球发生的 7 级以上地震的年度频数，数据以时间序列的形式呈现，每个观测值表示特定年份内 7 级以上地震的发生次数。预测未来 10 年发生 7 级地震的次数及其 95%置信区间。

预测结果如下：

Point	Forecast	Lo 80	Hi 80	Lo 95	Hi 95
2022	11.43775	6.002195	16.87329	3.124789	19.75070
2023	13.16903	7.569827	18.76823	4.605790	21.73226
2024	12.01712	6.387040	17.64720	3.406657	20.62758
2025	11.90165	6.124214	17.67909	3.065824	20.73748
2026	12.16511	6.354796	17.97542	3.279004	21.05121
2027	11.99432	6.174556	17.81409	3.093758	20.89489
2028	11.94144	6.109886	17.77298	3.022850	20.86002
2029	11.97301	6.136896	17.80912	3.047444	20.89857
2030	11.94415	6.106335	17.78196	3.015983	20.87231
2031	11.92792	6.088878	17.76696	2.997876	20.85797

预测结果如图 4-15 所示。

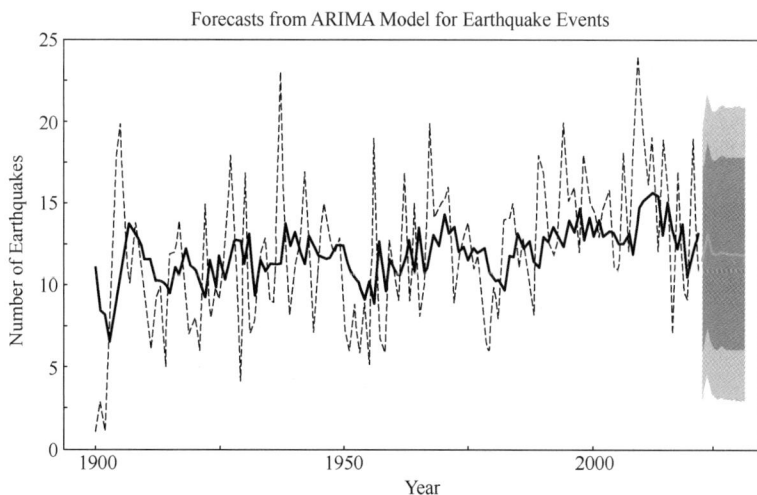

图 4-15 全球发生的 7 级以上地震事件时间序列的拟合和预测

在图 4-15 中，虚线为序列观测值，黑色实线为模型拟合值；灰色实线为预测均值，深色阴影为 80%置信区间，浅色阴影为 95%置信区间。

线上资源 4-10

2．MA(q)模型的预测

对于 MA(1)模型：

$$X_t = \varepsilon_t - \theta\varepsilon_{t-1} \tag{4-27}$$

利用条件数学期望的性质可得

$$\hat{X}_t(1) = -\theta\varepsilon_t$$

$$\hat{X}_t(l) = 0 \quad l \geqslant 2$$

由于 ε_t 未知，因此预测公式还不能真正使用。由原始模型可得

$$\varepsilon_t = (1 - \theta B)^{-1} X_t = \sum_{j=0}^{\infty} \theta^j X_{t-j}$$

把 ε_t 代入预测模型可得

$$\hat{X}_t(1) = -\sum_{j=0}^{\infty} \theta^{j+1} X_{t-j}$$

下面分析预测误差。由于 $\hat{\varepsilon}_t(1) = X_{t+1} - \hat{X}_t(1) = \varepsilon_{t+1}$，因此

$$\mathrm{Var}(\hat{\varepsilon}_t(1)) = \mathrm{Var}(\varepsilon_{t+1}) = \sigma_\varepsilon^2$$

$$\hat{\varepsilon}_t(l) = X_{t+l} - \hat{X}_t(l) = \varepsilon_{t+l} - \theta\varepsilon_{t+l-1} \quad l \geqslant 2$$

故

$$\mathrm{Var}(\hat{\varepsilon}_t(l)) = \sigma_\varepsilon^2(1 + \theta^2) = \gamma_0 = \mathrm{Var}(X_t) \quad l \geqslant 2$$

对于一般的 MA(q)模型，先给出预测公式。对于 MA(q)模型：

$$X_t = \varepsilon_t - \theta_1\varepsilon_{t-1} - \cdots - \theta_q\varepsilon_{t-q}$$

由条件数学期望的性质可得

$$\hat{X}_t(l) = \begin{cases} -\theta_l\varepsilon_t - \theta_{l+1}\varepsilon_{t-1} - \cdots - \theta_q\varepsilon_{t+l-q} & l \leqslant q \\ 0 & l > q \end{cases} \tag{4-28}$$

由于 $\varepsilon_t, \varepsilon_{t-1}, \cdots, \varepsilon_{t+l-q}$ 未知，因此还需要给出 $\hat{X}_t(l)(l=1,2,\cdots,q)$ 关于已知量的计算公式。

注意到

$$X_{t+1} - \hat{X}_t(1) = \varepsilon_{t+1}$$

于是，从时刻 k 开始，向前做 l 步预测：

$$\hat{X}_k(l) = -\sum_{j=l}^{q} \theta_j\varepsilon_{k+l-j} \quad \varepsilon_{k+1} = X_{k+1} - \hat{X}_k(1)$$

故

$$\hat{X}_{k+1}(l) = -\sum_{j=l}^{q} \theta_j \varepsilon_{k+1+l-j} = -\theta_l \varepsilon_{k+1} - \sum_{j=l+1}^{q} \theta_j \varepsilon_{k+1+l-j}$$

$$= \theta_l [\hat{X}_k(1) - X_{k+1}] + \hat{X}_k(l+1)$$

l 取 $1,2,3,\cdots,q$，可得矩阵形式的迭代公式：

$$\begin{bmatrix} \hat{X}_{k+1}(1) \\ \hat{X}_{k+1}(2) \\ \vdots \\ \hat{X}_{k+1}(q) \end{bmatrix} = \begin{bmatrix} \theta_1 & 1 & 0 & \cdots & 0 \\ \theta_2 & 0 & 1 & \cdots & 0 \\ \vdots & \vdots & \vdots & & \vdots \\ \theta_q & 0 & 0 & \cdots & 1 \end{bmatrix} \begin{bmatrix} \hat{X}_k(1) \\ \hat{X}_k(2) \\ \vdots \\ \hat{X}_k(q) \end{bmatrix} - X_{k+1} \begin{bmatrix} \theta_1 \\ \theta_2 \\ \vdots \\ \theta_q \end{bmatrix}$$

其中，$k = 0,1,\cdots,t-1$。在迭代公式中，初始值可取为 $\hat{X}_0(j) = 0$（$j=1,2,\cdots,q$）。

下面讨论预测误差：

$$\hat{\varepsilon}_t(l) = X_{t+l} - \hat{X}_t(l) = \begin{cases} \varepsilon_{t+l} - \theta_1 \varepsilon_{t+l-1} - \cdots - \theta_{l-1} \varepsilon_{t+1} & l \leq q \\ \varepsilon_{t+l} - \theta_1 \varepsilon_{t+l-1} - \cdots - \theta_q \varepsilon_{t+l-q} & l > q \end{cases}$$

得

$$\mathrm{Var}(\hat{\varepsilon}_t(l)) = \begin{cases} (1 + \theta_1^2 + \cdots + \theta_{l-1}^2)\sigma_\varepsilon^2 & l \leq q \\ (1 + \theta_1^2 + \cdots + \theta_q^2)\sigma_\varepsilon^2 & l > q \end{cases}$$

当 $l > q$ 时，有 $\mathrm{Var}(\hat{\varepsilon}_t(l)) = \mathrm{Var}(X_t)$。

例 4-18 已知某地区每年的常住人口数近似服从 MA(3)模型（单位：万人）：

$$x_t = 100 + \varepsilon_t - 0.8\varepsilon_{t-1} + 0.6\varepsilon_{t-2} - 0.2\varepsilon_{t-1}, \quad \sigma_\varepsilon^2 = 25$$

最近 3 年的常住人口数及 1 步预测如表 4-4 所示。

表 4-4 最近 3 年的常住人口数及 1 步预测

年份	统计人数/万人	预测人数/万人
2022	104	110
2023	108	100
2024	105	109

预测未来 5 年该地区常住人口的 95%置信区间。

随机扰动项的计算：

$$\varepsilon_{t-2} = x_{2022} - \hat{x}_{2021}(1) = 104 - 110 = -6$$

$$\varepsilon_{t-1} = x_{2023} - \hat{x}_{2022}(1) = 108 - 100 = 8$$

$$\varepsilon_t = x_{2024} - \hat{x}_{2023}(1) = 105 - 109 = -4$$

计算估计值：

$$\hat{x}_t(1) = 100 - 0.8\varepsilon_t + 0.6\varepsilon_{t-1} - 0.2\varepsilon_{t-2} = 109.2$$

$$\hat{x}_t(2) = 100 + 0.6\varepsilon_t - 0.2\varepsilon_{t-1} = 96$$

$$\hat{x}_t(3) = 100 - 0.2\varepsilon_t = 100.8$$

$$\hat{x}_t(4) = 100$$

$$\hat{x}_t(5) = 100$$

计算预测误差的方差：

$$\text{Var}[e_t(1)] = \sigma_\varepsilon^2 = 25$$

$$\text{Var}[e_t(2)] = (1 + \theta_1^2)\sigma_\varepsilon^2 = 41$$

$$\text{Var}[e_t(3)] = (1 + \theta_1^2 + \theta_2^2)\sigma_\varepsilon^2 = 50$$

$$\text{Var}[e_t(4)] = (1 + \theta_1^2 + \theta_2^2 + \theta_3^2)\sigma_\varepsilon^2 = 51$$

$$\text{Var}[e_t(5)] = (1 + \theta_1^2 + \theta_2^2 + \theta_3^2)\sigma_\varepsilon^2 = 51$$

计算置信区间，如表 4-5 所示。

表 4-5　未来 5 年该地区常住人口的 95%置信区间

预测年份	95%置信区间
2025	(99,119)
2026	(83,109)
2027	(87,115)
2028	(86,114)
2029	(86,114)

例 4-19　先用模拟方法生成模型 $X_t = \varepsilon_t - 0.9\varepsilon_{t-1}$ 的仿真序列，再用 arima() 函数给出 θ 和 σ_ε^2 的估计值，最后给出 X_{t+l}（$l = 1,2,\cdots,5$）的预测值及其标准差。

对于 MA(1)模型，当 $l \geqslant 2$ 时，X_{t+l} 的预测值为 0，即 $X_t(l) = 0$，$l \geqslant 2$，因此，只需计算 $X_t(1)$。对于 $q=1$，有

$$\hat{X}_{k+1}(1) = \theta[\hat{X}_k(1) - X_{k+1}] \quad k = 0,1,\cdots,t-1$$

仿真序列参数的估计值 $\hat{\theta}$ = –0.9226074，$\hat{\sigma}_\varepsilon^2$ = 0.8274048，计算得预测值 $X_t(1)$ = 0.8401216。图 4-16 给出了模型拟合值、预测值、置信区间的 R 实现。其中，黑色线为实际序列，灰色线为拟合值序列，深灰色区域为预测值的 85%置信区间，浅灰色区域为预测值的 95%置信区间。

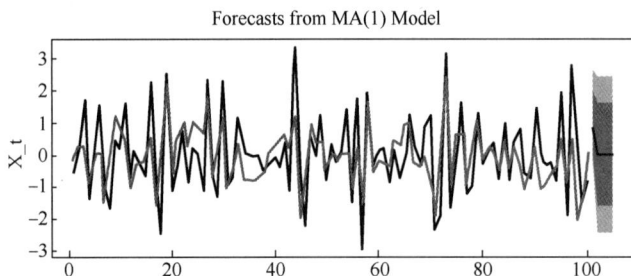

图 4-16　MA(1)模型的拟合和预测

线上资源 4-11

3. ARMA(p,q)模型的预测

考虑 ARMA 模型的传递形式 $x_{t+l} = \sum_{i=0}^{\infty} G_i \varepsilon_{t+l-i}$，由

$$\hat{x}_t(l) = \sum_{i=0}^{\infty} \hat{D}_i x_{t-i} = \sum_{i=0}^{\infty} \hat{D}_i \left(\sum_{j=0}^{\infty} G_j \varepsilon_{t-i-j} \right) = \sum_{i=0}^{\infty} W_i \varepsilon_{t-i}$$

得

$$e_t(l) = x_{t+l} - \hat{x}_t(l) = \sum_{i=0}^{\infty} G_i \varepsilon_{t+l-i} - \sum_{i=0}^{\infty} W_i \varepsilon_{t-i} = \sum_{i=0}^{l-1} G_i \varepsilon_{t+l-i} + \sum_{i=0}^{\infty} (G_{l+i} - W_i) \varepsilon_{t-i}$$

故预测误差的方差为

$$\mathrm{Var}(e_t(l)) = \mathrm{Var}\left[\sum_{i=0}^{l-1} G_i \varepsilon_{t+l-i} + \sum_{i=0}^{\infty} (G_{l+i} - W_i) \varepsilon_{t-i} \right]$$

$$= \left[\sum_{i=0}^{l-1} G_i^2 + \sum_{i=0}^{\infty} (G_{l+i} - W_i)^2 \right] \sigma_\varepsilon^2 \geqslant \sum_{i=0}^{l-1} G_i^2 \sigma_\varepsilon^2$$

欲使得方差最小，必有 $W_i = G_{l+i}$，此时，x_{t+l} 的预测值为

$$\hat{x}_t(l) = \sum_{i=0}^{\infty} G_{l+i} \varepsilon_{t-i} \qquad \forall l \geqslant 1$$

相应的预测误差为

$$e_t(l) = x_{t+l} - \hat{x}_t(l) = \sum_{i=0}^{l-1} G_i \varepsilon_{t+l-i} + \sum_{j=0}^{\infty} (G_{l+i} - W_i) \varepsilon_{t-i}$$

$$= \sum_{i=0}^{l-1} G_i \varepsilon_{t+l-i} = \varepsilon_{t+l} + G_1 \varepsilon_{t+l-1} + \cdots + G_{l-1} \varepsilon_{t+1}$$

从而有

$$E(e_t(l)) = 0$$

$$\mathrm{Var}(e_t(l)) = \sum_{i=0}^{l-1} G_i^2 \sigma_\varepsilon^2$$

可见，平稳 ARMA 模型的预测函数是一个线性函数，具有无偏性。同时，预测误差的方差与预测步长有关，而与预测起点 t 无关。

进一步，有

$$x_{t+l} = (\varepsilon_{t+l} + G_1 \varepsilon_{t+l-1} + \cdots + G_{l-1} \varepsilon_{t+1}) + (G_l \varepsilon_t + G_{l+1} \varepsilon_{t-1} + \cdots)$$

$$= \qquad\qquad e_t(l) \qquad\qquad + \qquad\quad \hat{x}_t(l)$$

其中，$e_t(l)$ 为预测误差；$\hat{x}_t(l)$ 为预测值。

作为预测的性质补充，这里计算 $t+l$ 期时间序列的均值。对于 $E(x_{t+l}|x_t, x_{t-1}, \cdots) - \hat{x}(l)$，预测值是真实值的条件无偏量：

$$\mathrm{Var}(x_{t+l}|x_t, x_{t-1}, \cdots) = \mathrm{Var}[e_t(l)] = \sum_{i=0}^{l-1} G_i^2 \sigma_\varepsilon^2$$

若设序列服从正态分布，即 $x_{t+l}|x_t, x_{t-1}, \cdots \to N(\hat{x}_t(l), \mathrm{Var}(e_t(l)))$，则可得显著性水平为 $1-\alpha$ 的置信区间为

$$\hat{x}_t(l) \pm Z_{1-\alpha/2}\sqrt{\mathrm{Var}(e_t(l))} = \hat{x}_t(l) \pm Z_{1-\alpha/2}\sqrt{\sum_{i=0}^{l-1} G_i^2}\, \sigma_\varepsilon \tag{4-29}$$

例如，考虑 ARMA(1,1)模型：

$$X_t = \varphi X_{t-1} + \varepsilon_t - \theta \varepsilon_{t-1} \tag{4-30}$$

X_{t+1} 的预测值为

$$\hat{X}_t(1) = \varphi X_t - \theta \varepsilon_t \tag{4-31}$$

X_{t+l} 的预测值为

$$\hat{X}_t(l) = \varphi \hat{X}_t(l-1) = \cdots = \varphi^{l-1} \hat{X}_t(1) \tag{4-32}$$

由于 $\hat{X}_t(1)$ 的计算公式中含有未知项 ε_t，因此，类似于 MA 模型，需要导出 ε_t 与 X_k 的关系。由式(4-30)可得

$$\varepsilon_t = (1-\theta B)^{-1}(X_t - \varphi X_{t-1}) = \sum_{j=0}^{\infty} \theta^j X_{t-j} - \varphi \sum_{j=0}^{\infty} \theta^j X_{t-1-j} = X_t + (\theta - \varphi) \sum_{j=1}^{\infty} \theta^{j-1} X_{t-j}$$

由式(4-31)和式(4-32)可得所需的预测值为

$$\hat{X}_t(1) = \varphi X_t - \theta \varepsilon_t = (\varphi - \theta)X_t + (\varphi - \theta)\sum_{j=1}^{\infty} \theta^j X_{t-j} = (\varphi - \theta)\sum_{j=0}^{\infty} \theta^j X_{t-j}$$

下面分析 ARMA(1,1)模型的预测误差，由 $\hat{\varepsilon}_t(1) = \varepsilon_{t+1}$ 得 $\mathrm{Var}(\hat{\varepsilon}_t(1)) = \sigma_\varepsilon^2$。在分析预测误差 $\hat{\varepsilon}_t(l)$ 时，类似于 AR(1)模型的推导过程，将 ARMA(1,1)模型转换为 MA(∞)模型，得

$$X_t = (1-\varphi B)^{-1}(\varepsilon_t - \theta \varepsilon_{t-1}) = \sum_{j=0}^{\infty} \varphi^j \varepsilon_{t-j} - \theta \sum_{j=0}^{\infty} \varphi_j \varepsilon_{t-1-j} = \varepsilon_t + (\varphi - \theta)\sum_{j=1}^{\infty} \varphi^{j-1} \varepsilon_{t-j}$$

从而有

$$\hat{X}_t(l) = \varphi^{l-1} \hat{X}_t(1) = \varphi^{l-1}(\varphi - \theta)\sum_{j=0}^{\infty} \theta^j X_{t-j} = \varphi^{l-1}(\varphi - \theta)\left[X_t + \theta \sum_{j=1}^{\infty} \theta^{j-1} X_{t-j}\right]$$

又由

$$\varepsilon_t = X_t + (\theta - \varphi)\sum_{j=1}^{\infty} \theta^{j-1} X_{t-j}$$

可得

$$\hat{X}_t(l) = \varphi^{l-1}(\varphi - \theta)X_t + \varphi^{l-1}(\varphi - \theta)\theta \sum_{j=1}^{\infty} \theta^{j-1} X_{t-j} = \varphi^{l-1}(\varphi - \theta)X_t + \varphi^{l-1}\theta(X_t - \varepsilon_t)$$

$$= \varphi^{l-1}(\varphi X_t - \theta \varepsilon_t) = \varphi^l X_t - \theta \varphi^{l-1} \varepsilon_t$$

进一步导出误差的计算公式：

$$\hat{\varepsilon}_t(l) = X_{t+l} - \hat{X}_t(l) = \varepsilon_{t+l} + (\varphi - \theta)\sum_{j=1}^{\infty} \varphi^{j-1} \varepsilon_{t+l-j} - \varphi^l\left[\varepsilon_t + (\varphi - \theta)\sum_{j=1}^{\infty} \varphi^{j-1} \varepsilon_{t-j}\right] + \theta \varphi^{l-1} \varepsilon_t$$

$$= \varepsilon_{t+l} + (\varphi - \theta)\sum_{j=1}^{l-1} \varphi^{j-1} \varepsilon_{t+l-j} + (\varphi - \theta)\sum_{j=1}^{\infty} \varphi^{j-1} \varepsilon_{t+l-j} - (\varphi - \theta)\sum_{j=0}^{\infty} \varphi^{l+j-1} \varepsilon_{t-j}$$

$$= \varepsilon_{t+l} + (\varphi - \theta)\varepsilon_{t+l-1} + \cdots + (\varphi - \theta)\varphi^{l-2} \varepsilon_{t+1}$$

因此

$$\mathrm{Var}(\hat{\varepsilon}_t(l)) = [1 + (\varphi - \theta)^2 + \cdots + (\varphi - \theta)^2 \varphi^{2l-4}]\sigma_\varepsilon^2 = \sigma_\varepsilon^2 + (\varphi - \theta)^2 \frac{1 - \varphi^{2l-2}}{1 - \varphi^2}\sigma_\varepsilon^2$$

当 l 较大时，$\varphi^{2l-2} \approx 0$，可得

$$\mathrm{Var}(\hat{\varepsilon}_t(l)) \approx \frac{1 - 2\varphi\theta + \theta^2}{1 - \varphi^2}\sigma_\varepsilon^2 = \gamma_0 = \mathrm{Var}(X_t)$$

例 4-20　已知 ARMA(1,1)模型为

$$x_t = 0.8x_{t-1} + \varepsilon_t - 0.6\varepsilon_{t-1}, \quad \sigma_\varepsilon^2 = 0.0025, \quad x_{100} = 0.3, \quad \varepsilon_{100} = 0.01$$

预测未来 3 期序列值的 95%置信区间。

计算估计值：

$$\hat{x}_{100}(1) = 0.8x_{100} - 0.6\varepsilon_{100} = 0.234$$
$$\hat{x}_{100}(2) = 0.8\hat{x}_{100}(1) = 0.1872$$
$$\hat{x}_{100}(3) = 0.8\hat{x}_{100}(2) = 0.14976$$

计算预测误差的方差：

$$G_0 = 1$$
$$G_1 = \varphi_1 G_0 - \theta_1 = 0.2$$
$$G_2 = \varphi_1 G_1 = 0.16$$

$$\mathrm{Var}[e_{100}(1)] = G_0^2 \sigma_\varepsilon^2 = 0.0025$$
$$\mathrm{Var}[e_{100}(2)] = (G_0^2 + G_1^2)\sigma_\varepsilon^2 = 0.0026$$
$$\mathrm{Var}[e_{100}(3)] = (G_0^2 + G_1^2 + G_2^2)\sigma_\varepsilon^2 = 0.002664$$

最终预测的置信区间如表 4-6 所示。

表 4-6　最终预测的置信区间

时期	95%置信区间
101	(0.136，0.332)
102	(0.087，0.287)
103	(0.049，0.251)

再来看一个例子，用代码实现。

例 4-21　先用模拟方法生成模型 $X_t = 0.7X_{t-1} + \varepsilon_t + 0.9\varepsilon_{t-1}$ 的仿真序列，再用 arima()函数给出 φ、θ 和 σ_ε^2 的估计值，最后给出 $X_{t+l}(l = 1,2,\cdots,5)$ 的预测值及其标准差。

前面已经完成了参数估计，得到 $\hat{\varphi} = 0.7027158$，$\hat{\theta} = -0.9999988$，$\hat{\sigma}_\varepsilon^2 = 1.254338$，由 $\hat{X}_t(l) = \varphi^l X_t - \theta\varphi^{l-1}\varepsilon_t$ 计算 $X_{t+l}(l = 1,2,\cdots,5)$。预测误差的方差的计算公式为

$$\mathrm{Var}(\hat{\varepsilon}_t(l)) \approx \frac{1 - 2\varphi\theta + \theta^2}{1 - \varphi^2}\sigma_\varepsilon^2$$

5 步预测结果如下：

```
Point Forecast     Lo 80      Hi 80      Lo 95      Hi 95
101    -2.1335845 -3.233671 -1.0334984 -3.816021 -0.451148
102    -1.4992543 -3.642719  0.6442107 -4.777401  1.778893
103    -1.0540794 -3.556335  1.4481758 -4.880948  2.772790
104    -0.7416542 -3.402903  1.9195947 -4.811683  3.328375
105    -0.5223931 -3.258557  2.2137708 -4.706995  3.662209
```

ARMA(1,1)模型的拟合和预测如图 4-17 所示。

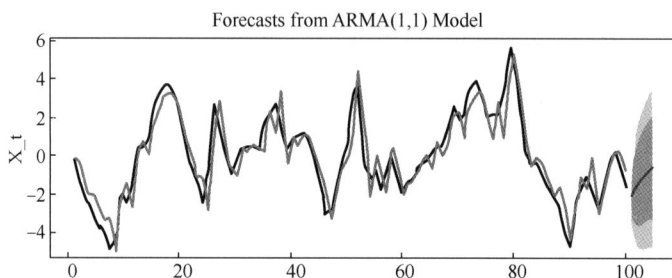

图 4-17　ARMA(1,1)模型的拟合和预测

在上述 AR 模型、MA 模型和 ARMA 模型的预测过程中，细心的读者会发现

$$\mathrm{Var}(\hat{\varepsilon}_t(l)) \approx \mathrm{Var}(X_t)$$

对于 AR(1)模型、MA(q)模型和 ARMA(1,1)模型均成立，而且 MA(q)模型精确成立。综上，这一结论对一般的 ARMA(p,q)模型依然成立。

线上资源 4-12

4.7　应用举例：荷尔蒙激素浓度序列分析

lh 数据集包含了荷尔蒙水平的月度测量值，记录了从 1961 年 1 月到 1970 年 12 月的荷尔蒙激素浓度。具体来说，这些浓度反映的是黄体生成素(Luteinizing Hormone，LH)在人体血浆中的浓度变化。该激素在生殖系统的发育和功能维持中起着重要作用，因此在生物医学和临床研究中备受关注。分析该序列是否平稳，如果平稳，则建立 ARMA 模型，进行参数估计和模型诊断，并进行模型预测。

1. 作图并检查序列的平稳性和纯随机性

首先可以通过原始时间序列图来做判断，从图形来看，看不出序列有增长(或下降)趋势，也没有环波动，故该序列可能是平稳序列。R 代码实现如下：

```
# 加载必要的包
library(forecast)
library(tseries)
# 数据加载
data("lh")
ts_data <- lh
# 观察时间序列图(见图 4-18)，检查平稳性
plot(ts_data, main = "Hormone Level Time Series", ylab = "Level", xlab = "Time")
```

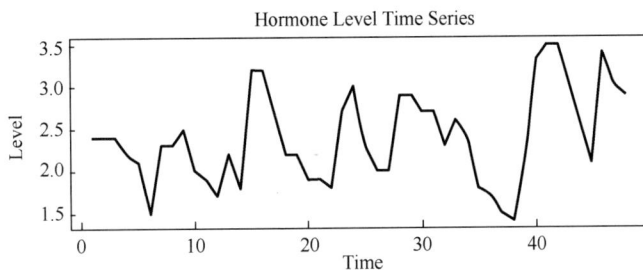

图 4-18　荷尔蒙激素浓度时间序列图

基于上述初步判断，进一步进行平稳性和纯随机性检验：

```
adf_test <- adf.test(ts_data, alternative = "stationary")
print(adf_test) # 如果 p 值小于 0.05，则可以认为序列平稳
Box.test(ts_data)
```

ADF 检验结果如下：

```
Augmented Dickey-Fuller Test
data: ts_data
Dickey-Fuller = -3.558, Lag order = 3, p-value = 0.04624
alternative hypothesis: stationary
```

纯随机性检验结果如下：

```
Box-Pierce test

data: ts_data
X-squared = 15.899, df = 1, p-value = 6.682e-05
```

在 5%的显著性水平下，没有充分的证据证明该序列是非平稳的或纯随机的，因此认为该序列是平稳非白噪声序列。

2．模型定阶

画出该序列的自相关图和偏自相关图如图 4-19 所示。

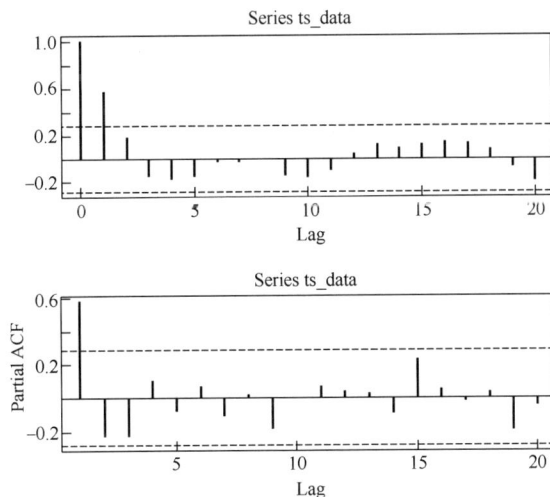

图 4-19　序列的自相关图和偏自相关图

```
# 步骤 2：模型定阶
acf(ts_data)
pacf(ts_data)
```

从图形来看，除一阶相关外，其他相关系数都比较小，大部分均在两条虚线内。同时可以选择的模型有 AR(1)、MA(1)、ARMA(1, 1)。

3. 参数估计

在确定了可能可行的模型后，用 arima() 函数进行模型参数估计，程序如下：

```
# 步骤 3：参数估计
Fit_1 <- arima(ts_data, order = c(1, 0, 0)) ;summary(Fit_1)
Fit_2 <- arima(ts_data, order = c(0, 0, 1)) ;summary(Fit_2)

Fit_3 <- arima(ts_data, order = c(1, 0, 1)) ;summary(Fit_3)
```

计算结果如下。

模型 1：

```
arima(x = ts_data, order = c(1, 0, 0))

Coefficients:
        ar1   intercept
      0.5739   2.4133
s.e.  0.1161   0.1466
sigma^2 estimated as 0.1975: log likelihood = -29.38, aic = 64.76
Training set error measures:
ME      RMSE     MAE       MPE       MAPE     MASE     ACF1
Training set 0.0002080786 0.4443979 0.3490217 -3.56676 15.24388 0.9706522
0.1355949
```

模型 2：

```
Call:
arima(x = ts_data, order = c(0, 0, 1))

Coefficients:
        ma1   intercept
      0.4810   2.4051
s.e.  0.0944   0.0979

sigma^2 estimated as 0.2123: log likelihood = -31.05, aic = 68.1
Training set error measures:
    ME       RMSE      MAE      MPE       MAPE     MASE      ACF1
Training set -0.0001921094 0.46081260 0.369149 -4.232031 16.33838 1.026627
0.1838255
```

模型 3：

```
Call:
arima(x = ts_data, order = c(1, 0, 1))
```

```
Coefficients:
         ar1      ma1   intercept
      0.4522   0.1982      2.4101
s.e.  0.1769   0.1705      0.1358
sigma^2 estimated as 0.1923: log likelihood = -28.76,  aic = 65.52
Training set error measures:
        ME       RMSE        MAE        MPE       MAPE        MASE        ACF1
Training set 0.0001162992  0.4385341  0.3432671  -3.502936  15.03096
0.9546483 0.0376173
```

也可以使用自动定阶进行模型参数估计：

```
# 使用 auto.arima() 函数进行模型自动选择
auto_model <- auto.arima(ts_data)
summary(auto_model)
```

输出结果如下：

```
Series: ts_data
ARIMA(1,0,0) with non-zero mean
Coefficients:
         ar1     mean
      0.5739   2.4133
s.e.  0.1161   0.1466

sigma^2 = 0.2061: log likelihood = -29.38
AIC=64.76   AICc=65.3   BIC=70.37
Training set error measures:
ME       RMSE       MAE       MPE       MAPE       MASE       ACF1
Training set 0.0002080786 0.4443979 0.3490217 -3.56676 15.243388 0.9706522
0.1355949
```

自动定阶模型选择的是 AR(1)模型。

比较上述模型的各项参数估计结果，认为 AR(1)模型相对较优。

4. 显著性检验

```
# 步骤 4：显著性检验
# 检查参数的显著性，可以通过 t 值和 p 值来判断
t_values <- Fit_1$coef / sqrt(diag(Fit_1$var.coef))
p_values <- 2 * (1 - pnorm(abs(t_values)))
print(cbind(Fit_1$coef, t_values, p_values)) # 参数的估计值、t 值和 p 值
```

显著性检验结果如下：

```
           coefficient   t_values     p_values
ar1          0.5739296   4.941733   7.743104e-07
intercept    2.4132880   16.460204   0.000000e+00
```

显然，带截距项的 AR(1)模型的参数在 1%显著性水平下高度显著。

5. 模型诊断

模型诊断本质上是模型残差的诊断，诊断模型的残差是否近似具有白噪声的性质，即零均值、等方差和正态性。

模型诊断的 R 代码实现如下：

```
# 步骤 5：模型诊断
# 残差白噪声检验（使用 Box-Ljung）
Box.test(residuals(Fit_1), lag = 10, type = "Box-Ljung")
# 绘制残差图，检查是否满足白噪声假设
tsdisplay(residuals(Fit_1), main = "Residuals Diagnostics for ARIMA(1,0,0) Model")
```

残差白噪声检验结果如下：

```
Box-Ljung test
data: residuals(Fit_1)
X-squared = 9.3564, df = 10, p-value = 0.4986
```

可见，在 5% 显著性水平下，接受残差序列为白噪声。

模型的残差图及其自相关图、偏自相关图（见图 4-20）进一步显示，序列中已无相关性信息，即 AR(1) 模型对原序列信息提取充分。

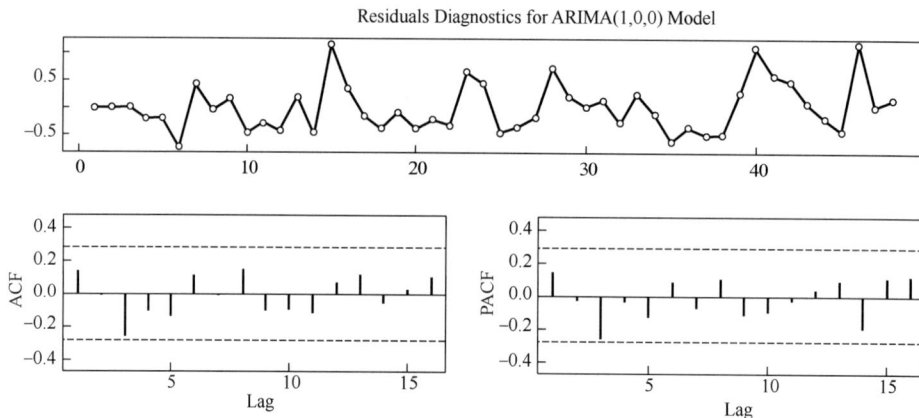

图 4-20　AR(1) 模型的残差及其自相关图、偏自相关图

也可进一步作出残差的 Q-Q 图，如图 4-21 所示。

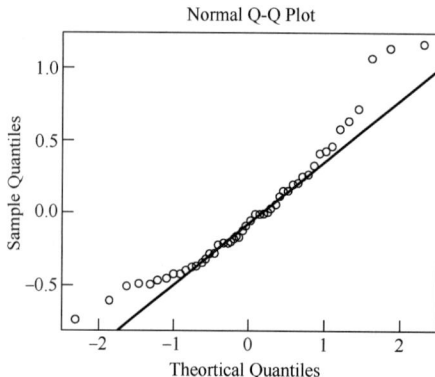

图 4-21　残差的 Q-Q 图

R 命令如下：

```
# 绘制残差的 Q-Q 图
qqnorm(residuals(Fit_1))  # 生成 Q-Q 图
qqline(residuals(Fit_1), col = "red")  # 添加参考线
# 使用 Shapiro-Wilk 检验方法检验残差是否服从正态分布
shapiro.test(residuals(Fit_1))  # 返回检验结果
```

进一步进行 Shapiro-Wilk 正态性检验：

```
Shapiro-Wilk normality test
data: residuals(Fit_1)
W = 0.93237, p-value = 0.00835
```

可以发现，在 5%显著性水平下，残差并不服从正态分布。从残差的 Q-Q 图中也可以看出，残差序列可能具有重尾或极端值，因此考虑使用对非正态分布更为鲁棒的模型(扫描右侧二维码获取)。

线上资源 4-13

6. 模型优化

前面对比了 3 个模型，可进一步通过代码实现比较过程。这里仅以 AR(1)模型为例：

```
# 模型优化
# 比较模型的 AIC、BIC 值，选择最优模型
# 可以查看由 auto.arima() 函数选择的模型和手动选择模型的 AIC、BIC 值
cat("AIC for ARIMA(1,0,0):", AIC(Fit_1), "\n")
cat("BIC for ARIMA(1,0,0):", BIC(Fit_1), "\n")
cat("AIC for auto.arima model:", AIC(auto_model), "\n")
cat("BIC for auto.arima model:", BIC(auto_model), "\n")
```

7. 模型预测

模型预测的 R 代码实现如下：

```
# 步骤 7：模型预测
# 使用最优模型进行预测(假设 ARIMA(1,0,0) 是最优模型)
forecast_results <- forecast(Fit_1, h = 12)  # 向前预测 12 个月
plot(forecast_results, main = "Forecast of Hormone Level", xlab = "Time",
ylab = "Hormone Level")  # 如图 4-22 所示
# 显示预测值和置信区间
print(forecast_results)
```

残差的非正态性对模型预测可能存在一定的影响。若直接进行模型预测，则结果如下：

```
   Point Forecast    Lo 80     Hi 80    Lo 95     Hi 95
49       2.692626  2.123108  3.262145  1.821622  3.563630
50       2.573609  1.916957  3.230260  1.569346  3.577871
51       2.505301  1.822377  3.188224  1.460860  3.549742
52       2.466097  1.774738  3.157455  1.408755  3.523438
53       2.443597  1.749482  3.137711  1.382040  3.505153
54       2.430683  1.735663  3.125703  1.367742  3.493624
```

```
55        2.423271 1.727954 3.118589 1.359875 3.486668
56        2.419018 1.723602 3.114434 1.355471 3.482565
57        2.416576 1.721128 3.112025 1.352980 3.480173
58        2.415175 1.719716 3.110634 1.351563 3.478788
59        2.414371 1.718909 3.109834 1.350753 3.477989
60        2.413910 1.718446 3.109373 1.350290 3.477529
```

考虑到残差并不服从正态分布，调整置信区间的估计方法。例如，采用 Bootstrap 方法重新生成置信区间，而不依赖正态分布假设。此时向前 10 步预测结果（见图 4-22）如下：

```
      Point Forecast    Lo 80    Hi 80    Lo 95    Hi 95
49        2.692626 2.123108 3.262145 1.821622 3.563630
50        2.573609 1.916957 3.230260 1.569346 3.577871
51        2.505301 1.822377 3.188224 1.460860 3.549742
52        2.466097 1.774738 3.157455 1.408755 3.523438
53        2.443597 1.749482 3.137711 1.382040 3.505153
54        2.430683 1.735663 3.125703 1.367742 3.493624
55        2.423271 1.727954 3.118589 1.359875 3.486668
56        2.419018 1.723602 3.114434 1.355471 3.482565
57        2.416576 1.721128 3.112025 1.352980 3.480173
58        2.415175 1.719716 3.110634 1.351563 3.478788
forecast_res <- forecast(Fit_1, h = 10)
boot_pred <- tsboot(residuals(Fit_1), statistic = function(x) mean(x),
R = 1000)
      plot(forecast_res)
```

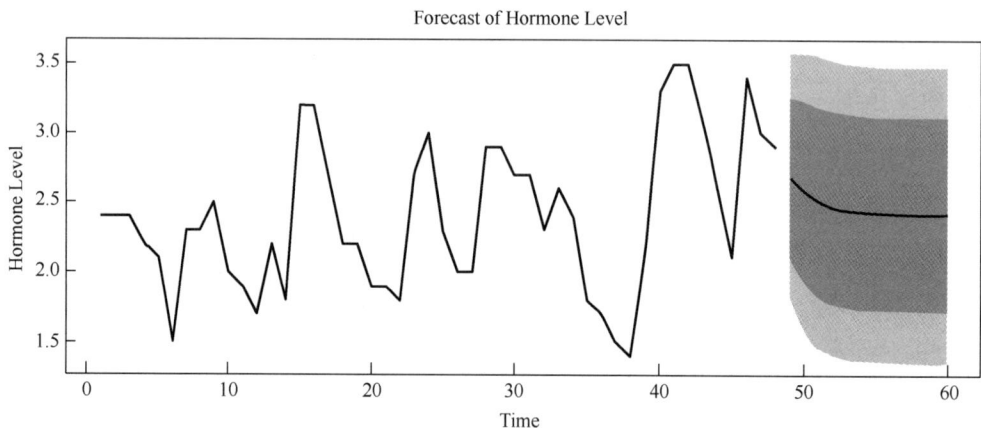

图 4-22　向前 10 步预测

比较两种方法的预测结果的差异性，差异性均值为 0，说明二者预测的均值非常接近。置信区间的宽度和上下界也显示无差异。第一种方法直接依赖模型的理论框架进行预测，第二种方法以引导残差的均值作为模拟基础。

可见，模型残差主要集中在零附近，值分布在-0.5～1.0 间，表明模型预测的误差范围较为集中。这种分布通常是合理的，但也可以观察到轻微的偏斜。左侧的残差频数略高，而右侧尾部稍长，表明直接建模对预测可能存在一定的偏差，可能会在一定程度上影响置信区间的准确性。因此，非对称的残差分布提示可能需要对模型进行改进，或者考虑使用其他鲁棒的误差分布假设，以更好地捕捉数据的特征。

两种方法的预测结果差异性比较的 R 代码实现如下：

```
mean_diff <- mean(abs(forecast_res$mean - forecast_results$mean))
print(mean_diff)
interval_diff <- data.frame(
  LowerDiff = abs(forecast_res$lower[, 2] - forecast_results$lower[, 2]),
  UpperDiff = abs(forecast_res$upper[, 2] - forecast_results$upper[, 2])
)
print(interval_diff)
width_diff <- mean(abs((forecast_res$upper[, 2] - forecast_res$lower[, 2]) -
          (forecast_results$upper[, 2] - forecast_results$lower[, 2])))
print(width_diff)
hist(tsboot(residuals(Fit_1), statistic = function(x) mean(x), R = 1000)$t,
       main = "Bootstrapped Residuals", xlab = "Residual Mean")
hist(residuals(Fit_1), main = "Model Residuals", xlab = "Residuals")
```

运行结果如图 4-23 所示。

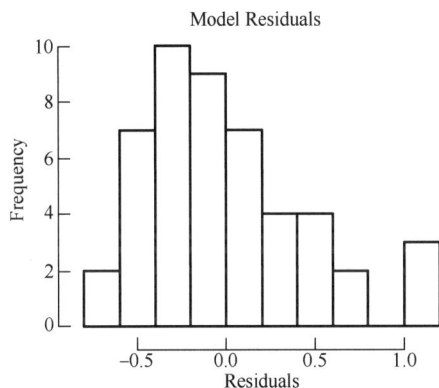

图 4-23　两种预测结果差异性比较的直方图

最终，以 Bootstrap 方法生成的预测实现原始序列的拟合值、实际值、预测值及其 95% 置信区间推断，如图 4-24 所示。

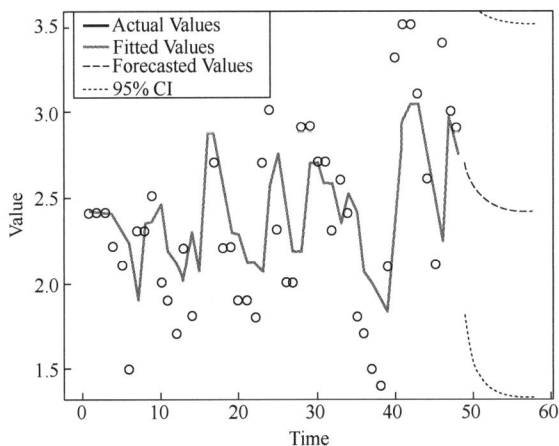

图 4-24　荷尔蒙激素浓度序列的拟合和预测

线上资源 4-14

习　题

1. 调出 tseries 程序包的 ice.river 数据中的 temp，绘制其自相关图和偏自相关图。根据图形判断该序列是否适合构建模型（如 AR、MA 或 ARMA），并说明判断依据。

2. 对于给定的平稳时间序列，拟合 AR(1)、MA(1) 和 ARMA(1,1) 模型，使用最小二乘估计或最大似然估计计算模型参数，并根据 AIC 或 BIC 值选择最优模型。

3. 基于习题 2，拟合完成后，对模型参数进行显著性检验，并回答以下问题。

（1）是否所有参数都在显著性水平上非零？

（2）如何解释检验结果对模型选择的影响？

4. 基于习题 3，通过检验拟合模型的残差，判断残差序列是否为白噪声过程。请绘制残差的自相关图并进行 Box-Ljung 检验。如果残差序列不是白噪声过程，则考虑改进模型的方法。

5. 基于习题 4，对模型进行向前 10 步预测，并给出预测值及其 95% 置信区间。计算预测的均方误差，并说明预测误差是否在可接受范围内。

6. 用 data(package= "tseries") 调出所有数据集，选择其中某个序列，进行平稳性分析和建模，并分别使用 AIC 和 BIC 作为准则选择模型。比较两个选择结果是否一致，如果不一致，请讨论可能的原因，并说明在什么情况下更适合使用 AIC 或 BIC 进行模型的选择。

7. 使用 R 语言模拟生成一个 ARMA(1,1) 平稳时间序列，设定 AR 参数为 0.5，MA 参数为 -0.4。对模拟生成的序列进行模型拟合和预测，比较估计参数与设定参数的差异，并分析可能的误差来源。

第5章 非平稳时间序列的随机分析

第 3 章和第 4 章介绍了平稳时间序列的建模方法，但在现实世界中，自然界的很多时间序列都表现出非平稳性，它们的平均变化往往与时间有关，根据是否含有季节性变化特性，这类问题的建模分为无季节效应的非平稳分析和有季节效应的非平稳分析。本章介绍无季节效应的非平稳时间序列的建模过程，进行非平稳时间序列的随机分析。

5.1 Wold 和 Cramer 分解定理

时间序列分析中的 Wold 和 Cramer 分解定理是研究平稳与周期平稳时间序列的重要理论基础。Wold 分解定理适用于平稳时间序列，为其提供了一个线性分解框架；而 Cramer 分解定理则主要用于频域分析，尤其在处理周期平稳时间序列时具有广泛应用。这些理论不仅给时间序列的广义分析提供了启发，还借助了特定的平稳化方法，如差分或协整分析，在非平稳时间序列分析中具有重要的理论指导意义。

5.1.1 Wold 分解定理

1938 年，Wold 提出了著名的 Wold 分解定理。

Wold 分解定理也称正交分解定理，堪称现代时间序列分析理论的灵魂。它证实了任何一个平稳随机过程都可以被分解为两个互不相关的平稳序列之和，即关于时间的确定性函数与随机序列的线性组合。

Wold 分解定理 对于方差有限的任意平稳过程 $\{\xi(t)\}$，存在三维平稳过程 $\{\psi(t), \zeta(t), \eta(t)\}$，满足如下性质。

（1）$\{\xi(t)\} = \{\psi(t)\} + \{\zeta(t)\}$。

（2）$\{\psi(t)\}$ 与 $\{\zeta(t)\}$ 不相关。

（3）$\{\psi(t)\}$ 是奇异的。

（4）$\{\eta(t)\}$ 是非自相关的，且 $E[\eta(t)] = E[\zeta(t)] = 0$。

（5）$\{\zeta(t)\} = \{\eta(t)\} + b_1\{\eta(t-1)\} + b_2\{\eta(t-2)\} + \cdots$，其中，$b_n$ 为实数，$\sum b_n^2$ 收敛。

在上述定理中，随机成分属于非确定性成分，可以被视为由移动平均和自回归过程组成的线性回归部分。对于任何平稳序列，当确定性成分被消除以后，就只剩下关于随机扰动的线性组合，基于此，Wold 进一步创建了 ARMA 模型，用于拟合离散平稳时间序列。

在现代时间序列分析中，根据 Wold 分解定理，不同类型的有理传递函数模型之间存在重要的联系。AR 或 ARMA 模型可以用可能是无穷阶的 MA 模型表示，而柯尔莫哥洛夫-赛格定理则表明 MA 或 ARMA 模型可以用可能是无穷阶的 AR 模型表示。这些结果具有深远的意义。例如，当用 AR 模型表示 ARMA(m,n) 模型时，只要阶数足够高，结果就依然有参考价值。

基于此，Wold 对离散平稳时间序列进行了研究，以严格的概率论为基础，对 1938 年之前的分析方法进行了系统化，提出了 Wold 分解定理，并奠定了 ARMA 模型的理论基础，为 1970 年 Box 和 Jenkins 的非平稳 ARIMA 模型研究打下了坚实的基础。Cramer 于 1961 年证明了 Wold 分解定理的思想对非平稳序列也适用，进而提出了 Cramer 分解定理。

5.1.2 Cramer 分解定理

Cramer 分解定理 任何一个时间序列 $\{X(t), t \in T\}$ 都可以被分解为两部分的叠加，一部分是由多项式决定的确定性趋势部分，另一部分是平稳的零均值误差部分，即

$$X_t = \mu_t + \varepsilon_t = \sum_{j=0}^{d} \beta_j t_j + \varepsilon_t - \varphi_1 \varepsilon_{t-1} - \varphi_2 \varepsilon_{t-2} - \cdots - \varphi_n \varepsilon_{t-n}$$

$$= \sum_{j=0}^{d} \beta_j t^j + \Psi(B)\alpha_t$$

其中，$d < +\infty$；$\beta_1, \beta_2, \cdots, \beta_d$ 为常数系数；$\{\alpha_t\}$ 为零均值白噪声序列；B 为延迟算子，且

$$E(\varepsilon_t) = E(\Psi(B)\alpha_t) = 0$$

$$E(X_t) = E(\mu_t) = \sum_{j=0}^{d} \beta_j t^j$$

均值序列 $\sum_{j=0}^{d} \beta_j t^j$ 反映了 $\{X(t), t \in T\}$ 受到的确定性影响，而 $\{\varepsilon_t \mid \varepsilon_t = \Psi(B)a_t\}$ 则反映了 $\{X_t\}$ 受到的随机性影响。

Cramer 分解定理指出，序列的波动可被视为受到确定性和随机性两方面影响的共同作用。对于平稳序列，这两方面的影响都必须是平稳的；而非平稳序列的成因在于至少一方面的影响是非平稳的，即确定性部分或随机性部分，甚至两者均不平稳。准确识别确定性影响是分析的首要任务。

Wold 分解定理为平稳序列提供了理论基础，而 Cramer 分解定理作为 Wold 分解定理的推广，则为非平稳序列提供了理论支撑。

5.2　差分及其实现

由 2.8 节可知，在得到时间序列的观测值之后，需要通过有效的手段提取序列中蕴含的确定性信息。提取确定性信息的方法非常多，而差分是其中一种非常简便、有效的方法。

5.2.1 差分与差分算子

我们知道

$$\nabla X_t = X_t - X_{t-1} \tag{5-1}$$

是延迟阶数为 1 的一阶差分。在定义一阶差分后，可定义延迟阶数为 1 的二阶差分 $\nabla^2 X_t = \nabla X_t - \nabla X_{t-1}$，以及延迟阶数为 1 的 d 阶差分：

$$\nabla^d X_t = \nabla^{d-1} X_t - \nabla^{d-1} X_{t-1} \tag{5-2}$$

类似地，称

$$\nabla_s X_t = X_t - X_{t-s} \tag{5-3}$$

是延迟阶数为 s 的一阶差分。同样，也可以定义延迟阶数为 s 的二阶差分和 D 阶差分。这里称 ∇ 为差分算子。

在 R 中，使用 diff() 函数完成差分运算，其使用格式如下：

```
diff ( x, lag = 1 , differences = 1, …)
```

diff() 函数中参数的名称、取值及意义如表 5-1 所示。

表 5-1　diff() 函数中参数的名称、取值及意义

名称	取值及意义
x	数值向量或矩阵，用于差分运算
lag	正整数，表示差分的延迟阶数，默认值为 1
differences	正整数，表示差分的阶数，默认值为 1

例如：

```
diff (1 : 10 , lag = 2)
[1] 2 2 2 2 2 2 2 2
diff (1 : 10 , lag = 2, differences = 2)
[1] 0 0 0 0 0 0
```

5.2.2　差分运算与平稳化方法

根据 Gramer 分解定理，任何时间序列均可分解为一个关于时间 t 的多项式与一个随机项之和，即 $X_t = \sum_{j=0}^{d} \beta_j t^j + \varPsi(B)\varepsilon_t$。利用差分的性质，对 d 阶多项式做 d 阶差分，相当于对 d 阶多项式求 d 阶导数，其结果是一个常数，即

$$\nabla^d \left(\sum_{j=0}^{d} \beta_j t^j \right) = c$$

其中，c 为某一常数。这意味着任何一个时间序列经过适当阶的差分后，均可以将非平稳序列转换为平稳序列，这样就可以用 ARMA 模型来建模。

对于一阶差分，有

$$X_t = X_{t-1} + \nabla X_t$$

这意味着一阶差分实质上就是一个自回归过程，它是用 $t-1$ 时刻的历史数据 $\{X_{t-1}\}$ 作为自变量来解释 t 时刻序列 $\{X_t\}$ 的变动情况的，差分序列 $\{\nabla X_t\}$ 度量的是 $\{X_t\}$ 一阶自回归过程中产生的随机误差的大小。

引入延迟算子 B 来表示差分算子，一阶差分算子表示为 $\nabla = 1 - B$，d 阶差分算子表示为 $\nabla^d = (1-B)^d$，根据延迟算子与差分算子之间的关系式，有

$$\nabla^d X_t = (1-B)^d X_t = \sum_{j=0}^{d} (-1)^j \binom{d}{j} B^j X_t = \sum_{j=0}^{d} (-1)^j \binom{d}{j} X_{t-j} \tag{5-4}$$

其中，$B^0 = 1$，它实质上就是一个 d 阶自回归过程。因此有

$$X_t = \sum_{j=1}^{d} (-1)^{j-1} \binom{d}{j} X_{t-j} + \nabla^d X_t$$

这意味着差分运算的本质是使用自回归方式提取确定性信息。

对于延迟阶数为 s 的差分运算，也有类似的结果。例如，延迟阶数为 s 的一阶差分算子表示为 $\nabla_s = 1 - B^s$，延迟阶数为 s 的 D 阶差分算子表示为 $\nabla_s^D = (1 - B^s)^D$。

1．普通差分方法

当序列蕴含着显著的线性趋势时，一阶差分后可以提取出线性趋势的影响，使序列成为平稳序列；当序列蕴含着曲线趋势时，通常通过低阶（二阶或三阶）差分就可以提取出曲线趋势的影响，使序列成为平稳序列。

例 5-1 表 5-2 给出 1964—1999 年中国纱年产量，画出时间序列图及其线性趋势，以及一阶差分序列图，并分析一阶差分序列是否具有平稳性。

表 5-2　1964—1999 年中国纱年产量[①]　　　　　　　　　　单位：万吨

97.0	130.0	156.5	135.2	137.7	180.5	205.2	190.0	188.6
196.3	180.3	210.8	196.0	223.0	238.2	263.5	292.6	317.0
335.4	327.0	321.9	353.5	397.8	436.8	465.7	476.7	462.6
460.8	501.8	501.5	489.5	542.3	512.2	559.8	542.0	567.0

画出时间序列图及其线性趋势（见图 5-1）和一阶差分序列图（见图 5-2）。

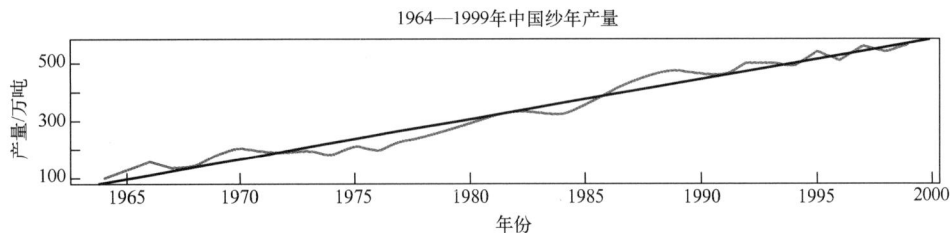

图 5-1　1964—1999 年中国纱年产量时间序列图及其线性趋势

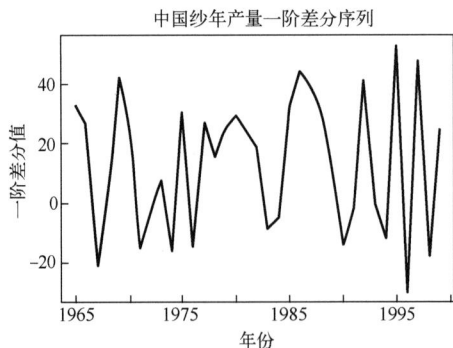

线上资源 5-1

图 5-2　1964—1999 年中国纱年产量一阶差分序列图

[①] 1 吨=1000 千克，即 1t=1000kg。

从图 5-2 中可以看出，一阶差分运算非常成功地从原序列中提取出了线性趋势，一阶差分后的序列呈现出平稳的随机波动。

例 5-2　画出 airmiles 数据集的时间序列图和二次趋势曲线，以及二阶差分序列图，分析二阶差分序列是否具有平稳性。

画出时间序列图和二次趋势曲线及二阶差分序列图，分别如图 5-3 和图 5-4 所示。

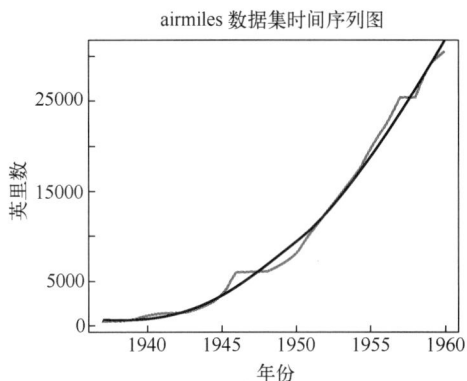

图 5-3　airmiles 数据集的时间序列图和二次趋势曲线

线上资源 5-2

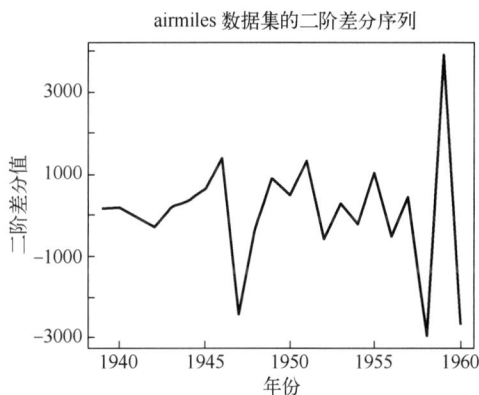

图 5-4　airmiles 数据集的二阶差分序列图

从图 5-4 中可以看出，二阶差分运算非常成功地从原序列中提取出了二次曲线趋势，二阶差分后的序列呈现出平稳的随机波动。

2．季节差分方法

对于蕴含季节周期的序列，进行延迟阶数与季节数相同的差分运算可以较好地提取季节的周期信息，称这种差分为季节差分，它可以消除季节周期的影响。季节差分用 ∇_s 表示，即 $\nabla_s X_t = X_t - X_{t-s}$，其中，$s$ 是延迟阶数，也是季节数。

例 5-3　tempdub 是 TSA 程序包中的一个数据集，记录了多伦多市月平均气温数据。可以通过绘图和进行季节性差分分析确定该数据集是否具有季节性变化。

加载 TSA 程序包，并调入 tempdub 数据集，画出时间序列图(见图 5-5)。由图形可以看出，数据集具有明显的季节性的周期变动(见图 5-6)。做季节差分，画出差分序列图(见图 5-7)。由图形可以看出，季节差分序列具有平稳性。

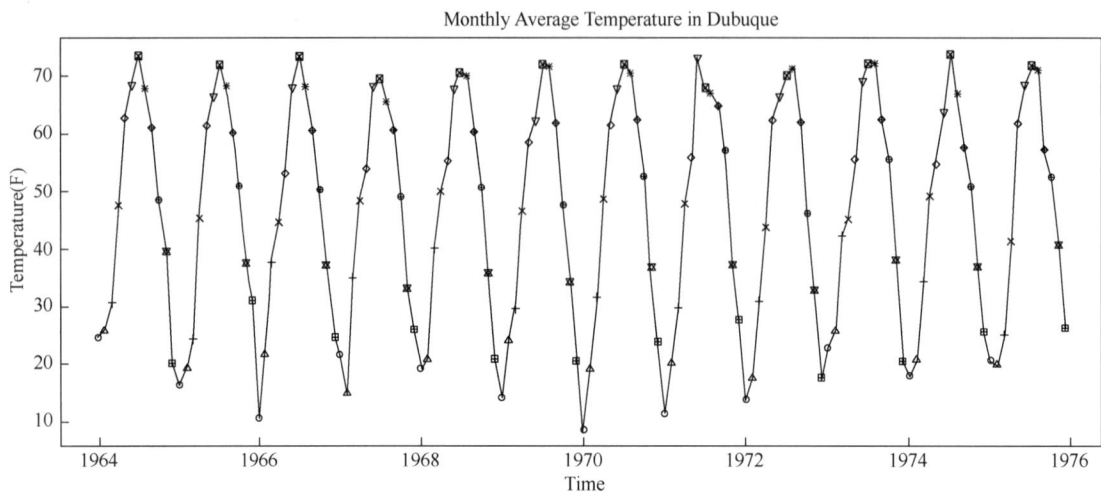

图 5-5　多伦多市月平均气温时间序列图

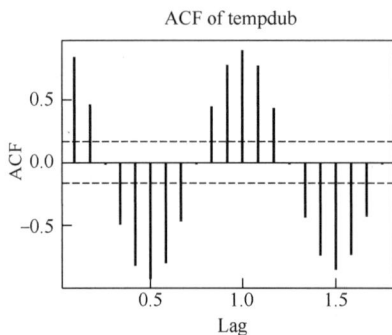

线上资源 5-3

图 5-6　多伦多市月平均气温序列的自相关图

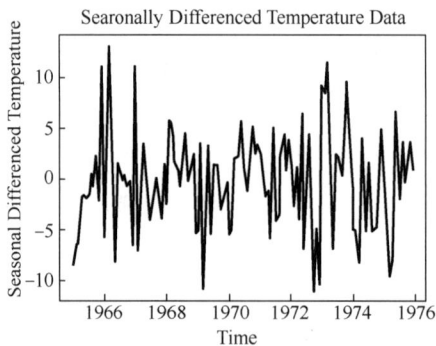

图 5-7　多伦多市月平均气温季节差分序列图

3．混合差分法

有些时间序列既包含季节变动，又包含长期趋势，对于这种时间序列，既需要用到季节差分，又需要用到普通差分。

由图 5-8 可以看出，其中是由增长趋势和季节变动叠加形成的曲线。因此，先用普通差分 $\nabla X_t = X_t - X_{t-1}$ 提取增长趋势，再用季节差分 $\nabla_{12}\nabla X_t = \nabla X_t - \nabla X_{t-12}$ 提取季节变动。

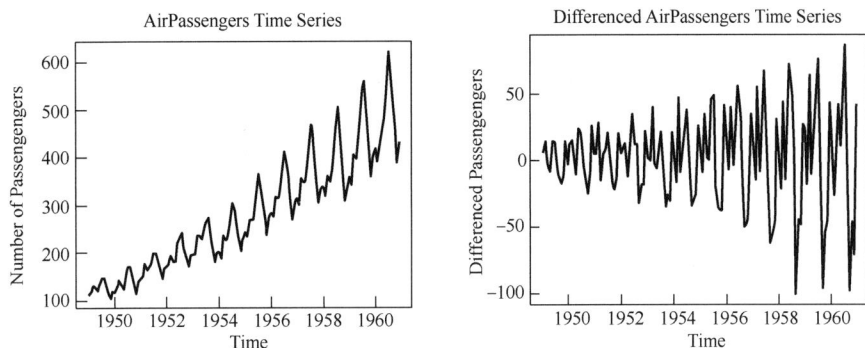

图 5-8　AirPassengers 数据集及其差分序列图

一阶 12 步季节差分时间序列图如图 5-9 所示。可以看出，季节差分消除了季节变动，得到了平稳序列（见图 5-10）。

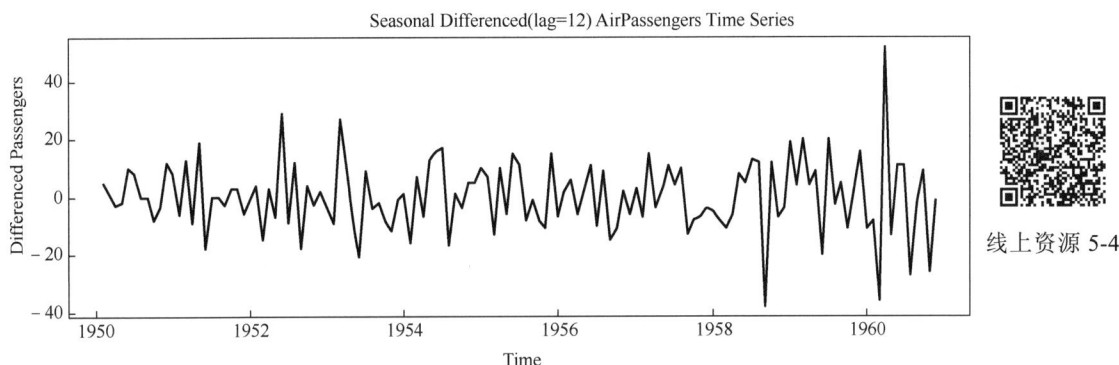

线上资源 5-4

图 5-9　一阶 12 步季节差分时间序列图

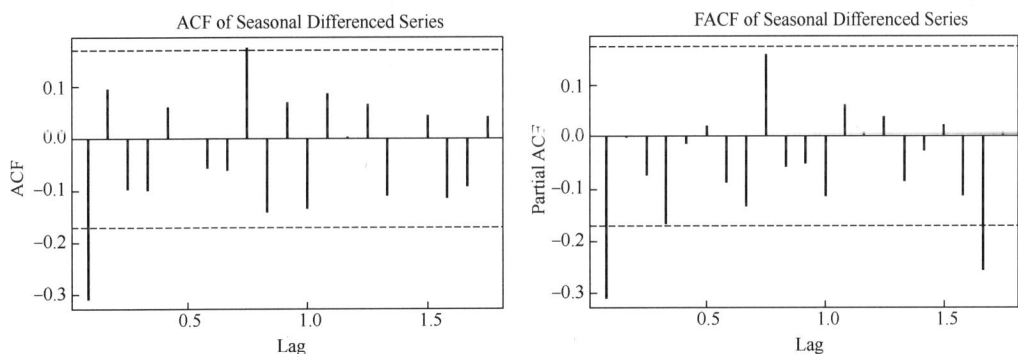

图 5-10　二阶差分序列的自相关图、偏自相关图

思考：如果先做季节差分（一阶 12 步），以消除季节变动；再做普通差分（一阶 1 步），以消除增长趋势，那么最终结果是否与上述结果相同呢？

4．对数变换与差分方法

如果序列 $\{X_t\}$ 含有指数趋势，则可以通过取对数将指数趋势转换为线性趋势后进行差分运算，以消除线性趋势。

例 5-4　oil.price 是 TSA 程序包中的数据集，它描述了从 1986 年 1 月至 2006 年 1 月

某原油市场每桶原油的现货价格（单位：美元），画出原油价格时间序列图，分析取对数是否具有线性趋势，并分析一阶差分序列是否具有平稳性。

加载 TSA 程序包，并调入 oil.price 数据集。先画出原油价格时间序列图 [见图 5-11(a)]，发现该序列具有指数增长趋势；再画出取对数后的时间序列图及其线性趋势[见图 5-11(b)]和一阶差分序列图（见图 5-12），取对数后具有线性增长趋势，在一阶差分运算后形成平稳序列（见图 5-13）。

线上资源 5-5

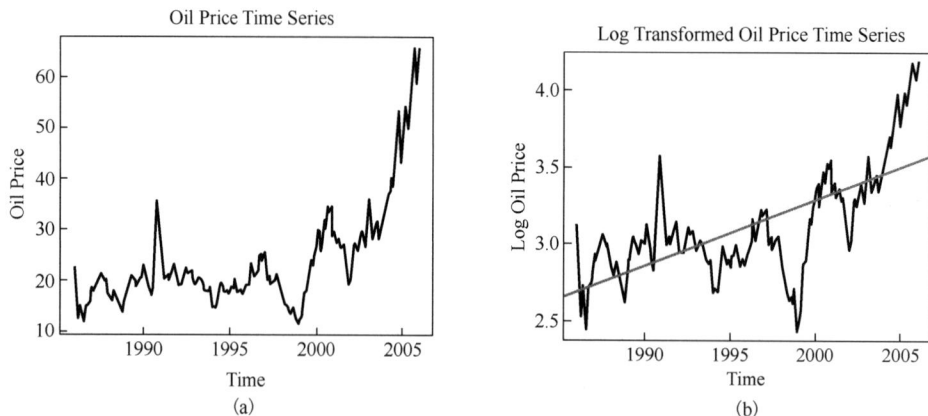

图 5-11　原油价格时间序列图、取对数后的时间序列图及其线性趋势

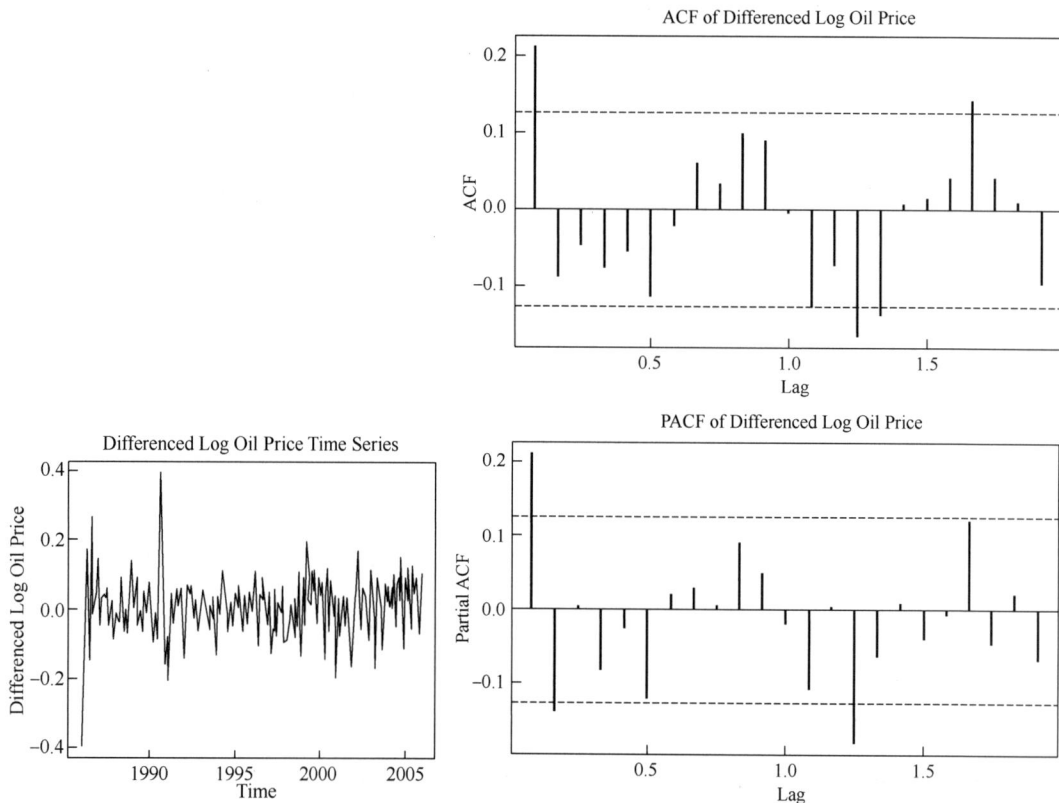

图 5-12　取对数后的一阶差分序列图　图 5-13　原油价格序列取对数后的一阶差分序列的
自相关图、偏自相关图

5.3 ARIMA 模型

当序列经过差分运算成为平稳非白噪声序列时，就可以应用第 3、4 章的 ARMA 模型进行拟合了，所构建的模型称为 ARIMA 模型。

1．ARIMA 模型的结构

$$
\begin{cases}
\varPhi(B)\nabla^d x_t = \varTheta(B)\varepsilon_t \\
E(\varepsilon_t)=0, \ \operatorname{Var}(\varepsilon_t)=\sigma_\varepsilon^2, \ E(\varepsilon_t\varepsilon_s)=0, \ s\neq t \\
Ex_s\varepsilon_t=0, \ \forall s<t
\end{cases}
\tag{5-5}
$$

称为求和自回归移动平均模型，简记为 ARIMA(p,d,q)，其中，$\varPhi(B)=1-\varphi_1 B-\varphi_2 B^2-\cdots-\varphi_p B^p$ 为自回归系数多项式，$\varTheta(B)=1-\theta_1 B-\theta_2 B^2-\cdots-\theta_q B^q$ 为移动平均系数多项式。两个系数多项式满足平稳可逆条件。

特别地，有以下几种情况。

当 $d=0$ 时，ARIMA(p,d,q)=ARMA(p,q)。

当 $p=0$ 时，ARIMA(p,d,q)=IMA(d,q)。

当 $q=0$ 时，ARIMA(p,d,q)=ARI(p,d)。

当 $d=1$，$p=q=0$ 时，ARIMA(p,d,q)为随机游走模型（Random Walk Model）。

关于随机游走模型，Karl Pearson 在《自然》杂志上提问："假如有个人醉得非常严重，完全丧失方向感，把他放在荒郊野外，一段时间后去找他，在什么地方找到他的概率最大呢？"这个人的行走轨迹就是一个随机游走模型。

传统的经济学家普遍认为投机价格的走势类似于随机游走模型，随机游走模型也是有效市场理论的核心，其基本结构为

$$
\begin{cases}
x_t = x_{t-1}+\varepsilon_t \\
E(\varepsilon_t)=0, \ \operatorname{Var}(\varepsilon_t)=\sigma_\varepsilon^2, \ E(\varepsilon_t\varepsilon_s)=0, \ s\neq t \\
Ex_s\varepsilon_t=0, \ \forall s<t
\end{cases}
\tag{5-6}
$$

在 R 中，diffinv() 函数用于进行差分运算的逆运算，即 diff() 函数的逆运算，其使用格式如下：

```
diffinv( x, lag = 1, differences = 1, xi, ...)
```

其中，参数 x、lag 和 differences 的取值及意义与 diff() 函数的相同（见表 5-1）；xi 为求和运算的初始值，默认值为 0。

实际上，diffinv() 函数就是在进行求和运算。例如：

```
s <- 1 : 10 ; d <-diff(s) ; diffinv( d, xi = 1)
[1] 1 2 3 4 5 6 7 8 9 10
```

2．ARIMA 模型的平稳性

ARIMA(p,d,q)模型共有 $p+d$ 个特征根，其中，p 个在单位圆内，d 个在单位圆上。因此，当 $d \neq 0$ 时，ARIMA(p,d,q)模型不平稳。

例如，对于一阶差分随机序列，即 ARIMA(0,1,0)模型（见图 5-14），当 $d \neq 0$ 时，原序列方差非齐，即

$$x_t = x_{t-1} + \varepsilon_t = x_{t-2} + \varepsilon_t + \varepsilon_{t-1}$$
$$= \cdots = x_0 + \varepsilon_t + \varepsilon_{t-1} + \cdots + \varepsilon_1$$

$$\mathrm{Var}(x_t) = \mathrm{Var}(x_0 + \varepsilon_t + \varepsilon_{t-1} + \cdots + \varepsilon_1) = t\sigma_\varepsilon^2$$

d 阶差分后，序列方差齐性，即

$$\nabla x_t = x_t - x_{t-1} = \varepsilon_t, \quad \mathrm{Var}(\nabla x_t) = \sigma_\varepsilon^2$$

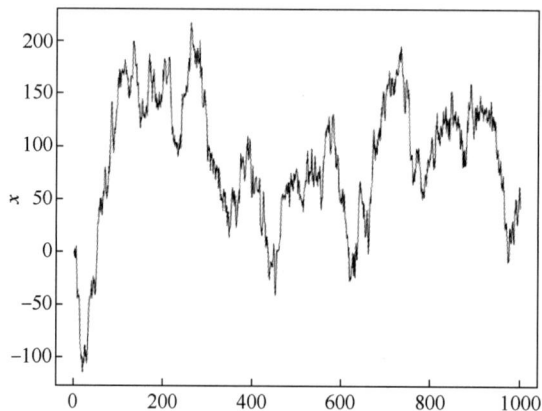

图 5-14　ARIMA(0,1,0)模型的时间序列图

3．ARIMA 模型的建模步骤

ARIMA 建模流程图如图 5-15 所示。

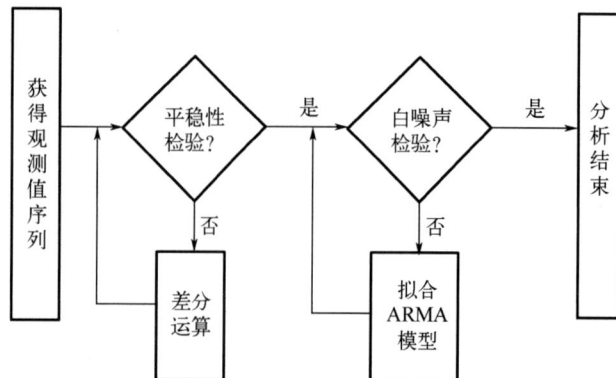

图 5-15　ARIMA 建模流程图

例 5-5 在 R 的 AER 程序包的 USMoney 数据集中，gnp 表示美国国民生产总值（GNP）。

该数据集包括了从 1950 年到 1984 年的季度 gnp、货币供应量 ml 及价格平减指数 deflator。提取其中的 gnp 序列，对该序列进行预处理。美国 GNP 及其一阶差分时间序列图如图 5-16 所示。

线上资源 5-6

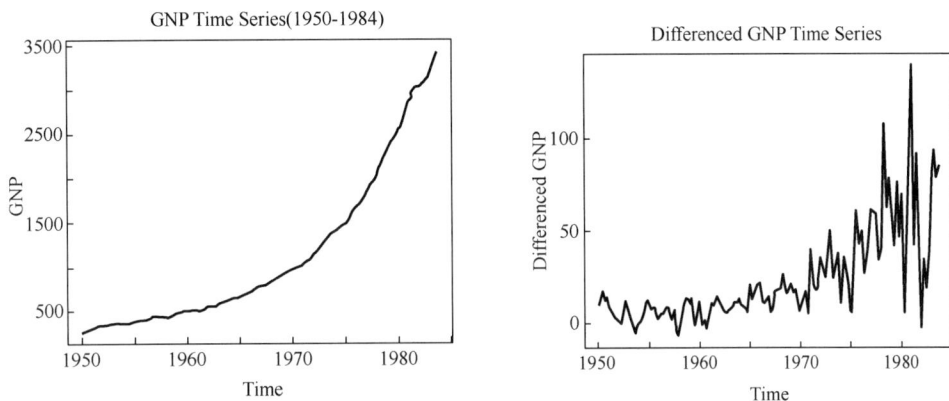

图 5-16　美国 GNP 及其一阶差分时间序列图

该序列具有明显的上升趋势，对其进行一阶差分，对差分后的序列进行白噪声检验，结果显示序列为平稳非白噪声：

```
Box-Pierce test
data: gnp_diff
X-squared = 62.963, df = 1, p-value = 2.109e-15
```

继续进行平稳性检验：

```
Augmented Dickey-Fuller Test
data: gnp_diff
Dickey-Fuller = -3.826, Lag order = 5, p-value = 0.01988
alternative hypothesis: stationary
```

可见，在 5%显著性水平下，序列平稳，可以对其进行建模。

如图 5-17 所示，一阶差分序列的自相关系数显示出明显的拖尾，且有周期性；偏自相关系数也有拖尾特性，且具有高度的一阶相关性，可对序列建立多个可能可行的模型，如 ARIMA(1,1,1)和 ARIMA(1,2,1)等。

在参数估计过程中，常需要考虑是否带漂移项。

差分操作后，序列的均值可能不为零，这种均值被称为**漂移项**。漂移项是 ARIMA 模型中的一个固定分量，用于捕捉差分序列的长期趋势或系统性变化。

对于一个带漂移项的 ARIMA 模型，其形式为

$$(1 - \varphi_1 B - \cdots - \varphi_p B^p)(1 - B)^d x_t = \mu + \varepsilon_t \tag{5-7}$$

其中，μ 是漂移项，表示差分序列的固定均值；d 是差分阶数。

漂移项是差分序列的期望值，即 $\mu = E[(1 - B)^d x_t]$，通常作为模型参数与其他 ARIMA 参数一起估计。在 R 中，可以通过 forecast::arima()函数的 include.drift 参数指定是否估计漂移项。

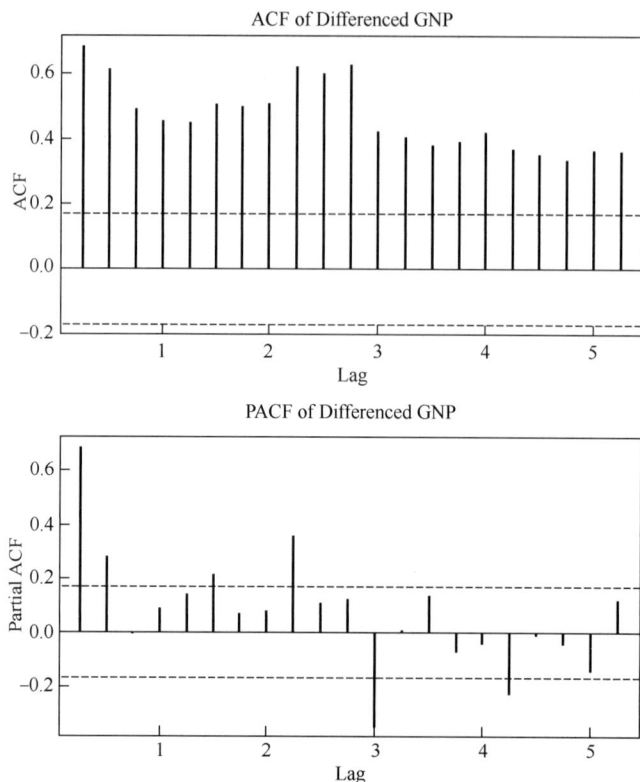

图 5-17　一阶差分序列的自相关图和偏自相关图

在实际建模过程中，是否带漂移项主要取决于差分序列的特性。

（1）带漂移项的情况：当差分序列的均值显著偏离零，且需要进行长期预测或数据具有长期趋势但不希望通过较高阶的差分完全消除趋势时，建议带漂移项。

（2）不带漂移项的情况：当差分序列的均值接近零，或者建模的重点是分析序列的波动特性而非预测均值或长期趋势时，建议不带漂移项。

（3）可通过以下方法判断是否带漂移项。

绘图观察：若差分序列围绕非零均值波动，则可考虑带漂移项。

统计检验：使用 t 检验等方法评估差分序列的均值是否显著偏离零。

模型比较：对比带漂移项与不带漂移项模型的 AIC 和 BIC 值，选择更优模型。

虽然默认漂移项对序列相关性信息的提取影响不大，但对预测均值和置信区间的计算影响显著。在含差分（$d>0$）的 ARIMA 模型中，漂移项可用于捕捉更高阶趋势（如线性趋势），而不是直接包含常数项。

需要注意的是，stats::arima()函数在差分场景下默认不包含漂移项，可能导致预测结果有偏差。因此，在需要预测并注重漂移项的影响时，推荐使用 forecast::arima()函数，通过 include.drift = TRUE 来显式地添加漂移项，从而更准确地捕捉序列的均值漂移特性，提高预测的准确性和置信区间的合理性。

例 5-6　考虑模拟一个 ARIMA(1,1,1)模型（设 $\mu = 1.5$）：

$$(1-0.6B)(1-B)X_t = \mu + (1-0.3B)\varepsilon_t, \quad \varepsilon_t \sim N(0,1)$$

考虑不带漂移项和带漂移项的参数估计，并进行二者拟合结果的比较。

(1) 不带漂移项的参数估计:

```
ARIMA(1,1,1)
Coefficients:
        ar1       ma1
     0.5565    -0.1652
s.e.   0.1537    0.1717
sigma^2 = 0.9652: log likelihood = -139.22
AIC=284.43   AICc=284.68   BIC=292.25
Training set error measures:
    ME      RMSE      MAE      MPE      MAPE      MASE      ACF1
Training set -0.01712361 0.9677497 0.7728677 20.18258 50.634 0.8968314
-0.01152852
```

(2) 带漂移项的参数估计:

```
ARIMA(1,1,1) with drift
Coefficients:
        ar1       ma1      drift
     0.5560    -0.165    -0.0375
s.e.   0.1539    0.172     0.1810
sigma^2 = 0.9747: log likelihood = -139.19
AIC=286.39   AICc=286.81   BIC=296.81
Training set error measures:
        ME      RMSE      MAE      MPE      MAPE      MASE      ACF1
Training set 0.002768077 0.9675441 0.772759 19.51979 50.1328 0.8967052
-0.01136262
```

从参数估计结果上来说,二者差别不大。比较二者的 AIC、BIC 值及拟合残差,不带漂移项和带漂移项的模型拟合残差图如图 5-18 所示。结果表明,不带漂移项的模型拟合结果更优。

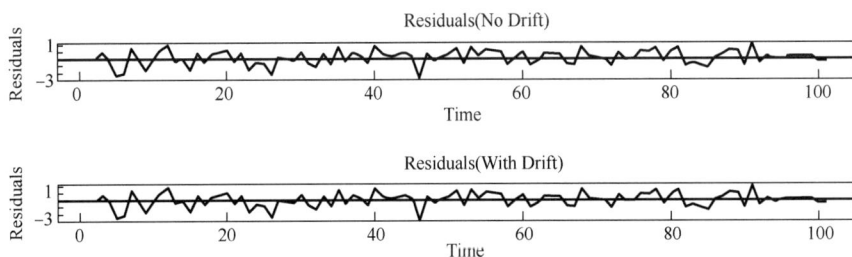

图 5-18 不带漂移项和带漂移项的模型拟合残差图

线上资源 5-7

需要注意的是,在本例中,估计 ARIMA 模型时,漂移项 μ 是差分序列的均值,即 $\mu=E[\Delta X_t]$。而模型拟合时报告的漂移项参数(如 -0.0375)是对差分序列的均值通过某种归一化或转换后反映到原始序列的趋势上的。这个值并不直接等于原始的理论漂移项($\mu=1.5$),而是经过对模型参数 φ_1 和数据的差分结构等因素的影响进行调整得到的。

对于形如上述的 ARIMA(1,1,1) 模型,理论上,差分后的模型为

$$\Delta X_t = \mu + \varphi_1 \Delta X_{t-1} + \varepsilon_t - \theta_1 \varepsilon_{t-1}$$

其中，理论漂移项 $\mu=1.5$。在实际拟合时，漂移项的估计值 μ_{est} 可能会通过归一化调整以更好地描述序列的趋势。通常，拟合的漂移项通过如下关系式进行计算：

$$\mu_{est} = \mu(1-\varphi_1)$$

例如，在例 5-6 中，将理论漂移项 $\mu=1.5$ 和 AR(1) 的系数 $\varphi_1=0.556$ 代入公式，可得 $\mu_{est} = 1.5\times(1-0.556)=1.5\times0.444=0.666$。但模型估计出的漂移项为 -0.0375，说明还有模型拟合的误差项及差分序列的标准化对漂移项的修正，特别是差分和残差的协方差特性，也会导致数值偏差。原始数据中可能存在强噪声或短期波动，导致漂移项被重新分配；也可能是由于 ARIMA 模型同时考虑了延迟项和移动平均项，导致估计出的漂移项较小；或者由于 MA 参数 $\theta_1=-0.165$ 的调整抵消了一部分漂移趋势。

4．模型定阶

在对非平稳序列进行差分，且差分序列为平稳非白噪声序列时，画出自相关图和偏自相关图，进行模型定阶。

在进行模型定阶时，首先识别出 ARIMA(p,d,q) 的一个子模型：

$$\Phi(B)\nabla^d x_t = \Theta(B)\varepsilon_t$$

关于差分阶数，前面提到，适当的差分可以剔除序列的趋势，但过度差分会使预测误差增大。因此，差分阶数要恰当。

下面仍然以 ARIMA(1,1,1) 模型为例进行讲解。设 $x_t = 0.2 + 0.5x_{t-1} + \varepsilon_t - 0.3\varepsilon_{t-1}$，$\varepsilon_t \sim N(0,1)$，模拟生成这个模型的数据序列，选择不同的模型（如 ARIMA(0,1,1)、ARIMA(1,2,1)）进行拟合，并比较模型拟合效果。

对于 ARIMA(1,1,1)：

```
Coefficients:
      ar1      ma1
    0.3642  -0.2479
s.e.  0.7010   0.7322
sigma^2 = 0.8935: log likelihood = -271.53
AIC=549.06   AICc=549.19   BIC=558.96
Training set error measures:
ME      RMSE      MAE      MPE      MAPE      MASE      ACF1
Training set -0.001779093 0.9381777 0.7418236 -19.47965 125.6035
0.9863223 0.005232728
```

对于 ARIMA(0,1,1)：

```
Coefficients:
        ma1
      0.1280
s.e.  0.0729
sigma^2 = 0.8889: log likelihood = -271.51
AIC=547.03   AICc=547.09   BIC=553.63
Training set error measures:
   ME      RMSE      MAE      MPE      MAPE      MASE      ACF1
```

```
Training set -0.001987742 0.9380984 0.7444483 -17.44105 128.73819 0.989812
-0.002034808
```

对于 ARIMA(1,2,1)：

```
Coefficients:
         ar1      ma1
      0.1289  -1.0000
s.e.  0.0704   0.0152
sigma^2 = 0.8982: log likelihood = -273.2
AIC=552.4   AICc=552.53   BIC=562.28
Training set error measures:
ME    RMSE     MAE      MPE     MAPE     MASE      ACF1
Training set -0.014699775 0.9382582 0.7401586 -20.68709 128.0738 0.9841085
-0.003584016
```

对比 3 个模型的 AIC 值可知提高差分阶数使模型信息提取的误差增大。

线上资源 5-8

5. 模型预测

ARIMA 模型预测一般采用最小均方误差预测方法。

模型一般表示为 $\Phi(B)(1-B)^d x_t = \Theta(B)\varepsilon_t$。记 $\Phi^*(B) = \Phi(B)(1-B)^d = 1 - \overline{\varphi}_1 B - \overline{\varphi}_2 B^2 - \cdots$，与 ARMA 模型一样，用随机扰动项的线性函数来表示 x_t，其格林函数形式为

$$x_t = \varepsilon_t + \Psi_1 \varepsilon_{t-1} + \Psi_2 \varepsilon_{t-2} + \cdots \tag{5-8}$$

由此有如下递推公式：

$$\begin{cases} \Psi_1 = \overline{\varphi}_1 - \theta_1 \\ \Psi_2 = \overline{\varphi}_1 \Psi_1 + \varphi_2 - \theta_2 \\ \quad\vdots \\ \Psi_j = \overline{\varphi}_2 \Psi_{j-1} + \cdots + \overline{\varphi}_{p+d} \Psi_{j-p-d} - \theta_j \end{cases} \tag{5-9}$$

其中

$$\Psi_j = \begin{cases} 0 & j < 0 \\ 1 & j = 0 \end{cases} \qquad \theta_j = 0, \; j > q$$

进而有

$$x_{t+l} = (\varepsilon_{t+l} + \psi_1 \varepsilon_{t+l-1} + \cdots + \psi_{l-1} \varepsilon_{t+1}) + (\psi_l \varepsilon_t + \psi_{l+1} \varepsilon_{t-1} + \cdots)$$

其中，前 l 项 $\varepsilon_{t+l} + \psi_1 \varepsilon_{t+l-1} + \cdots + \psi_{l-1} \varepsilon_{t+1}$ 为预测误差 $e_t(l)$；$\psi_l \varepsilon_t + \psi_{l+1} \varepsilon_{t-1} + \cdots$ 为预测值 $\hat{x}_t(l)$，且 $E[e_t(l)] = 0$，$\text{Var}[e_t(l)] = (1 + \psi_1^2 + \cdots + \psi_{l-1}^2)\sigma_\varepsilon^2$。

例 5-7　已知 ARIMA(1,1,1)模型 $(1-0.8B)(1-B)x_t = (1-0.6B)\varepsilon_t$，且 $x_{t-1} = 4.5$，$x_t = 5.3$，$\varepsilon_t = 0.8$，$\sigma_\varepsilon^2 = 1$，求 x_{t+3} 的 95% 置信区间。

原理论模型的等价形式为

$$(1 - 1.8B + 0.8B^2)x_t = (1 - 0.6B)\varepsilon_t x_t = 1.8x_{t-1} - 0.8x_{t-2} + \varepsilon_t - 0.6\varepsilon_{t-1}$$

计算预测值：

$$\hat{x}_t(1) = 1.8x_t - 0.8x_{t-1} - 0.6\varepsilon_t = 5.46$$

$$\hat{x}_t(2) = 1.8\hat{x}_t(1) - 0.8x_t \approx 5.59$$

$$\hat{x}_t(3) = 1.8\hat{x}_t(2) - 0.8\hat{x}_t(1) \approx 5.69$$

广义自相关系数为

$$\Phi^*(B) = \Phi(B)(1-B)^d = (1-0.8B)(1-B) = 1 - 1.8B + 0.B^2$$

格林函数为

$$\psi_1 = 1.8 - 0.6 = 1.2$$
$$\psi_2 = 1.8\psi_1 - 0.8 = 1.36$$

方差为

$$\mathrm{Var}[e(3)] = (1 + \psi_1^2 + \psi_2^2)\sigma_\varepsilon^2 = 4.2896$$

95%置信区间为

$$(\hat{x}_t(3) - 1.96\sqrt{\mathrm{Var}(e(3))}, \ \hat{x}_t(3) + 1.96\sqrt{\mathrm{Var}(e(3))}) \Rightarrow (1.63, 9.75)$$

例 5-8 继续考虑 R 程序包中 AER 的 USMoney 数据集中的 gnp 序列，对该序列实现时间序列分析建模和预测。

为该序列构建一个 ARIMA(1,2,1)模型，拟合结果如下：

```
Coefficients:
        ar1      ma1
     0.2735  -0.8769
s.e.  0.0959   0.0398
sigma^2 = 288.7:  log likelihood = -569.22
AIC=1144.43   AICc=1144.62   BIC=1153.13
Training set error measures:
   ME      RMSE     MAE      MPE       MAPE      MASE      ACF1
Training set 2.212949 16.74057 10.17374 0.1156619 0.8662005 0.110912
-0.0454052
```

未来 10 期的预测值及其置信区间如下：

```
Point Forecast    Lo 80    Hi 80    Lo 95     Hi 95
20    2.273684 1.715327 2.832042 1.41975 3.127618
21    2.273684 1.715327 2.832042 1.41975 3.127618
22    2.273684 1.715327 2.832042 1.41975 3.127618
23    2.273684 1.715327 2.832042 1.41975 3.127618
24    2.273684 1.715327 2.832042 1.41975 3.127618
25    2.273684 1.715327 2.832042 1.41975 3.127618
26    2.273684 1.715327 2.832042 1.41975 3.127618
27    2.273684 1.715327 2.832042 1.41975 3.127618
28    2.273684 1.715327 2.832042 1.41975 3.127618
29    2.273684 1.715327 2.832042 1.41975 3.127618
```

该序列的实际值、拟合值及预测值如图 5-19 所示。

6. ARIMA 季节加法模型

ARIMA 季节加法模型的结构通常如下：

$$\nabla_s \nabla^d x_t = \frac{\Theta(B)}{\Phi(B)} \varepsilon_t \tag{5-10}$$

其中，s 为周期步长；d 为提取趋势信息所用的差分阶数；$\{\varepsilon_t\}$ 为白噪声序列，且 $E(\varepsilon_t) = 0$，$\mathrm{Var}(\varepsilon_t) = \sigma_\varepsilon^2$；$\Theta(B) = 1 - \theta_1 B - \cdots - \theta_\theta B^q$ 为 q 阶移动平均系数多项式；$\Phi(B) = 1 - \varphi_1 B - \cdots - \varphi_p B^p$

为 p 阶自回归系数多项式。

该加法模型简记为 $\text{ARIMA}(p,(d,s),q)$ 或 $\text{ARIMA}(p,d,q)\times(0,1,0)_s$。

例 5-9　使用 ARIMA 模型拟合 1962—1991 年德国工人季度失业率序列。

1962—1991 年德国工人季度失业率序列图如图 5-20 所示，1 阶 4 步差分序列图如图 5-21 所示，差分序列的自相关图、偏自相关图如图 5-22 所示。

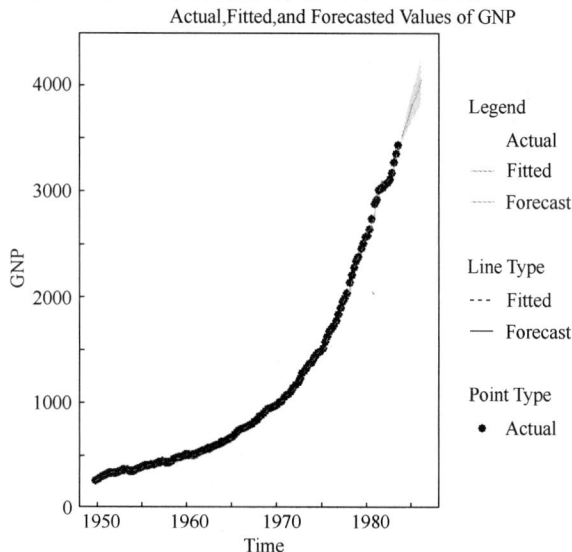

图 5-19　gnp 序列的实际值、拟合值及预测值

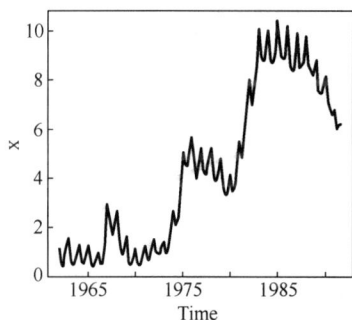

图 5-20　1962—1991 年德国工人季度失业率序列图

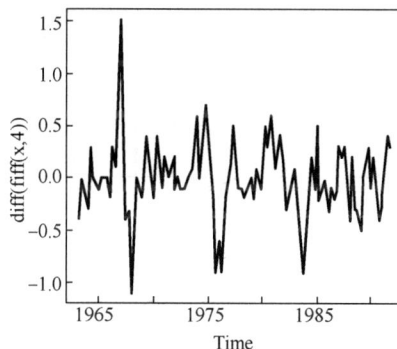

图 5-21　1 阶 4 步差分序列图

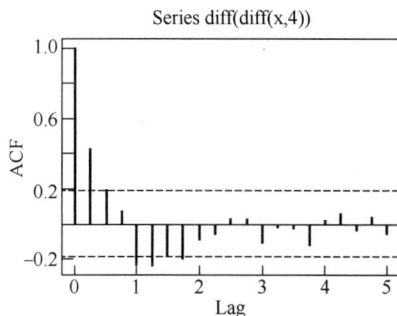

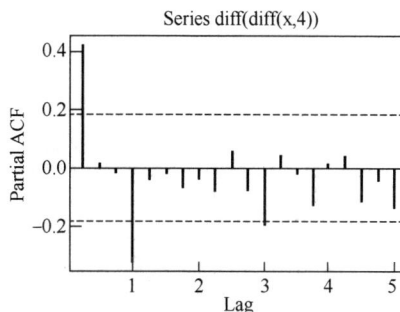

图 5-22　差分序列的自相关图、偏自相关图

自相关图显示出明显的下滑趋势，具有典型的拖尾特性。

偏自相关图显示，除了 1 阶和 4 阶偏自相关系数显著大于 2 倍标准差，其他阶数的偏自相关系数基本都在 2 倍标准差范围内波动。因此尝试拟合疏系数模型 AR(1,4)。考虑到前面进行的差分，实际上就是拟合疏系数的季节加法模型。

参数估计结果如下：

```
coefficients:
          ar1        ar2        ar3            ar4
        0.4449        0          0         -0.2720

s.e.    0.0807        0          0          0.0804

sigma^2 estimated as 0.09266:  log likelihood = -26.7,  aic= 59.39
```

最终的拟合模型口径为

$$(1-B)(1-B^4)x_t = \frac{1}{1-0.4449B+0.272B^4}\varepsilon_t, \quad \mathrm{Var}(\varepsilon_t) = 0.09266 \tag{5-11}$$

图 5-23 中的残差检验结果显示，残差序列基本再无相关性（上面两幅图），残差的白噪声检验和正态概率纸检验都显示出拟合模型的残差是高斯白噪声（下面两幅图）。结论表明，模型拟合合理。

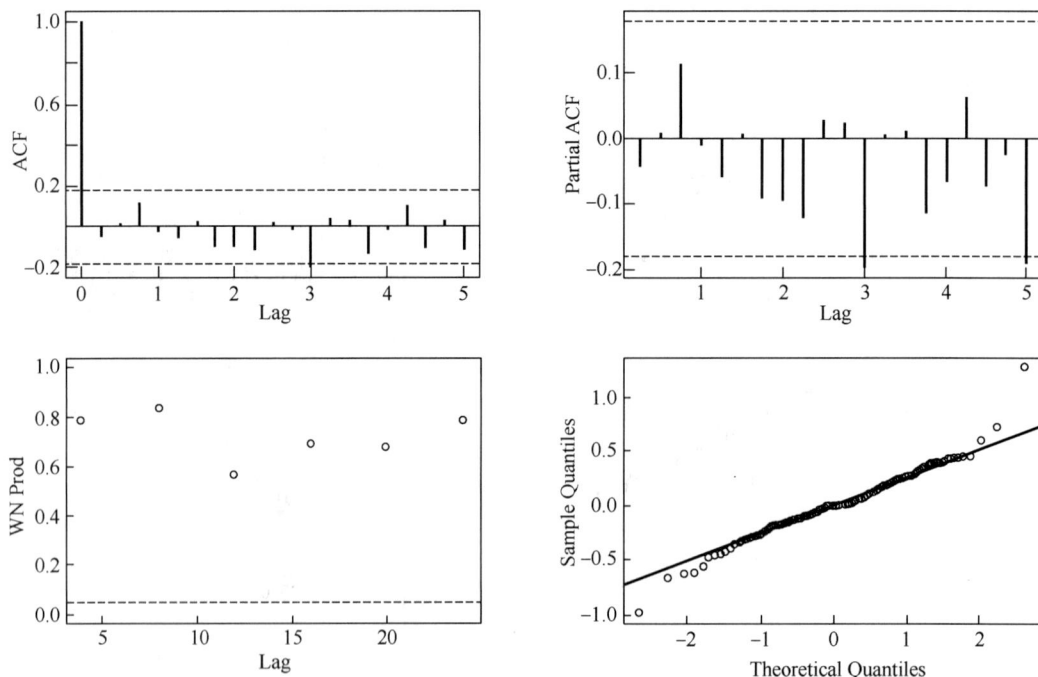

图 5-23　ARIMA((1,4), 0, 0)×(0,1,0)$_4$ 模型的残差检验图

在图 5-24 中，虚线为原始序列，灰色实线为拟合线，深灰色区域为预测值的 80% 置信区间，浅灰色区域为预测值的 95% 置信区间，从图形上看，拟合效果不错。

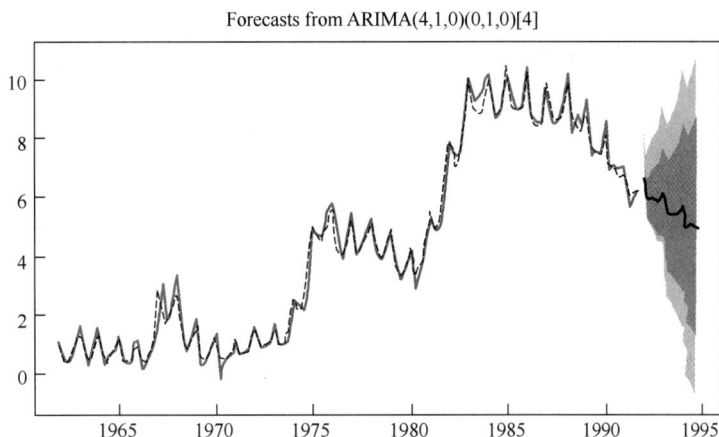

图 5-24　ARIMA((1,4), 0, 0)×(0,1,0)₄ 模型拟合图

例 5-10　美国联邦储备经济数据（FRED）是由美国圣路易斯联邦储备银行提供的经济数据平台。它涵盖了多种经济指标，包括失业率、通货膨胀率、GDP 等。在 quantmod 包中，可以通过 FRED 的代码 "UNRATE" 获取美国的月度失业率数据（从 1948 年 1 月开始）。该数据记录了美国劳动力市场的变化，是进行经济分析和政策制定的重要指标。图 5-25 展示了 1948 年 1 月至 2024 年 10 月美国失业率时间序列，构建时间序列模型，并实现预测。

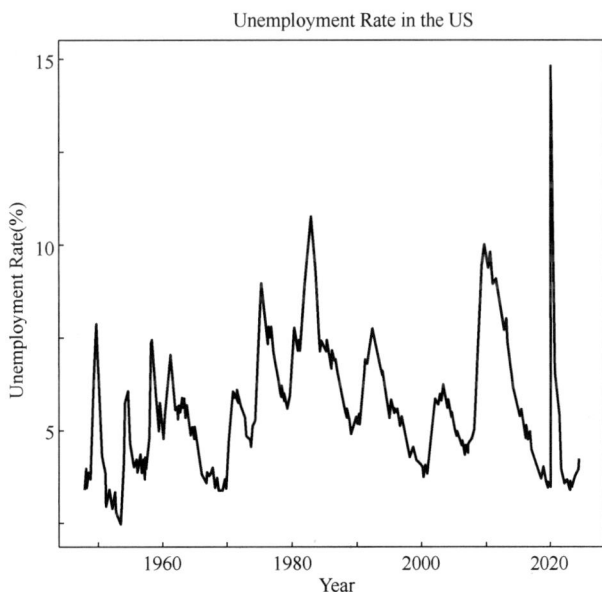

图 5-25　美国失业率时间序列图

该序列表现出一定的周期循环特征，进行适当阶差分后的序列为平稳非白噪声序列，构建 ARMA 模型，得到最终模型拟合口径：

$$y_t - y_{t-1} + 0.7763(y_{t-1} - y_{t-2}) = \varepsilon_t + 0.8323\varepsilon_{t-1}$$

向后 24 期的预测值及其置信区间如下：

```
              Point Forecast    Lo 80     Hi 80        Lo 95      Hi 95
Nov 2024          4.102696    3.569280  4.636112     3.28690675  4.918485
Dec 2024          4.100603    3.324832  4.876374     2.91416412  5.287042
Jan 2025          4.102228    3.156963  5.047493     2.65656967  5.547886
Feb 2025          4.100967    3.003243  5.198690     2.42214323  5.779790
Mar 2025          4.101946    2.876765  5.327127     2.22819298  5.975698
Apr 2025          4.101186    2.756172  5.446199     2.04416548  6.158206
May 2025          4.101776    2.649957  5.553595     1.88141010  6.322141
Jun 2025          4.101318    2.547714  5.654921     1.72528645  6.477349
Jul 2025          4.101673    2.454250  5.749096     1.58215759  6.621189
Aug 2025          4.101397    2.363970  5.838824     1.44423212  6.758562
Sep 2025          4.101611    2.279542  5.923681     1.31499675  6.888226
Oct 2025          4.101445    2.197808  6.005082     1.19008396  7.012806
Nov 2025          4.101574    2.120236  6.082912     1.07137902  7.131769
Dec 2025          4.101474    2.044986  6.157962     0.95634716  7.246601
Jan 2026          4.101552    1.972852  6.230251     0.84598661  7.357117
Feb 2026          4.101491    1.902735  6.300248     0.73878347  7.464199
Mar 2026          4.101538    1.835052  6.368025     0.63524597  7.567831
Apr 2026          4.101502    1.769129  6.433875     0.53444472  7.668559
May 2026          4.101530    1.705174  6.497887     0.43661901  7.766441
Jun 2026          4.101508    1.642763  6.560254     0.34118165  7.861835
Jul 2026          4.101525    1.581988  6.621062     0.24822630  7.954824
Aug 2026          4.101512    1.522576  6.680448     0.15737016  8.045654
Sep 2026          4.101522    1.464556  6.738489     0.06862995  8.134415
Oct 2026          4.101514    1.407744  6.795285    -0.01825249  8.221281
```

美国失业率序列预测如图 5-26 所示。

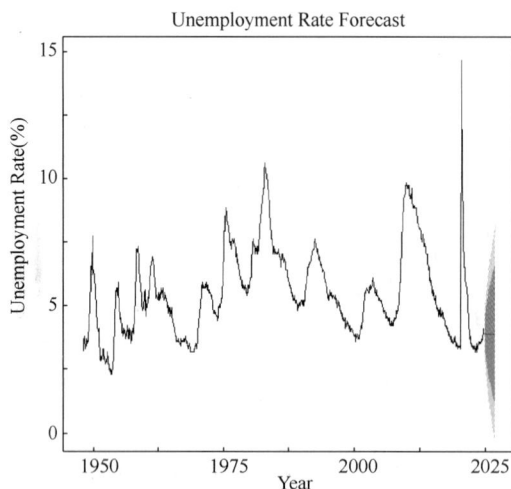

图 5-26　美国失业率序列预测

线上资源 5-10

例 5-11　前面多次提到，数据集 AirPassengers 是 R 自带的时间序列数据，记录了从 1949 年至 1960 年，每月国航的旅客人数（以千人为单位）。每月一次记录，总计 144 个观测值。对该序列进行建模并实现预测。

该序列具有明显的月度周期特征，因此对该序列进行 12 阶差分后构建 ARIMA 模型。最终拟合口径为 ARIMA(2,1,1)×(0,1,0)$_{12}$：

```
ARIMA(2,1,1)(0,1,0)[12]
Coefficients:
         ar1     ar2     ma1
        0.5960  0.2143  -0.9819
s.e.    0.0888  0.0880   0.0292
sigma^2 = 132.3: log likelihood = -504.92
AIC=1017.85   AICc=1018.17   BIC=1029.35
Training set error measures:
    ME    RMSE    MAE      MPE       MAPE      MASE      ACF1
Training set 1.3423 10.84619 7.86754 0.420698 2.800458 0.245628
-0.00124847
```

最终拟合模型为

$$(1-0.5960B-0.2143B^2)(1-B)(1-B^{12})x_t = (1-0.9819B)\varepsilon_t$$

残差检验图如图 5-27 所示。结果显示，在 1% 显著性水平下，残差序列为白噪声序列。

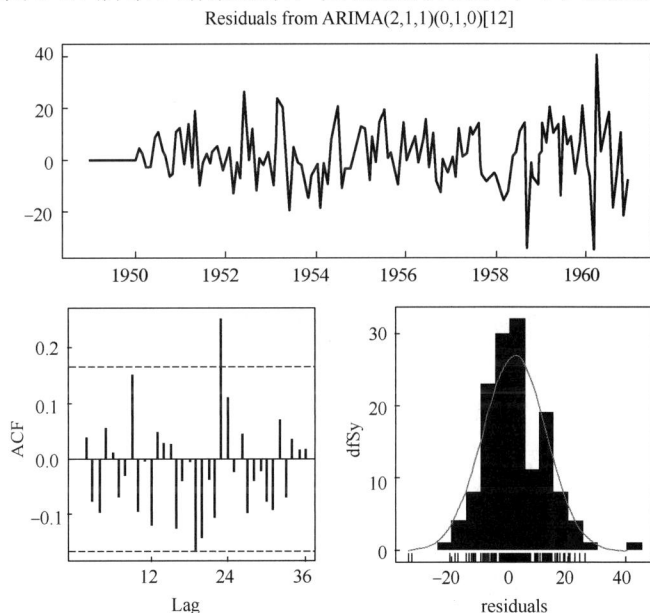

图 5-27　残差检验图

残差相关性检验的 R 输出结果如下：

```
    Box-Ljung test
data: Residuals from ARIMA(2,1,1)(0,1,0)[12]
Q* = 37.784, df = 21, p-value = 0.01366
```

可以进一步实现预测（见图 5-28）。

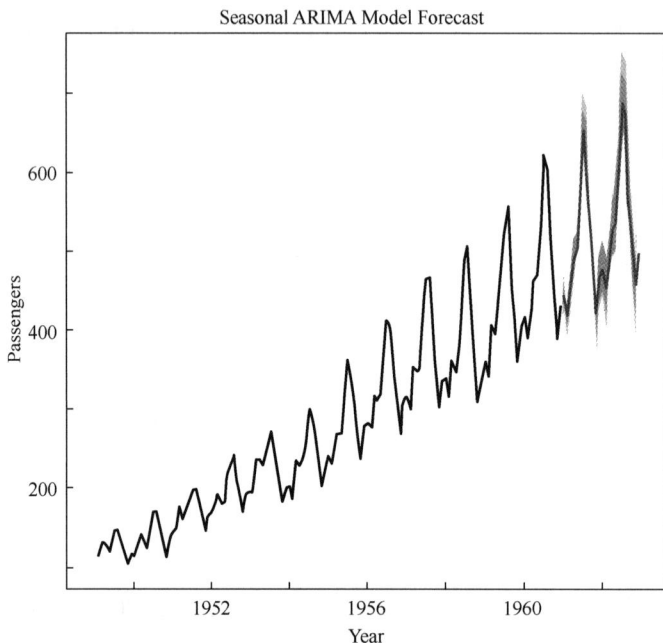

图 5-28　国航的旅客人数预测图

线上资源 5-11

5.4　疏系数模型

ARIMA(p,d,q)模型是指 d 阶差分后自相关最高阶数为 p、移动平均最高阶数为 q 的模型，通常包含 $p+q$ 个独立的未知系数：$\varphi_1, \varphi_2, \cdots, \varphi_p, \theta_1, \theta_2, \cdots, \theta_q$。

如果该模型中有部分自相关系数 φ_j（$1 \leqslant j < p$）或部分移动平均系数 θ_k（$1 \leqslant k < q$）为零，即原模型中有部分系数省缺（系数省缺在这里代表相关性不显著），那么该模型称为**疏系数模型**。

如果只是自相关部分有省缺系数，那么该疏系数模型可以简记为 ARIMA(($p_1, p_2, \cdots,$ p_m),d,q)，其中，$p_1, p_2, \cdots, p_m$ 为非零自相关系数的阶数。

如果只是移动平均部分有省缺系数，那么该疏系数模型可以简记为 ARIMA(p,d,($q_1, q_2,$ $\cdots, q_n$))，其中，$q_1, q_2, \cdots, q_n$ 为非零移动平均系数的阶数。

如果自相关部分和移动平均部分都有省缺系数，那么该疏系数模型可以简记为 ARIMA(($p_1, \cdots, p_m$),d,($q_1, \cdots, q_n$))。

例 5-12　对 1917—1975 年美国 23 岁妇女每万人生育率序列建模，原始序列及一阶差分序列图如图 5-29 所示。

检验结果显示一阶差分序列为平稳非白噪声序列。下面进行模型定阶。

一阶差分序列的自相关图、偏自相关图如图 5-30 所示。

自相关图显示延迟 1 阶、4 阶和 5 阶的自相关系数大于 2 倍标准差。

偏自相关图显示延迟 1 阶和 4 阶的偏自相关系数大于 2 倍标准差。

根据自相关图和偏自相关图定阶可以有多种尝试。其中一种尝试是认为偏自相关系数 4 阶截尾，可以考虑构建疏系数模型 AR(1,4)。

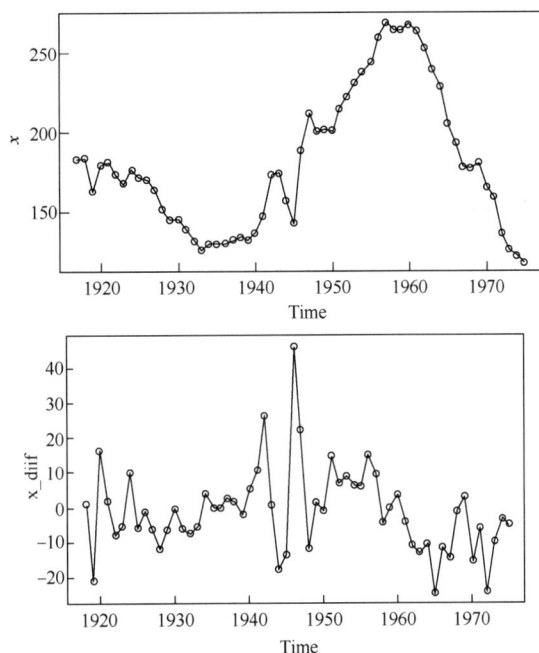

图 5-29　1917—1975 年美国 23 岁妇女每万人生育率序列及一阶差分序列图

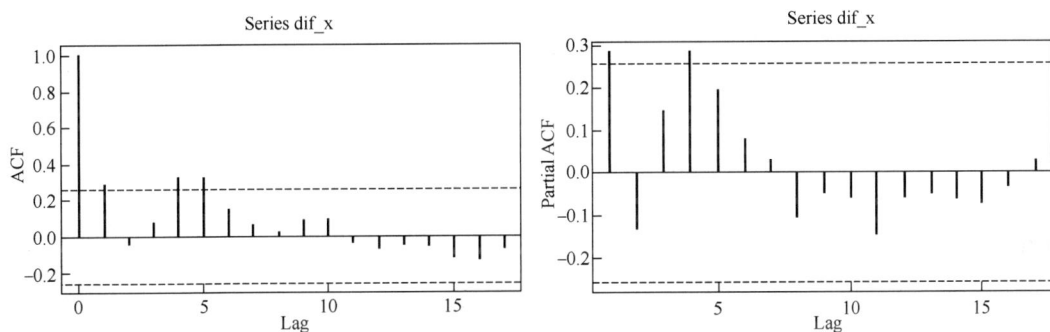

图 5-30　一阶差分序列的自相关图、偏自相关图

最终构建 ARIMA((1,4),1,0)模型，参数估计结果如下：

```
Call:
arima(x = x, order = c(4, 1, 0), transform.pars = F, fixed = c(NA, 0, 0, NA))
Coefficients:
          ar1      ar2         ar3         ar4
        0.2583     0           0         0.3408
s.e.    0.1159     0           0         0.1225
sigma^2 estimated as 118.2:   log likelihood = -221,   aic = 448.01
```

也就是说，拟合的模型为

$$\nabla x_t = 0.2583\nabla x_{t-1} + 0.3408\nabla x_{t-4} + \varepsilon_t$$

或等价表示为

$$x_t = 1.2583\nabla x_{t-1} - 0.2583\nabla x_{t-2} + 0.3408 x_{t-4} - 0.3408 x_{t-5} + \varepsilon_t$$

如图 5-31 所示，模型残差检验结果显示，序列已再无相关性，说明模型对数据信息提取充分。

Residual Diagnostics Plots

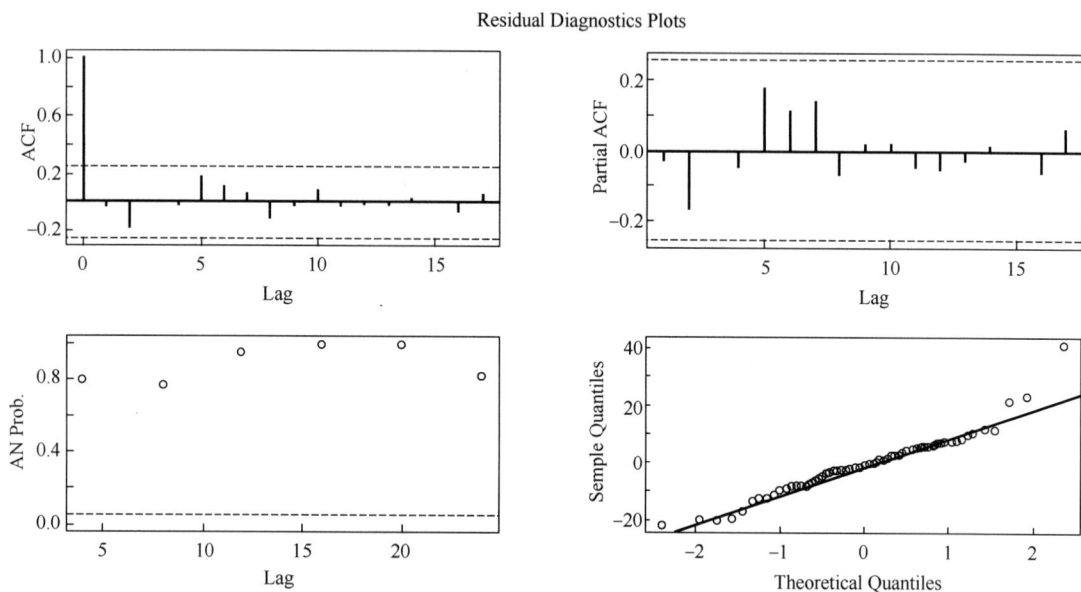

图 5-31　残差白噪声检验

运用构建的模型进行拟合和预测，效果图如图 5-32 所示。

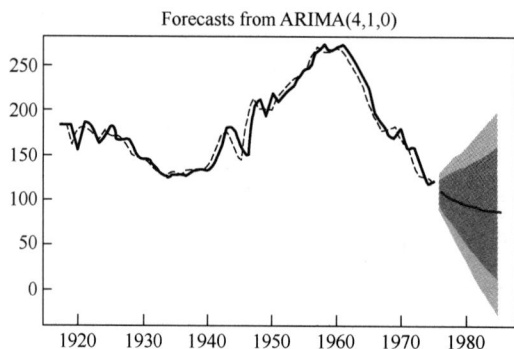

图 5-32　拟合和预测效果图

线上资源 5-12

可见，所构建的模型很好地实现了模型拟合，并推断美国女性生育率自 1975 年后有逐渐下降的趋势。

5.5　季节模型

在非平稳时间序列中，序列除具有长期趋势外，还可能具有季节性周期变动，即时间序列呈现明显的周期性特征，这种特征与季节有关，如一年有 12 个月或 4 个季度等。例如，在前面的案例中，有关于平均气温的时间序列，随着月份的不同呈现出周期变化；有航空乘客人数的时间序列，既具有长期的增长趋势，又随着月份的变化呈现出周期变动。

对于季节模型，本着先易后难的原则，先讨论季节平稳模型，再讨论季节非平稳模型。常用的季节数有 $s = 12$（表示月度序列）和 $s = 4$（表示季度序列）。

5.5.1 季节 AR 模型

如果时间序列 $\{X_t\}$ 可以表示为

$$X_t = \Phi_1 X_{t-s} + \Phi_2 X_{t-2s} + \cdots + \Phi_P X_{t-Ps} + \varepsilon_t \tag{5-12}$$

则称式 (5-12) 为季节 $AR(P)^s$ 模型，称 $\{X_t\}$ 为季节 $AR(P)^s$ 过程，令

$$\Phi(B) = 1 - \Phi_1 B^s - \Phi_2 B^{2s} - \cdots - \Phi_P B^{Ps} \tag{5-13}$$

则季节 $AR(P)^s$ 模型可简化为

$$\Phi(B) X_t = \varepsilon_t \tag{5-14}$$

称式 (5-14) 为 Ps 阶季节自回归多项式。

与 $AR(p)$ 模型相同，$\{X_t\}$ 为平稳序列的条件是季节特征方程 $\Phi(\mu) = 0$ 的所有根均在单位圆外。

考虑季节 $AR(1)^s$ 模型：

$$X_t = \Phi X_{t-s} + \varepsilon_t$$

其自相关系数满足

$$\rho_{ks} = \Phi^k \quad k = 1, 2, \cdots \tag{5-15}$$

除季节数 s 的整数倍外，在其他延迟阶数处，自相关系数均为零。

例如，当 $s = 4$ 时，$\rho_4 = \Phi, \rho_8 = \Phi^2, \cdots$。当 j 不是 4 的倍数时，$\rho_j = 0$。由于 $\rho_{ks} \neq 0$，且随着 k 的增加而趋于 0，因此也可以将这一特性看作拖尾特性。

对于偏自相关系数，仍假设季节数 $s = 4$，经计算得到，$\phi_{44} = \Phi$，且其他延迟阶数的偏自相关系数均为零。这一特性也可以看作截尾特性。

图 5-33 给出了季节 $AR(1)^4$ 模型（$\Phi = 0.8$）的自相关图、偏自相关图。可见，模型的自相关系数具有拖尾特性，模型的偏自相关系数具有截尾特性。

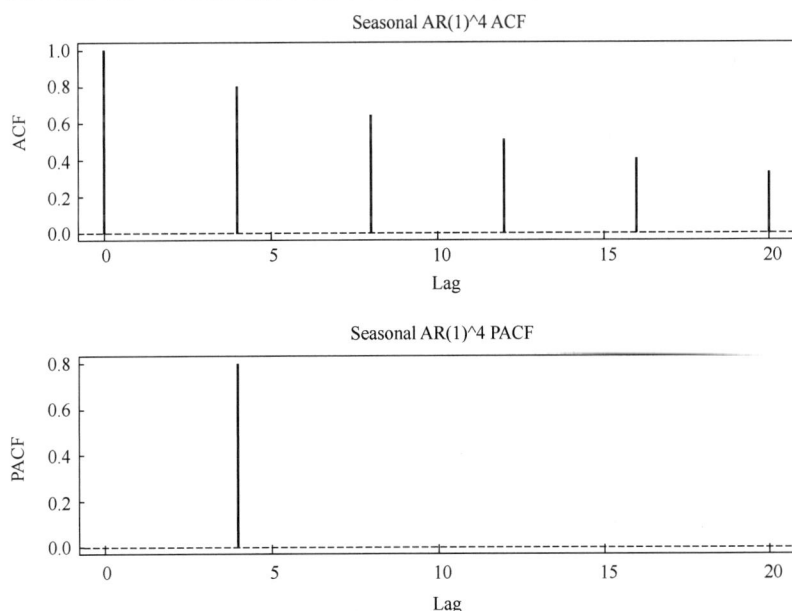

图 5-33 季节 $AR(1)^4$ 模型的自相关图、偏自相关图   线上资源 5-13

例 5-13　用模拟方法生成季节 AR $(1)^4$ 模型（$\Phi = 0.8$）的仿真序列（样本数量=100），并画出样本的自相关图和偏自相关图。

模拟生成季节 AR $(1)^4$ 模型的仿真序列，并绘图。在图 5-34 中，所有延迟的自相关系数和偏自相关系数均不为零，这是由于 acf() 函数和 pacf() 函数是基于样本计算的，与理论值会有一定的误差。尽管如此，比较理论和样本的自相关图、偏自相关图，其大体趋势还是一致的，能够看出，自相关系数具有拖尾特性，偏自相关系数具有截尾特性。

线上资源 5-14

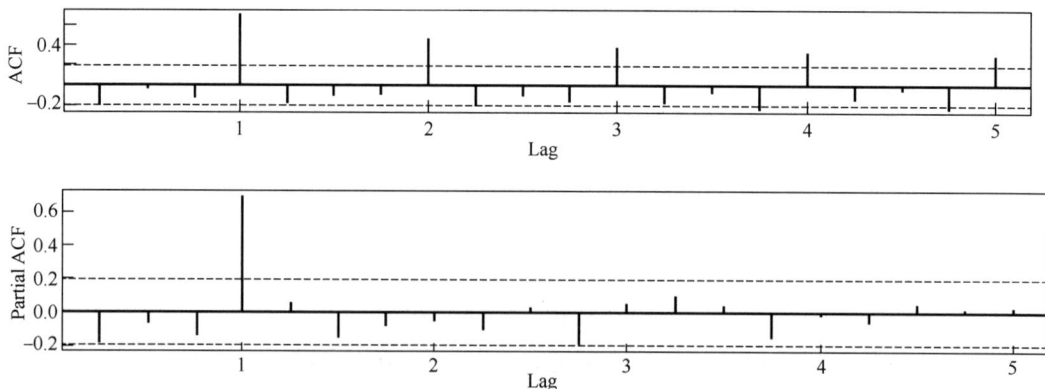

图 5-34　季节 AR $(1)^4$ 模型的自相关图、偏自相关图

5.5.2　季节 MA 模型

如果时间序列 $\{X_t\}$ 可以表示为

$$X_t = \varepsilon_t - \Theta_1 \varepsilon_{t-s} - \Theta_2 \varepsilon_{t-2s} - \cdots - \Theta_Q \varepsilon_{t-Qs} \tag{5-16}$$

则称该式为季节 MA $(Q)^s$ 模型，称 $\{X_t\}$ 为季节 MA $(Q)^s$ 过程。令

$$\Theta(B) = 1 - \Theta_1 B^s - \Theta_2 B^{2s} - \cdots - \Theta_Q B^{Qs} \tag{5-17}$$

则季节 MA $(Q)^s$ 模型可简化为

$$X_t = \Theta(B)\varepsilon_t$$

称上式为 Qs 阶 MA 多项式。

季节 MA $(Q)^s$ 模型可逆的条件是季节特征方程 $\Theta(u) = 0$ 的所有根均在单位圆外。

与 MA(q) 模型的结论类似，季节 MA $(Q)^s$ 模型的自相关系数满足

$$\rho_{ks} = \frac{-\Theta_k + \Theta_1 \Theta_{k+1} + \Theta_2 \Theta_{k+2} + \cdots + \Theta_{Q-k} \Theta_Q}{1 + \Theta_1^2 + \Theta_2^2 + \cdots + \Theta_Q^2} \quad k = 1, 2, \cdots, Q \tag{5-18}$$

且非 s 整数倍延迟阶数的自相关系数为零。

对于季节 MA $(1)^s$ 模型：

$$X_t = \varepsilon_t - \Theta \varepsilon_{t-s}$$

其自相关系数满足

$$\rho_0 = 1, \quad \rho_s = \frac{-\Theta}{1+\Theta^2}$$

其他延迟阶数的自相关系数均为零，也将这一特性看作截尾特性。

与 MA(1)模型类似，季节 $\mathrm{MA}(1)^s$ 模型的偏自相关系数满足

$$\phi_{ks,ks} = \frac{-\Theta^k(1-\Theta^2)}{1-\Theta^{2(k+1)}} \quad k = 1,2,\cdots$$

且非 s 整数倍延迟阶数的偏自相关系数均为零，也将这一特性看作拖尾特性。

图 5-35 给出了季节 $\mathrm{MA}(1)^4$ 模型$(1-\Theta^2=0.8)$的自相关图和偏自相关图。可见，模型的自相关系数具有截尾特性，偏自相关系数具有拖尾特性。

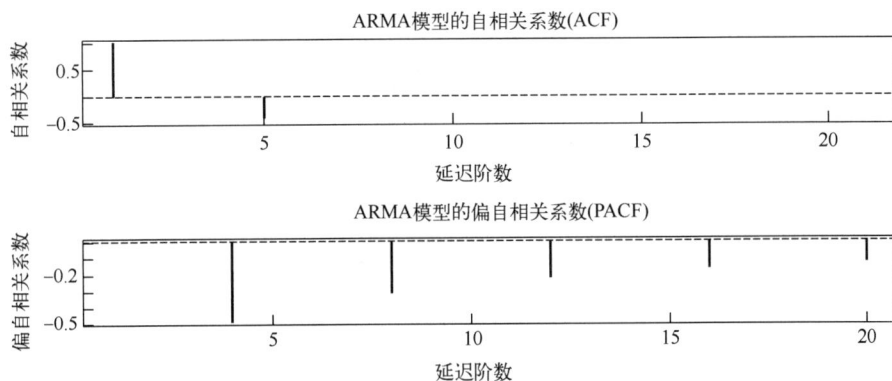

图 5-35　季节 $\mathrm{MA}(1)^4$ 模型的自相关图、偏自相关图

例 5-14　用模拟方法生成季节 $\mathrm{MA}(1)^4$ 模型$(\Theta = 0.8)$的仿真序列(样本数量=100)，并画出样本的自相关图和偏自相关图。

模拟生成季节 $\mathrm{MA}(1)^4$ 模型的仿真序列，并绘图(见图 5-36)。比较得知，样本的自相关系数和偏自相关系数与理论值存在一定的误差，但大体趋势是一致的，自相关系数具有截尾特性，偏自相关系数具有拖尾特性。

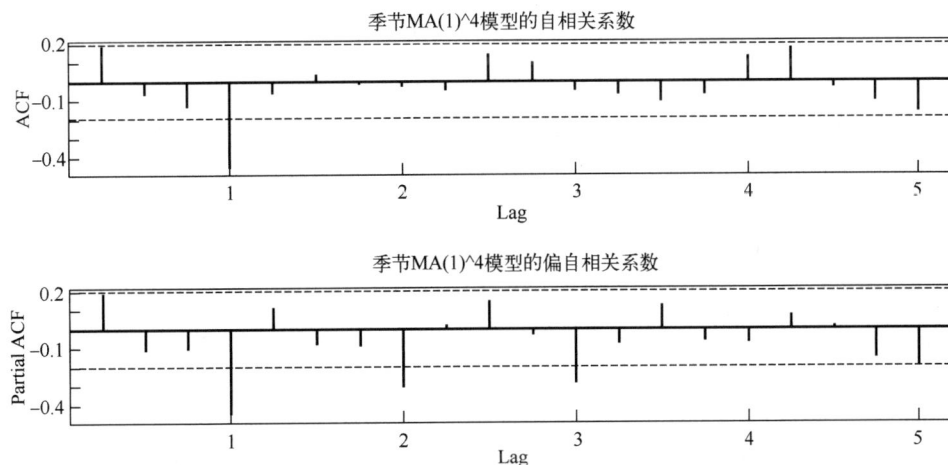

图 5-36　季节 $\mathrm{MA}(1)^4$ 模型的自相关图、偏自相关图

5.5.3 季节 ARMA 模型

如果时间序列 $\{X_t\}$ 可以表示为

$$X_t = \Phi_1 X_{t-s} + \Phi_2 X_{t-2s} + \cdots + \Phi_P X_{t-Ps} + \varepsilon_t - \Theta_1 \varepsilon_{t-s} - \Theta_2 \varepsilon_{t-2s} - \cdots - \Theta_Q \varepsilon_{t-Qs} \qquad (5\text{-}19)$$

则称该式为季节 $\mathrm{ARMA}(P,Q)^s$ 模型,称 $\{X_t\}$ 为季节 $\mathrm{ARMA}(P,Q)^s$ 过程。类似于前面的推导,季节 $\mathrm{ARMA}(P,Q)^s$ 模型可表示为

$$\Phi(B)X_t = \Theta(B)\varepsilon_t$$

考虑季节 $\mathrm{ARMA}(1,1)^s$ 模型:

$$X_t = \Phi X_{t-s} + \varepsilon_t - \Theta \varepsilon_{t-s}$$

与 ARMA(1,1) 模型类似,无论是自相关系数,还是偏自相关系数,都具有拖尾特性。图 5-37 给出了季节 $\mathrm{ARMA}(1,1)^4$ 模型($\Phi = 0.7$, $\Theta = -0.9$)的自相关图和偏自相关图,可以看出,自相关系数和偏自相关系数均具有拖尾特性。

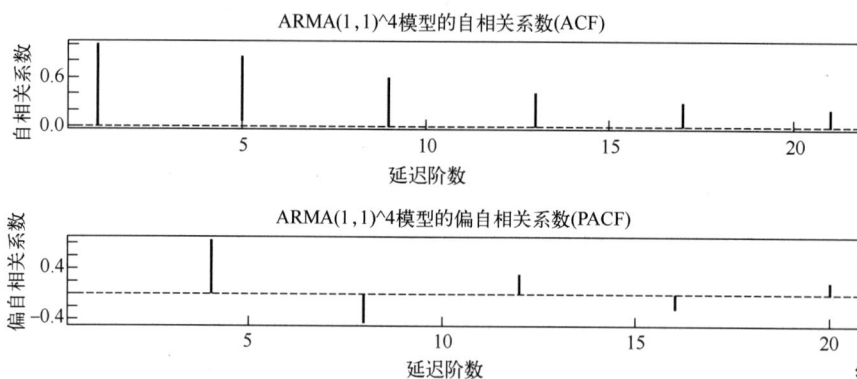

线上资源 5-17

图 5-37　季节 $\mathrm{ARMA}(1,1)^4$ 模型的自相关图、偏自相关图

例 5-15　用模拟方法生成季节 $\mathrm{ARMA}(1,1)^4$ 模型($\Phi = 0.7$、 $\Theta = -0.9$)的仿真序列(样本数量=100),并画出样本的自相关图和偏自相关图。

模拟过程的 R 实现如下:

```
set.seed(123456)
Phi <- c(0, 0, 0, 0.7); Theta <- c(0, 0, 0, 0.9)
sARMA <- arima.sim(list(order = c(4, 0, 4), ar = Phi, ma = Theta), n = 100)
sARMA <- ts(sARMA, freq = 4)
acf(sARMA, lag = 20)
pacf(sARMA, lag = 20)
```

$\mathrm{ARMA}(1,1)^4$ 模拟的自相关图、偏自相关图如图 5-38 所示。

仍然可以看出,虽然样本的自相关系数和偏自相关系数与理论值存在一定的误差,但大体趋势还是一致的。自相关系数和偏自相关系数均是拖尾的。

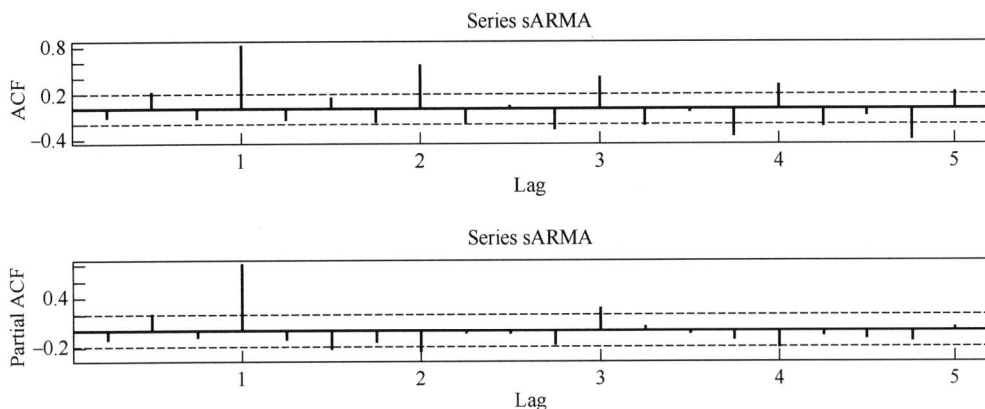

图 5-38　$ARMA(1,1)^4$ 模拟的自相关图、偏自相关图

5.5.4　乘积季节模型

5.5.4.1　乘积季节 ARMA 模型

乘积季节 ARMA 模型是指时间序列 $\{X_t\}$ 既包含普通的 $ARMA(p,q)$ 过程，又包含季节 $ARMA(p,q)^s$ 过程，即时间序列 $\{X_t\}$ 可表示为

$$\varphi(B)\Phi(B)X_t = \theta(B)\Theta(B)\varepsilon_t \tag{5-20}$$

其中，$\varphi(B)$、$\Phi(B)$ 和 $\theta(B)$、$\Theta(B)$ 分别是系数为 p、P、q、Q 阶的多项式。称该式为乘积季节 $ARMA(p,q)(P,Q)^s$ 模型，称 $\{X_t\}$ 为乘积季节 $ARMA(p,q)(P,Q)^s$ 过程。

例如，乘积季节 $ARMA(0,1)(0,1)^{12}$ 模型（乘积季节 $MA(1)(1)^{12}$ 模型）为

$$X_t = (1-\theta B)(1-\Theta B^{12})\varepsilon_t = \varepsilon_t - \theta\varepsilon_{t-1} - \Theta\varepsilon_{t-12} + \theta\Theta\varepsilon_{t-13}$$

可以证明，自相关系数在延迟阶数为 1、11、12 和 13 处非零，并可求出

$$\gamma_0 = (1+\theta^2)(1+\Theta^2)\sigma_\varepsilon^2$$

$$\rho_1 = -\frac{\theta}{1+\theta^2} \qquad \rho_{12} = -\frac{\Theta}{1+\Theta^2}$$

$$\rho_{11} = \rho_{13} = \frac{\theta\Theta}{(1+\theta^2)(1+\Theta^2)}$$

图 5-39 给出了乘积季节 $ARMA(0,1)(0,1)^{12}$ 模型（$\theta = -0.5$、$\Theta = -0.8$）的自相关图和偏自相关图。可见，自相关系数是截尾的，偏自相关系数是拖尾的。

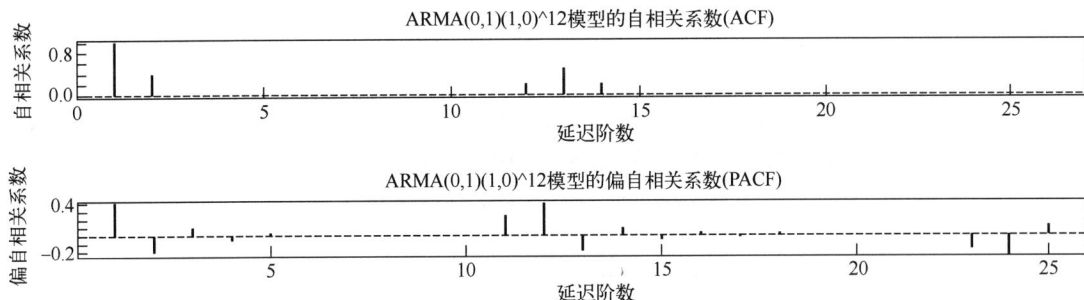

图 5-39　乘积季节 $ARMA(0,1)(0,1)^{12}$ 模型的自相关图、偏自相关图

考虑乘积季节 $\text{ARMA}(0,1)(1,0)^{12}$ 模型：

$$(1-\Phi B^{12})X_t = (1-\theta B)\varepsilon_t$$

即

$$X_t = \Phi X_{t-12} + \varepsilon_t - \theta\varepsilon_{t-1}$$

线上资源 5-18

图 5-40 给出了乘积季节 $\text{ARMA}(0, 1)(1, 0)^{12}$ 模型的 ($\Phi = 0.75$, $\theta = -0.4$) 自相关图和偏自相关图。

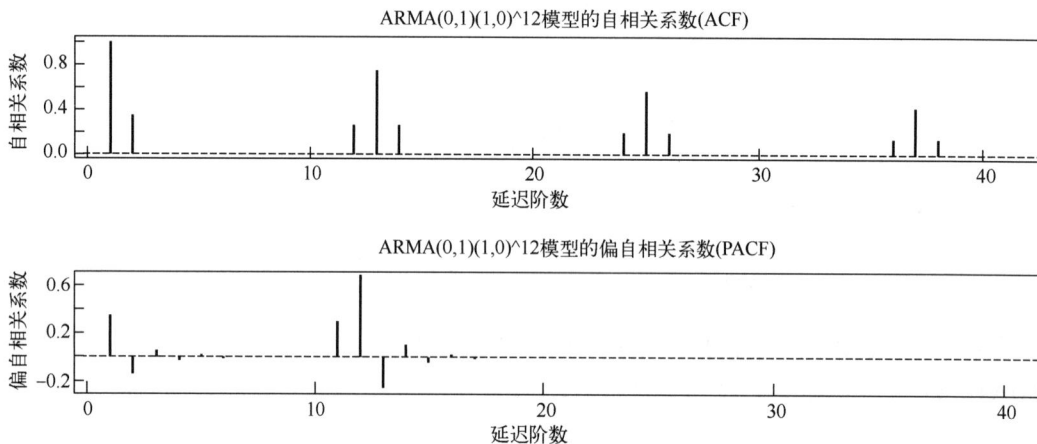

图 5-40　乘积季节 $\text{ARMA}(0, 1)(1, 0)^{12}$ 模型的自相关图、偏自相关图

5.5.4.2　非平稳乘积季节 ARIMA 模型

若时间序列 $\{X_t\}$ 的季节周期为 s，用 $\nabla_s X_t$ 表示季节一阶差分(季节数为 s)，则

线上资源 5-19

$$\nabla_s X_t = X_t - X_{t-s} \tag{5-21}$$

季节二阶差分为

$$\nabla_s^2 X = \nabla_s X_t - \nabla_s X_{t-s} = X_t - 2X_{t-s} + X_{t-2s}$$

类似地，可以定义季节 D 阶差分 $\nabla_s^D X_t$。

如果时间序列 $\{X_t\}$ 经季节 D 阶差分后，$\{\nabla_s^D X_t\}$ 是季节 $\text{ARMA}(P,D)^s$ 过程，则称 $\{X_t\}$ 为季节 $\text{ARIMA}(P,D,Q)^s$ 过程，其模型称为季节 $\text{ARIMA}(P,D,Q)^s$ 模型，即

$$\Phi(B)\nabla_s^D X_t = \Theta(B)\varepsilon_t \tag{5-22}$$

非平稳乘积季节 ARIMA 模型：如果时间序列 $\{X_t\}$ 经季节 D 阶差分和普通 d 阶差分后，$\{\nabla^d \nabla_s^D X_t\}$ 是乘积季节 $\text{ARMA}(p,q)(P,Q)^s$ 过程，则称 $\{X_t\}$ 为乘积季节 $\text{ARIMA}(p,d,q)(P,D,Q)^s$ 过程，其模型称为**乘积季节 $\text{ARIMA}(p,d,q)(P,D,Q)^s$ 模型**，即

$$\phi(B)\Phi(B)\nabla^d \nabla_s^D X_t = \theta(B)\Theta(B)\varepsilon_t \tag{5-23}$$

下面给出非平稳乘积季节 ARIMA 模型的例子。考虑模型

$$X_t = S_t + \varepsilon_t$$

其中，S_t 满足

$$S_t = S_{t-s} + \varsigma_t$$

且 ε_t 和 ς_t 是相互独立的白噪声序列。上式可以将序列 $\{S_t\}$ 理解成"季节随机游走序列"。

由于 $\{S_t\}$ 是非平稳的，因此 $\{X_t\}$ 也是非平稳的。做季节数为 s 的季节一阶差分，得到

$$\nabla_s X_t = S_t - S_{t-s} + \varepsilon_t - \varepsilon_{t-s} = (\varsigma_t + \varepsilon_t) - \varepsilon_{t-s}$$

可知 $\nabla_s^D X_t$ 是平稳的，并且可以将其看作一个季节 $\text{ARMA}(0,1)^s$ 过程。因此，$\{X_t\}$ 是一个季节 $\text{ARIMA}(0,1,1)^s$ 过程。

考虑模型

$$X_t = M_t + S_t + \varepsilon_t$$

其中

$$S_t = S_{t-s} + \varsigma_t$$

$$M_t = M_{t-1} + \varsigma_t$$

且 ε_t、ς_t 和 ξ_t 是相互独立的白噪声序列。同时考虑季节差分和普通差分，可得

$$\begin{aligned}\nabla\nabla_s X_t &= \nabla(M_t - M_{t-s} + \varsigma_t + \varepsilon_t - \varepsilon_{t-s}) \\ &= (\xi_t + \varsigma_t + \varepsilon_t) - (\varsigma_{t-1} + \varepsilon_{t-1}) - (\xi_{t-s} + \varepsilon_{t-s}) + \varepsilon_{t-s-1}\end{aligned}$$

是一个平稳过程，同时是一个乘积季节 $\text{ARMA}(0,1)(0,1)^s$ 过程。因此，$\{X_t\}$ 是一个乘积季节 $\text{ARIMA}(0,1,1)(0,1,1)^s$ 过程。

乘积 ARIMA 模型的构造原理如下。

(1)短期相关性用低阶 $\text{ARMA}(p,q)$ 模型提取。

(2)季节相关性用以周期步长 s 为单位的 $\text{ARMA}(P,Q)$ 模型提取。

假设短期相关性和季节效应（季节相关性）之间具有乘积关系，模型结构如下：

$$\nabla^d \nabla_s^D x_t = \frac{\Theta(B)}{\Phi(B)} \frac{\Theta_s(B)}{\Phi_s(B)} \varepsilon_t \tag{5-24}$$

例 5-16　使用 ARIMA 模型拟合 1948—2023 年美国女性(20 岁以上)月度失业率序列。原始序列图及 1 阶 12 步差分序列图分别如图 5-41 和图 5-42 所示。

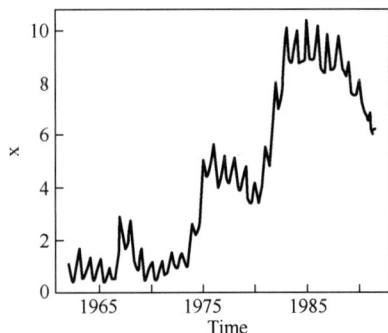

图 5-41　原始序列图

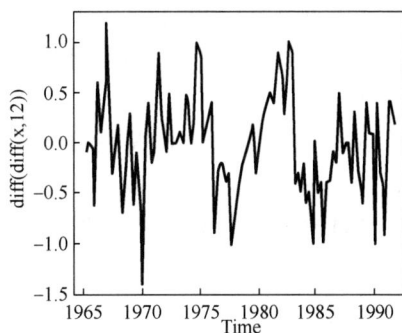

图 5-42　1 阶 12 步差分序列图

差分序列的自相关图和偏自相关图如图 5-43 所示。

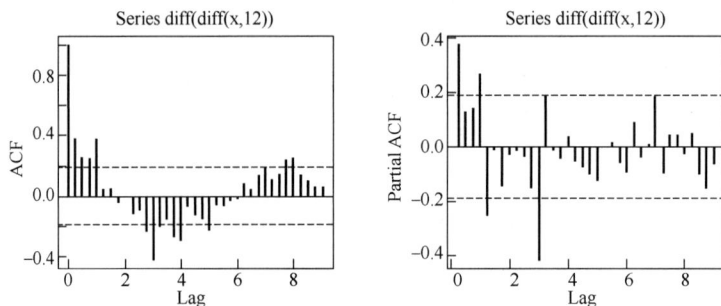

图 5-43　差分序列的自相关图和偏自相关图

自相关图和偏自相关图都显示延迟 12 阶的自相关系数/偏自相关系数显著大于 2 倍标准差，这说明差分序列中仍蕴含非常显著的季节效应。

延迟 1 阶、2 阶的自相关系数/偏自相关系数也大于 2 倍标准差，这说明差分序列还具有短期相关性。

简单季节模型拟合结果如表 5-3 所示。

表 5-3　简单季节模型拟合结果

延迟阶数	拟合模型残差白噪声检验					
	AR(1,12)		MA(1,2,12)		ARMA(1,12),(1,12)	
	χ^2 值	p 值	χ^2 值	p 值	χ^2 值	p 值
6	14.58	0.0057	9.5	0.0233	15.77	0.0004
12	16.42	0.0883	14.19	0.1158	17.99	0.0213
结果	拟合模型均不显著					

乘积季节模型定阶的步骤如下。

首先考虑 1 阶 12 步差分序列 12 阶以内的自相关系数和偏自相关系数的特性，以确定短期相关模型。

自相关图和偏自相关图显示 12 阶以内的自相关系数和偏自相关系数均不截尾，因此尝试使用 ARMA(1,1) 模型提取差分序列的短期自相关信息。

其次考虑季节自相关特性：主要考察延迟 12 阶、24 阶等以周期长度为单位的自相关系数和偏自相关系数的特性。

自相关图显示延迟 12 阶的自相关系数显著非零，但是延迟 24 阶的自相关系数落入 2 倍标准差内。而偏自相关图显示延迟 12 阶、24 阶的偏自相关系数都显著非零。因此可以认为季节自相关特性是自相关系数截尾、偏自相关系数拖尾，这时用以 12 步为周期的 $ARMA(0,1)_{12}$ 模型提取差分序列的季节自相关信息。

综合前面的差分信息，可得要拟合的乘积季节模型为

$$ARIMA(1,1,1)(0,1,1)^{12}$$

模型口径为

$$\nabla \nabla_{12} x_{12} = \frac{1-\theta_1 B}{1-\varphi_1 B}(1-\theta_{12} B^{12})\varepsilon_t$$

参数估计结果如下：

```
Coefficients:
          ar1        ma1        sma1
      -0.7290     0.6059     -0.7918
s.e.   0.1497     0.1728      0.0337
sigma^2 estimated as 7444:  log likelihood = -2327.14,  aic = 4662.28
```

拟合模型结构为

$$\nabla\nabla_{12}x_t = \frac{1+0.6059B}{1+0.729B}(1-0.7918B^{12})\varepsilon_t, \quad \mathrm{Var}(\varepsilon_t) = 7444$$

进行拟合残差检验，结果如图 5-44 所示。

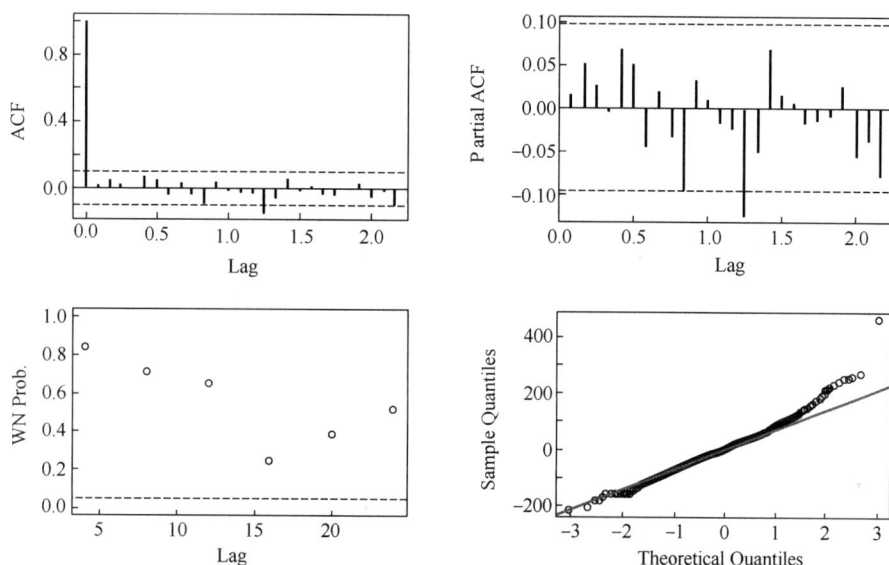

图 5-44　ARIMA$(1,1,1)(0,1,1)^{12}$ 模型的拟合残差检验

最终的模型拟合和预测效果图如图 5-45 所示。

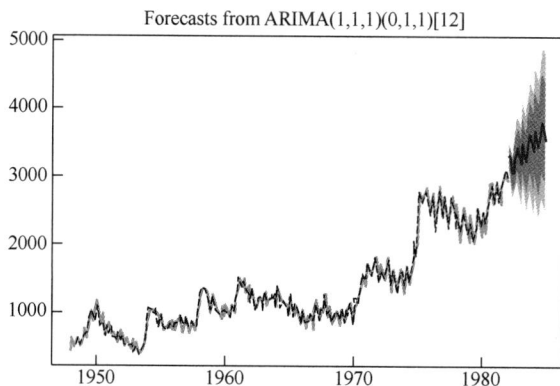

图 5-45　最终的模型拟合和预测效果图

线上资源 5-20

前面探讨过季节加法模型，它与这里的乘积季节模型有什么区别和联系呢？季节加法

模型对非季节性和季节性成分分别进行处理，即将季节性成分和非季节性成分分离：

$$[\Phi_p(B^S)(1-B^S)^D + \varphi_p(1-B)^d]x_t = [\Theta_Q(B^S) + \theta_q(B)]\varepsilon_t \tag{5-25}$$

其中，$\Phi_p(B^S)$、$\Theta_Q(B^S)$ 分别是季节性 AR 和 MA 多项式；$\varphi_p(B)$、$\theta_q(B)$ 分别是非季节性 AR 和 MA 多项式，季节性差分 $(1-B^S)^D$ 和非季节性差分 $(1-B)^d$ 是分开的。

而乘积季节模型将季节性成分和非季节性成分组合成一个整体，即两者的乘积，其模型形式为

$$\Phi_p(B^S)\varphi_p(B)(1-B^S)^D(1-B)^d x_t = \Theta_Q(B^S)\theta_q(B)\varepsilon_t \tag{5-26}$$

季节性成分和非季节性成分的影响是通过乘积方式体现的，而不分离对待。

例如，某商品的月度销售数据的**季节加法模型** ARIMA$(1,1,1)\times(1,1,1)^{12}$ 为

$$[(1-\varphi_1 B) + (1-B)]x_t = (1+\theta_1 B)\varepsilon_t + \Theta_1(B^{12})(1-B^{12})\varepsilon_t$$

乘积季节模型 ARIMA$(1,1,1)(1,1,1)^{12}$ 为

$$(1-\Phi_1 B^{12})(1-\varphi_1 B)(1-B)(1-B^{12})x_t = (1+\theta_1 B)(1+\Theta_1 B^{12})\varepsilon_t$$

一般地，如果观察到季节性成分和非季节性成分是独立的（如趋势和周期性没有显著交互），则季节加法模型更为合适。如果数据的季节性变化会受到非季节性成分的显著影响（如乘积关系、交互关系），则乘积季节模型可能更优。表 5-4 进一步地给出了二者的差异。

表 5-4 季节加法模型和乘积季节模型的区别

特性	季节加法模型	乘积季节模型
成分处理	非季节性成分和季节性成分独立处理	季节性成分和非季节性成分通过乘积结合
适用场景	数据特性中季节性变动与非季节性趋势独立时更适用	数据的季节性和非季节性成分存在更强耦合时更适用
复杂性	简单，易于解释和实现	更复杂，但可以捕捉更复杂的交互影响
数学表达形式	成分线性叠加	成分通过多项式的乘积表达
预测能力	当数据的季节性和非季节性成分相互独立时表现更优	当季节性成分和非季节性成分之间的耦合显著时效果更佳

以 AirPassengers 数据集为例，分别构建季节加法模型和乘积季节模型，结果如下：

```
fit_additive <- auto.arima(AirPassengers, seasonal = TRUE)
summary(fit_additive)
decomposed_add <- decompose(AirPassengers, type = "additive")
ARIMA(2,1,1)(0,1,0)[12]
Coefficients:
         ar1      ar2      ma1
      0.5960   0.2143   -0.9819
s.e.  0.0888   0.0880   0.0292
sigma^2 = 132.3:  log likelihood = -504.92
AIC=1017.85   AICc=1018.17   BIC=1029.35
Training set error measures:
ME    RMSE    MAE    MPE    MAPE    MASE    ACF1
Training set 1.3423  10.84619  7.86754  0.420698  2.800458  0.245628
-0.00124847
    fit_multiplicative <- Arima(AirPassengers, order = c(1,1,1), seasonal
= c(1,1,1))
```

```
summary(fit_multiplicative)
decomposed_mult <- decompose(AirPassengers, type = "multiplicative")
ARIMA(1,1,1)(1,1,1)[12]
Coefficients:
          ar1      ma1      sar1     sma1
       -0.1387  -0.2027  -0.9228  0.8329
s.e.    0.5860   0.6123   0.2386  0.3519
sigma^2 = 135: log likelihood = -506.15
AIC=1022.3  AICc=1022.78  BIC=1036.68
Training set error measures:
          ME        RMSE       MAE       MPE        MAPE      MASE      ACF1
Training set 0.3152762 10.91023 8.003276 0.04379133 2.848878 0.2498658
0.0004688507
```

AirPassengers 数据集的季节加法模型和乘积季节模型如图 5-46 所示。

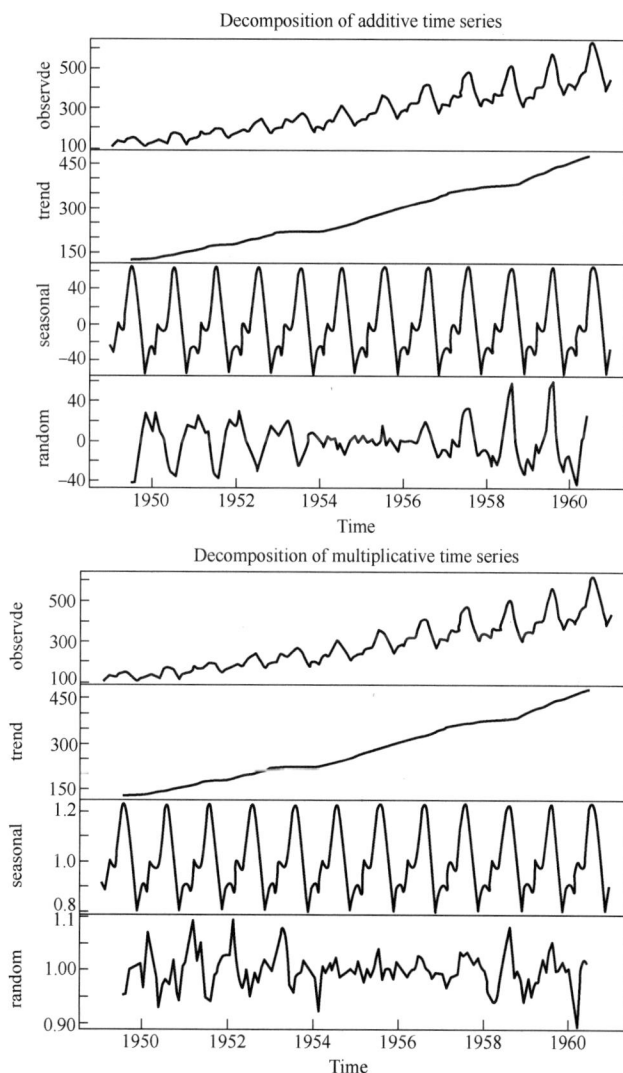

图 5-46　AirPassengers 数据集的季节加法模型和乘积季节模型

5.5.4.3　非平稳序列的季节建模

对于包含季节周期的序列，首先要判断序列是否是季节平稳的，即季节差分序列是否为平稳序列。如果序列是季节平稳的，则选择季节 ARMA$(P,Q)^s$ 模型，并确定阶数 P 和 Q。

季节 ARMA 模型也有与 ARMA 模型类似的截尾或拖尾特性（见表 5-5）。因此，可以使用样本的自相关系数或偏自相关系数的截尾或拖尾特性来确定阶数 P 和 Q，虽然样本的自相关系数和偏自相关系数与理论值存在一定的误差，但从总体趋势上看，还是一致的。

表 5-5　季节 ARMA$(P,Q)^s$ 模型的特性

模型	自相关系数*	偏自相关系数*
季节 AR$(P)^s$	关于 $s, 2s, \cdots$ 项拖尾	P_s 项后截尾
季节 MA$(Q)^s$	Q_s 项后截尾	关于 $s, 2s, \cdots$ 项拖尾
季节 ARMA$(P,Q)^s$	关于 $s, 2s, \cdots$ 项拖尾	关于 $s, 2s, \cdots$ 项拖尾

注：*除 $ks(k=1,2,\cdots)$ 项外，其他项的值均为 0。

如果偏自相关系数是截尾的，则可以考虑使用季节 AR$(P)^s$ 模型，并利用季节数 s 确定阶数 P；如果自相关系数是截尾的，则可以考虑使用季节 MR$(P)^s$ 模型，通过季节数 s 确定阶数 Q；如果两者都是拖尾的，则可以考虑使用季节 ARMA$(P,Q)^s$ 模型，但需要使用其他方法确定阶数 P 和 Q，如可以使用 AIC（或 BIC）来确定阶数。

如果序列不是季节平稳的，则需要考虑序列是否存在季节增长趋势，如果存在，则需要做 D 阶季节差分，与非季节差分相同，D 的值不会太大，通常取 $D=1$ 或 $D=2$。季节差分后，得到季节平稳序列，选择季节 ARIMA$(P,Q,Q)^s$ 模型，其确定阶数 P 和 Q 的方法与季节平稳序列确定阶数的方法相同。

如果序列同时包含趋势项和季节趋势项，则需要做 d 阶普通差分和 D 阶季节差分，使差分序列成为平稳序列，此时选择乘积季节 ARIMA$(p,d,q)(P,D,Q)^s$ 模型，并使用其他方法（如 AIC 或 BIC）确定阶数 p、q、P 和 Q。

在确定模型之后，需要对模型的参数进行估计。关于 ARIMA 模型的参数估计，本质上就是 ARMA 模型的参数估计，因为经过差分后，非平稳序列已经转换为平稳序列。关于 ARMA 模型的参数估计方法已在第 3 章讨论过，有矩估计、最小二乘估计和最大似然估计等。另外，如果采用 AIC（或 BIC）确定阶数，则阶数的确定与参数估计一起完成。

R 中用于参数估计的函数为 arima()。该函数同时给出 ARIMA 模型的参数估计值和对应模型的 AIC 值，即模型的参数估计与模型定阶一起完成。arima() 函数的使用格式如下：

```
arima(x,order =c(OL, OL, OL),
    seasonal =list(order =c(OL, OL, OL), period = NA),
    xreg = NULL, include.mean = TRUE,
    transform.pars = TRUE,
    fixed = NULL, init =NULL,
    method = c("CSS-ML", "ML", "CSS"), n.cond,
    SSinit = c( "Gardner1980", "Rossignol2011"),
    optim.method = "BFGS" ,
    optim.control = list( ), kappa = 1e6)
```

arima()函数部分参数的名称、取值及意义如表 5-6 所示。

表 5-6　arima()函数部分参数的名称、取值及意义

名称	取值及意义
seasonal	列表，其中成员 order 的 3 个参数分别表示季节 ARIMA 模型的阶数(P、D、Q)，成员 period 表示季节数 s
fixed	可选向量，指示模型中哪些系数取固定值。在向量中，固定系数的位置给出指定值，其他位置选择 NA

例 5-17　nottem 数据集记录了从 1920 年至 1939 年英国诺丁汉城的月平均气温(单位：华氏度)，试分析数据适用的 ARIMA 模型，确定相应的阶数，并计算参数的估计值。

首先，分析数据是否为平稳序列，是否含有季节周期。画出 nottem 数据集的自相关图(见图 5-47)，发现数据具有明显的季节周期。由于数据描述的是月平均气温，因此选择季节数 $s=12$，画出季节差分序列图，发现它基本上是平稳的，这说明该序列只具有季节周期，不具有趋势性，因此，选择差分的阶数分别为 $d=0$ 和 $D=1$。

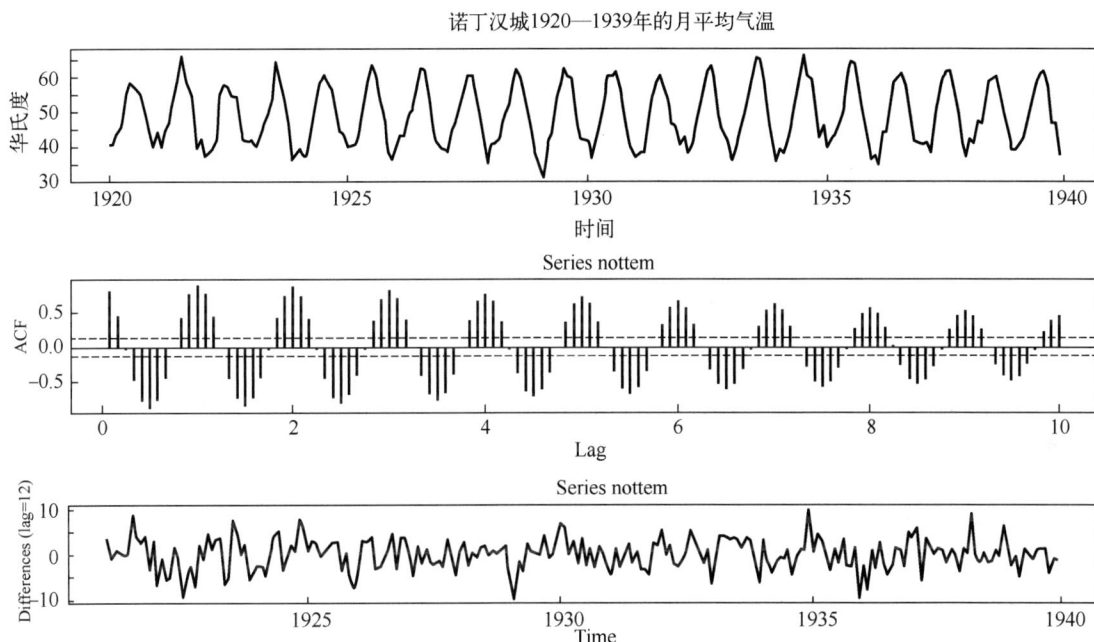

图 5-47　1920—1939 年英国诺丁汉城的月平均气温序列图、自相关图及一阶差分序列图

```
# 加载 datasets 包中的 nottem 数据集
data("nottem", package = "datasets")
# 绘制诺丁汉城的月平均气温
plot(nottem, main = "诺丁汉城 1920—1939 年的月平均气温", ylab = "华氏度", xlab
= "时间")
acf(nottem, lag.max = 10*12)
plot(diff (nottem,lag = 12),  ylab = 'Differences (lag = 12)',
       main = 'Series nottem')
```

其次，确定阶数 p、q、P 和 Q。画出季节差分后的自相关图和偏自相关图，如图 5-48 所示，分析阶数的大致范围。从图 5-48 中可以看出，自相关系数和偏自相关系数都呈现拖

尾特性，尝试对多组参数的拟合结果进行对比，列出其中 16 种模型及其 AIC 结果。考虑模型的精确性、放款复杂性，综合显示 ARIMA$(2,1,3)(0,1,1)^{12}$ 较优。

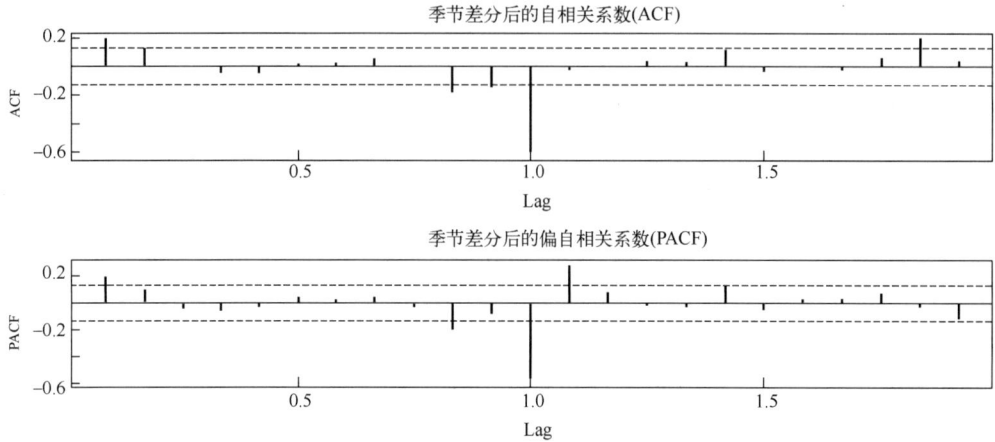

图 5-48　季节差分后的自相关图、偏自相关图

16 种模型及其 AIC 结果如下：

```
Model     AIC
1  ARIMA(0,1,0)(0,1,1)[12] 1159.220
2  ARIMA(0,1,1)(0,1,1)[12] 1069.125
3  ARIMA(0,1,2)(0,1,1)[12] 1062.855
4  ARIMA(0,1,3)(0,1,1)[12] 1060.308
5  ARIMA(1,1,0)(0,1,1)[12] 1111.971
6  ARIMA(1,1,1)(0,1,1)[12] 1060.660
7  ARIMA(1,1,2)(0,1,1)[12] 1061.297
8  ARIMA(1,1,3)(0,1,1)[12] 1062.094
9  ARIMA(2,1,0)(0,1,1)[12] 1103.079
10 ARIMA(2,1,1)(0,1,1)[12] 1060.636
11 ARIMA(2,1,2)(0,1,1)[12] 1062.524
12 ARIMA(2,1,3)(0,1,1)[12] 1054.049
13 ARIMA(3,1,0)(0,1,1)[12] 1099.414
14 ARIMA(3,1,1)(0,1,1)[12] 1062.374
15 ARIMA(3,1,2)(0,1,1)[12] 1064.136
16 ARIMA(3,1,3)(0,1,1)[12] 1061.647
```

最优模型的拟合结果如下：

```
ARIMA(2,1,3)(0,1,1)[12]
Coefficients:
        ar1      ar2      ma1     ma2     ma3    sma1
     1.0401  -0.9136  -1.9459  1.9465  -0.9666  -0.8827
s.e. 0.0366   0.0322   0.0448  0.0589   0.0475   0.0547
sigma^2 = 5.099: log likelihood = -520.02
AIC=1054.05  AICc=1054.56  BIC=1078.02
Training set error measures:
    ME    RMSE     MAE      MPE      MAPE      MASE     ACF1
Training set 0.1048433 2.166788 1.675241 -0.07962759 3.586882 0.6220766
0.08425372
```

模型的最终口径为

$$(1-1.0401B+0.9136B^2)(1-B)(1-B^{12})x_t = (1+1.9459B-1.9465B^2+0.9666B^3)(1+0.8827B^{12})\varepsilon_t$$

最优模型拟合和预测效果图如图 5-49 所示。

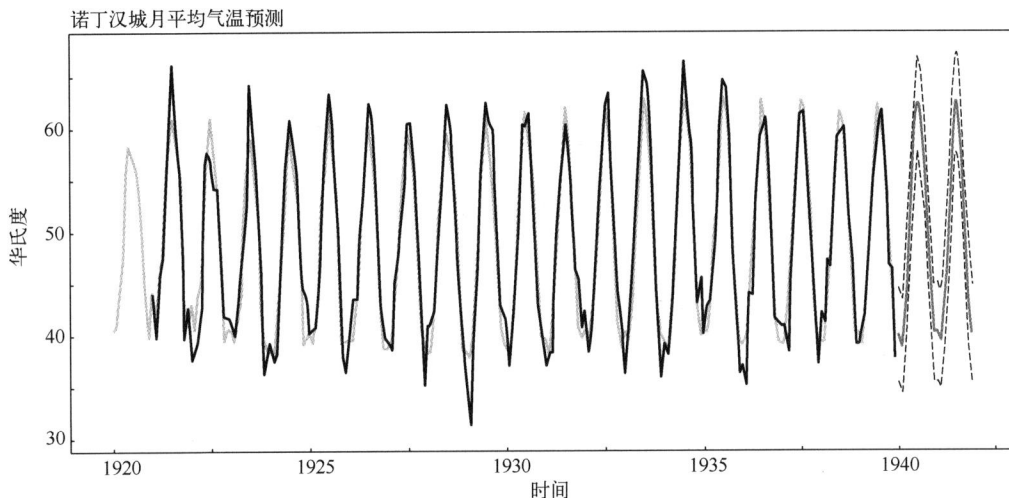

图 5-49　最优模型拟合和预测效果图

例 5-18　针对 R 的数据集 AirPassengers,试分析其可能适用的 ARIMA 模型,确定相应的阶数,并计算参数的估计值,选择最优模型实现拟合和预测。

从前面的案例分析可知,这个序列具有明显的季节性和周期性,且方差随着时间的增加而增大。进行 Box-Cox 变换,并进行季节差分后,序列的自相关图、偏自相关图如图 5-50 所示。选择多组可能参数进行模型比较,确定最终模型 $ARIMA(2,1,1)(0,1,0)^{12}$ 的拟合口径为

线上资源 5-21

$$(1-0.5960B-0.2143B^2)(1-B)x_t = (1-0.9819B)(1-B^{12})\varepsilon_t$$

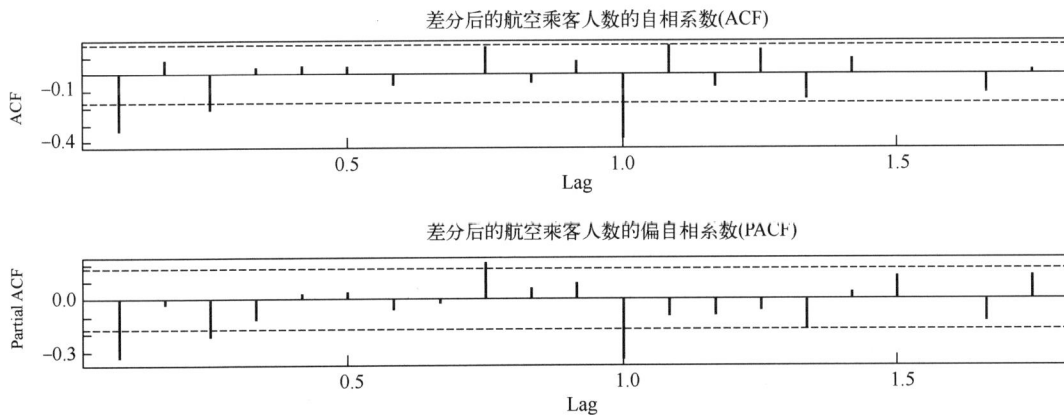

图 5-50　序列的自相关图、偏自相关图

由最优模型实现的拟合和预测效果图如图 5-51 所示。

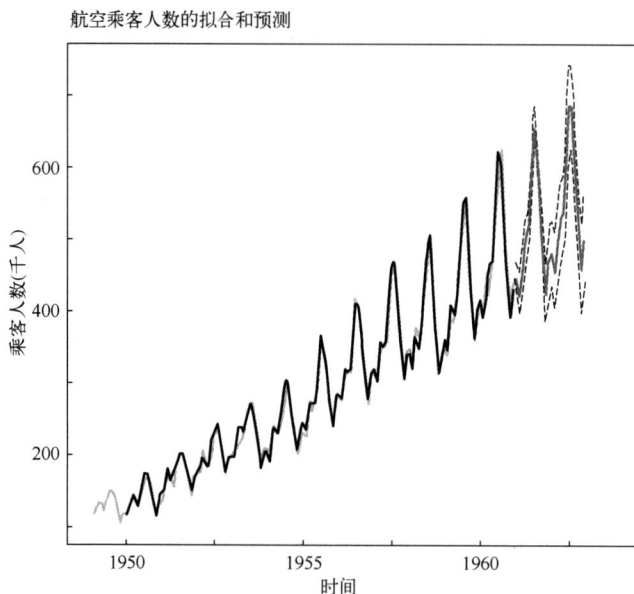

图 5-51　由最优模型实现的拟合和预测效果图

线上资源 5-22

5.6　GARCH 模型

首先来看一个例子，分析 1990 年 1 月 2 日至 1999 年 12 月 31 日的美国标准普尔 500 指数数据。该数据可以通过 R 中的 MASS 库获得。图 5-52 所示为标准普尔 500 指数时间序列图。可以看出，尽管初步看起来该序列可能是平稳的，但仔细观察会发现它不满足平稳性条件。时间序列的方差可分为 3 个阶段，其中，中间阶段的方差最小，最后阶段的方差最大。这种方差随时间变化的特性称为波动性。如果方差随时间变化，则称之为异方差。如果这种方差变化具有时间相关性，则称之为条件异方差。

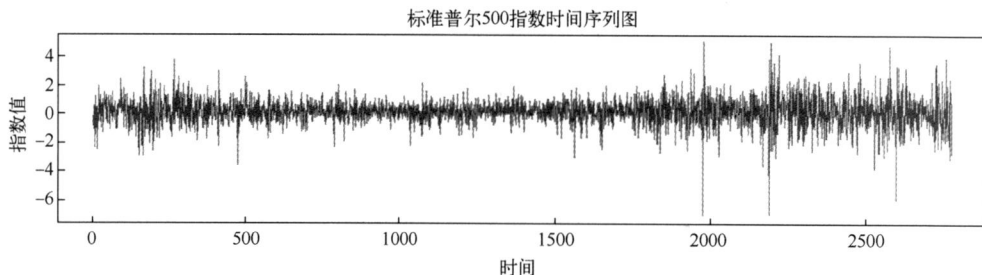

图 5-52　标准普尔 500 指数时间序列图

从图 5-52 中可以看到，较大方差的观测值和较小方差的观测值分别呈现出聚集现象，这被称为波动集聚特征。此外，其自相关图［见图 5-53（a）］与白噪声序列的自相关图没有显著差异，但由于方差随时间变化，因此序列是非平稳的。如果其自相关系数类似于白噪声的自相关系数，则可以考虑序列的平方。因为在均值为 0 的情况下，序列的平方反映了方差特性，可以用于判断方差的自相关性。绘制标准普尔 500 指数平方后的自相关图［见图 5-53（b）］可以发现，其方差具有自相关性，即存在条件异方差。

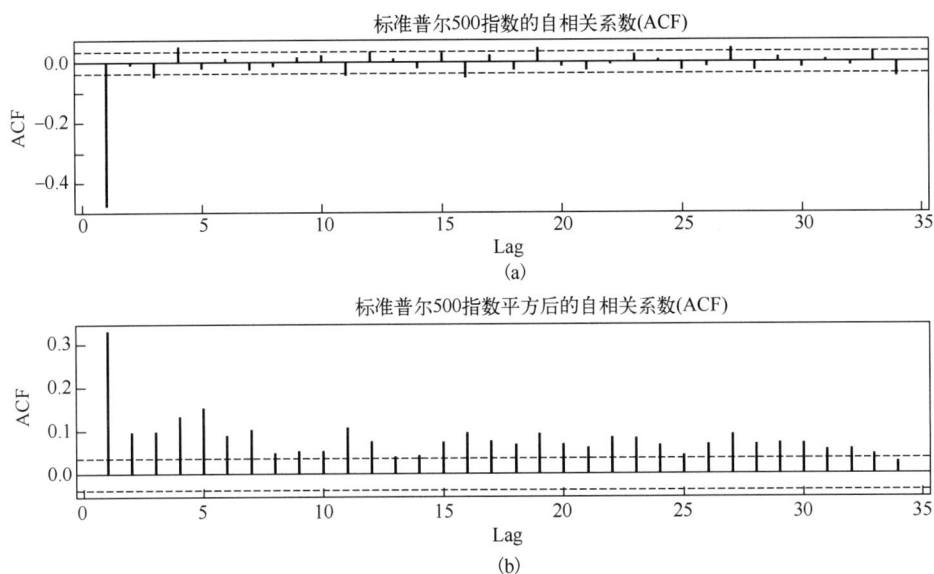

图 5-53 标准普尔 500 指数的自相关图、平方后的自相关图

线上资源 5-23

5.6.1 异方差

如果随机误差序列的方差随着时间的变化而变化，则这种情况下的方差称为异方差，即

$$\text{Var}(\varepsilon_t) = h(t) \tag{5-27}$$

忽视异方差的存在会导致残差方差被严重低估，使参数显著性检验容易犯纳伪错误，从而使参数的显著性检验失去意义，最终导致模型的拟合精度受到影响。

1. 异方差直观诊断——残差图

异方差的直观诊断图（残差类型）如图 5-54 所示。

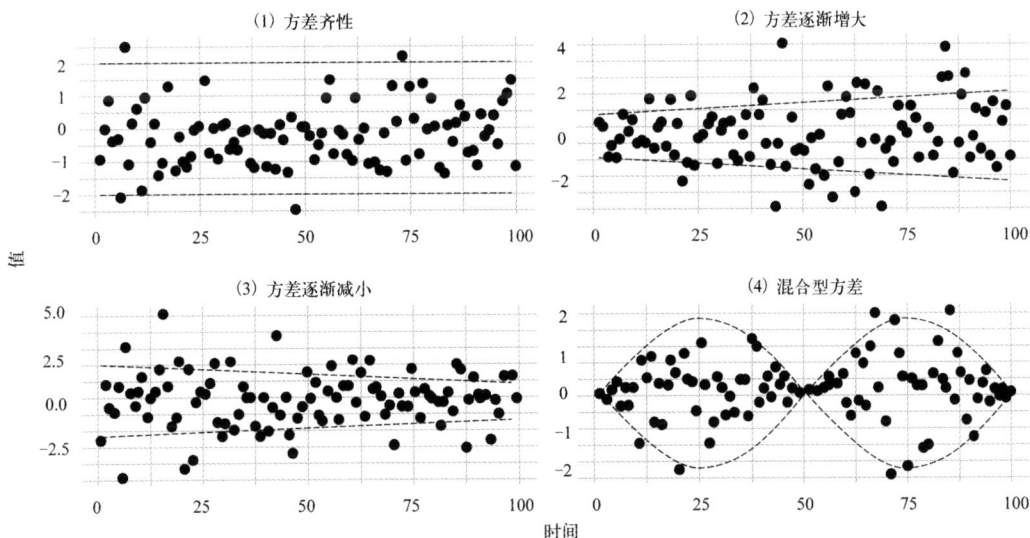

图 5-54 异方差的直观诊断图（残差类型）

2．异方差直观诊断——残差平方图

残差序列的方差实际上就是其平方的期望，即

$$Var(\varepsilon_t) = E(\varepsilon_t^2)$$

考察残差序列是否具有方差齐性，主要考察残差平方序列是否平稳。

例 5-19 直观考察美国 1963 年 4 月到 1971 年 7 月短期国库券的月度收益率序列（见图 5-55）的方差齐性。

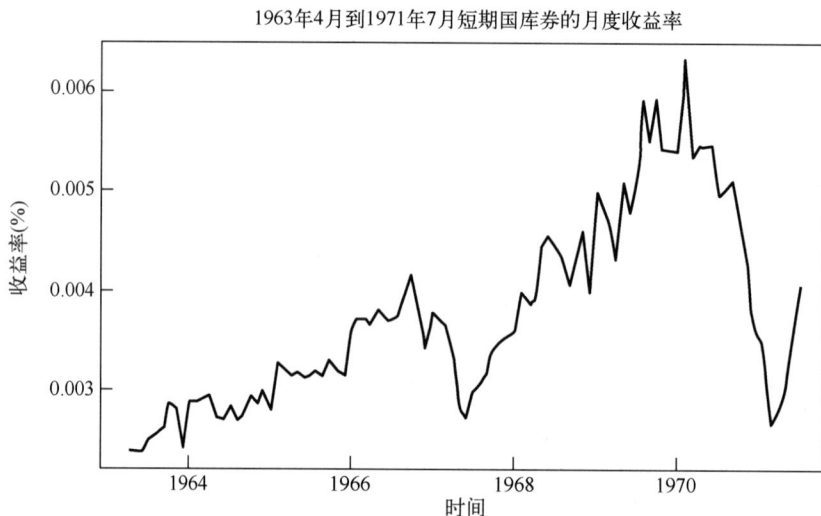

图 5-55 短期国库券的月度收益率时间序列图

一阶差分序列图如图 5-56 所示。

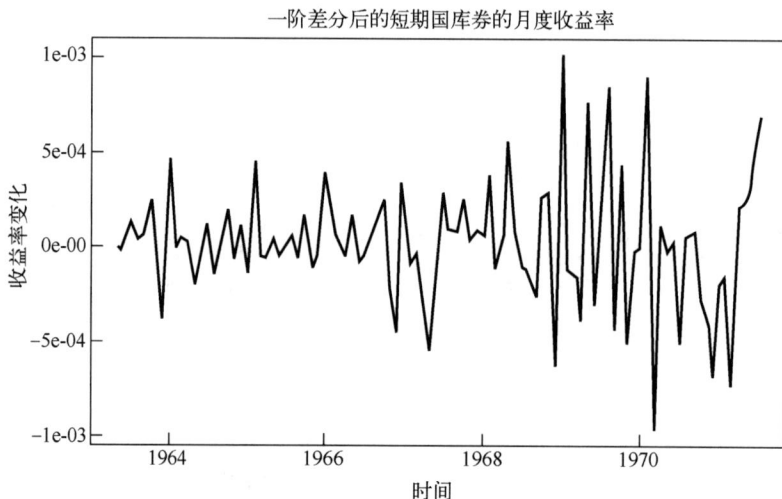

图 5-56 一阶差分序列图

一阶差分后的残差平方图如图 5-57 所示。

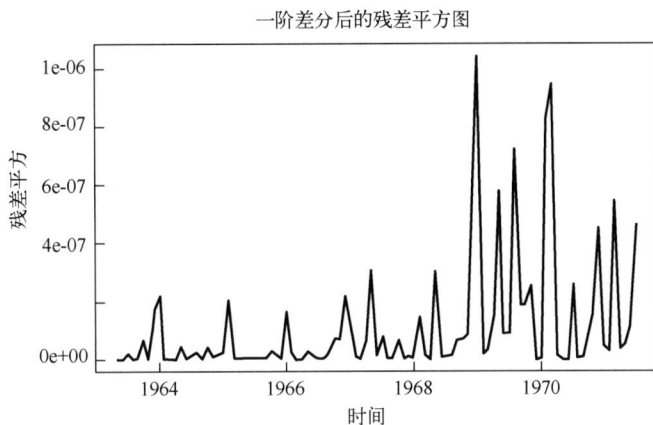

图 5-57　一阶差分后的残差平方图

3．异方差处理方法

假如已知异方差函数的具体形式，则**进行方差齐性变换**；假如不知异方差函数的具体形式，则拟合**条件异方差模型**。

(1) 方差齐性变换。

方差齐性变换的使用场合：序列显示出显著的异方差性，且方差与均值之间具有某种函数关系，即

$$\sigma_t^2 = h(\mu_t)$$

其中，$h(\cdot)$ 是某已知函数。

方差齐性变换的处理思路：尝试寻找一个转换函数 $g(\cdot)$，使得转换后的变量满足方差齐性 $\mathrm{Var}[g(x_t)] = \sigma^2$。

(2) 转换函数的确定原理。

① 对转换函数 $g(x_t)$ 在 μ_t 附近做一阶泰勒展开：

$$g(x_t) \cong g(\mu_t) + (x_t - \mu_t)g'(\mu_t)$$

② 求转换函数的方差：

$$\mathrm{Var}[g(x_t)] \cong \mathrm{Var}[g(\mu_t) + (x_t - \mu_t)g'(\mu_t)] = [g'(\mu_t)]^2 h(\mu_t)$$

③ 转换函数的确定：

$$g'(\mu_t) = \frac{1}{\sqrt{h(\mu_t)}}$$

通常，很多金融时间序列呈现异方差特性，即序列的标准差与其水平成正比：当序列水平较低时，波动较小；当序列水平较高时，波动较大。对此，最简单的假设是条件异方差模型：

$$\sigma_t = \mu_t \Leftrightarrow h(\mu_t) = \mu_t^2$$

在这种情况下，转换函数常确定为 $g'(\mu_t) = \dfrac{1}{\sqrt{h(\mu_t)}} = \dfrac{1}{\mu_t} \Rightarrow g(\mu_t) = \log(\mu_t)$。可见，对序列取对数是实现异方差处理的一种方法。

例 5-20　对美国 1963 年 4 月到 1971 年 7 月短期国库券的月度收益率序列使用方差齐性变换方法进行分析。

假设 $\sigma_t = x_t$，对序列进行处理，即进行函数变换 $y_t = \log(x_t)$，变换后的时间序列图如图 5-58 所示。

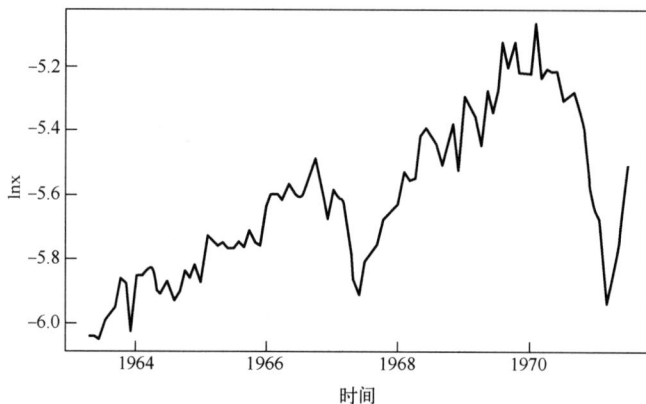

图 5-58　变换后的时间序列图

一阶差分序列图如图 5-59 所示，一阶差分后的残差平方图如图 5-60 所示。

一阶差分后的短期国库券的月度收益率

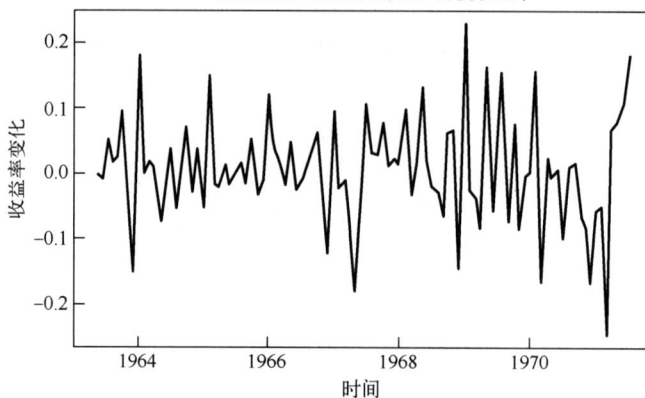

图 5-59　一阶差分序列图

线上资源 5-25

一阶差分后的残差平方图

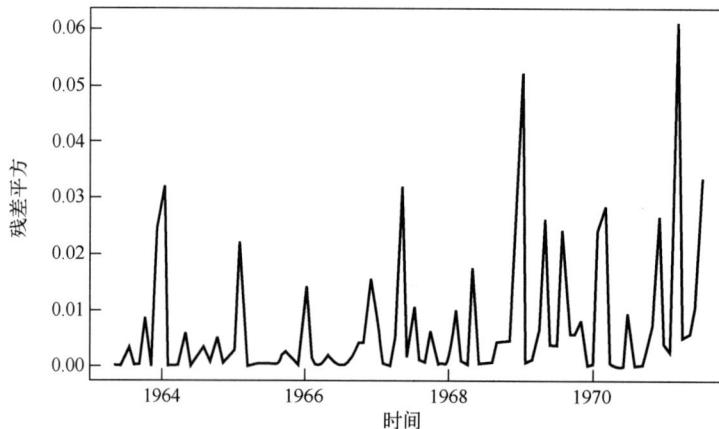

图 5-60　一阶差分后的残差平方图

一阶差分后，对序列进行平方，观察是否存在异方差。对该序列进行残差白噪声检验，结果如表 5-7 所示。

表 5-7　残差自噪声检验结果

延迟阶数	LB 统计量	p 值
6	3.58	0.7337
12	10.82	0.5441
18	21.71	0.2452

结果显示，在显著性水平为 5% 的条件下，延迟 6 阶、12 阶、18 阶的 LB 统计量的 p 值均大于显著性水平，表明该序列具有相关性。

方差齐性变换是一种有效应对异方差的解决方案，但需要事先知道异方差函数的形式，这在实践中通常难以实现。

在金融时间序列分析中，标准差与水平通常呈正相关，因此异方差函数常被假定为 $h(\mu_t) = \mu_t^2$，这使得对数变换在金融时间序列分析中较为普遍。然而，实践表明，这种假设过于简单，对数变换仅适用于部分方差随均值变化的序列。异方差的形式多种多样，对数变换无法将所有异方差序列转换为方差齐性序列。

下面介绍一种广泛用于宏观经济和金融领域的异方差处理方法：条件异方差模型。

5.6.2　条件异方差模型

在宏观经济和金融领域，时间序列常表现出这样的特性：在消除确定性非平稳因素后，残差序列的波动在大部分时间内是平稳的，但在某些时期波动显著增加，而在其他时期波动显著减小，即呈现出波动集聚特征。

例如，考察 1926—1991 年标准普尔 500 股票价值加权月度收益率序列（见图 5-61）的波动集聚特征。

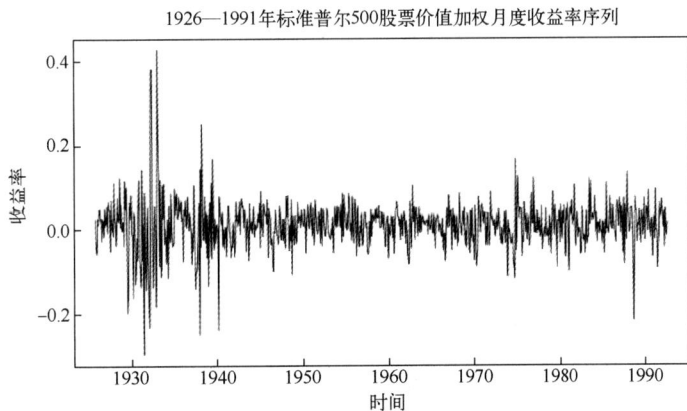

图 5-61　标准普尔 500 股票价值加权月度收益率时间序列图

图 5-61 显示该序列没有显著的非平稳特性，序列在零值附近波动，大部分时期的波动范围为 −0.1～0.1。

但是在一些特殊时期，如 1930 年前后、1940 年前后、1975 年前后及 1990 年前后，序列的波动加剧，这就是波动集聚特征。

进一步放大时间序列图，只考察 1926—1935 年这段时期的波动情况（见图 5-62），可以更清晰地看到一段时期的波动持续偏小、一段时期的波动持续偏大的显著集聚特征。

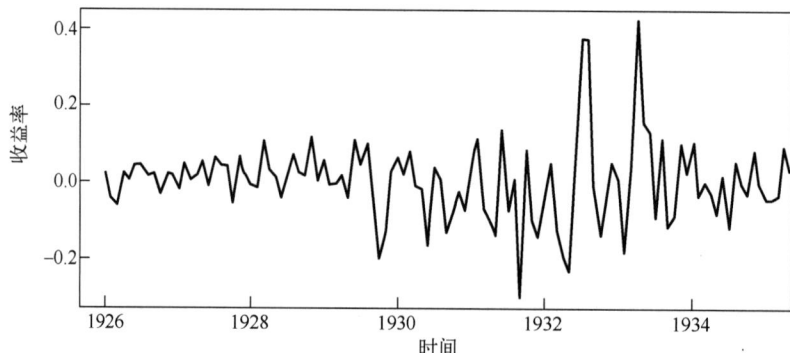

图 5-62　1926—1935 年标准普尔 500 股票价值加权月度收益率时间序列图

通常用方差来描述序列的波动，而波动集聚意味着在整体观察期内，序列的方差基本稳定，但在某些时期会显著偏离期望方差。这种特性给利率、汇率、通货膨胀率、股票价格指数等金融时间序列的预测带来了挑战，因为基于方差齐性的置信区间在波动集聚的情况下并不准确，导致不同时期的预测能力存在显著差异。对于资产持有者，他们关心的不是收益率在所有时期的平均表现，而是在持有资产期间，收益率是否会发生大的波动。因此，传统的基于全程方差齐性的分析方法难以满足需求。在这种情况下，需要使用能够考虑波动集聚的新模型，即自回归条件异方差模型（ARCH 模型）。

线上资源 5-26

ARCH 模型由 Engle 于 1982 年提出，最初用于分析英国的通货膨胀率，是一种残差平方自回归模型。

1. 构造原理

方差非齐的残差序列中蕴含着某种相关信息，可以通过构造适当的模型来提取这些信息，以获得序列异方差波动特性。

ARCH 模型的结构为

$$h_t = E(\varepsilon_t^2) = \omega + \sum_{j=1}^{q} \lambda_j \varepsilon_{t-j}^2$$

对于一个时间序列，通常关注以下两个关键条件统计量。

条件均值（μ_t）：在已知历史数据的情况下，条件均值 $\mu_t = E(y_t | y_{t-1}, y_{t-2}, \cdots)$。前面介绍的 ARIMA 模型、残差自回归模型和确定性因素分解模型都是针对序列均值的建模，主要用于预测和拟合序列的平均水平变化。

条件方差（σ_t^2）：在已知历史数据的情况下，条件方差 $\sigma_t^2 = \mathrm{Var}(y_t | y_{t-1}, y_{t-2}, \cdots)$。条件方差用于描述序列的波动，帮助估计置信区间。

　　传统方法在计算置信区间时假设残差序列具有方差齐性。然而，当序列具有波动集聚特征时，真实方差往往比假设的齐性方差更大，从而导致置信区间的实际覆盖率低于 95%。ARCH 模型旨在利用历史信息对条件方差进行建模，如式(5-28)所示，以应对波动集聚。

$$\mathrm{Var}(\varepsilon_t | \varepsilon_{t-1}, \varepsilon_{t-2}, \cdots) = E(\varepsilon_t^2 | \varepsilon_{t-1}, \varepsilon_{t-2}, \cdots) = \omega + \sum_{j=1}^{q} \lambda_j \varepsilon_{t-j}^2 \qquad (5\text{-}28)$$

　　完整的时间序列分析应同时关注水平和波动。通常，首先提取序列的水平信息，再进一步分析残差中的波动特性。只有综合水平和波动两方面的信息，才能实现更加全面和精确的分析。因此，使用 ARCH 模型提取异方差信息是建立完整结构的关键步骤之一。使用 ARCH 模型提取异方差中蕴含的相关信息的完整结构为

$$\begin{cases} x_t = f(t, x_{t-1}, x_{t-2}, \cdots) + \varepsilon_t \\ \varepsilon_t = \sqrt{h_t}\, e_t, \quad e_t \overset{\text{i.i.d}}{\sim} N(0, \sigma^2) \\ h_t = \omega + \sum_{j=1}^{q} \lambda_j \varepsilon_{t-j}^2 \end{cases} \qquad (5\text{-}29)$$

2. 异方差性检验

　　在构建 ARCH 模型之前，需要对序列进行异方差性检验，即 ARCH 效应检验。ARCH 效应检验是一种特殊的异方差性检验，旨在确定序列中的异方差性是否由自相关引起，并可通过残差序列的自回归模型来拟合。常用的检验统计量包括 Portmanteau Q 检验(McLeod 和 Li，1983)和拉格朗日乘子(LM)检验(Engle，1982)。

　　(1)Portmanteau Q 检验。

　　假设条件为

$$H_0: \text{残差平方序列纯随机} \leftrightarrow H_1: \text{残差平方序列自相关}$$

记 $\{\rho_k\}$ 为 $\{\varepsilon_t^2\}$ 延迟 k 阶的自相关系数，则等价假设条件为

$$H_0: \rho_1 = \rho_2 = \cdots = \rho_q = 0 \leftrightarrow H_1: \rho_1, \rho_2, \cdots, \rho_q \text{不全为零}$$

检验统计量为

$$Q(q) = n(n+2) \sum_{i=1}^{q} \frac{\rho_i^2}{n-i} \sim \chi^2(q-1)$$

　　检验判断：当 $Q(q) \geqslant \chi_{1-\alpha}^2(q-1)$ 时，拒绝原假设，即序列存在残差自相关性；若 $Q(q) < \chi_{1-\alpha}^2(q-1)$，则没有理由拒绝原假设，即认为该序列是纯随机序列。

　　(2)LM 检验。

　　LM 检验的核心思想是，在原假设(如方差齐性)下，通过检验似然函数的梯度(得分)来判断假设的合理性。如果原假设成立，则似然函数在约束下应已达到最大值，其梯度应接近零。LM 检验通过构造基于梯度的统计量来衡量这种偏离程度。

　　在 ARCH 效应检验中，LM 检验通过拟合模型残差[见式(5-30)]和构造辅助回归来测

试波动集聚特征。具体做法是，对残差平方进行回归分析，利用回归结果的 R^2 和样本量构造检验统计量，并与卡方分布做比较，从而判断是否拒绝方差齐性假设。

$$\varepsilon_t^2 = \omega + \sum_{j=1}^{q} \lambda_j \varepsilon_{t-j}^2 + e_t \tag{5-30}$$

如果回归方程显著成立（至少存在一个非零参数），则意味着残差平方序列具有自相关性，可以提取这些自相关信息。反之，如果回归方程不显著，则说明残差平方序列无显著自相关性，无法拒绝方差齐性假设。因此，LM 检验本质上是对残差平方序列自回归方程的显著性进行检验。

假设条件为

$$H_0 : 残差平方序列纯随机 \leftrightarrow H_1 : 残差平方序列具有自相关性$$

即

$$H_0 : \lambda_1 = \lambda_2 = \cdots = \lambda_q = 0 \leftrightarrow H_1 : \lambda_1, \lambda_2, \cdots \lambda_q 不全为零$$

检验统计量为

$$\mathrm{LM}(q) = TR^2 \tag{5-31}$$

式中，T 为样本容量；R^2 为辅助回归模型 [式 (5-30)] 的决定系数。

当 $\mathrm{LM}(q) \geqslant \chi_\alpha^2(q)$ 时，在显著性水平为 α 的条件下，拒绝原假设，即认为残差平方序列具有自相关性；当 $\mathrm{LM}(q) < \chi_\alpha^2(q)$ 时，没有充足的证据证明序列存在自相关性，即认为序列为纯随机序列。

例 5-21 对 1926—1991 年标准普尔 500 股票价值加权月度收益率序列进行 ARCH 效应检验。

对该序列进行方差齐性检验，一阶差分后的残差平方图如图 5-60 所示。Portamanteau Q 检验和 LM 检验的结果均显示残差平方序列具有显著的自相关性。R 代码的运行结果如下：

```
Breusch-Godfrey test for serial correlation of order up to 12
data: data_monthly ~ 1
LM test = 31.501, df = 12, p-value = 0.001651
```

结果表明，在 12 阶以内的残差中存在显著的自相关性，说明该时间序列存在 ARCH 效应。

Engle 提出 ARCH 模型之后，在金融界引起强烈反响，以前不具有预报性的大量金融时间序列可以采用 ARCH 模型进行进一步的信息提取，创造了实用的波动性分析和预测方法。

线上资源 5-27

3. ARCH 模型

设随机项 ε_t 的条件方差为

$$h_t = \mathrm{Var}(\varepsilon_t \mid \varepsilon_{t-1}, \cdots) \tag{5-32}$$

其中，h_t 为时刻 t 的条件方差，随时间而变。受到波动集聚特征的启发，假设随机项 ε_t 受到前一时刻随机项 ε_{t-1} 的影响，令

$$\varepsilon_t = v_t \sqrt{\alpha_0 + \alpha_1 \varepsilon_{t-1}^2} \tag{5-33}$$

其中，v_t 是均值为 0、方差为 1 的白噪声，且 v_t 与 ε_{t-1} 相互独立。为了保证根号中的表达式为正，令 $\alpha_0 \geq 0$，$\alpha_1 > 0$。另外，为了保证 $\{\varepsilon_t\}$ 是平稳过程，还要求 $\alpha_1 < 1$。

计算 ε_t 的条件数学期望。由 $E(v_t) = 0$ 可得

$$E(\varepsilon_t \mid \varepsilon_{t-1}) = E\left\{ v_t \sqrt{\alpha_0 + \alpha_1 \varepsilon_{t-1}^2} \mid \varepsilon_{t-1} \right\}$$
$$= E(v_t) E\left\{ \sqrt{\alpha_0 + \alpha_1 \varepsilon_{t-1}^2} \mid \varepsilon_{t-1} \right\}$$
$$= 0$$

类似地，导出 ε_t 的无条件数学期望：

$$E(\varepsilon_t) = E\left\{ v_t \sqrt{\alpha_0 + \alpha_1 \varepsilon_{t-1}^2} \right\} = E(v_t) E\left\{ \sqrt{\alpha_0 + \alpha_1 \varepsilon_{t-1}^2} \right\} = 0$$

下面导出 ε_t 的条件方差。由 $E(v_t^2) = 1$ 可得

$$h_t = \text{Var}(\varepsilon_t \mid \varepsilon_{t-1}) = E(\varepsilon_t \mid \varepsilon_{t-1})$$
$$= E\{ v_t^2 (\alpha_0 + \alpha_1 \varepsilon_{t-1}^2) \mid \varepsilon_{t-1} \}$$
$$= E(v_t^2) E\{ \alpha_0 + \alpha_1 \varepsilon_{t-1}^2 \mid \varepsilon_{t-1} \}$$
$$= \alpha_0 + \alpha_1 \varepsilon_{t-1}^2$$

说明 α_1 越大，$t-1$ 时刻随机项的平方对条件方差 h_t 的冲击越大，这就是 ARCH(1)。

进一步，考虑 ε_t 的无条件方差：

$$\text{Var}(\varepsilon_t) = E(\varepsilon_t^2) = E\{ v_t^2 (\alpha_0 + \alpha_1 \varepsilon_{t-1}^2) \}$$
$$= E(v_t^2) E\{ \alpha_0 + \alpha_1 \varepsilon_{t-1}^2 \} = \alpha_0 + \alpha_1 E(\varepsilon_{t-1}^2)$$

由于 $0 < \alpha_1 < 1$，因此差分方程

$$E(\varepsilon_t^2) = \alpha_0 + \alpha_1 E(\varepsilon_{t-1}^2)$$

有平稳解。令 $E(\varepsilon_t^2) = E(\varepsilon_{t-1}^2)$，可得

$$E(\varepsilon_t^2) = \frac{\alpha_0}{1 - \alpha_1}$$

即随机项 ε_t 的无条件方差是一个常数，不随时间变化。

最后考虑 ε_t 与 ε_{t-k} 的相关性，由 $E(v_t v_{t-k}) = 0$ 可得

$$E(v_t \varepsilon_{t-k}) = E\left\{ v_t v_{t-k} \sqrt{(\alpha_0 + \alpha_1 \varepsilon_{t-1}^2)(\alpha_0 + \alpha_1 \varepsilon_{t-k-1}^2)} \right\}$$
$$= E(v_t v_{t-k}) E\left\{ \sqrt{(\alpha_0 + \alpha_1 \varepsilon_{t-1}^2)(\alpha_0 + \alpha_1 \varepsilon_{t-k-1}^2)} \right\}$$
$$= 0$$

假设随机项 ε_t 受到前 q 个时刻随机项 $\varepsilon_{t-1}, \varepsilon_{t-2}, \cdots, \varepsilon_{t-q}$ 的影响，令

$$\varepsilon_t = v_t \sqrt{\alpha_0 + \alpha_1 \varepsilon_{t-1}^2 + \cdots + \alpha_q \varepsilon_{t-q}^2}$$

这里假定 $\alpha_0 \geq 0, \alpha_1 > 0, \cdots, \alpha_q > 0$ 和 $\alpha_1 + \alpha_2 + \cdots + \alpha_q < 1$，则残差序列为 ARCH($q$)模型，且满足

$$E(\varepsilon_t \mid \varepsilon_{t-1}, \cdots \varepsilon_{t-q}) = 0$$

$$h_t = \alpha_0 + \alpha_1 \varepsilon_{t-1}^2 + \cdots + \alpha_q \varepsilon_{t-q}^2$$

$$E(\varepsilon_t) = 0$$

$$E(\varepsilon_t^2) = \alpha_0 / (1 - \alpha_1 - \cdots - \alpha_q)$$

$$E(\varepsilon_t \varepsilon_{t-1}) = 0$$

对于 ARCH 模型的参数估计,这里以 ARCH(1)模型为例,在无条件假设下,随机项$\{\varepsilon_t\}$满足 Gauss-Markov 定理的条件,可用最小二乘估计,即线性无偏估计来估计参数。但最小二乘估计忽略了条件异方差这一重要信息,因此,通常采用最大似然估计。

假设样本容量为 n,由于随机项 ε_t 仅与 ε_{t-1} 有关,而不依赖 $\{\varepsilon_{t-2}, \varepsilon_{t-3}, \cdots\}$,因此将$\{\varepsilon_1, \varepsilon_2, \cdots, \varepsilon_n\}$的联合概率密度函数分解为

$$f(\varepsilon_1, \varepsilon_2, \cdots, \varepsilon_n) = f(\varepsilon_1)f(\varepsilon_2 \mid \varepsilon_1)f(\varepsilon_3 \mid \varepsilon_2, \varepsilon_1) \cdots f(\varepsilon_n \mid \varepsilon_{n-1}, \varepsilon_{n-2}, \cdots)$$
$$= f(\varepsilon_1)f(\varepsilon_2 \mid \varepsilon_1)f(\varepsilon_3 \mid \varepsilon_2) \cdots f(\varepsilon_n \mid \varepsilon_{n-1})$$

在计算时,略去不易计算的项 $f(\varepsilon_1)$,即考虑在 ε_1 给定的情况下的条件最大似然估计。假设 $\varepsilon_t \sim N(0, h_t)$,可得似然函数为

$$L(\alpha_0, \alpha_1) = \prod_{t=2}^{n} \frac{1}{\sqrt{2\pi(\alpha_0 + \alpha_1 \varepsilon_{t-1}^2)}} \exp\left[-\frac{\varepsilon_t^2}{2(\alpha_0 + \alpha_1 \varepsilon_{t-1}^2)}\right]$$

为求解方便,考虑负对数似然函数(略去常数项):

$$L(\alpha_0, \alpha_1) = \frac{1}{2} \sum_{t=2}^{n} \left\{ \ln(\alpha_0 + \alpha_1 \varepsilon_{t-1}^2) + \frac{\varepsilon_t^2}{\alpha_0 + \alpha_1 \varepsilon_{t-1}^2} \right\}$$

用优化方法求解极小点,得到参数的估计值。在计算中,随机项 ε_t 用模型的残差 $\hat{\varepsilon}_t$ 代替。

对于 ARCH(q)模型,参数估计的方法类似。在给定前 q 个样本的条件下,构造条件似然函数,并用优化方法求负对数似然函数的极小点。

5.6.3 广义自回归条件异方差模型

ARCH 模型的实质是使用误差平方序列的 q 阶移动平均拟合当期异方差函数。由于移动平均模型具有自相关系数 p 阶截尾特性,因此 ARCH 模型实际上只适用于异方差函数短期自相关过程,即

$$\sigma_t^2 = \lambda_0 + \lambda_1 \varepsilon_{t-1}^2 + \cdots + \lambda_q \varepsilon_{t-q}^2 \tag{5-34}$$

在实践中,一些残差序列的异方差具有长期自相关性,使用 ARCH 模型可能需要高阶移动平均项,这增加了参数估计的难度并影响模型的拟合精度。此外,ARCH 模型无法反映金融资产对正负扰动的不同反应,参数限制较强,仅描述了条件方差的变化而未解释其原因。尽管 ARCH 模型相对简单,但要全面刻画收益率的波动性,往往需要大量参数甚至高阶模型。

为了解决这些问题,Engle 的学生 Tim Bollerslev 于 1985 年提出了广义自回归条件异方差(GARCH)模型。

1. GARCH 模型的结构

GARCH(p,q)模型的结构如下:

$$\begin{cases} x_t = f(t, x_{t-1}, x_{t-2}, \cdots) + \varepsilon_t \\ \varepsilon_t = \sqrt{h_t}\, e_t \\ h_t = \omega + \sum_{i=1}^{p} \eta_i h_{t-i} + \sum_{j=1}^{q} \lambda_j \varepsilon_{t-j}^2 \end{cases} \tag{5-35}$$

GARCH 模型在 ARCH 模型的基础上引入异方差函数的高阶自相关性,从而能够有效拟合具有长期记忆的异方差性。ARCH 模型是 GARCH 模型的特例,具体来说,ARCH(q)相当于 GARCH(p,q)中 $p=0$ 的情况。

例5-22　为1926—1991年标准普尔500股票价值加权月度收益率序列建立GARCH模型。

由前面的 ARCH 效应检验可知,这个序列有异方差。综合多个统计指标,构建如下GARCH(1,1)模型:

$$x_t = 0.00584279 + \varepsilon_t$$
$$\sigma_t^2 = 0.00006803 + 0.10838293\varepsilon_{t-1}^2 + 0.87270637\sigma_{t-1}^2$$

代码结果如下:

```
Call:
 garchFit(formula = ~garch(1, 1), data = as.numeric(data_monthly),
    trace = FALSE)
Mean and Variance Equation:
 data ~ garch(1, 1)
[data = as.numeric(data_monthly)]
Conditional Distribution:norm
Coefficient(s):
       mu       omega      alpha1      beta1
0.00584279  0.00006803  0.10838293  0.87270637
Std. Errors:
 based on Hessian
Error Analysis:
       Estimate  Std. Error  t value  Pr(>|t|)
mu     5.843e-03  1.577e-03   3.706   0.000211  ***
omega  6.803e-05  2.537e-05   2.681   0.007339  **
alpha1 1.084e-01  2.073e-02   5.228   1.71e-07  ***
beta1  8.727e-01  2.006e-02   43.512  < 2e-16   ***
---
Signif. codes:  0 '***' 0.001 '**' 0.01 '*' 0.05 '.' 0.1 ' ' 1
Log Likelihood:
 1221.965    normalized: 1.589032
Standardised Residuals Tests:
                           Statistic       p-Value
 Jarque-Bera Test   R   Chi^2 226.397338 0.000000e+00
 Shapiro-Wilk Test  R   W       0.969813 1.655076e-11
 Box-Ljung Test     R   Q(10)  12.070695 2.803530e-01
 Box-Ljung Test     R   Q(15)  18.390449 2.426950e-01
 Box-Ljung Test     R   Q(20)  26.774094 1.417402e-01
```

```
    Box-Ljung Test      R^2 Q(10)      5.186321 8.783890e-01
    Box-Ljung Test      R^2 Q(15)      8.519336 9.012807e-01
    Box-Ljung Test      R^2 Q(20)     10.324306 9.619030e-01
    LM Arch Test        R   TR^2       7.242530 8.411787e-01
Information Criterion Statistics:
      AIC       BIC       SIC      HQIC
-3.167660 -3.143499 -3.167714 -3.158361
```

GARCH(1,1)模型的拟合结果表明，所有系数（均值、常数项、ARCH 项和 GARCH 项）均显著，且 alpha1 和 beta1 的和接近 1，显示波动具有较高的持久性，这意味着该模型在捕捉数据波动特性方面表现良好。Box-Ljung 和 LM Arch 检验的高 p 值表明残差没有显著的自相关性与剩余的 ARCH 效应，说明模型拟合效果良好。

然而，Jarque-Bera 和 Shapiro-Wilk 检验均表明残差不符合正态分布，可能具有尖峰厚尾特性，这是金融时间序列中的常见现象。因此，尽管该模型对波动性描述适当，但残差的非正态性需要在进一步分析中加以考虑。

拟合 GARCH 模型对序列 $\{\varepsilon_t\}$ 的基本要求是零均值、纯随机、异方差。然而，当回归函数 $(t, x_{t-1}, x_{t-2}, \cdots)$ 未能充分提取原序列中的相关信息时，序列 $\{\varepsilon_t\}$ 可能存在自相关性，而不是纯随机序列。在这种情况下，需要先对 $\{\varepsilon_t\}$ 拟合自回归模型，再检查自回归残差 $\{\upsilon_t\}$ 的方差齐性。如果残差存在异方差性，则对其拟合 GARCH 模型，构建的模型即 AR-GARCH 模型。

AR(m)-GARCH(p,q) 模型的结构为

$$\begin{cases} x_t = f(t, x_{t-1}, x_{t-2}, \cdots) + \varepsilon_t \\ \varepsilon_t = \sum_{k=1}^{m} \beta_k \varepsilon_{t-k} + \upsilon_t \\ \upsilon_t = \sqrt{h_t}\, e_t \\ h_t = \omega + \sum_{i=1}^{p} \eta_i h_{t-i} + \sum_{j=1}^{q} \lambda_j \upsilon_{t-j}^2 \end{cases} \tag{5-36}$$

例 5-23 分析并拟合 1979 年 12 月 31 日—1991 年 12 月 31 日外币对美元的日兑换率序列。外币对美元的日兑换率序列图及其差分序列图如图 5-63 所示。

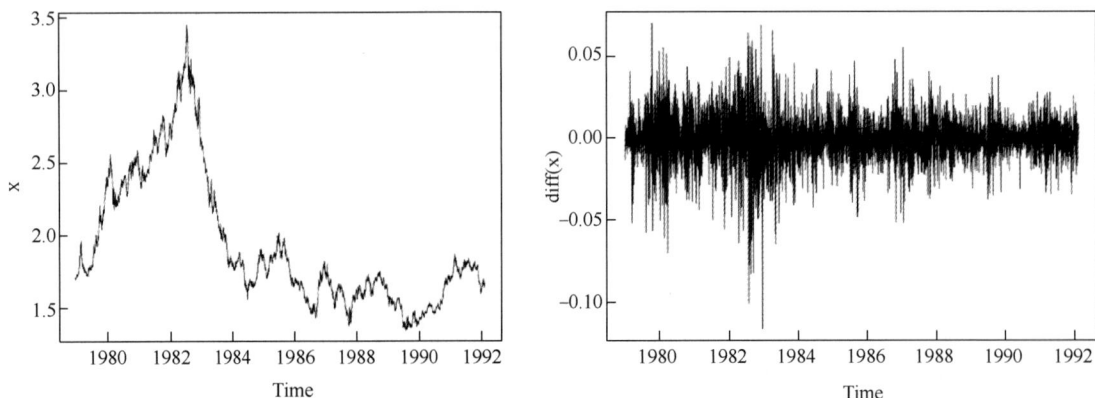

图 5-63 外币对美元的日兑换率序列图及其差分序列图

水平相关信息拟合为

$$x_t = x_{t-1} + \varepsilon_t$$
$$\Pr(Dh > -2.6011) < 0.006$$

残差自相关性拟合为

$$\varepsilon_t = -0.0365\varepsilon_{t-k} + \upsilon_t$$

一阶差分序列的自相关图和偏自相关图如图 5-64 所示。

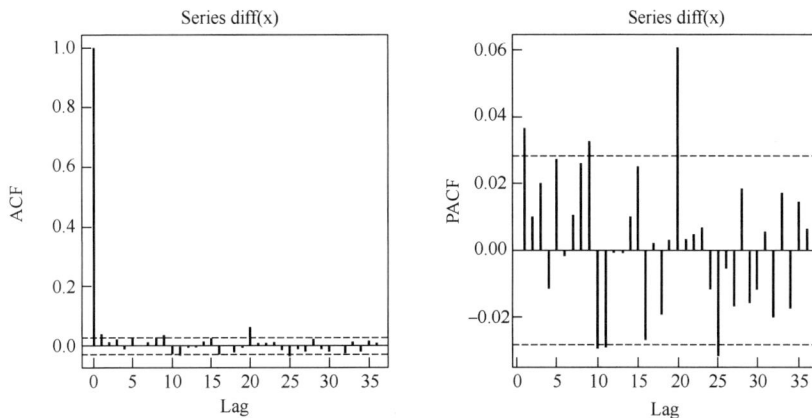

图 5-64　一阶差分序列的自相关图和偏自相关图

首先尝试构建 ARCH(q)模型，当 q=5 时，模型拟合结果显示 6 个参数均显著，这意味着序列的波动具有长期相关性。如果用 ARCH 模型进行拟合，则可能需要很大的 q 值。因此应该尝试构建 GARCH 模型。

构建如下 GARCH(1,1)模型：

$$\upsilon_{t-1} = \sqrt{h_t}e_t,\ e_t \overset{i.i.d}{\sim} N(0, 0.002007)$$
$$h_t = 0.9143h_{t-1} + 0.075\upsilon_{t-1}^2$$

这里以日元兑美元的汇率为例来拟合模型。

AR(1)-GARCH(1,1)模型为

$$\begin{cases} x_t = x_{t-1} + \varepsilon_t \\ \varepsilon_t = -0.0365\varepsilon_{t-k} + \upsilon_t \\ \upsilon_{t-1} = \sqrt{h_t}e_t,\quad e_t \overset{i.i.d}{\sim} N(0, 0.002007) \\ h_t = 0.9143h_{t-1} + 0.075\upsilon_{t-1}^2 \end{cases}$$

残差的 95%置信区间如图 5-65 所示。

GARCH 模型类似于对条件方差构造 ARMA 模型，可以用更简洁的模型结构拟合波动性的长期影响。

例 5-24　考虑当前比较热门的比特币兑美元的汇率，其原始序列图如图 5-66 所示。对该序列进行季节差分后检验序列的异方差性：

```
Breusch-Godfrey test for serial correlation of order up to 12
data:  btc_usd_diff ~ 1
LM test = 27.479, df = 12, p-value = 0.006588
```

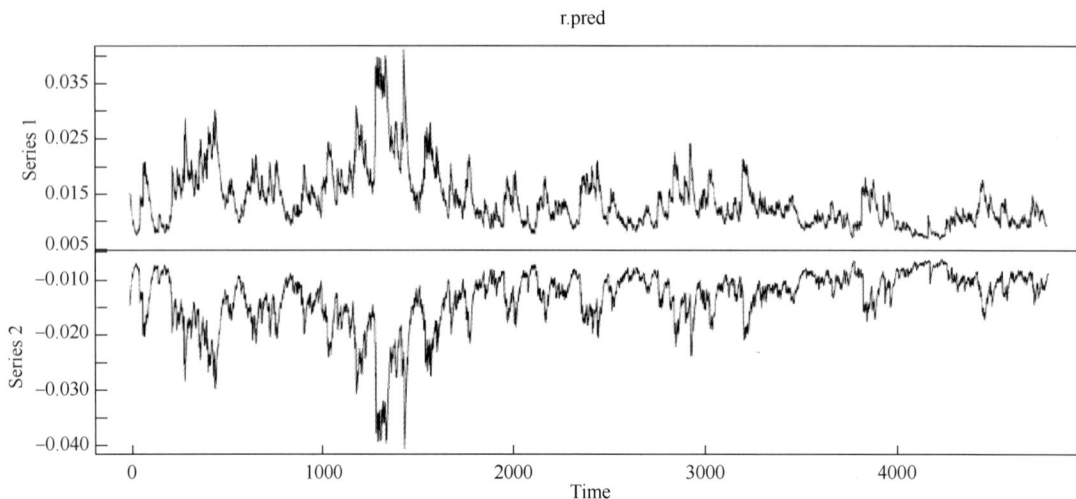

图 5-65　残差的 95%置信区间

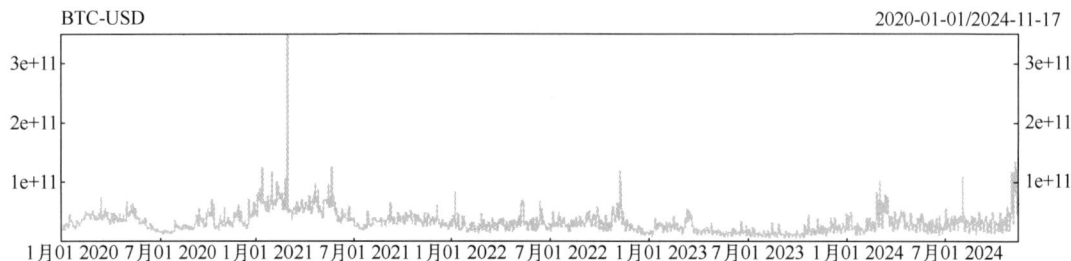

图 5-66　比特币兑美元原始序列图

结果表明，序列具有异方差性。尝试拟合 AR-GARCH 模型：

```
        Estimate   Std. Error   t value    Pr(>|t|)
mu       37.20088    14.65007     2.539     0.0111 *
ar1      -0.01970     0.02774    -0.710     0.4775
omega  5699.51007  1137.71453     5.010  5.45e-07 ***
alpha1    0.12586     0.01716     7.336  2.20e-13 ***
beta1     0.88870     0.01243    71.498   < 2e-16 ***
---
Signif. codes:  0 '***' 0.001 '**' 0.01 '*' 0.05 '.' 0.1 ' ' 1
```

参数估计结果显示，序列的一阶自相关系数并不显著。去掉一阶自相关项，重新构建 GARCH 模型，参数估计结果如下：

```
Estimate      Std.      Error       t value      Pr(>|t|)
mu       3.683e+01   1.466e+01      2.512       0.012 *
omega    5.706e+03   1.139e+03      5.008    5.51e-07 ***
alpha1   1.250e-01   1.695e-02      7.377    1.61e-13 ***
beta1    8.892e-01   1.232e-02     72.162     < 2e-16 ***
---
Signif. codes:  0 '***' 0.001 '**' 0.01 '*' 0.05 '.' 0.1 ' ' 1
```

```
Log Likelihood:
 -14730.29   normalized: -8.270795
Standardised Residuals Tests:
                          Statistic   p-Value
 Jarque-Bera Test   R   Chi^2    2096.5156286 0.0000000
 Shapiro-Wilk Test  R   W           0.9316686 0.0000000
 Box-Ljung Test     R   Q(10)      15.2396097 0.1235672
 Box-Ljung Test     R   Q(15)      21.0005753 0.1368109
 Box-Ljung Test     R   Q(20)      22.8945112 0.2940039
 Box-Ljung Test     R^2 Q(10)       8.1796147 0.6112974
 Box-Ljung Test     R^2 Q(15)       9.9624977 0.8220923
 Box-Ljung Test     R^2 Q(20)      14.0850580 0.8261572
 LM Arch Test       R   TR^2        9.0972157 0.6946052
Information Criterion Statistics:
    AIC      BIC      SIC      HQIC
16.54608 16.55840 16.54607 16.55063
    Box-Ljung test
data: residuals
X-squared = 22.895, df = 20, p-value = 0.294
```

因此，模型最终的口径为

$$x_t = 36.85 + \varepsilon_t$$

$$\sigma_t^2 = 5709.96 + 0.12551\varepsilon_{t-1}^2 + 0.8889\sigma_{t-1}^2$$

拟合结果表明，均值项显著，且模型的参数（omega、alpha1、beta1）均在 95% 显著性水平下高度显著，说明存在明显的长期和短期波动特性。标准化残差的 Jarque-Bera 检验显示残差不符合正态分布，但 Box-Ljung 检验和 LM Arch 检验均表明残差与残差平方序列没有显著自相关性，说明模型较好地捕捉了数据中的异方差性。尽管 AIC 和 BIC 值较大，但模型仍适合描述该数据的波动特性。

线上资源 5-28

GARCH 模型的出现为大量的金融时间序列提供了有效的分析方法，它是迄今为止最常用、最便捷的异方差序列拟合模型。但大量的使用经验显示，它也存在一些不足。

它对参数的约束条件非常严格。

无条件方差必须非负的要求导致了参数非负的约束条件：

$$\omega > 0, \quad \eta_i \geqslant 0, \quad \lambda_j \geqslant 0 \tag{5-37}$$

有条件方差必须平稳的要求使参数有界：

$$\sum_{i=1}^{p}\eta_i + \sum_{j=1}^{q}\lambda_j < 1 \tag{5-38}$$

GARCH 模型的参数约束条件在一定程度上限制了其适用范围，特别是模型对正负扰动的反应是对称的。扰动项定义为真实值与预测值之差：当扰动项为正时，真实值大于预测值，意味着投资者获得了超预期收益；当扰动项为负时，真实值小于预测值，表示超预期亏损。

以 ARCH(1)模型为例，其方程为 $\varepsilon_t^2 = \phi\varepsilon_{t-1}^2$，无论上一期的扰动项 ε_{t-1} 是正还是负，它对下一期的影响系数始终是 ϕ。这意味着，无论上一期的投资表现是收益还是亏损，它对下一期的影响是相同的，这与实际情况不符。大量实践表明，投资者在面对收益和亏损时的反应存在明显的不对称性：对收益的反应通常较为缓慢，而对亏损的反应则更为迅速。忽视这种不对称性可能会降低预测精度。

为打破 GARCH 模型的这些局限性，发展了多种衍生模型。下面介绍 3 种应用广泛且相对成熟的衍生模型：EGARCH、IGARCH 和 GARCH-M。Nelson 于 1991 年提出了 EGARCH 模型：

$$\begin{cases} x_t = f(t, x_{t-1}, x_{t-2}, \cdots) + \varepsilon_t \\ \varepsilon_t = \sqrt{h_t}\, e_t \\ \ln(h_t) = \omega \sum_{i=1}^{p} \eta_i \ln(h_{t-i}) + \sum_{j=1}^{q} \lambda_j g(e_t) \\ g(e_t) = \theta e_t + \gamma[|e_t| - E|e_t|] \end{cases} \tag{5-39}$$

其中，$\ln(h_t)$ 是条件方差的对数，它可以是正数也可以是负数，因此表达式

$$\omega + \sum_{i=1}^{p} \eta_i \ln(h_{t-i}) + \sum_{j=1}^{q} \lambda_j g(e_t)$$

中的参数不需要任何非负假定，EGARCH 模型的第一个改进是放松了对 GARCH 模型的参数非负约束。

EGARCH 模型的第二个改进是引入了加权扰动函数 $g(e_t)$，通过特殊的函数构造，能对正负扰动进行非对称处理：

$$g(e_t) = \theta\varepsilon_t + \gamma[|e_t| - E|e_t|] = \begin{cases} (\theta + \gamma)e_t - \gamma E|e_t| & e_t > 0 \\ (\theta - \gamma)e_t - \gamma E|e_t| & e_t < 0 \end{cases}$$

其中

$$E[g(e_t)] = 0, \quad e_t \sim N(0,1), \quad E|e_t| = \sqrt{\frac{2}{\pi}}$$

Nelson 于 1990 年提出了 IGARCH 模型，即把 GARCH(p,q)模型的参数约束条件改写为

$$\sum_{i=1}^{p} \eta_i + \sum_{j=1}^{q} \lambda_j = 1$$

以构成 IGARCH 模型。对 IGARCH 模型而言，ε_t 的无条件方差无界，因此它的无条件方差无意义。

IGARCH 模型适合描述具有单位根特征(随机游走)的条件异方差。从理论角度考虑，IGARCH 现象可能是由波动性常有的水平移动引起的。

IGARCH(1,1)模型的结构如下：

$$\begin{cases} \varepsilon_t = \sigma_t e_t \\ \sigma_t^2 = \alpha_0 + \beta_1 \sigma_{t-1}^2 + (1 - \beta_1)e_{t-1}^2 \end{cases}$$

其中

$$e_t \overset{\text{i.i.d}}{\sim} N(0,1), \quad 0 < \alpha_0 < 1, \quad \beta_1 \geqslant 0$$

IGARCH(1,1)模型的条件异方差预测值为

$$\sigma_t^2(1) = \alpha_0 + \sigma_t^2$$
$$\sigma_t^2(2) = \alpha_0 + \sigma_t^2(1) = 2\alpha_0 + \sigma_t^2$$
$$\vdots$$
$$\sigma_t^2(h) = \alpha_0 + \sigma_t^2(h-1) = h\alpha_0 + \sigma_t^2$$

在金融领域，风险厌恶型投资者通常要求资产的收益率与其波动性相匹配。投资期望收益可以表示为无风险收益 + 风险溢价。无风险收益：反映资金的时间价值，是投资者通过几乎无风险的投资（如国库券、货币市场工具或银行存款）获得的收益。超额收益：特定时期内风险资产收益与无风险资产收益之间的差额。风险溢价：超额收益的期望值，代表投资者因承担风险而获得的额外报酬。风险越大，风险溢价越高。Engle、Lilien 和 Robins（1987）将风险溢价的概念引入 ARCH 模型，提出了允许序列的均值依赖其波动性的 GARCH-M 模型。GARCH-M 模型的核心思想是序列的均值与条件方差存在某种相关性，因此可以将条件标准差作为附加回归因子来建模，其结构如下：

$$\begin{cases} x_t = f(t, x_{t-1}, x_{t-2}, \cdots) + \delta\sqrt{h_t} + \varepsilon_t \\ \varepsilon_t = \sqrt{h_t}\, e_t \\ h_t = \omega + \sum_{i=1}^{p} \eta_i h_{t-i} + \sum_{j=1}^{q} \lambda_j \varepsilon_{t-j}^2 \end{cases} \tag{5-40}$$

2. GARCH 模型的 R 操作

在 R 中，GARCH 模型的计算函数并不在 R 的基本库中，需要下载和加载其他的扩展程序包来增强这方面的功能，如 tseries 程序包、TSA 程序包等。

（1）GARCH 模型的模拟。

例如，模拟生成一个 ARCH(2)过程，其中参数设置为 $\alpha_0 = 0.1, \alpha_1 = 0.5, \alpha_2 = 0.2$：

```
# 参数设置
set.seed(12356);alpha0 <- 0.1;alpha <- c(0.5, 0.2);
# 初始化序列
v <- rnorm(1100);e <- numeric(1100)
# 设置初始值，保证序列的平稳性
e[1:2] <- rnorm(2, sd = sqrt(alpha0 / (1 - alpha[1] - alpha[2])))
# 生成 ARCH(2)过程
for (t in 3:1100) {
  e[t] <- v[t] * sqrt(alpha0 + alpha[1] * e[t - 1]^2 + alpha[2] * e[t - 2]^2)
}
# 提取平稳部分的序列
e_arch <- ts(e[101:1100])
```

事实上，可以使用 TSA 程序包中的 garch.sim()函数直接生成所需的 ARCH 或 GARCH 过程，避免上述烦琐的手动模拟。garch.sim()函数的使用格式如下：

```
garch.sim(alpha, beta, n = 100, rnd = rnorm, ntrans = 100, ...)
```

garch.sim()函数中参数的名称、取值及意义如表 5-8 所示，返回值是长度为 n 的模拟序列。使用该函数前需要加载 TSA 程序包。

表 5-8　garch.sim()函数中参数的名称、取值及意义

名称	取值及意义
alpha	向量，表示 ARCH 模型中的 α 系数，其中 α_0 为第 1 个系数
beta	向量，表示 GARCH 模型中的 β 系数
n	正整数，表示模拟序列的个数
rnd	随机数的分布，表示噪声的分布，默认值为正态分布
ntrans	正整数，表示去掉的初始仿真数据的个数

例如，使用 garch.sim()函数模拟生成 ARCH(2)过程的命令如下：

```
e_arch <- garch.sim(alpha = c(0.1, 0.5, 0.2), n = 1000)
```

同样，生成 GARCH(1,1)过程的命令如下：

```
e_garch <- garch.sim(alpha = c(0.1, 0.5), beta = 0.2, n = 1000)
```

(2)GARCH 模型的参数估计。

可以用 tseries 程序包中的 garch()函数估计 ARCH 模型或 GARCH 模型的参数，其使用格式如下：

```
garch(x,order = c(1, 1),series = NULL,
    control = garch. control(...),...
```

garch()函数中参数的名称、取值及意义如表 5-9 所示。该函数的返回值是一个列表，其成员有阶数、系数的估计值、模型残差等。

表 5-9　garch()函数中参数的名称、取值及意义

名称	取值及意义
x	数值向量或时间序列
order	二维整数向量。其中，第 2 个分量表示 GARCH 的阶数 p，第 1 个分量表示 ARCH 模型的阶数 q，默认阶数均为 1

例如，估计 ARCH(2)模型的命令如下：

```
arch_sol <- garch(e_arch, order = c(0, 2))
```

又如，估计 GARCH(1,1)模型的命令如下：

```
garch_sol <- garch(e_garch)
```

其中，e_arch 和 e_garch 是之前模拟生成的序列。在调用 garch()函数时，会显示模型估计的中间过程及最终的参数估计结果。

可以使用 summary.garch()(或简写为 summary())函数来检验模型，格式如下：

```
summary(object, ...)
```

其中，object 是 garch()函数生成的对象。该函数将列出模型的参数估计值、标准差、t 值及相应的 p 值，并提供模型的 Jarque-Bera 检验和 Box-Ljung 检验的统计量等信息。

例如：

```
# 第 1 部分
summary (arch . sol)
Call:
garcb(x = e.arch, order = c(0, 2))
# 第 2 部分
Model :
GARCH(0,2)
# 第 3 部分
Residuals:
Min        1Q        Median      3Q        Max
-2.92120 -0.71007   -0. 02454    0.58861   3.54049
# 第 4 部分
Coefficient(s):
        Estimate    Std. Error    t value     Pr(>ItI )
a0      0. 09784    0.00910       10.752      < 2e-16 ***
a1      0.55987     0.07185       7.792       6.66e-15 ***
a2      0.19051     0.05699       3.343       . 000829 ***
# 第 5 部分
Diagnostic Tests:
Jarque Bera Test
data: Residuals
X-squared = 0. 63237, df = 2, p-value = 0. 7289
# 第 6 部分
Box-Ljung test
data: Squared . Residuals
X-squared = 0.10516, df = 1, p-value = 0. 7457
```

第 1 部分列出了调用的函数；第 2 部分列出了异方差模型；第 3 部分列出了模型残差的 5 位数，即最小值、$\frac{1}{4}$ 位数、中位数、$\frac{3}{4}$ 位数和最大值；第 4 部分列出了参数估计值、标准差、t 值和相应的 p 值，从 p 值来看，所有系数均通过检验；第 5 部分列出了残差的 Jarque-Bera 检验的情况，从 p 值来看，残差服从正态分布；第 6 部分列出了残差平方的 Box-Ljung 检验，从 p 值来看，残差平方是独立的。

还可以用 plot.garch()（简写为 plot()）函数画出 ARCH 模型或 GARCH 模型的诊断图。例如：

```
plot (arch. sol)
```

显示多种图形：

```
1:   Time Series
2:   Conditional SD
3:   Series with 2 Conditional SD Superimposed
4:   ACF of Observations
5:   ACF of Squared Observations
6:   Cross Correlation
```

```
7:   Residuals
8:   Conditional SDs
9:   Standardized Residuals
10:  ACF of Standardized Residuals
11:  ACF of Squared Standardized Residuals
12:  Cross Correlation between r^2 and r
13:  QQ-Plot of Standardized Residuals
14:  Series with -VaR Superimposed
15:  Series with -ES Superimposed
16:  Series with -VaR & -ES Superimposed
```

5.7 案例分析：道琼斯工业平均指数

这里介绍 DJIA 序列，它来自 astsa 扩展包中的数据集 djia，它是 xts 格式的数据，除需要加载 astsa 扩展包外，还需要加载 xts 扩展包。

数据集 djia 的数据格式如下：

	Open	High	Low	Close	Volume
2006-04-20	11278.53	11384.11	11275.05	11342.89	336420000
2006-04-21	11343.45	11405.88	11316.79	11347.45	325090000
2006-04-24	11346.81	11359.70	11305.83	11336.32	232000000
⋮	⋮	⋮	⋮	⋮	⋮
2016-04-18	17890.20	18009.53	17848.22	18004.16	89390000
2016-04-19	18012.10	18103.46	17984.43	18053.60	89820000
2016-04-20	18059.49	18167.63	18031.21	18096.27	100210000

它共有 5 列，分别代表指数的开盘值、最高值、最低值、收盘值及成交量，时间是从 2006 年 4 月 21 日到 2016 年 4 月 20 日。

这里以收盘指数作为分析对象。设 X_t 为第 t 天的收盘指数，则 $r_t = (x_t - x_{t-1})/x_{t-1}$ 为第 t 天的收益率，当 r_t 不大时，有

$$r_t \approx \log(1 + r_t) = \log(x_t / x_{t-1}) = \log(x_t) - \log(x_{t-1})$$

即收益率近似等于收盘指数的对数差。因此，用数据的对数差来分析收益率；有时还乘以 100，用百分比表示收益率。

第一步，画出收益率时间序列图，如图 5-67 所示。

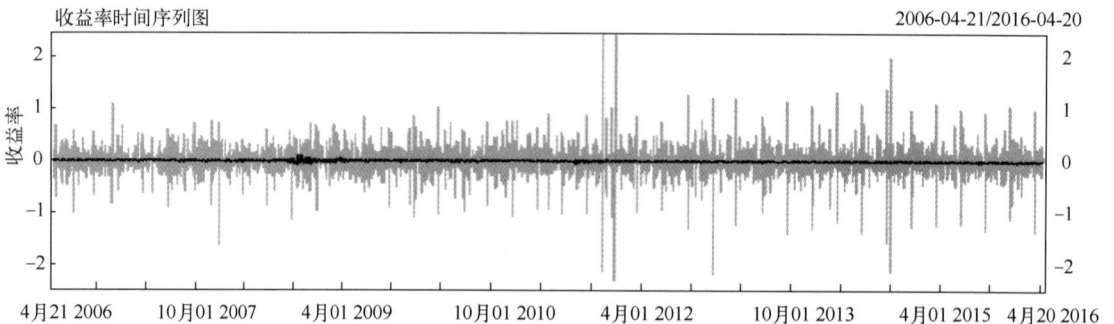

图 5-67 收益率时间序列图

第二步，建立 ARMA 模型。用 acf() 和 pacf() 函数（或 acf2() 函数）画出序列的自相关图和偏自相关图（见图 5-68），用来确定 ARMA 模型的阶数；或者在进行参数估计时，结合模型的 BIC 值确定阶数。

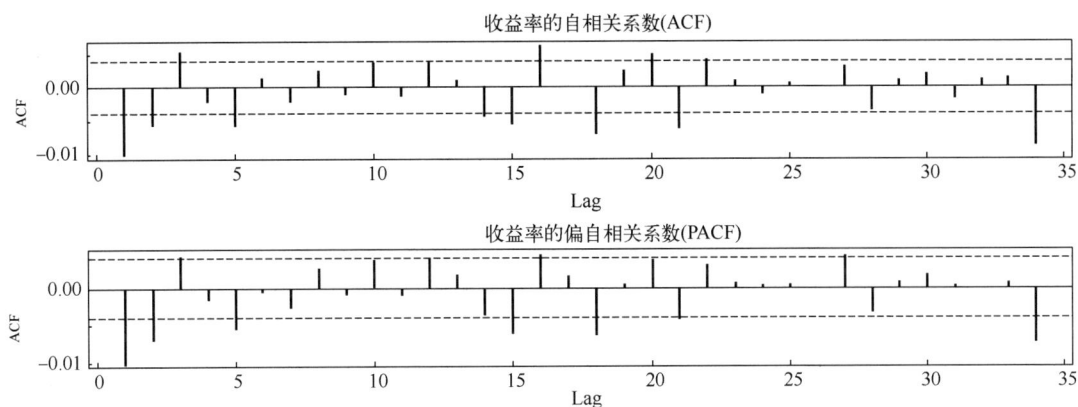

图 5-68　收益率序列的自相关图、偏自相关图

确定为 AR(2) 模型：

```
ARIMA(2,0,0) with zero mean
Coefficients:
         ar1      ar2
     -0.1080  -0.0688
s.e.   0.0199   0.0199

sigma^2 = 0.0001443: log likelihood = 7558.84
AIC=-15111.68   AICc=-15111.67   BIC=-15094.19
Training set error measures:
             ME        RMSE        MAE MPE MAPE     MASE       ACF1
Training set 0.0002181421 0.01200949 0.007908913 Inf  Inf 0.6645569
0.002418632
```

第三步，分析残差是否具有条件异方差性。画出残差平方的自相关图，结果表明残差具有条件异方差性，如图 5-69 所示。

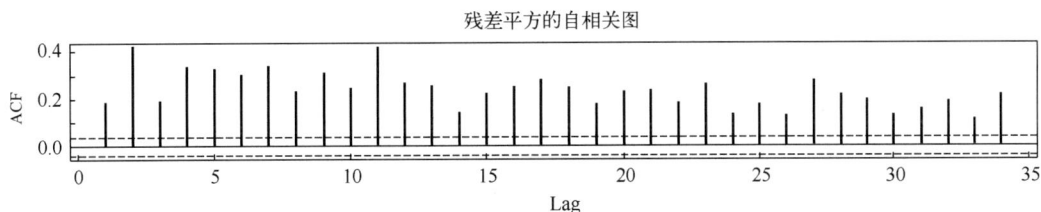

图 5-69　ARMA(2,3) 模型残差平方的自相关图

第四步，确定 ARCH 模型或 GARCH 模型的阶数。建立 GARCH(1,1) 模型：

```
Conditional Variance Dynamics
-----------------------------------
GARCH Model : sGARCH(1,1)
Mean Model  : ARFIMA(2,0,0)
```

```
Distribution   : norm
Optimal Parameters
------------------------------------
        Estimate  Std. Error  t value Pr(>|t|)
mu      0.000658   0.000146    4.5050 0.000007
ar1    -0.053394   0.021758   -2.4540 0.014128
ar2    -0.021785   0.021351   -1.0203 0.307575
omega   0.000002   0.000001    2.2396 0.025114
alpha1  0.120532   0.014177    8.5020 0.000000
beta1   0.862070   0.014244   60.5235 0.000000

Robust Standard Errors:
        Estimate  Std. Error  t value Pr(>|t|)
mu      0.000658   0.000132   4.97584 0.000001
ar1    -0.053394   0.020660  -2.58449 0.009752
ar2    -0.021785   0.021538  -1.01146 0.311795
omega   0.000002   0.000005   0.43968 0.660168
alpha1  0.120532   0.034336   3.51032 0.000448
beta1   0.862070   0.046644  18.48207 0.000000


LogLikelihood : 8202.756


Information Criteria
------------------------------------


Akaike      -6.5131
Bayes       -6.4992
Shibata     -6.5131
Hannan-Quinn -6.5081


Weighted Box-Ljung Test on Standardized Residuals
------------------------------------
                        statistic       p-value
Lag[1]                  0.001594        0.9682
Lag[2*(p+q)+(p+q)-1][5] 2.461743        0.7986
Lag[4*(p+q)+(p+q)-1][9] 7.205208        0.1095
d.o.f=2
H0 : No serial correlation

Weighted Box-Ljung Test on Standardized Squared Residuals
------------------------------------
                        statistic  p-value
Lag[1]                  6.145      0.01318
Lag[2*(p+q)+(p+q)-1][5] 9.742      0.01072
Lag[4*(p+q)+(p+q)-1][9] 10.716     0.03511
d.o.f=2


Weighted ARCH LM Tests
------------------------------------
```

```
          Statistic Shape Scale p-Value
ARCH Lag[3]   0.3699 0.500 2.000  0.5431
ARCH Lag[5]   0.9675 1.440 1.667  0.7426
ARCH Lag[7]   1.0546 2.315 1.543  0.9045


Nyblom stability test
------------------------------------
Joint Statistic: 21.8732
Individual Statistics:
mu     0.05212
ar1    0.12815
ar2    0.18001
omega  2.08089
alpha1 0.44748
beta1  0.73892


Asymptotic Critical Values (10% 5% 1%)
Joint Statistic:       1.49 1.68 2.12
Individual Statistic:  0.35 0.47 0.75


Sign Bias Test
------------------------------------
                     t-value     prob sig
Sign Bias            2.597       0.009445 ***
Negative Sign Bias   1.647       0.099626  *
Positive Sign Bias   2.005       0.045068 **
Joint Effect         20.150      0.000158 ***
Adjusted Pearson Goodness-of-Fit Test:
------------------------------------
  group statistic p-value(g-1)
1    20    132.9    4.126e-19
2    30    151.2    1.761e-18
3    40    166.7    9.987e-18
4    50    177.7    1.729e-16
```

　　结果显示，在所构建的 GARCH(1,1)模型中，异方差模型参数在 99.9%显著性水平下显著，表明模型参数对描述波动性具有重要作用；GARCH(1,1)模型较好地捕捉了数据中的条件异方差性。

　　第五步，GARCH 模型的残差诊断。残差白相关图和 Q-Q 图（见图 5-70）显示序列信息提取充分，模型可用于预测。综上，最终拟合的模型 AR(2)-GARCH(1,1)的口径为

$$\begin{cases} x_t = 0.000658 - 0.053394x_{t-1} - 0.021785x_{t-2} + \varepsilon_t \\ \varepsilon_t = z_t\sigma_t, \ z_t \sim N(0,1) \\ \sigma_t^2 = 0.000002 + 0.120532\varepsilon_{t-1}^2 + 0.862070\sigma_{t-1}^2 \end{cases}$$

　　ARIMA(2,0,0)模型的残差分析显示出较小的均方误差（RMSE = 0.012），但 MAPE 值显示为无穷大，说明其在训练集上的表现可能存在一些问题。对于 GARCH(1,1)模型，均值模型中的 ar1 参数显著，但 ar2 参数不显著，说明模型可能可以简化为 AR(1)模型。方差模型中的 alpha1 和 beta1 参数均显著，表明条件异方差性存在。

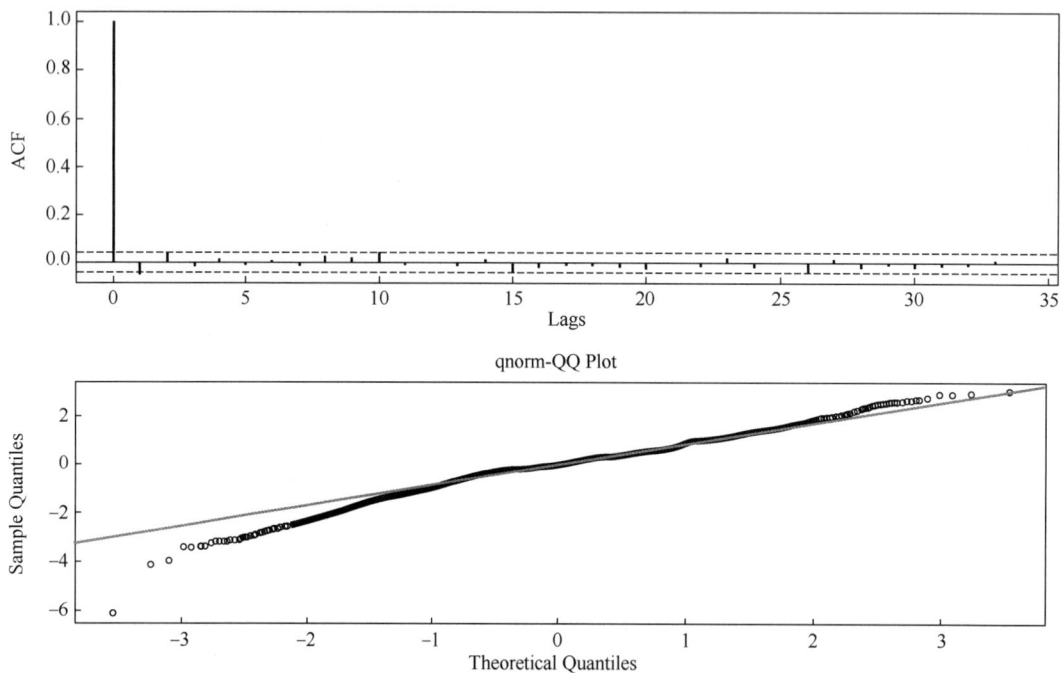

图 5-70　GARCH 模型的残差诊断图

从鲁棒性和诊断测试来看，标准化残差的 Box-Ljung 检验显示部分延迟期有显著性，表明可能存在一些未被捕捉的序列相关性。LM Arch 检验显示残差中没有显著的 ARCH 效应，这表明 GARCH(1,1)模型很好地捕捉了条件异方差性。

第六步，模型拟合和预测，结果如图 5-71 所示。

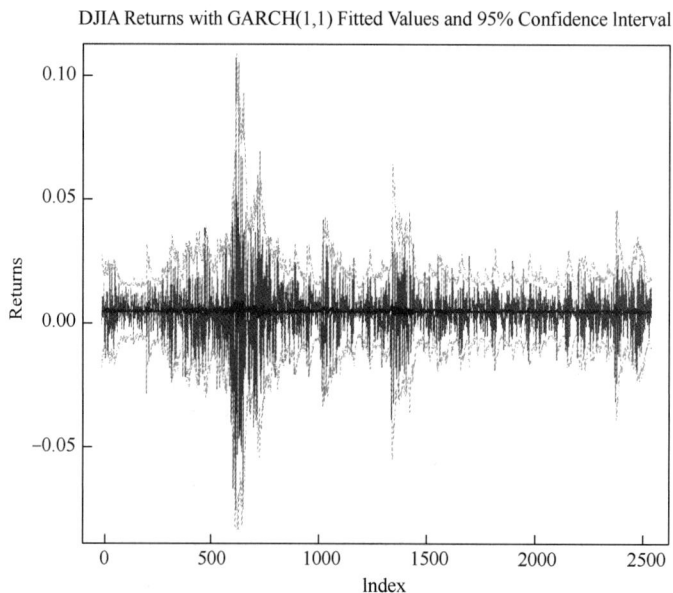

线上资源 5-29

图 5-71　模型拟合和预测结果

习　题

1．使用差分方法将非平稳时间序列转换为平稳时间序列，并给出差分操作的数学表达式。

2．描述 ARCH 和 GARCH 模型的基本结构，并解释这些模型如何用于描述时间序列中的条件异方差性。

3．试对一个非平稳的金融时间序列（如股价收益率）进行建模，分别采用 ARIMA 和 GARCH 模型实现，并比较这两种模型的适用性。

4．解释波动集聚现象，并描述如何在时间序列模型中捕捉这种特性。

5．请简述 Box-Jenkins 方法用于时间序列建模的步骤，包括模型识别、参数估计和诊断检验。

第 6 章　非平稳时间序列的确定性分析

6.1　时间序列的因素分解

时间序列的变化通常受到多个因素的共同影响，导致其在不同时间点上的取值存在差异。这些因素可以被视为时间序列的组成要素。英国统计学家 W.M. Persons 于 1919 年在其论文《商业环境的指标》中提出，时间序列的变化可以分解为 4 个主要方面：长期趋势、循环波动、季节变动和随机波动，这也被称为时间序列的因素分解法。

长期趋势 (Trend)：序列呈现出明显的长期递增或递减趋势，反映出时间序列的长期变化方向。

循环波动 (Cycle)：序列在长时间范围内表现出先从低到高再从高到低的反复循环。循环的周期可以长短不一，且不一定是固定的。

季节变动 (Seasonality)：序列呈现出与季节相关的稳定周期性变动，这种周期最初基于季节变化，但后来也可以拓展到任何稳定的周期性变动。

随机波动 (Random Fluctuation)：除长期趋势、循环波动和季节变动外，所有不可由这些确定性因素解释的序列波动都属于随机波动。

在对时间序列进行分析时，统计学家通常假定序列受到上述 4 个因素中的部分或全部的影响，进而表现出特定的波动特性。换句话说，任何一个时间序列都可以通过上述 4 个因素的某种组合来描述其变化，即

$$x_t = f(T_t, C_t, S_t, I_t) \tag{6-1}$$

常用模型如下。

加法模型：$x_t = T_t + C_t + S_t + I_t$。

乘法模型：$x_t = T_t \times C_t \times S_t \times I_t$。

在观测期不足的情况下，循环波动和长期趋势的影响难以准确区分。很多经济和社会现象呈现出"上行—峰顶—下行—谷底"的重复循环，但这些周期通常很长且长度不固定。例如：

韦斯利·米歇尔周期：经济周期持续时间从 1 年到 10 年或 12 年不等。

基钦周期：平均周期长度为 40 个月。

朱格拉周期：平均周期长度为 10 年。

库兹涅茨周期：平均周期长度为 20 年。

康德拉季耶夫周期：平均周期长度为 53.3 年。

如果序列观测期不足以覆盖多个完整周期，那么部分周期可能与趋势相重叠，导致难以准确分离周期性影响。

此外，一些社会和经济现象受到特殊日期的显著影响，但这些影响在传统的因素分

解模型中未被纳入。例如，在股票交易中，成交量、开盘价和收盘价可能因交易日而异，同一只股票在周一和周五的波动可能显著不同；超市销售情况也因工作日、周末和重大节日而有很大的差异；节日(如春节、端午节、中秋节等)对零售、旅游和运输等行业的影响尤为明显。

如果观测期不足，那么建议将循环波动因素替换为交易日因素，形成新的四大因素：长期趋势(T)、季节变动(S)、交易日(D)和随机波动(I)。

加法模型： $x_t = T_t + S_t + D_t + I_t$。

乘法模型： $x_t = T_t \times S_t \times D_t \times I_t$。

伪加法模型： $x_t = T_t \times (S_t + D_t + I_t - 1)$。

对数加法模型： $\log x_t = \log T_t + \log S_t + \log D_t + \log I_t$。

基于因素分解法进行确定性时间序列分析的主要目的如下。

(1)消除其他因素的干扰，准确测量特定因素(如季节变动、长期趋势、交易日)对序列的影响。

(2)根据序列的确定性选择合适的方法进行综合预测。

例 6-1 考察 1981—1990 年澳大利亚政府季度消费支出序列(见图 6-1)的确定性影响因素，并选择因素分解模型。

从图 6-1 中可以看出，该序列呈现出明显的线性递增趋势和年周期的季节变动，但缺乏显著的经济周期循环特性和交易日影响。因此，可以确定序列受到长期趋势、季节变动和随机波动 3 个因素的影响。

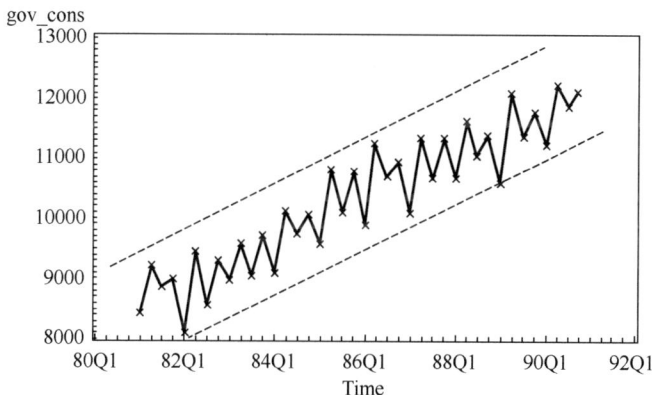

图 6-1　澳大利亚政府季度消费支出时间序列图

图 6-1 还显示，随着趋势的上升，每个季节的波动幅度相对稳定(如图 6-1 中的虚线所示，周期波动范围近似平行)，说明季节变动不受趋势的影响。因此，适合采用加法模型：

$$x_t = T_t + S_t + I_t$$

例 6-2 考察 1993—2000 年中国社会消费品零售总额序列(见图 6-2)的确定性影响因素，并选择因素分解模型。

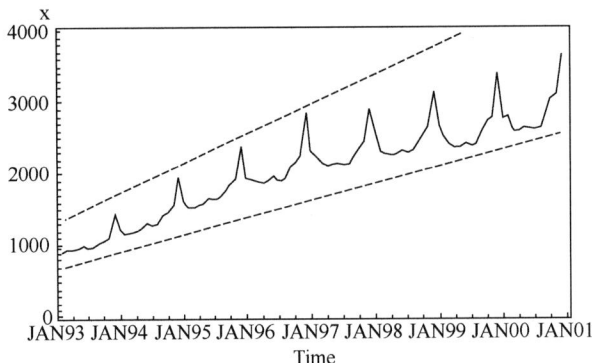

图 6-2 中国社会消费品零售总额时间序列图

从图 6-2 中可以看出，该序列呈现出明显的线性递增趋势和年周期的季节变动，缺乏显著的经济周期循环特性和交易日影响。因此，可以确定序列受到长期趋势、季节变动和随机波动 3 个因素的影响。图 6-2 显示，随着趋势的上升，季节波动幅度也在增大（如图 6-2 中的虚线所示，周期波动范围随着趋势的上升而扩大，呈喇叭形），这表明季节变动受到趋势的影响，因此适合采用乘法模型：

$$x_t = T_t \times S_t \times I_t$$

对于模型中的趋势效应 T_t，提取方法有很多，如平滑法、构建序列与时间 t 的线性回归方程或曲线回归方程，或者构建序列与历史信息的自回归方程等。

6.2 平　滑　法

如果时间序列在一定的时间范围内较为稳定，序列值间的差异主要由随机波动引起，则可以使用平滑法，通过一段时间内的均值来估计某一时刻的值。

根据序列是否具有长期趋势和季节变动，可将其分为 3 类：①无长期趋势，也无季节变动；②有长期趋势，无季节变动；③存在季节变动，长期趋势可有可无。在确定性因素分解领域，对应这 3 类序列，可采用不同的指数平滑模型（见表 6-1）进行预测。

表 6-1 不同的指数平滑模型

预测模型选择	长期趋势	季节变动
简单指数平滑	无	无
Holt 两参数指数平滑	有	无
Holt-Winters 三参数指数平滑	有	有
	无	

6.2.1 简单指数平滑

对于无长期趋势和季节变动的序列，可以认为其围绕均值随机波动，假设模型为

$$x_t = \mu + \varepsilon_t \tag{6-2}$$

预测的主要目的是消除随机波动的影响，获得稳定的均值。

简单移动平均：

$$\hat{x}_{t+1} = \frac{x_t + x_{t-1} + \cdots + x_{t-n+1}}{n} = \mu + \frac{\varepsilon_t + \varepsilon_{t-1} + \cdots + \varepsilon_{t-n+1}}{n} \tag{6-3}$$

$$E(\hat{x}_{t+1}) = \mu, \quad \mathrm{Var}(\hat{x}_{t+1}) = \frac{\sigma^2}{n}$$

其预测值是序列真实值的无偏估计，且移动平均期数越大，预测误差越小，相当于使用一个相等权重的均值来估计序列值，意味着每期观测值对预测值的影响力相同。然而，在大多数随机事件中，近期的观测对当前的影响通常更大，远期的观测对当前的影响相对较小。正是基于这一观察，Brown 和 Meyers 在 1961 年提出了简单指数平滑。

简单指数平滑：

$$\hat{x}_{t+1} = \alpha x_t + \alpha(1-\alpha)x_{t-1} + \alpha(1-\alpha)^2 x_{t-2} + \alpha(1-\alpha)^3 x_{t-3} + \cdots \tag{6-4}$$

因为 $\sum_{k=0}^{\infty} \alpha(1-\alpha)^k = \frac{\alpha}{1-(1-\alpha)} = 1$，所以 $E(\hat{x}_{t+1}) = \sum_{k=0}^{\infty} \alpha(1-\alpha)^k \mu = \mu$。这说明简单指数平滑的设计既考虑了时间间隔的影响，又不影响预测值的无偏性。因此，它是一种简单、好用的无长期趋势、无季节效应（无季节变动）序列的预测方法。

在实际应用中，通常使用简单指数平滑的递推公式进行逐期预测：

$$\begin{aligned}
\hat{x}_{t+l} &= \alpha x_t + \alpha(1-\alpha)x_{t-1} + \alpha(1-\alpha)^2 x_{t-2} + \alpha(1-\alpha)^3 x_{t-3} + \cdots \\
&= \alpha x_t + (1-\alpha)[\alpha x_{t-1} + \alpha(1-\alpha)x_{t-2} + \alpha(1-\alpha)^2 x_{t-3} + \cdots] \\
&= \alpha x_t + (1-\alpha)\hat{x}_t
\end{aligned}$$

其中，α 为平滑系数。平滑系数 α 的值可以由研究人员根据经验和需要自行给定。对于变化缓慢的序列，常取较小的 α 值；相反，对于变化迅速的序列，常取较大的 α 值。

从理论上可以证明使用简单指数平滑法预测任意期数的预测值都为常数：

$$\hat{x}_{t+l} = \alpha \hat{x}_{t+l-1} + (1-\alpha)\hat{x}_{t+l-1} = \hat{x}_{t+1}, \quad l \geqslant 2$$

例 6-3 对某一观测值序列 $\{x_t\}$ 使用简单指数平滑法，已知 $x_t = 10$，$\hat{x}_t = 10.5$，平滑系数 $\alpha = 0.25$。

（1）求向前预测 2 期的预测值 $\hat{x}_{t+2}$。

（2）在向前 2 期的预测值 $\hat{x}_{t+2}$ 中，x_t 前面的系数等于多少？

（1）由已知得

$$\hat{x}_{t+1} = 0.25 x_t + 0.75 \hat{x}_t = 0.25 \times 10 + 0.75 \times 10.5 = 10.375$$

$$\hat{x}_{t+2} = \hat{x}_{t+1} = 10.375$$

（2）由已知得

$$\hat{x}_{t+2} = \hat{x}_{t+1} = \alpha x_t + (1-\alpha)\hat{x}_t = \alpha x_t + \alpha(1-\alpha)x_{t-1} + \cdots$$

因此，使用简单指数平滑法可得，在向前 2 期的预测值 $\hat{x}_{t+2}$ 中，x_t 前面的系数等于平滑系数 α，本例中 $\alpha = 0.25$。

例 6-4 用简单指数平滑法预测某市的年平均气温，用 1 步预测误差方法确定平滑系数 α 的值，并将预测值与实际值画在同一幅图上。

某市的年平均气温的简单指数平滑如图 6-3 所示。

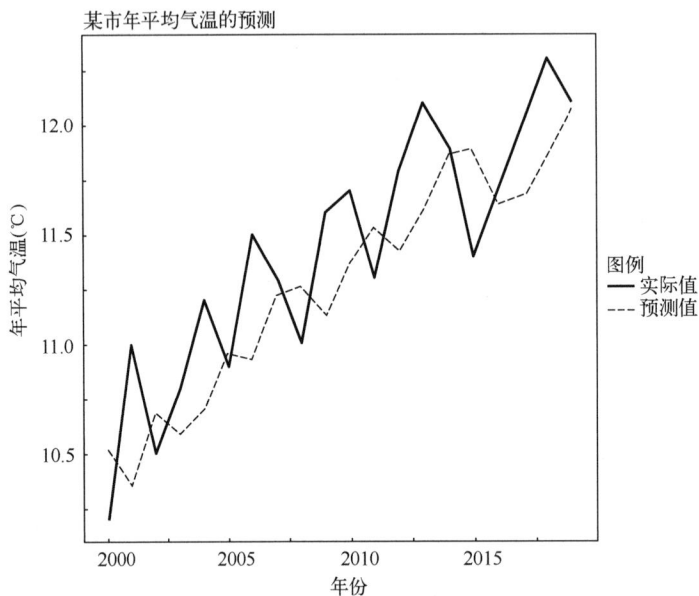

线上资源 6-1

图 6-3 某市的年平均气温的简单指数平滑

解得平滑系数 $\alpha = 0.517$。

6.2.2 Holt 两参数指数平滑

Holt 两参数指数平滑适用于对含有线性趋势的序列进行预测。它的基本思想是，具有线性趋势的序列通常可以表达为如下模型结构：

$$x_t = a_0 + bt + \varepsilon_t \tag{6-5}$$

或等价表达为

$$x_t = a_0 + b(t-1) + b + \varepsilon_t = (x_{t-1} - \varepsilon_{t-1}) + (b + \varepsilon_t) = a(t-1) + b(t)$$

其中，$a(t-1)$ 代表序列在 $t-1$ 时刻截距的无偏估计；$b(t)$ 代表序列在 t 时刻斜率的无偏估计。

Holt 两参数指数平滑就是分别使用简单指数平滑法，结合序列的最新观测值，不断修匀截距 $a(t)$ 和斜率项 $b(t)$，递推公式如下：

$$\hat{a}(t) = \alpha x_t + (1-\alpha)[\hat{a}(t-1) + \hat{b}(t-1)]$$

$$\hat{b}(t) = \beta[\hat{a}(t) - \hat{a}(t-1)] + (1-\beta)\hat{b}(t-1)$$

使用 Holt 两参数指数平滑法，向前 k 期的预测值为

$$\hat{x}_{t+k} = \hat{a}(t) + \hat{b}(t)k \quad \forall k \geqslant 1 \tag{6-6}$$

6.2.3 Holt-Winters 三参数指数平滑（加法模型）

季节加法模型的一般表达式为

$$x_t = a_0 + bt + c_{t-s} + \varepsilon_t$$

等价表达为

$$x_t = a_0 + b(t-1) + b + c_t + \varepsilon_t = (x_{t-1} - c_{t-1-s} - \varepsilon_{t-1}) + (b + \varepsilon_t) + c_{t-s} = a(t-1) + b(t) + c(t)$$

其中，$a(t-1)$ 代表序列在 $t-1$ 时刻消除季节效应后截距的无偏估计；$b(t)$ 代表斜率的无偏估计；$c(t-s)$ 代表季节指数的无偏估计，s 为季节周期。

Holt-Winters 三参数指数平滑就是分别使用指数平滑法迭代递推参数 $a(t)$、$b(t)$ 和 $c(t)$ 的值，递推公式分别为

$$\hat{a}(t) = \alpha(x_t - c(t-s)) + (1-\alpha)[\hat{a}(t-1) + \hat{b}(t-1)]$$

$$\hat{b}(t) = \beta[\hat{a}(t) - \hat{a}(t-1)] + (1-\beta)\hat{b}(t-1)$$

$$\hat{c}(t) = \gamma[x_t - \hat{a}(t)] + (1-\gamma)c(t-s)$$

使用 Holt-Winters 三参数指数平滑加法公式，向前 k 期的预测值为

$$\hat{x}_{t+k} = \hat{a}(t) + \hat{b}(t) \cdot k + \hat{c}(t+k) \tag{6-7}$$

6.2.4　Holt-Winters 三参数指数平滑（乘法模型）

季节乘法模型的一般表达式为

$$x_t = (a_0 + bt + \varepsilon_t)c_{t-s} \tag{6-8}$$

等价表达为

$$x_t = [a_0 + b(t-1) + b + \varepsilon_t]c_{t-s} = \left[\left(\frac{x_{t-1}}{c_{t-1-s}} - \varepsilon_{t-1}\right) + (b + \varepsilon_t)\right]c_{t-s} = [a(t-1) + b(t)]c(t-s)$$

其中，$a(t-1)$ 代表序列在 $t-1$ 时刻消除季节效应后截距的无偏估计；$b(t)$ 代表斜率的无偏估计。

Holt-Winters 三参数指数平滑就是分别使用指数平滑法，迭代递推参数 $a(t)$、$b(t)$ 和 $c(t)$ 的值，递推公式分别为

$$\hat{a}(t) = \alpha\left(\frac{x_t}{c(t-s)}\right) + (1-\alpha)[\hat{a}(t-1) + \hat{b}(t-1)]$$

$$\hat{b}(t) = \beta[\hat{a}(t) - \hat{a}(t-1)] + (1-\beta)\hat{b}(t-1)$$

$$\hat{c}(t) = \gamma\left[\frac{x_t}{\hat{a}(t)}\right] + (1-\gamma)c(t-s)$$

使用 Holt-Winters 三参数指数平滑乘法公式，向前 k 期的预测值为

$$\hat{x}_{t+k} = [\hat{a}(t) + \hat{b}(t)k]\hat{c}(t+k)$$

6.3 移动平均法

在因素分解场合，最常用的趋势效应提取方法是简单中心移动平均法。

移动平均法最早于 1870 年由法国数学家 De Forest 提出。移动平均的计算公式如下：

$$M(x_t) = \sum_{i=-k}^{f} \theta_i x_{t-i} \quad \forall k, f > 0 \tag{6-9}$$

其中，$M(x_t)$ 称为序列 x_t 的 $k + f + 1$ 期移动平均函数；θ_i 称为移动平均系数或移动平均算子。

6.3.1 中心移动平均

简单中心移动平均：为移动平均函数增加 3 个约束条件——时期对称、系数相等、系数和为 1，此时的移动平均称为简单中心移动平均。例如，5 期简单中心移动平均为

$$M_5(x_t) = \frac{x_{t-2} + x_{t-1} + x_t + x_{t+1} + x_{t+2}}{5}$$

复合移动平均：如果移动平均期数为偶数，那么通常需要进行两次偶数期移动平均才能实现时期对称。两次移动平均称为复合移动平均，例如，

$$
\begin{aligned}
M_{2\times4}(x_t) &= \frac{1}{2} M_4(x_t) + \frac{1}{2} M_4(x_{t+1}) \\
&= \frac{1}{2} \left(\frac{x_{t-2} + x_{t-1} + x_t + x_{t+1}}{4} \right) + \frac{1}{2} \left(\frac{x_{t-1} + x_t + x_{t+1} + x_{t+2}}{4} \right) \\
&= \frac{1}{8} x_{t-2} + \frac{1}{4} x_{t-1} + \frac{1}{4} x_t + \frac{1}{4} x_{t+1} + \frac{1}{8} x_{t+2}
\end{aligned}
$$

简单中心移动平均法尽管很简单，但是具有很多良好的属性。

(1) 能够有效提取低阶趋势(一元一次线性趋势或一元二次抛物线趋势)。

(2) 能够实现拟合方差最小。

(3) 能有效消除季节效应。对于有稳定季节周期的序列进行周期长度的简单移动平均可以消除季节效应。

因为简单中心移动平均法具有这些良好的属性，所以只要选择适当的移动平均期数就能有效消除季节效应和随机波动的影响，有效提取序列的趋势信息。

例 6-5 使用简单中心移动平均法提取 1981—1990 年澳大利亚政府季度消费支出序列的趋势效应。

原序列为季度数据，有显著的季节特征，每年为一个周期，即周期长度为 4 期。对原序列先进行 4 期简单移动平均，再进行 2 期移动平均，得到复合移动均值 $M_{2\times4}(x_t)$。

1981—1990 年澳大利亚政府季度消费支出 $M_{2\times4}(x_t)$ 的计算过程如表 6-2 所示。

表 6-2　1981—1990 年澳大利亚政府季度消费支出 $M_{2\times4}(x_t)$ 的计算过程　　　　单位：百万澳元

时间	消费支出	$M_4(x_t)$	$M_{2\times4}(x_t)$
1981Q1	8444.00	—	—
1981Q2	9215.00	—	—
1981Q3	8879.00	8882.00	8840.88
1981Q4	8990.00	8799.75	8830.00
1982Q1	8115.00	8860.25	8824.13
1982Q2	9457.00	8788.00	8826.00
1982Q3	8590.00	8864.00	8974.25
1982Q4	9294.00	9084.50	9099.13

　　周期步长的移动平均能有效消除季节效应和随机波动的影响，本例使用 $M_{2\times4}(x_t)$ 提取该序列的趋势信息。1981—1990 年澳大利亚政府季度消费支出平滑图如图 6-4 所示。

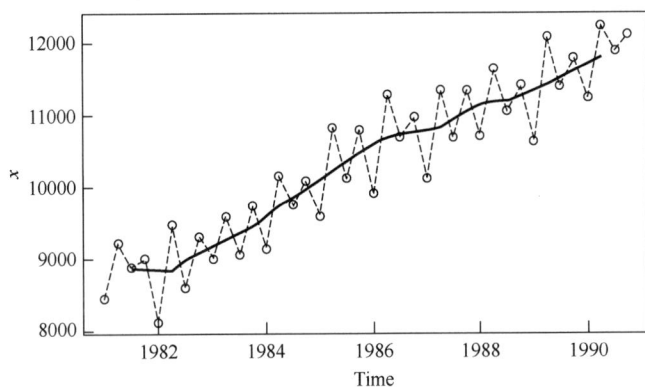

图 6-4　1981—1990 年澳大利亚政府季度消费支出平滑图

　　对于加法模型，原序列减去长期趋势就从原序列中剔除了趋势效应，剩下的就是季节效应和随机波动：

$$x_t - M_{2\times4} = S_t + I_t$$

1981—1990 年澳大利亚政府季度消费支出消除趋势后的时间序列图如图 6-5 所示。

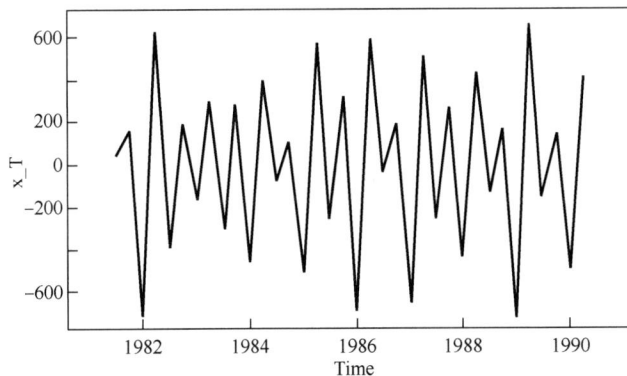

图 6-5　1981—1990 年澳大利亚政府季度消费支出消除趋势后的时间序列图

使用简单中心移动平均法提取 1993—2000 年中国社会消费品零售总额序列的长期趋势。

该序列为月度数据，即周期长度为 12。对原序列进行 $M_{2\times12}(x_t)$ 复合移动平均。图 6-6 显示出 $M_{2\times12}(x_t)$ 能有效提取该序列的长期趋势。

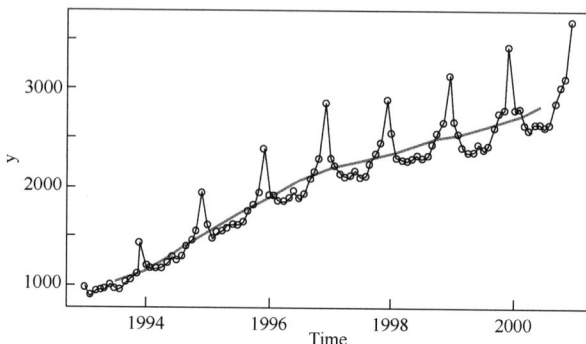

图 6-6　序列趋势图

对于乘法模型，原序列除以长期趋势就从原序列中剔除了长期趋势，剩下的就是季节效应和随机波动：

$$\frac{x_t}{M_{2\times4}} = S_t \times I_t$$

剔除长期趋势后的时间序列图如图 6-7 所示。

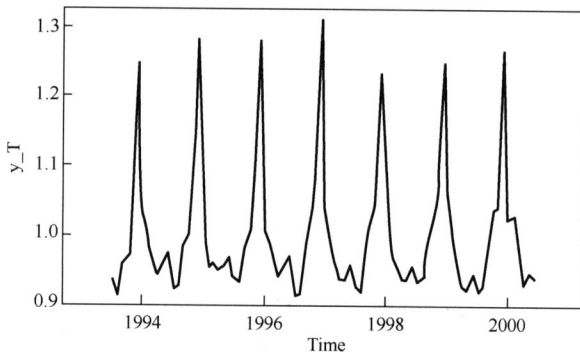

图 6-7　剔除长期趋势后的时间序列图

（1）加法模型季节效应的提取。

加法模型季节效应的提取步骤如下。

第一步，从原序列中剔除长期趋势：$y_t = x_t - T_t$。

第二步，计算总均值：$\bar{y} = \dfrac{\sum\limits_{i=1}^{k}\sum\limits_{j=1}^{m} y_{ij}}{km}$。

第三步，计算季度均值：$\bar{y}_j = \dfrac{\sum\limits_{i=1}^{k} y_{ij}}{k}$，$j = 1,2,\cdots,k$。

第四步，用季度均值减总均值，得到季节指数：$S_j = \bar{y}_j - \bar{y}$。

1981—1990 年澳大利亚政府季度消费支出序列的季节效应如表 6-3 所示。

表 6-3　1981—1990 年澳大利亚政府季度消费支出序列的季节效应　单位：百万澳元

年份	第一季度	第二季度	第三季度	第四季度
1981	—	—	38.13	160.00
1982	−709.13	631.00	−384.25	194.88
1983	−174.38	291.25	−300.88	285.63
1984	−476.38	416.00	−82.00	104.50
1985	−522.00	582.63	−246.88	319.63
1986	−685.75	585.25	−45.00	194.13
1987	−653.13	514.50	−259.13	280.38
1988	−429.88	440.75	−128.63	166.88
1989	−714.25	665.25	−160.75	144.00
1990	−490.75	410.25	—	—
$\bar{y}_j$	−539.51	504.10	−174.38	205.56
$\bar{y}$	−1.06			
$S_j = \bar{y}_j - \bar{y}$	−538.45	50.16	−173.32	206.61

(2) 季节效应的提取。

1981—1990 年澳大利亚政府季度消费支出每年都是第二季度最高，第一季度最低。消费支出从低到高的排序是

第一季度<第三季度<第四季度<第二季度

　　不同季节之间平均季节指数的差值就是季节效应造成的差异大小。1981—1990 年澳大利亚政府季度消费支出序列的季节效应如图 6-8 所示。

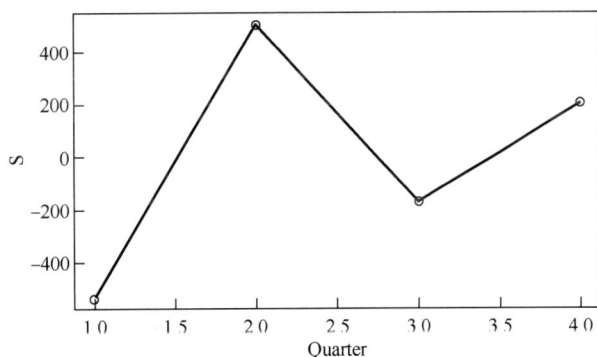

图 6-8　1981—1990 年澳大利亚政府季度消费支出序列的季节效应

(3) 随机波动的提取。

从原序列中剔除长期趋势和季节效应，就残留随机波动：

$$I_t = x_t - T_t - S_t$$

1981—1990 年澳大利亚政府季度消费支出序列的随机波动如图 6-9 所示。

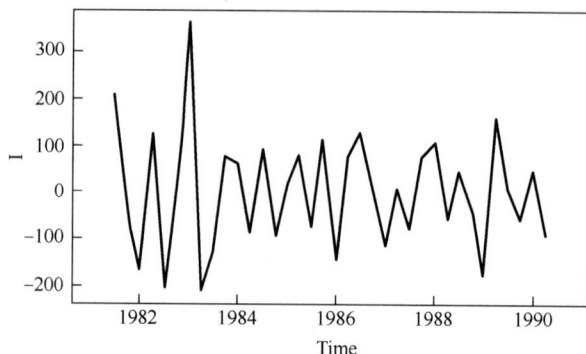

图 6-9 1981—1990 年澳大利亚政府季度消费支出序列的随机波动

（4）乘法模型季节效应的提取。

乘法模型季节效应的提取步骤如下。

第一步，从原序列中剔除长期趋势：$y_t = \dfrac{x_t}{T_t}$。

第二步，计算总均值：$\bar{y} = \dfrac{\sum\limits_{i=1}^{k}\sum\limits_{j=1}^{m} y_{ij}}{km}$。

第三步，计算季度均值：$\bar{y}_j = \dfrac{\sum\limits_{i=1}^{k} y_{ij}}{k}$，$j = 1, 2, \cdots, k$。

第四步，季度均值减总均值，得到季节指数：$S_j = \dfrac{\bar{y}_j}{\bar{y}}$。

例 6-6 中国社会消费品零售总额序列具有上半年为淡季、下半年为旺季，而且越到年底销售越旺的特征。

（1）季节效应提取。

不同季节之间季节指数的比值就是季节效应造成的差异。例如，1 月的季节指数为 1.04，2 月的季节指数为 0.99，这说明由于季节的原因，2 月的平均销售额通常只有 1 月的 95％（0.99/1.04≈0.95）。中国社会消费品零售总额序列的季节效应如图 6-10 所示。

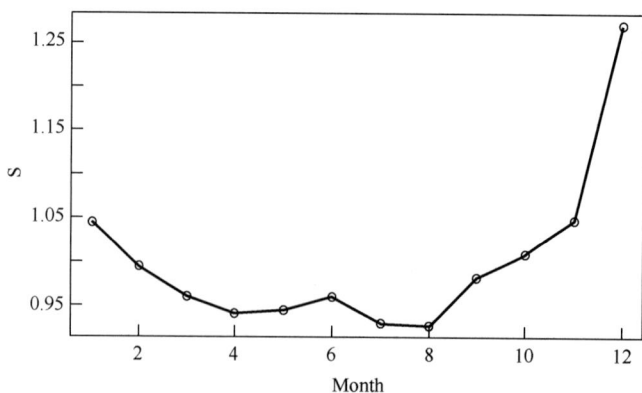

图 6-10 中国社会消费品零售总额序列的季节效应

(2)随机波动的提取。

从原序列中剔除长期趋势和季节效应，就残留随机波动：

$$I_t = \frac{\dfrac{x_t}{T_t}}{S_t}$$

中国社会消费品零售总额序列的随机波动如图 6-11 所示。

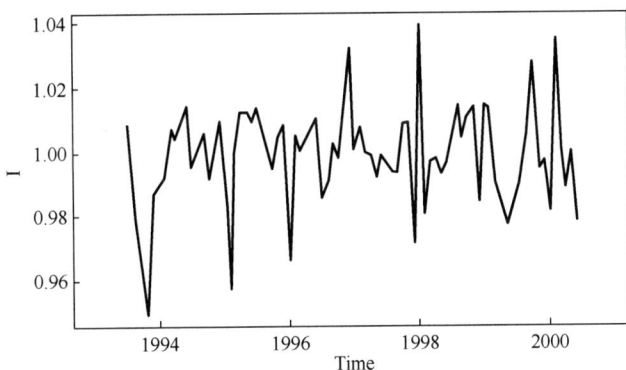

图 6-11　中国社会消费品零售总额序列的随机波动

6.3.2　X11 模型

　　X11 模型也称 X11 季节调节模型，是由美国人口调查局在第二次世界大战后委托统计学家开发的一种基于计算机自动执行的时间序列因素分解方法。该模型的目的是去除序列中的季节效应，以揭示真实的长期趋势，从而更有效地进行国情监控研究。1954 年，第一个基于计算机的自动化因素分解程序问世，经过不断改进，逐步推出了从 X1 到 X10 的各个版本。1965 年，Shiskin、Young 和 Musgrave 推出了 X11 版本，成为当时广泛使用的时间序列分解工具。

　　X11 模型是基于移动平均的时间序列分解方法，主要用于将时间序列分解为**长期趋势、季节性成分、随机成分**(误差或噪声)3 部分，其核心目的是去除季节性成分，揭示趋势及随机性，以便于更好地理解和预测序列的真实变化趋势。在传统的简单移动平均法的基础上，X11 模型引入了 Henderson 加权移动平均和 Musgrave 非对称移动平均，形成了 3 阶段的因素分解框架，从而弥补了简单移动平均的不足。大量应用表明，X11 模型适用于多种类型的时间序列，能够高效且精确地完成趋势和季节性分解，因此成为全球统计和商业机构中最常用的工具之一。

　　在随后的改进中，1975 年，加拿大统计局将 ARIMA 模型引入了 X11，形成了 X11-ARIMA 模型。这一扩展的目标是通过 ARIMA 模型对序列进行向前和向后预测，从而补全数据边缘的缺失部分，以克服中心移动平均的固有缺陷，使季节调节的效果更加精确。1998 年，美国人口调查局推出了 X12-ARIMA 模型，进一步引入干预分析，将节假日、交易日等特殊因素纳入分析范畴，以减少这些外部因素对时间序列的扰动，从而提高季节调节的精度。

2006 年，X13-ARIMA-Seats 模型在 X12 的基础上增加了 SEATS（Signal Extraction in ARIMA Time Series）方法，利用现代信号提取技术对时间序列进行分解，从而增强模型对信号和噪声的捕捉能力，进一步提高模型的预测质量。

尽管 X11 模型经历了多次改进，但其核心依然基于 3 次移动平均来分离时间序列中的不同成分。3 次移动平均包括简单中心移动平均、Henderson 加权移动平均和 Musgrave 非对称移动平均。简单移动平均用于初步平滑序列，提取主要的趋势和季节性成分，但对高阶多项式趋势的拟合能力不足。为此，X11 模型引入了 Henderson 加权移动平均，它通过加权方式对观测值进行处理，使得对高阶趋势的拟合更加精准。这种方法利用最小化移动平均系数的三阶差分的平方和，使得拟合值尽可能接近三次曲线，确保平滑度和趋势拟合的精度。理论上，这种方法可以扩展至更高阶数的多项式，但阶数越高，计算复杂度越大，因此通常使用三阶平滑。

Musgrave 非对称移动平均主要解决边缘数据的平滑问题。由于简单中心移动平均在序列的开头和末尾都会造成数据的缺失，因此 Musgrave 提出了一种非对称移动平均方法来平滑序列末端的数据，其基本思想是，在已知简单中心移动平均系数的前提下，寻找一组非对称移动平均系数，以尽量接近简单中心移动平均的拟合效果，从而对序列末端进行更合理的平滑，减少信息的丢失。

这 3 种移动平均方法相辅相成，使得 X11 模型能够有效分离时间序列中的长期趋势、季节性成分和随机成分，从而为后续的预测和分析提供坚实的基础。

总结来看，尽管 X13 模型在 X11 和 X12 模型的基础上增加了更多现代化的统计方法以增强时间序列的分解能力，但是 X11 模型的核心理论和因素分解思想依然是这些改进版本的基础。X13 模型不仅继承了 X11 和 X12 模型的优点，还引入了信号提取和干预分析等现代手段，使其在经济数据的季节调节和商业应用方面继续发挥重要作用，成为全球统计与经济分析的主要工具之一。

对于补充平滑项的数量，Musgrave 非对称移动平均以满足最小化差异与保持平滑性为原则，使序列在边缘区域的平滑效果不逊于中心部分的平滑效果，确保了长期趋势的精确提取。

在 $\sum_{i=-k}^{k}\theta_i =1$，且 $\sum_{i=-k}^{k}i\theta_i =0$ 的约束下，使得下式达到最小的系数即 Henderson 加权移动平均系数：

$$S = \sum_{i=-k}^{k}(\nabla^3 \theta_i)^2 \tag{6-10}$$

其中，S 表示移动平均系数的三阶差分的平方和，这相当于将某个三次多项式的拟合误差作为平滑度的衡量指标。优化的目标是使该指标最小，即力求平滑后的数值尽可能接近一条三次曲线。理论上，也可以选择逼近更高次（如四次或五次）的多项式曲线，只需相应调整函数中的差分阶数即可。然而，随着多项式次数的提升，计算复杂度也会显著增加，因此在实际应用中，三阶差分的平滑度要求是最常见的和广泛使用的。

前面两种移动平均法可以很好地消除长期趋势，提取线性或非线性长期趋势信息，但是它们都有一个明显的缺点：因为是中心移动平均，所以，假如移动平均期数为 $2k+1$，那

么序列最前面的 k 期和最后面的 k 期经过移动平均拟合后，信息就缺失了。

这是严重的信息损失，特别是最后几期的信息可能正是我们最关心的信息。

1964 年，统计学家 Musgrave 针对这个问题构造了 Musgrave 非对称移动平均法，专门对最后 k 期数据进行补充平滑拟合。

Musgrave 非对称移动平均的构造思想是，已知一组中心移动平均系数，满足系数和为 1、方差最小、光滑度最优等前提约束。现在需要另外寻找一组非中心移动平均系数，也满足系数和为 1 且它的拟合值能无限接近简单中心移动平均的拟合值，即对简单中心移动平均现有估计值做出的修正最小：

$$\min\left\{E\left(\sum_{i=-k}^{k}\theta_i x_{t-i} - \sum_{i=-(k-d)}^{k}\phi_i x_{t-i}\right)\right\}^2 \quad d \leqslant k$$

其中，d 为补充平滑的项数。

例 6-7 基于 1949—1960 年每月的国际航空乘客数量建立 X13 模型。

根据数据特征，建立如下模型：

$$y_t = \text{AO}_{1951.5} + \text{Easter[1]} + \text{Weekday} + \text{ARMA}_{(0,1,1)} \times \text{Seasonal}_{(0,1,1)}$$

其中，y_t 为时间序列；$\text{AO}_{1951.5}$ 表示在 1951 年 5 月出现了一个异常值（Additive Outlier）；Easter[1] 表示复活节对数据的影响，影响期为 1；Weekday 表示工作日效应；$\text{ARMA}_{(0,1,1)}$ 表示非季节性的一阶移动平均部分；$\text{Seasonal}_{(0,1,1)}$ 表示季节性的一阶差分和一阶移动平均部分。

基于数据的估计结果如下：

```
Call:
seas(x = AirPassengers)
Coefficients:
                   Estimate   Std. Error    z value  Pr(>|z|)
Weekday          -0.0029497  0.0005232     -5.638  1.72e-08 ***
Easter[1]         0.0177674  0.0071580      2.482    0.0131 *
AO1951.May        0.1001558  0.0204387      4.900  9.57e-07 ***
MA-Nonseasonal-01 0.1156204  0.0858588      1.347    0.1781
MA-Seasonal-12    0.4973600  0.0774677      6.420  1.36e-10 ***
---
Signif. codes:  0 '***' 0.001 '**' 0.01 '*' 0.05 '.' 0.1 ' ' 1
SEATS adj. ARIMA: (0 1 1)(0 1 1)  Obs.: 144  Transform: log
AICc: 947.3, BIC: 963.9  QS (no seasonality in final):    0
Bos-Ljung (no autocorr.): 26.65   Shapiro (normality): 0.9908
```

由以上结果可知，Weekday 的估计约为 –0.00295，标准差约为 0.00052，p 值<0.001，说明工作日效应对序列影响显著。Easter[1]的估计约为 0.01777，p 值为 0.0131，表示复活节的影响也显著。1951 年 5 月的异常值（AO1951.May）约为 0.1002，p 值<0.001，显示了显著的异常点。非季节性移动平均项（MA-Nonseasonal-01）的估计约为 0.1156，p 值为 0.1781，表明其影响不显著；而季节性移动平均项（MA-Seasonal-12）的估计约为 0.4974，p 值<0.001，说明季节性影响显著。模型的 AICc 为 947.3，BIC 为 963.9，均衡指标较好；QS 为 0，说

明季节性成分已被成功分离；Ljung-Box 检验结果为 26.65，表明残差无显著自相关性；Shapiro 正态性检验结果为 0.9908，说明残差近似服从正态分布。模型拟合结果如图 6-12 所示。

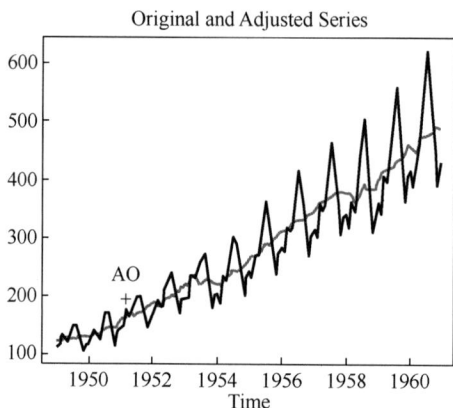

图 6-12 国际航空乘客数量的 X13 模型拟合结果

数据的模型拟合的 R 实现如下：

```
# 加载 AirPassengers 数据集
data("AirPassengers")
# 使用 X13 方法进行季节调节
x13_model <- seas(AirPassengers)
# 查看模型结果
summary(x13_model)
# 绘制分解结果
plot(x13_model)
```

6.4 序 列 变 换

6.4.1 对数变换

在 6.1 节中，当时间序列的分解为乘积形式时，$x_t = T_t \times S_t \times D_t \times I_t$，两边取对数，序列即变换为加法形式：

$$\ln(x_t) = \ln(T_t) + \ln(S_t) + \ln(D_t) + \ln(I_t) \tag{6-11}$$

在对时间序列建模之前，通常需要进行序列变换等预处理。这是因为数据往往具有特定特征。例如，在金融序列中，对金融股指进行对数变换以将其转换为对数收益率：

$$\nabla \log(Y_t) = \log\left(\frac{Y_t}{Y_{t-1}}\right) = \log\left(1 + \frac{\nabla Y_t}{Y_{t-1}}\right) \cong \frac{\nabla Y_t}{Y_{t-1}}$$

表 6-4 给出了例子。

表 6-4　举例

X	$\log_{10}(X)$
1	0
10	1
100	2

变换之后的均值相当于原始的几何平均。

如果时间序列取对数后的模型误差 $\{\varepsilon_t\}$ 服从均值为 0、标准差为 σ 的正态分布，则对序列进行指数运算后，它就成为一个对数正态分布序列，其均值为 $e^{\frac{1}{2}\sigma^2}$。这一点可以在理论上得到证明，或者用模拟方法得到验证。

例如，产生 100 万个均值为 0、标准差为 1 的高斯白噪声序列，做指数运算后取均值，并与 $e^{\frac{1}{2}}$ 做比较：

```
set .seed(1234567) ;w<- rnorm(1e+06);mean(exp(w))
[1] 1.650773
exp(1/2)
[1] 1.648721
```

可见，两者的计算结果基本相同。

例 6-8　考虑美国强生公司收益数据(扩展程序包 astsa 中的 jj 数据集)，将数据设定为乘法模型，取对数后用季节变动回归模型进行计算，并用该模型预测两年(1981 年第一季度至 1982 年第四季度)的每只股票的季平均收益。

对数据取对数，按季节变动回归模型，拟合结果如下：

```
Call:
tslm(formula = jj_ts ~ season + trend)

Residuals:
    Min      1Q  Median      3Q     Max
-0.29318 -0.09062 -0.01180 0.08460 0.27644
Coefficients:
            Estimate Std. Error t value Pr(>|t|)
(Intercept) -0.6607215 0.0358430 -18.434  < 2e-16 ***
season2      0.0281227 0.0386959   0.727  0.4695
season3      0.0982310 0.0387083   2.538  0.0131 *
season4     -0.1705267 0.0387289  -4.403 3.31e-05 ***
trend        0.0417930 0.0005648 73.999  < 2e-16 ***
---
Signif. codes:  0 '***' 0.001 '**' 0.01 '*' 0.05 '.' 0.1 ' ' 1
Residual standard error: 0.1254 on 79 degrees of freedom
Multiple R-squared: 0.9859,   Adjusted R-squared: 0.9852
F-statistic: 1379 on 4 and 79 DF,  p-value: < 2.2e-16
```

根据给定的拟合结果，可以写出最终拟合的模型口径：

$$\log(Y_t) = 0.661 + 0.028\text{season}_2 + 0.098\text{season}_3 - 0.171\text{season}_4 + 0.042t + \varepsilon_t$$

其中，season_2、season_3、season_4 分别表示第二季度、第三季度和第四季度的季节效应。显然，第二季度的影响不显著($p>0.05$)；第三季度的系数(约为 0.098)显著，意味着第三季度的收益比第一季度的收益高。第四季度的系数(约为 -0.171)为负值且显著($p<0.001$)，表示第四季度的收益低于第一季度的收益。该模型解释了约 98.59%的数据波动，拟合度非常好。F-statistic=1379，且其 p 值小于 2.2e-16，表明模型整体显著。该模型解释了美国强生公司收益数据中的季节效应和长期上升趋势。美国强生公司股票的季平均收益序列预测如图 6-13 所示。

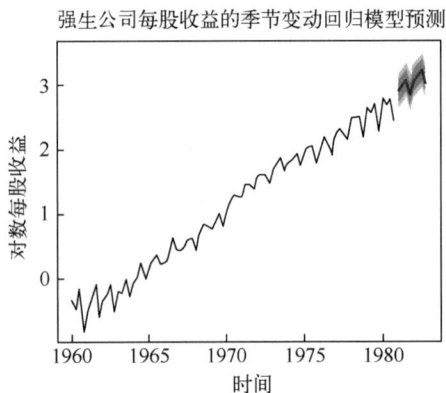

图 6-13　美国强生公司股票的季平均收益序列预测

线上资源 6-2

6.4.2　Tukey 变换

Tukey 变换(Tukey Ladder of Powers)用于将有偏的分布"矫正"，使之趋向于正态分布。例如，考虑如表 6-5 所示的变换，使变换后的关系(x^λ 或 y^λ)为**线性** $y = b_0 + b_1 x^\lambda$ 或 $y^\lambda = b_0 + b_1 x$。Tukey 变换定义当 $\lambda = 0$ 时，变换为 $\log(.)$，而不是一个常数。

表 6-5　变换

λ	-2	-1	$-1/2$	0	1/2	1	2
y	$\dfrac{1}{x^2}$	$\dfrac{1}{x}$	$\dfrac{1}{\sqrt{x}}$	$\log x$	$\sqrt{x}$	x	x^2

考虑到 λ 的影响，如果 $\lambda < 0$，则很可能会改变原始数据的变化趋势，因此，定义 Tukey 变换为

$$y = \begin{cases} x^\lambda & \lambda > 0 \\ \log x & \lambda = 0 \\ -(x^\lambda) & \lambda < 0 \end{cases} \tag{6-12}$$

例 6-9　图 6-14 展示的是美国人口在 1700—1825 年的增长趋势，其中，左图显示了人口随年份的指数增长趋势，而右图则是对数变换后的图形，右图中的对数变换使得原本的指数增长呈现为线性关系。

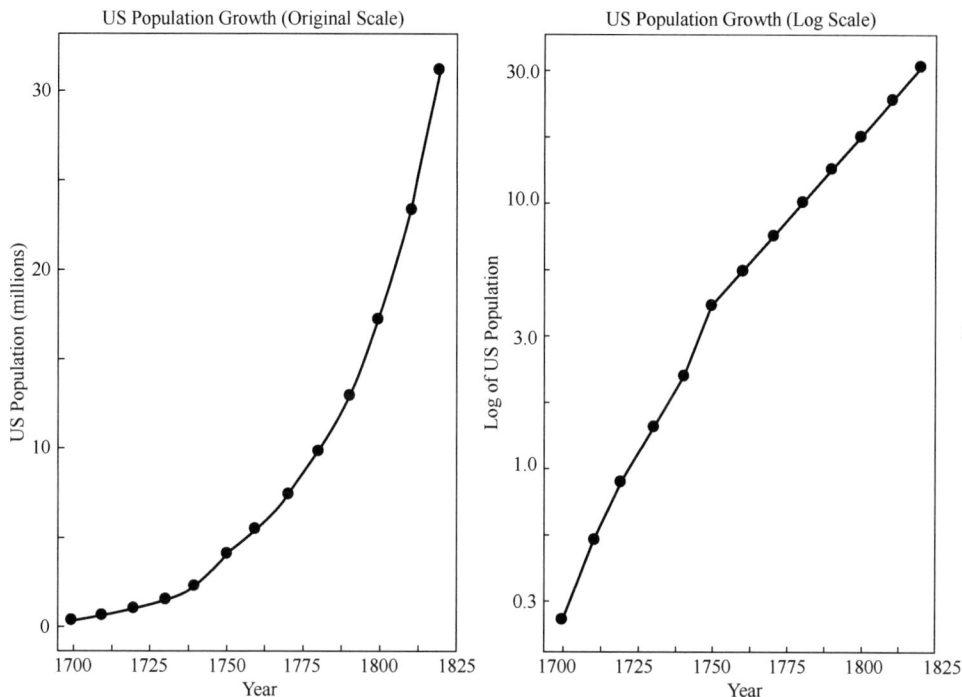

图 6-14　1700—1825 年的美国人口时间序列图

6.4.3　Box-Cox 变换

当时间序列不满足以前分析方法的一些假设(如正态分布和平稳性)时，为了使数据更符合经典线性模型的正态性假设，通常需要对数据进行指数变换或对数变换。尤其在数据呈现非单峰分布或混合分布时，Box-Cox 变换是一种有效的方法。

Box-Cox 变换有两个主要目标：一是利用变换减弱不可观测误差与预测变量之间的相关性，使得变换后的因变量与自变量之间具备线性关系，误差项服从正态分布且独立同分布；二是使因变量获得某些理想的性质，如在时间序列分析中实现平稳性，或者使因变量接近正态分布。

一般而言，当数据的值域较大并呈现季节性时，Box-Cox 变换是一个合适的选择：

$$Y_t^{(\lambda)} = \begin{cases} \dfrac{Y_t^{\lambda} - 1}{\lambda} & \lambda \neq 0 \\ \log Y_t & \lambda = 0 \end{cases} \tag{6-13}$$

图 6-15 展示了 Box-Cox 变换在不同参数值(λ)下对数据的效果，不同的 λ 值对数据的形状有显著影响。选择适当的 λ 可以帮助调整数据的分布，使其更符合建模的假设(如正态性和线性关系)。Box-Cox 变换的目的在于通过变换实现数据平稳、消除异方差性，或者使其更符合回归模型的假设条件，从而提高建模的效果和预测精度。

线上资源 6-4

Effects of Power Transformations with Different λ

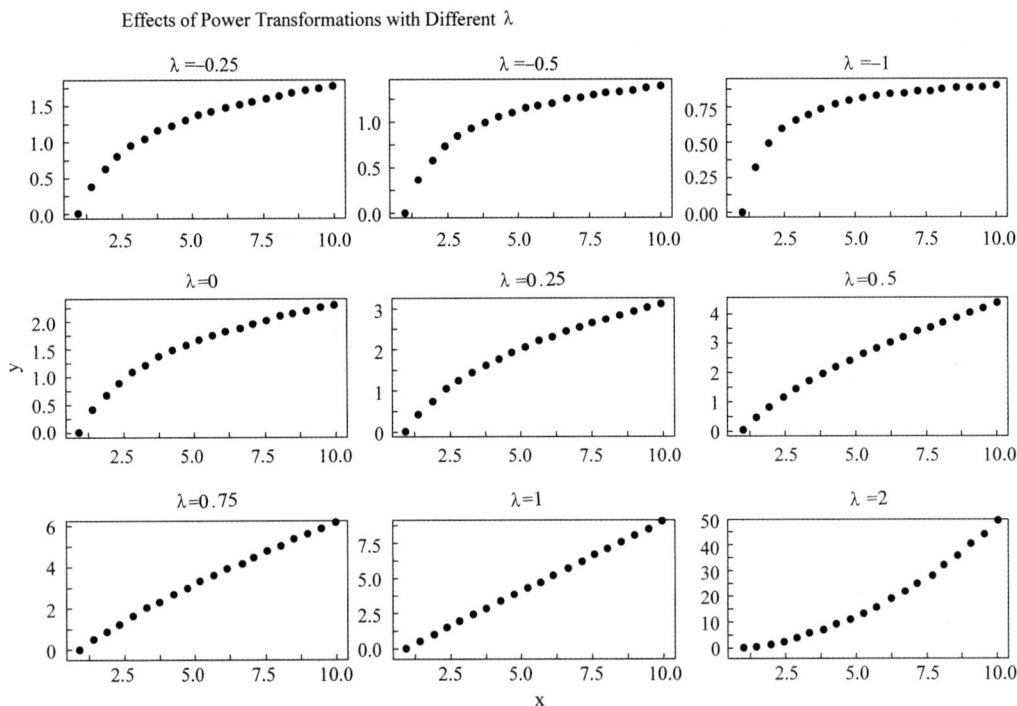

图 6-15 Box-Cox 变换在不同参数值(λ)下对数据的效果

6.5 回 归 法

6.5.1 残差自回归

回归模型的构建思路是,首先通过确定性因素分解方法提取序列中主要的确定性信息:

$$x_t = T_t + S_t + \varepsilon_t \tag{6-14}$$

然后对残差序列拟合自回归模型,以便充分提取相关信息:

$$\varepsilon_t = \varphi_1 \varepsilon_{t-1} + \cdots + \varphi_p \varepsilon_{t-p} + a_t$$

对于长期趋势,常用以 t 为自变量的多项式进行拟合:

$$T_t = \beta_0 + \beta_1 t + \cdots + \beta_k t^k + \varepsilon_t$$

或者以自变量为历史观测值:

$$T_t = \beta_0 + \beta_1 x_{t-1} + \cdots + \beta_k x_{t-k} + \varepsilon_t$$

对于季节效应,首先找出季节指数 $S_t = S_t'$,然后可建立季节自回归模型:

$$T_t = \alpha_0 + \alpha_1 x_{t-m} + \cdots + \alpha_l x_{t-lm}$$

基于上,构建回归模型的基本结构形式:

$$\begin{cases} x_t = T_t + S_t + \varepsilon_t \\ \varepsilon_t = \varphi_1\varepsilon_{t-1} + \cdots + \varphi_p\varepsilon_{t-p} + a_t \\ E(a_t) = 0, \ \mathrm{Var}(a_t) = \sigma^2, \ \mathrm{Cov}(a_t, a_{t-i}) = 0 (\forall i \geqslant 1) \end{cases} \tag{6-15}$$

例 6-10　使用残差自回归（Auto-Regressive）模型分析 1952－1988 年中国农业实际国民收入指数序列。

时间序列图（见图 6-16）显示该序列具有显著的线性递增趋势，但没有季节效应，因此考虑建立如下结构的 Auto-Regressive 模型：

$$\begin{cases} x_t = T_t + \varepsilon_t \quad t = 1,2,3,\cdots \\ \varepsilon_t = \varphi_1\varepsilon_{t-1} + \cdots + \varphi_p\varepsilon_{t-p} + a_t \\ E(a_t) = 0, \ \mathrm{Var}(a_t) = \sigma^2, \ \mathrm{Cov}(a_t, a_{t-i}) = 0 (\forall i \geqslant 1) \end{cases}$$

（1）趋势拟合。

方法一：变量为时间 t 的幂函数 $T_t = 66.1491 + 4.5158t$，$t = 1,2,3,\cdots$。

方法二：变量为一阶延迟序列值 $\hat{x}_t = 1.0365 x_{t-1}$，$t = 1,2,3,\cdots$。

趋势拟合效果如图 6-16 所示

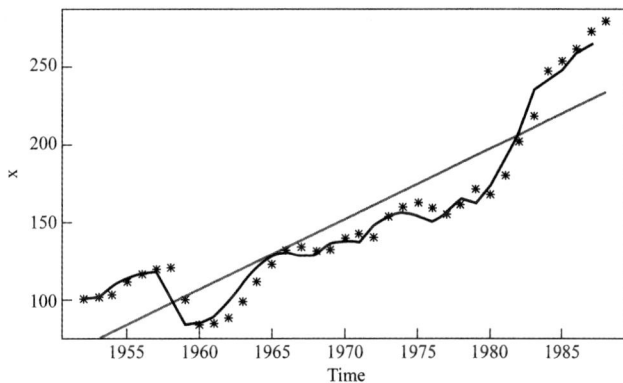

图 6-16　1952－1988 年中国农业实际国民收入指数序列及其趋势图

（2）残差检验。

下面进行残差自相关性检验。

假设条件如下。

原假设：残差序列不存在一阶自相关性，即 $H_0 : E(\varepsilon_t, \varepsilon_{t-1}) = 0 \Leftrightarrow H_0 : \rho = 0$。

备择假设：残差序列存在一阶自相关性，即 $H_0 : E(\varepsilon_t, \varepsilon_{t-1}) \neq 0 \Leftrightarrow H_0 : \rho \neq 0$。

构造 DW 统计量 $\mathrm{DW} = \dfrac{\sum\limits_{t=2}^{n}(\varepsilon_t - \varepsilon_{t-1})^2}{\sum\limits_{t=1}^{n}\varepsilon_t^2}$。

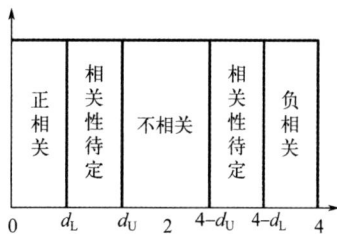

图 6-17　DW 统计量的计算结果的直观判断

DW 统计量的计算结果的直观判断如图 6-17 所示。

模型一（对应方法一）的残差自相关性检验如表 6-6 所示。

表 6-6　模型一的残差自相关性检验

DW 统计量的值	下临界值(d_L)	上临界值(d_U)	p 值
0.1378	1.42	1.53	0.0001

检验结果显示残差序列高度正自相关。

当回归模型中包含延迟因变量时，DW 统计量无法直接应用，因为延迟因变量会引入偏差，导致 DW 统计量成为一个有偏估计量。为了校正这种偏差，通常引入修正公式，从而更准确地判断残差序列的自相关性。具体来说，可以通过以下公式对 DW 统计量进行调整：

$$Dh = DW \frac{n}{1 - n\sigma_\beta^2} \tag{6-16}$$

其中，n 表示样本量；σ_β^2 表示回归系数的估计方差。

例 6-11　检验确定性趋势模型

$$x_t = 1.0365 x_{t-1} + \varepsilon_t, \quad t = 1, 2, 3, \cdots$$

残差序列的自相关性。

第一个确定性趋势模型的残差序列

$$\varepsilon_t = x_t - T_t = x_t - 66.1491 - 4.5158t, \quad t = 1, 2, \cdots$$

的自相关图和偏自相关图如图 6-18 所示。

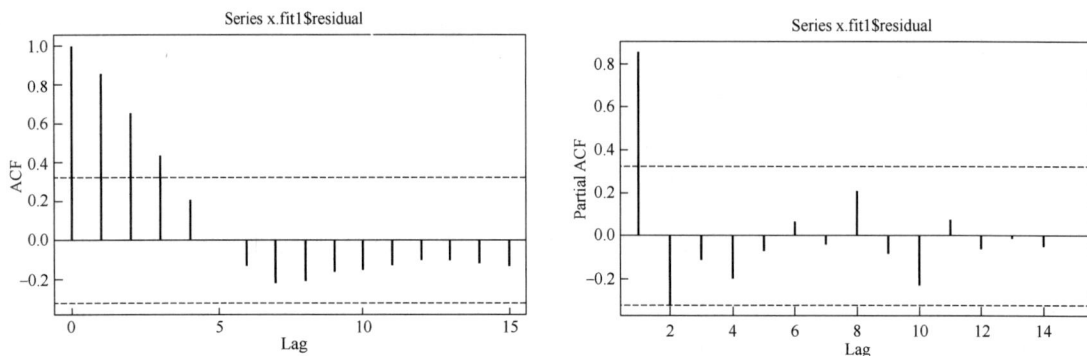

图 6-18　剔除长期趋势后序列的自相关图和偏自相关图

根据自相关系数和偏自相关系数的相关阶数，确定 AR(2)模型，运用最大似数估计，拟合模型的最终口径为

$$\begin{cases} x_t = 69.1491 + 4.5158t + \varepsilon_t \\ \varepsilon_t = 1.4859\varepsilon_{t-1} - 0.5848\varepsilon_{t-2} + a_t \end{cases}$$

第二个 Auto-Regressive 模型的拟合结果为

$$\begin{cases} x_t = 1.033 x_{t-1} + \varepsilon_t \\ \varepsilon_t = 0.4615\varepsilon_{t-1} + a_t \end{cases}$$

3 个拟合模型的比较如表 6-7 所示。

表 6-7　3 个拟合模型的比较

模型	AIC	SBC（BIC）
ARIMA(0,1,1)模型： $(1-B)x_t = 4.99661 + (1+0.70766B)\varepsilon_t$	249.3305	252.4976
Auto-Regressive 模型一： $\begin{cases} x_t = 69.1491 + 4.5158t + \varepsilon_t \\ \varepsilon_t = 1.4859\varepsilon_{t-1} - 0.5848\varepsilon_{t-2} + a_t \end{cases}$	260.8454	267.2891
Auto-Regressive 模型二： $\begin{cases} x_t = 1.033x_{t-1} + \varepsilon_t \\ \varepsilon_t = 0.4615\varepsilon_{t-1} + a_t \end{cases}$	250.6317	253.7987

6.5.2　马尔可夫区制转换自回归模型

马尔可夫区制转换自回归（Markov Regime Switching Autoregressive，MS-AR）模型是一类用于描述时间序列中不同状态（或区制）之间动态变化的模型。它假设时间序列的生成过程由多种隐藏的状态驱动，每种状态下的动态特性可能不同，并且状态之间的转换是由一个隐含的马尔可夫过程来控制的。这使得 MS-AR 模型特别适用于具有结构性变化、突发行为、不同波动特征等非线性特性的时间序列分析。

MS-AR 模型的关键特征是状态转移由马尔可夫链控制，即系统当前状态 S_t 只取决于前一状态 S_{t-1}；而且状态条件下观测值独立，即给定状态 S_t，当前观测值 x_t 只依赖当前状态，而与其他时间点无关。

时间序列的行为可以在不同状态之间切换，而切换过程由马尔可夫链描述。这样可以灵活捕捉数据在不同状态下的表现，如经济周期中的扩张和衰退阶段、金融市场中的平稳期和动荡期等。

设系统 x_t 可表示为

$$x_t = \mu_{S_t} + \varepsilon_t \tag{6-17}$$

其中，S_t 为 t 时刻系统的潜在状态；ε_t 为高斯白噪声。

考虑最简单的情况，x_t 的均值 μ 和 σ^2 随状态 S_t 转换。具体来说，假设系统有 k 种状态，则 μ 和 σ^2 在每种状态下都有不同的取值。当系统只有一种状态，即 $S_t = 1$ 时，模型退化为一个简单线性回归模型 $x_t = \mu_1 + \varepsilon_t$。若 $k = 2$，则模型可以表示为以下两种状态的形式。

（1）状态 1：$x_t = \mu_1 + \varepsilon_t$，$\varepsilon_t \sim N(0, \sigma_1^2)$。

（2）状态 2：$x_t = \mu_2 + \varepsilon_t$，$\varepsilon_t \sim N(0, \sigma_2^2)$。

在上述表示中，状态 S_t 的变化会导致因变量 x_t 的均值和波动性不同。例如，x_t 可以表示金融资产的对数回报。状态 1 对应牛市，预期回报为 μ_1，通常表现为正的对数回报；状态 2 对应熊市，预期回报为 μ_2。此外，不同状态下的波动性（σ_1^2 和 σ_2^2）也不同，一般认为熊市状态下的波动性更大，即 $\sigma_2^2 > \sigma_1^2$，这反映价格下跌的速度通常快于价格上涨的速度。

MS-AR 模型的一个核心特征是状态的转移是随机的，而不是确定的。因此，对于任意时间点，系统的状态并不是已知的，而是由一个状态转移矩阵控制的。状态之间的转移概率由转移矩阵 $\boldsymbol{P}$ 表示：

$$P = \begin{bmatrix} P_{11} & P_{12} \\ P_{21} & P_{22} \end{bmatrix}$$

矩阵中的元素 $P_{ij} = P(S_t = j | S_{t-1} = i)$ 表示从状态 i 转换到状态 j 的概率。例如，假设在时间 t 下的状态为 2，则在时间 $t+1$ 下转移到状态 1 的概率为 P_{21}，保持状态 2 的概率为 P_{22}。这种状态转换是一个随机过程，转移概率通常被认为是常数，但在某些模型中也可以是随时间变化的，这种模型称为时变转移概率（TVTP）模型。

一般地，MS-AR 模型可以分为以下两部分。

状态转移模型：隐状态 S_t 由一个马尔可夫链控制，状态间的转移概率由转移矩阵 P 表示：

$$P = \begin{bmatrix} P_{11} & P_{12} & \cdots & P_{1k} \\ P_{21} & P_{22} & \cdots & P_{2k} \\ \vdots & \vdots & & \vdots \\ P_{k1} & P_{k2} & \cdots & P_{kk} \end{bmatrix} \tag{6-18}$$

其中，$\sum\limits_j P_{ij} = 1$

区制自回归模型：在状态 $S_t = j$ 下，时间序列的生成服从自回归模型，即

$$x_t = \mu_j + \sum_{i=1}^{p} \phi_{j,i} x_{t-i} + \varepsilon_t, \quad \varepsilon_t \sim N(0, \sigma_j^2) \tag{6-19}$$

其中，μ_j 为状态 j 的均值；$\phi_{j,i}$ 为状态 j 的自回归系数；σ_j^2 为状态 j 的误差方差。

例6-12 生成一个两区制时间序列数据，区制 1（state）的均值为 1、方差为 0.5，区制 2（state2）的均值为 –1、方差为 0.8。

这里用 R 代码实现这一过程，不同区制的样本点如图 6-19 所示。

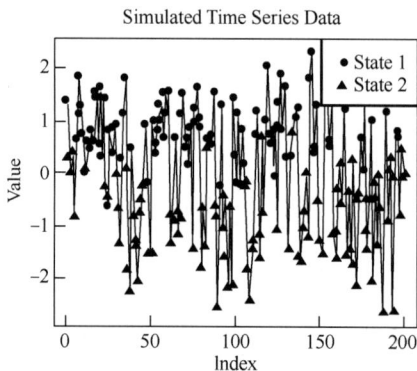

图 6-19　不同区制的样本点

线上资源 6-5

本例使用 MSwM 程序包对生成的数据进行模型拟合。MSwM 是一个 R 包，专门用于处理和拟合马尔可夫状态转换模型（Markov Switching Models）。它能够将马尔可夫过程的状态切换特性引入常规模型，从而捕捉数据中潜在的结构变化或非平稳性。

msmFit() 函数是 MSwM 程序包中的核心函数，主要用于拟合马尔可夫状态转换模型。需要注意的是，msmFit() 函数适用于基于线性回归模型（lm 对象）建立的模型扩展，因此在

使用 msmFit() 函数之前，首先需要通过 lm() 函数构建基础的线性回归模型。

在这里，lm() 是 R 中一个非常常用的函数，专门用于拟合线性回归模型。通过 lm() 函数，可以构建一个简单的线性模型，为后续的状态切换建模提供基础。

```
Markov Switching Model
Call: msmFit(object = lm_model, k = 2, sw = c(TRUE, TRUE, TRUE))
      AIC       BIC      logLik
 578.5907  612.9371  -285.2953
Coefficients:
Regime 1
---------
                 Estimate Std. Error t value  Pr(>|t|)
(Intercept)(S)    0.8478     0.1104    7.6793  1.599e-14 ***
lag1(S)           0.0452     0.0726    0.6226  0.5335
---
Signif. codes:  0 '***' 0.001 '**' 0.01 '*' 0.05 '.' 0.1 ' ' 1
Residual standard error: 0.591636
Multiple R-squared: 0.006524
Standardized Residuals:
      Min           Q1          Med          Q3          Max
-0.93274354  -0.35215557  -0.08918554  0.02916511  1.42309354
Regime 2
---------
                 Estimate Std. Error t value  Pr(>|t|)
(Intercept)(S)   -0.9967     0.1763   -5.6534  1.573e-08 ***
lag1(S)           0.0189     0.0947    0.1996  0.8418
---
Signif. codes:  0 '***' 0.001 '**' 0.01 '*' 0.05 '.' 0.1 ' ' 1
Residual standard error: 0.7671988
Multiple R-squared: 0.0007526
Standardized Residuals:
      Min           Q1          Med          Q3          Max
-1.70318955  0.06282036  0.21709995  0.40394284  1.02628079
Transition probabilities:
          Regime 1  Regime 2
Regime 1 0.7507932 0.3064748
Regime 2 0.2492068 0.6935252
```

该 MS-AR 模型拟合了两种区制的时间序列动态特性。区制 1 的均值为 0.8478，残差较小（标准差为 0.591636），对应较平稳的状态；区制 2 的均值为 –0.9967，残差较大（标准差为 0.7671988），可能代表波动较大的状态。两区制之间的转移概率较低（区制 1 转换为区制 2 的概率为 30.65%，区制 2 转换为区制 1 的概率为 24.92%），表明状态转换相对较少。滞后变量在两区制中均不显著（p 值较大），说明当前值对前一时刻的依赖性较弱。整体模型的 AIC 值为 578.5907，表明模型能够在一定程度上捕捉状态间的特性。两区制图形如图 6-20 所示。

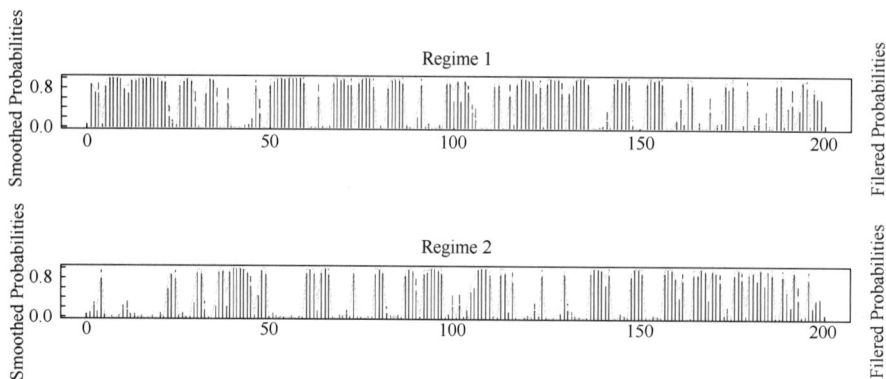

图 6-20　两区制图形

基于时间序列的 MS-AR 模型可以使用其他支持时间序列建模的库，如 MARSS 或 depmixS4。这里使用 depmixS4，设计初始状态转移概率 $P(S_1 = 1) = 0$，$P(S_2 = 2) = 1$，对上述模拟数据 data 进行建模，得到状态转移概率矩阵：

$$\boldsymbol{P} = \begin{bmatrix} P(S_t = 1 \mid S_{t-1} = 1) & P(S_t = 2 \mid S_{t-1} = 1) \\ P(S_t = 1 \mid S_{t-1} = 2) & P(S_t = 2 \mid S_{t-1} = 2) \end{bmatrix} = \begin{bmatrix} 0.722 & 0.278 \\ 0.253 & 0.747 \end{bmatrix}$$

状态 1 的观测值均值为 -0.951，且波动较大（标准差为 0.795），代表一种波动幅度较大的状态。状态 2 的观测值均值为 0.901，且波动较小（标准差为 0.576），对应一种更平稳的状态。两种状态的均值和标准差显著不同，表明模型能够有效区分高波动和低波动的行为模式，如图 6-21 所示。

线上资源 6-7

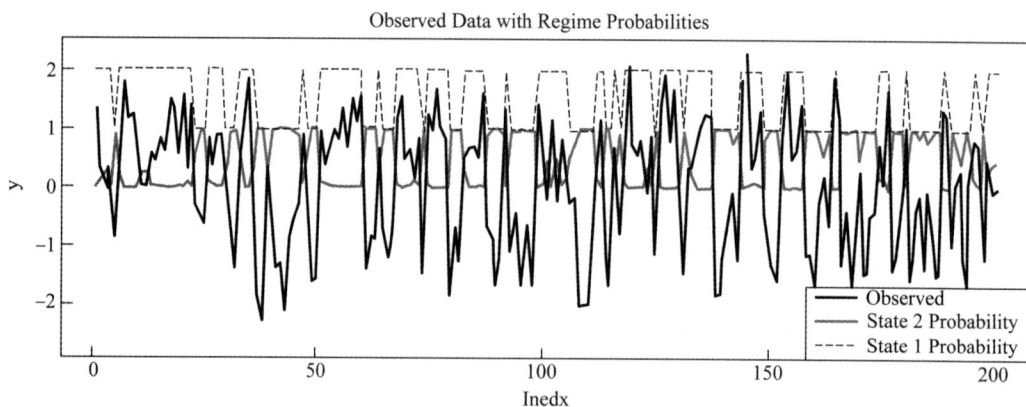

图 6-21　data 数据的 MS-AR 换模型拟合结果

例 6-13　示例数据是 MSwM 程序包中的一个模拟数据集，用于显示 msmFit() 函数如何检测两种不同状态的存在：一种是响应变量高度自相关，另一种是响应仅取决于协变量 x。自相关观测值的区间为 (1, 100)、(151, 180) 和 (251, 300)。每种状态的数学表示分别为

$$y_t = \begin{cases} 8 + 2x_t + \varepsilon_t^{(1)} & \varepsilon_t^{(1)} \sim N(0,1) & t = 101:150,181:250 \\ 1 + 0.9y_{t-1} + \varepsilon_t^{(2)} & \varepsilon_t^{(2)} \sim N(0,0.5) & t = 1:100,180,251:300 \end{cases}$$

示例数据时间序列图如图 6-22 所示。

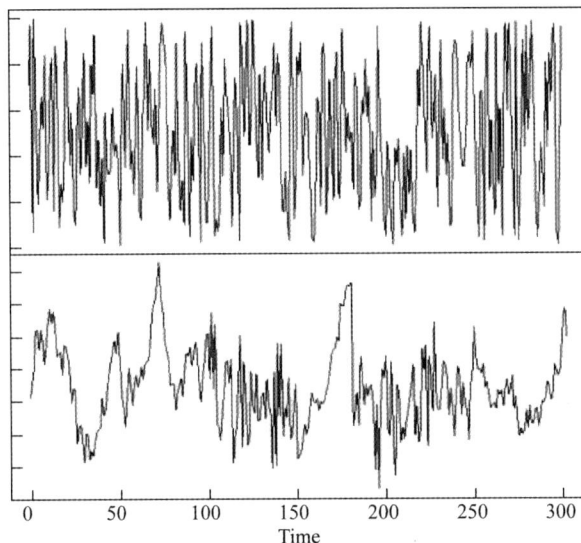

图 6-22 示例数据时间序列图

y_t 是响应变量，在两个周期中，y_t 的值取决于协变量 x_t。如果仅仅用简单的线性回归来拟合该数据，则 R 代码如下：

```
Call:
lm(formula = y ~ x, data = example)
Residuals:
    Min      1Q  Median      3Q     Max
-2.8998 -0.8429 -0.0427  0.7420  4.0337
Coefficients:
            Estimate Std. Error t value Pr(>|t|)
(Intercept)  9.0486     0.1398  64.709  < 2e-16 ***
x            0.8235     0.2423   3.398  0.00077 ***
---
Signif. codes:  0 '***' 0.001 '**' 0.01 '*' 0.05 '.' 0.1 ' ' 1
Residual standard error: 1.208 on 298 degrees of freedom
Multiple R-squared: 0.03731,  Adjusted R-squared: 0.03408
F-statistic: 11.55 on 1 and 298 DF,  p-value: 0.0007701
```

虽然协变量 x 确实具有重要性，但模型对数据行为的解释力较弱。从图 6-23 中可以看出，残差存在显著的自相关性。进一步的残差诊断表明，残差并不是白噪声，而表现出明显的自相关特性。

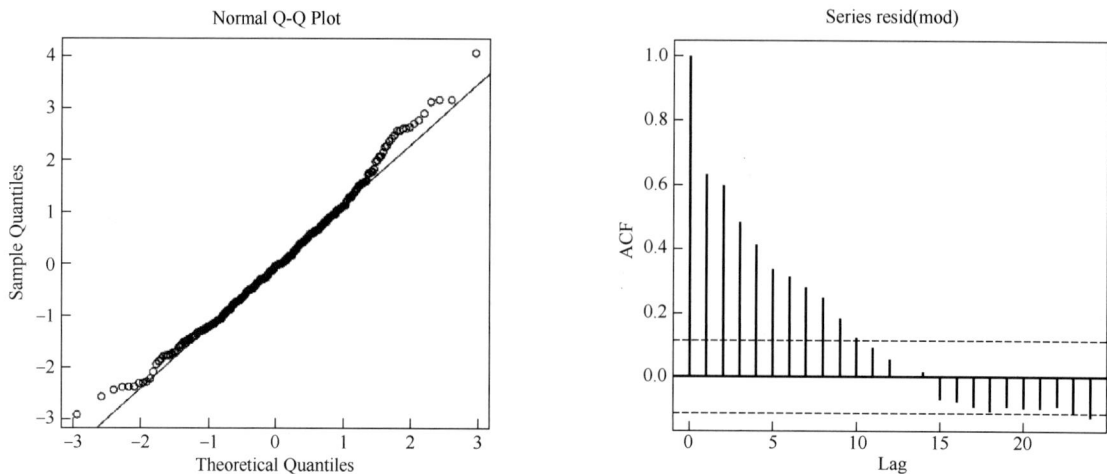

图 6-23　线性模型中残差的正态概率图和自相关图

接下来，用 MS-AR 模型来拟合数据，自回归部分的顺序设置为 1。为了表明所有参数在两个周期内可能不同，切换参数(sw)设置为具有 4 个分量的向量，其值为 TRUE，拟合线性模型时的最后一个值是残差标准偏差，有一些选项可以控制估计过程：

```
Call: msmFit(object = mod, k = 2, sw = c(TRUE, TRUE, TRUE, TRUE), p = 1,
    control = list(parallel = FALSE))
    AIC     BIC    logLik
 637.0736 693.479 -312.5368
Coefficients:
Regime 1
---------

              Estimate Std. Error t value  Pr(>|t|)
(Intercept)(S)  0.8417    0.3026  2.7816  0.005409 **
x(S)           -0.0533    0.1354 -0.3936  0.693876
y_1(S)          0.9208    0.0306 30.0915 < 2.2e-16 ***
---
Signif. codes: 0 '***' 0.001 '**' 0.01 '*' 0.05 '.' 0.1 ' ' 1
Residual standard error: 0.5034675
Multiple R-squared: 0.8375
Standardized Residuals:
       Min           Q1           Med          Q3           Max
-1.5153667013 -0.0906543253  0.0001873641 0.1656717257 1.2020898982
Regime 2
---------

              Estimate Std. Error t value  Pr(>|t|)
(Intercept)(S)  8.6393    0.7256 11.9064 < 2.2e-16 ***
x(S)            1.8771    0.3107  6.0415 1.527e-09 ***
y_1(S)         -0.0569    0.0799 -0.7121   0.4764
---
Signif. codes: 0 '***' 0.001 '**' 0.01 '*' 0.05 '.' 0.1 ' ' 1
Residual standard error: 0.9339683
```

```
Multiple R-squared: 0.2408
Standardized Residuals:
       Min          Q1           Med          Q3           Max
-2.31102193 -0.03317755  0.01034138  0.04509105  2.85245597
Transition probabilities:
           Regime 1        Regime 2
Regime 1   0.98499728      0.02290884
Regime 2   0.01500272      0.97709116
```

在模型的一种状态中，协变量非常显著；而在另一种状态中，自相关变量也非常显著。在这两种情况下，R^2 都具有较大的值。转移概率矩阵具有较大的值，表明状态 1 与状态 2 之间很难相互转换。该模型完美地检测了每个状态的周期。残差看起来像白噪声，如图 6-24 所示。此外，残差的自相关性已经消失。

图 6-25 展示了 MS-AR 模型中两种状态(Regime 1 和 Regime 2)的平滑概率(Smoothed Probabilities，灰色曲线)和过滤概率(Filtered Probabilities，黑色条形)。平滑概率基于全局数据估计，体现了更平滑的状态变化趋势；过滤概率基于当前时刻的观测值和先验信息估计，显示了时刻间的状态转移动态。可以看出，大部分时间模型清晰地分辨了两种状态，且两种状态在时间序列中的出现具有较强的互补性(Regime 1 的高概率区间与 Regime 2 的低概率区间对应)，表明模型能够有效捕捉数据的状态转移特征。

基于 MS-AR 模型拟合后对残差结果进行诊断(见图 6-26)，评估模型的拟合质量和假设的合理性。在图 6-26 中，上面的 Q-Q 图显示残差大致符合正态分布，但在尾部略有偏离，可能存在轻微的异常值；残差的自相关图和偏自相关图表明残差没有显著的自相关性，说明模型在去除时间序列相关性方面表现良好；平方残差的自相关图和偏自相关图显示没有显著的波动集聚现象或异方差性。总体来看，模型的拟合质量较好，残差行为符合假设，但尾部的轻微偏离可能提示需要进行进一步优化或关注异常值的影响。

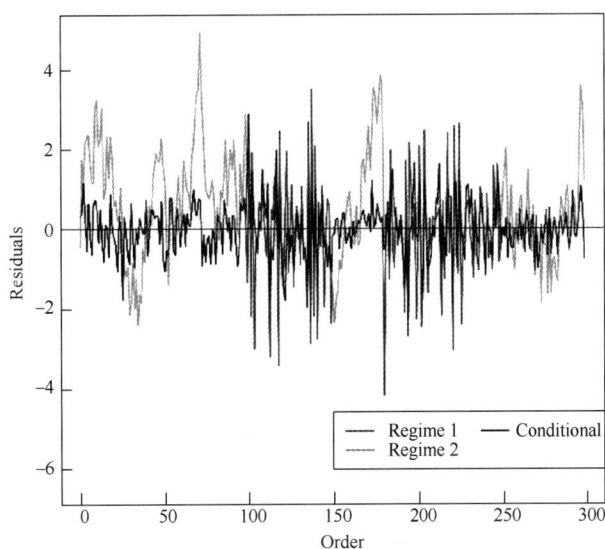

图 6-24　MS-AR 模型拟合的残差图

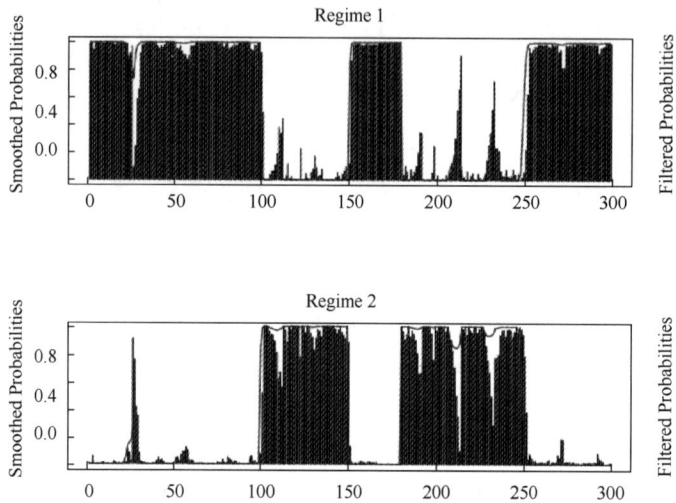

图 6-25 MS-AR 模型中两种状态的平滑概率和过滤概率

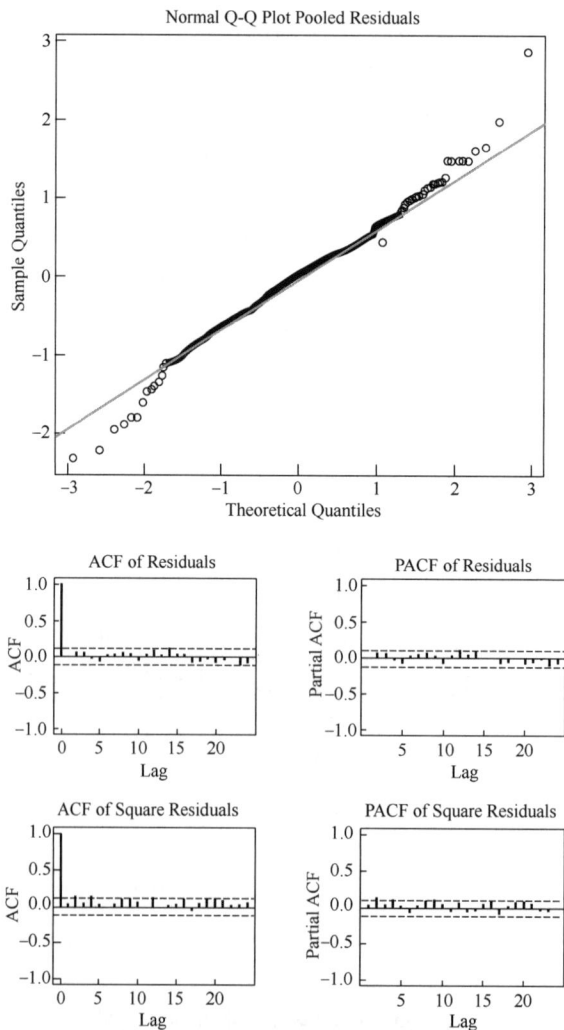

图 6-26 MS-AR 模型中残差的正态概率图和自相关图、偏自相关图

图 6-27(a)中的黑色曲线显示了时间序列数据的动态变化,灰色阴影区域显示出数据所在的特定状态(或 Regime)。这些状态通过平滑概率分割。图 6-27(b)显示了状态 1(Regime 1)的分布范围,即哪些时间点被分类为状态 1。另外,图 6-27(a)还显示,时间序列数据在状态 1 下可能表现出某种较为明显的趋势, 如更大的值或波动性。

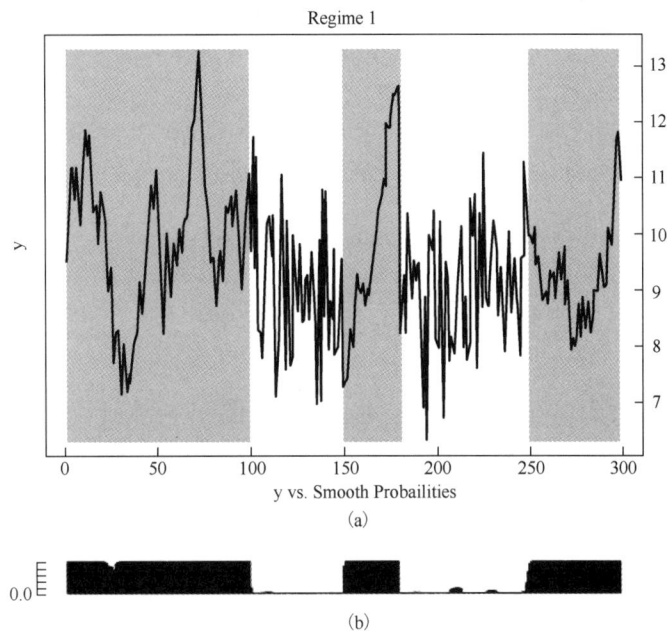

(a)

(b)

图 6-27　观测值与状态 1 相关的结果展示

图 6-28 显示了 MS-AR 模型中状态 1 的平滑概率对变量 y 和 x 的影响,上图展示了变量 y 的时间序列与状态 1 的平滑概率的重叠区域(灰色阴影部分),表明在这些时间段内,状态 1 的平滑概率较高,说明变量 y 在这些区域可能具有特定的行为模式;下图显示了变量 x 的时间序列与状态 1 的平滑概率的对应关系,灰色区域同样表示状态 1 的概率较高的时间段。相比于变量 y,变量 x 的波动性更大,且与状态 1 的关联可能不如变量 y 明显。总体来看,图形揭示了状态 1 在时间序列中占据的区域,并分别反映了变量 y 和 x 在这些区域内的动态特征。

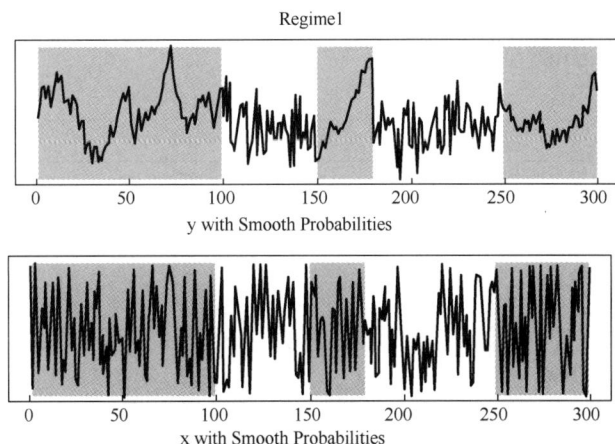

图 6-28　两种状态下 x 与 y 之间的关系

线上资源 6-8

例 6-14 西班牙每日交通事故造成的交通伤亡。

交通数据(见图 6-29)包含 2010 年西班牙交通事故的每日死亡人数、日平均气温和日降水量。采用这些数据的目的是研究死亡人数与气候条件之间的关系。在这种情况下,使用广义 MS-AR 模型是因为周末和工作日的变量之间存在不同的行为关系。为了避免冗长的示例说明和有关函数如何工作的说明,这里跳过重复结果的说明。

在此例中,响应变量是计数变量。出于这个原因,这里拟合了一个泊松广义线性模型。模型拟合结果如下:

```
Call:
glm(formula = NDead ~ Temp + Prec, family = "poisson", data = traffic)
Coefficients:
            Estimate   Std. Error    z value    Pr(>|z|)
(Intercept)  1.1638122  0.0808726    14.391     < 2e-16 ***
Temp         0.0225513  0.0041964     5.374     7.7e-08 ***
Prec         0.0002187  0.0001113     1.964      0.0495 *
---
Signif. codes:  0 '***' 0.001 '**' 0.01 '*' 0.05 '.' 0.1 ' ' 1
(Dispersion parameter for poisson family taken to be 1)
    Null deviance: 597.03  on 364  degrees of freedom
Residual deviance: 567.94  on 362  degrees of freedom
AIC: 1755.9
```

西班牙交通事故的每日死亡人数和气候条件变量如图 6-29 所示。

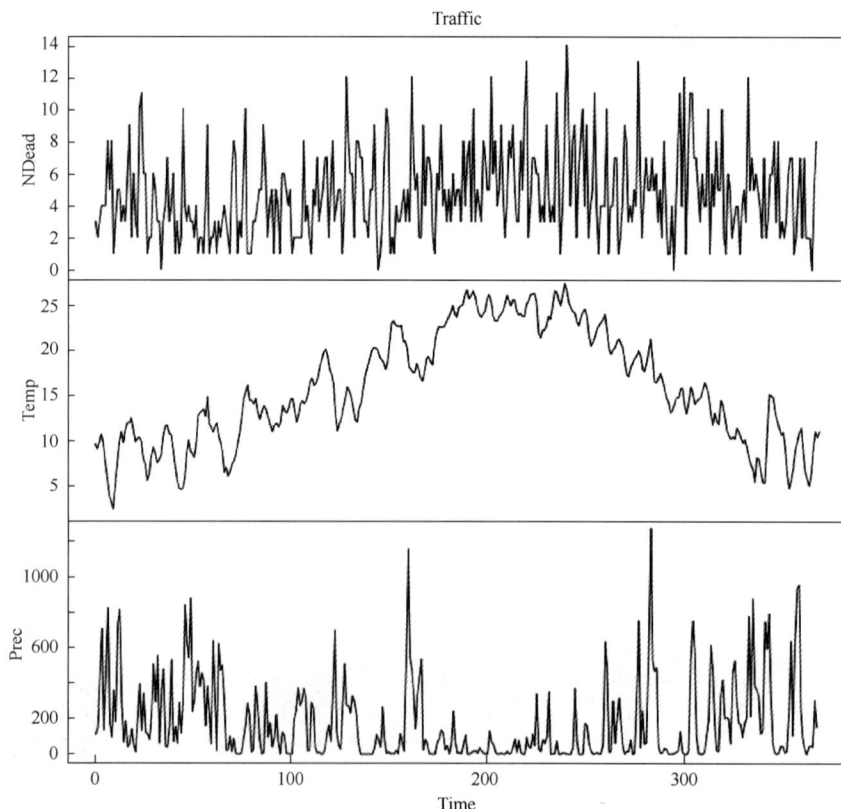

线上资源 6-9

图 6-29 西班牙交通事故的每日死亡人数和气候条件变量

接下来使用 msmFit() 函数拟合 MS-AR 模型。为了拟合广义 MS-AR 模型，需要包括族参数。此外，R 中的广义线性模型 glm 没有标准偏差参数，因此参数向量中不包含标准偏差的转换参数。不同状态下的模型拟合结果和状态转移概率矩阵如下：

```
Markov Switching Model
Call: msmFit(object = model, k = 2, sw = c(TRUE, TRUE, TRUE), family =
"poisson",
     control = list(parallel = FALSE))
      AIC      BIC     logLik
 1713.877 1772.676 -850.9387
Coefficients:
Regime 1
---------

               Estimate  Std. Error  t value   Pr(>|t|)
(Intercept)(S)    1.5658      0.1585   9.8789   < 2e-16 ***
Temp(S)           0.0194      0.0080   2.4250   0.01531 *
Prec(S)           0.0004      0.0002   2.0000   0.04550 *
---
Signif. codes:  0 '***' 0.001 '**' 0.01 '*' 0.05 '.' 0.1 ' ' 1
Regime 2
---------

               Estimate Std. Error t value   Pr(>|t|)
(Intercept)(S)   0.7649     0.1806   4.2353 2.282e-05 ***
Temp(S)          0.0288     0.0083   3.4699 0.0005207 ***
Prec(S)          0.0002     0.0002   1.0000 0.3173105
---
Signif. codes:  0 '***' 0.001 '**' 0.01 '*' 0.05 '.' 0.1 ' ' 1
Transition probabilities:
           Regime 1    Regime 2
Regime 1  0.5086242   0.2712394
Regime 2  0.4913758   0.7287606
```

在两种状态（Regime 1 和 Regime 2）下，气温（Temp）对交通事故的每日死亡人数具有显著的正向影响，且在 Regime 2 中影响更大，这可能与高温天气下驾驶风险增加有关；降水量（Prec）对交通事故的每日死亡人数的影响较小且在两种状态下均不显著，表明其作用可能较间接或受到其他因素的调节。此外，Regime 1 的基础死亡人数较多（截距更大），Regime 2 的基础死亡人数较少，这可能反映了不同交通环境或事故模式的差异（如工作日与假日）。置信区间进一步验证了模型估计的可靠性和系数影响的显著性（系数近似区间的显著性水平为 95%）：

```
Aproximate intervals for the coefficients. Level= 0.95
(Intercept):
             Lower     Estimation    Upper
Regime 1  1.2552059   1.5658500    1.876494
Regime 2  0.4109075   0.7648547    1.118802
Temp:
             Lower     Estimation     Upper
Regime 1  0.00366482  0.01939761    0.03513040
```

```
Regime 2  0.01265693  0.02884958      0.04504223
Prec:
                Lower        Estimation      Upper
Regime 1  -0.0000495048   0.0004105947   0.0008706943
Regime 2  -0.0001860544   0.0001846764   0.0005554071
```

因为 MS-AR 模型是一般线性模型的扩展，所以计算得到的残差呈现出经典的白噪声结构，如图 6-30 所示，表现为不相关性。然而，残差的分布与正态分布略有偏差。不过，皮尔逊残差的正态性并不是验证广义线性模型的关键条件，因此不会显著影响模型的有效性。下面继续画出残差的正态概率图和自相关图、偏自相关图，如图 6-31 所示。

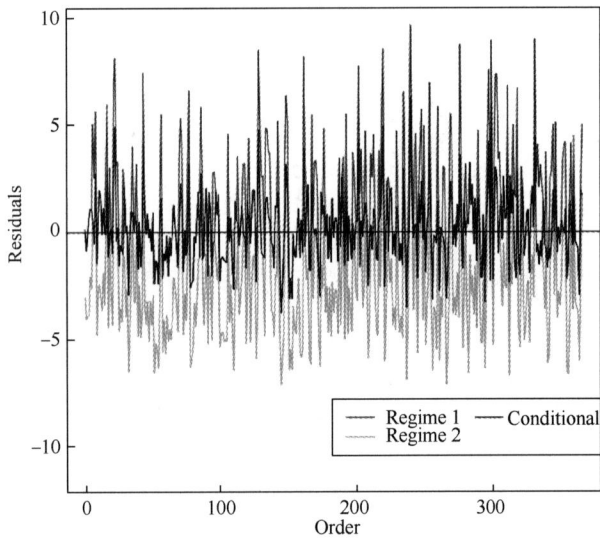

图 6-30 MS-AR 模型拟合的残差图

Normal Q-Q Plot Pooled Residuals

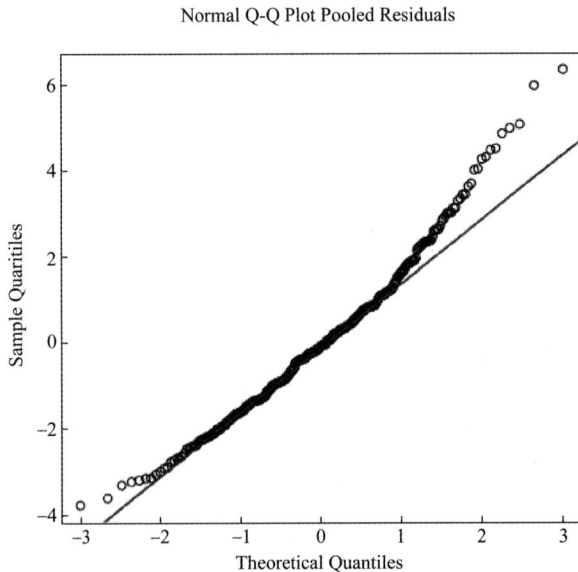

图 6-31 残差的正态概率图和自相关图、偏自相关图

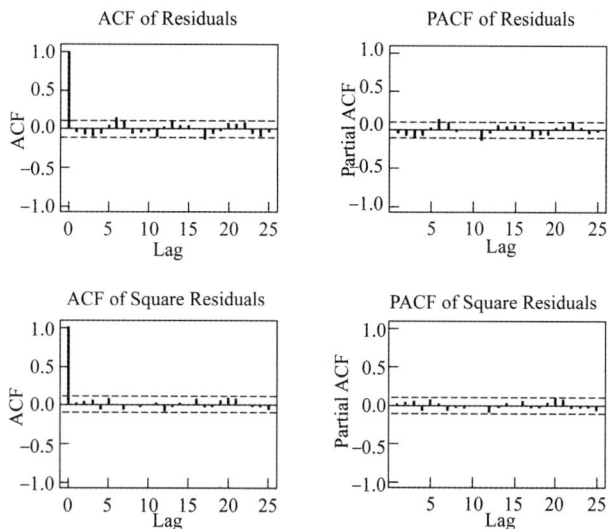

图 6-31　残差的正态概率图和自相关图、偏自相关图(续)

在图 6-31 中，Q-Q 图显示残差大致符合正态分布，但尾部略有偏离，表明可能存在异常值；残差的自相关图和偏自相关图均表明残差没有显著的自相关性，说明模型有效去除了结构性相关；平方残差的自相关图和偏自相关图显示序列没有异方差性或波动集聚现象。总体上表明模型的拟合质量良好，残差行为符合假设。

习　　题

1．某公司季度销售额数据包含长期趋势、季节性成分和随机成分 3 部分。请根据以下季度销售数据完成以下 3 个问题，并绘制分解后的各成分图(单位：万元)：

年份	第一季度	第二季度	第三季度	第四季度
2019	200	250	300	280
2020	220	270	310	290
2021	230	280	320	300
2022	240	290	330	310
2023	250	300	340	320

(1)分解时间序列为长期趋势、季节性成分和随机成分。

(2)绘图展示 3 部分。

(3)分析季节性成分的模式(如 Q3 的销售额是否显著高于其他季度的销售额)。

2．给定某公司每日访问人数数据，要求使用以下平滑方法对数据进行处理：$Y=[120,130,125,140,135,150,145,160,155,170]$。①使用简单移动平均法，设置窗口大小为 3；②使用指数平滑法，选择平滑系数 $\alpha = 0.3$。

(1)计算平滑后的序列值。

(2)比较两种方法的平滑效果。

3．某地区每月电力消耗(单位：kW·h)记录如下：

[450,460,470,480,490,500,510,520,530,540,550,560]

(1)使用简单中心移动平均法，窗口大小为 4，计算趋势值。

(2)讨论移动平均法的优点、缺点及适用场景。

4. 某企业的季度利润数据(单位：万元)如下：Y=[100,110,125,140,160,180,200,220,250,280,310,350]。通过对数变换 $Y'=\log(Y)$ 处理非平稳性，并进一步计算差分序列 $\Delta Y'=Y_t'-Y_{t-1}'$。

(1)分析变换后的数据是否满足平稳性条件。

(2)讨论序列变换的作用及意义。

5. 某地区的日均交通流量(单位：辆)和气温(单位：℃)记录如下：

Y(交通流量)：[500, 520, 540, 600, 700, 750, 800, 850, 900, 950]

X(气温)：[10, 12, 15, 20, 25, 28, 30, 32, 35, 37]

设定两种状态(Regime 1 和 Regime 2)，使用 MS-AR 模型拟合 Y 与 X 的关系，分析在两种状态下，气温对交通流量的影响是否显著。

第7章 多元时间序列分析

前面介绍了单变量时间序列的分析方法。然而，很多时间序列的变化规律会受到其他序列的显著影响。例如，在分析居民消费支出时，收入对消费具有重要影响，将收入纳入研究范畴可以显著提升消费预测的精度，这便涉及多元时间序列分析。

传统上，多元时间序列分析要求输入序列和响应序列均为平稳序列，但这一严格要求限制了其实际应用和发展。直到 1987 年，Engle 和 Granger 提出了协整（Cointegration）理论。在协整分析框架下，不要求序列自身平稳，只需其回归残差为平稳序列。这一概念的引入显著简化了多元时间序列分析的条件，将多元回归和时间序列分析有机结合，大幅提升了预测精度，推动了该领域的发展。

7.1 ARIMAX 模型

下面首先介绍平稳多元时间序列的建模方法。

1976 年，Cox 和 Jenkins 提出了基于输入变量的 ARIMA 模型，用于平稳多元时间序列建模。该模型的核心思想是，假设响应序列 $\{y_t\}$ 和输入序列 $\{\{x_{1t}\}, \{x_{2t}\}, \cdots, \{x_{kt}\}\}$ 均为平稳序列，首先构建响应序列与输入序列的回归模型：

$$\varepsilon_t = Y_t - \left(\mu + \sum_{i=1}^{k} \frac{\Theta_i(B)}{\Phi_i(B)} B^{l_i} X_{it} \right) \tag{7-1}$$

然后使用 ARMA 模型提取残差序列的相关信息，得到

$$\begin{cases} Y_t = \mu + \sum_{i=1}^{k} \dfrac{\Theta_i(B)}{\Phi_i(B)} B^{l_i} X_{it} + \varepsilon_t \\ \varepsilon_t = \dfrac{\Theta(B)}{\Phi(B)} a_t \end{cases} \tag{7-2}$$

该模型被称为动态回归模型，简称 ARIMAX，其中包含残差自回归系数多项式 $\Phi(B)$、残差移动平均系数多项式 $\Theta(B)$ 及零均值白噪声序列 a_t。

例 7-1 分析某城市的月度电力消耗量（响应序列为 y_t），并将气温作为输入变量（解释变量为 x_t），如图 7-1 所示。

考虑到输入气温与电力消耗量在逻辑上的因果关系，通过互协方差函数或互相关系数的特征考察回归模型的结构。

延迟 k 阶互协方差（Cross Covariance）函数的定义为

$$\text{Cov}_k = \text{Cov}(y_t, x_{t-k}) = E[(y_t - E(y_t))(x_{t-k} - E(x_{t-k}))] \tag{7-3}$$

延迟 k 阶互相关系数（Cross-Correlation Coefficient）的定义为

$$C_{\rho_k} = \frac{\mathrm{Cov}(y_t, x_{t-k})}{\sqrt{\mathrm{Var}(y_t)}\sqrt{\mathrm{Var}(x_{t-k})}} \tag{7-4}$$

如果 $k>0$，则计算的是 y 序列延迟 x 序列 k 期的相关系数。

如果 $k<0$，计算的是 x 序列延迟 y 序列 k 期的相关系数。

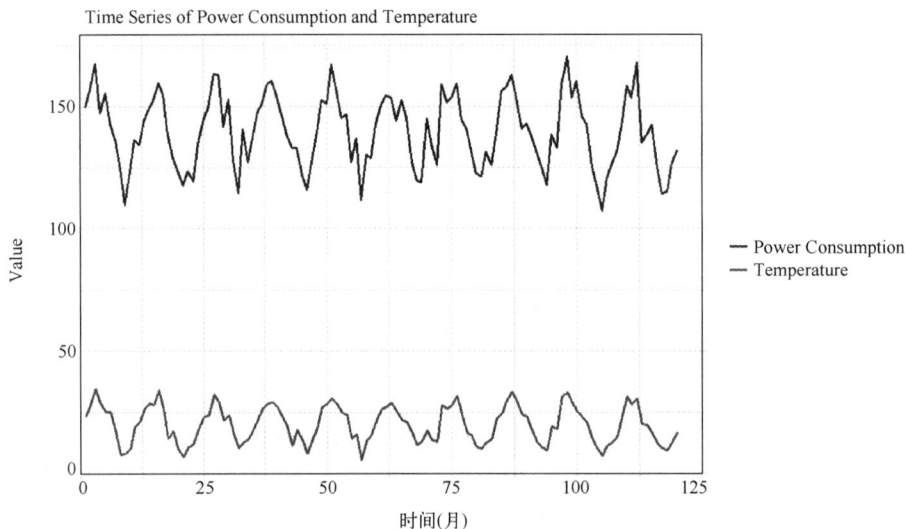

图 7-1 某城市的月度电力消费量和气温时间序列图

互相关系数的分布特征如下。

● 与自相关系数、偏自相关系数一样，根据 Bartlett 定理，互相关系数近似服从零均值正态分布：

$$C_{\rho_k} \sim N\left(0, \frac{1}{n-|k|}\right) \tag{7-5}$$

其中，n 是序列样本的长度；k 是之后阶数。

● 超过 2 倍标准差范围的互相关系数可以认为显著非零，即相应序列和自变量序列之间具有显著相关性：

$$C_{\rho_k} > \frac{2}{\sqrt{n-|k|}} \tag{7-6}$$

气温和电力消耗量之间的互相关系数图如图 7-2 所示。

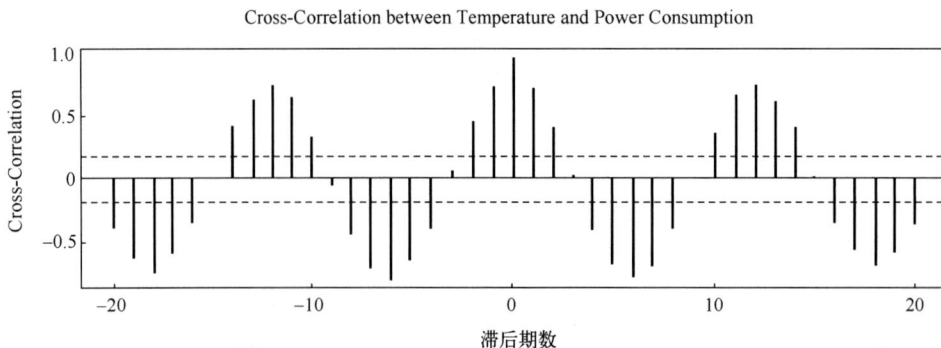

图 7-2 气温和电力消耗量之间的互相关系数图

可以看出，气温与电力消费量在多个延迟期下存在显著相关性。在 Lag=0 附近，互相关系数较大且为正值，表明当前时刻气温与电力消费量之间存在较强的正相关关系，这说明气温的变化会直接影响电力消费量。此外，在正延迟下，互相关系数在部分延迟点显著为正，这表明气温的变化对未来的电力消费量也有延迟效应，可能反映了气温升高后电器使用增加导致的电力需求变化。延迟阶数为负（Lag<0）表示响应变量（如电力消费量）先于输入变量（如气温）发生变化的相关性，表明当前电力消费量的升高可能与过去的气温变化有关，如一些延迟的生产或消耗行为导致的能源需求调整。

图 7-2 显示输出序列和输入序列之间具有多期延迟效应和显著互相关性，如果构建传统线性回归模型，则模型结构可以表示为

$$y_t = \beta_0 + \beta_1 x_{t-3} + \beta_2 x_{t-4} + \beta_3 x_{t-5} + \beta_4 x_{t-6} + \beta_5 x_{t-7} + \cdots + \varepsilon_t \tag{7-7}$$

该回归模型的问题：①自变量太多；②自变量之间有显著的相关性，容易出现多元共线性问题。Box 和 Jenkins 建议当自变量延迟阶数比较高时，可以考虑采用传递函数模型结构，以减少待估参数的个数。

本例采用 ARMA(1,1)结构提取输入变量对输出变量建立的相关影响。应用 ARIMAX 模型，拟构建如下模型结构：

$$y_t = \mu + \frac{\theta_0 - \theta_1 B}{1 - \varphi_1 B} B x_t + \varepsilon_t \tag{7-8}$$

ARIMAX 模型拟合步骤如下。

第一步，建立响应变量与自变量的传递函数模型，最终确定模型口径为

$$y_t = 102.37 + 0.6138 y_{t-1} - 0.7325 \varepsilon_{t-1} + 1.8712 x_t + \varepsilon_t$$

第二步，残差分析。检验残差序列具有相关性，如图 7-3 所示。继续构建 ARMA 模型。若残差图显示出残差序列仍然具有一定的相关性，则需要继续构建残差 AR(2)模型，并将其加入模型。

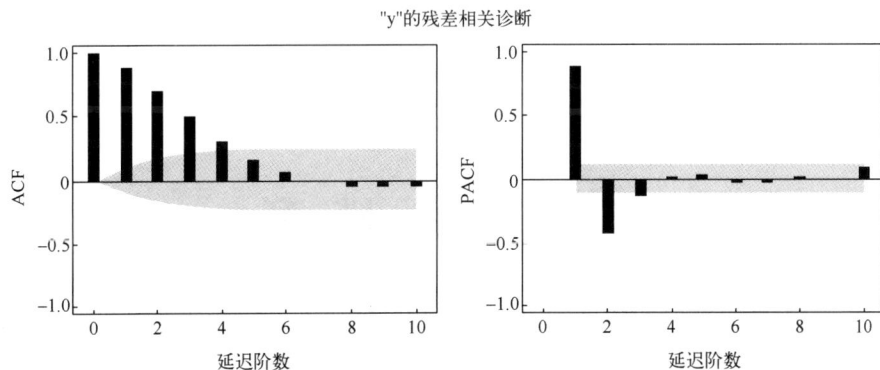

图 7-3　残差的自相关图、偏自相关图

由图 7-3 可知，自相关系数拖尾，偏自相关系数 2 阶截尾，从而构建残差 AR(2)模型，模型拟合口径为

$$\varepsilon_t = \frac{1}{1 - 0.15B + 0.25B^2} a_t$$

综合比较构建的模型，如表 7-1 所示。显然，这个 ARIMAX 模型比不考虑输入序列的单纯的 AR(5)模型优化了些。

表 7-1　模型比较

模型	模型结构	比较
一元模型	$y_t = 139.95 + 0.3666y_{t-1} + 0.2477y_{t-2} + 0.0936y_{t-3} - 0.3841y_{t-4} - 0.2870y_{t-5} + \varepsilon_t$	AIC=868.38 SBC=887.89
多元模型	$\begin{cases} y_t = 102.37 + 0.6138y_{t-1} - 0.7325\varepsilon_{t-1} + 1.8712x_t + \varepsilon_t \\ \varepsilon_t = \dfrac{1}{1 - 0.15B + 0.25B^2}a_t \end{cases}$	AIC=719.82 SBC=740.7094

ARIMAX 模型拟合和预测图如图 7-4 所示。

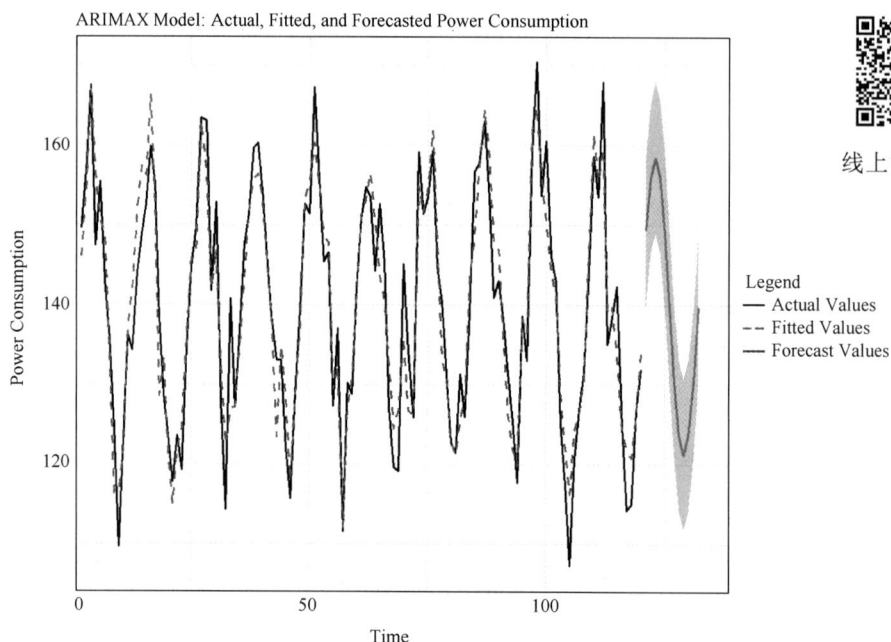

线上资源 7-1

图 7-4　ARIMAX 模型拟合和预测图

7.2　干　预　模　型

时间序列数据常常受到外部事件的显著影响，如假期、促销活动或政策变更等。这些外部事件被称为干预(Intervention)。干预分析的目的是评估这些外部事件对时间序列产生的影响，进而量化干预的效果；核心是带虚拟变量回归的 ARIMAX 模型，其中虚拟变量用于捕捉干预事件的时间点及其持续性影响。

第二次世界大战后，加利福尼亚州的经济迅速发展，伴随而来的是严重的空气污染问题。工厂排放的废气、汽车尾气及家庭燃气使用产生了大量氮氧化物和活性碳氢化物。这些物质在阳光作用下发生化学反应，形成严重的光化学污染(雾霾)，对公众健康造成了极大危害，表现为流泪、咳嗽和肺部损伤。为治理空气污染，加利福尼亚州政府在 1959 年颁布了 63 号法令，要求自 1960 年 1 月起，当地销售的汽油中减少碳氢化物的容许比例。

　　基于 1955 年 1 月至 1972 年 12 月的月度臭氧浓度数据（见图 7-5），Box 和 Tiao 通过干预分析评估 63 号法令是否显著减少了加利福尼亚州的光化学污染，并量化其治理效果。

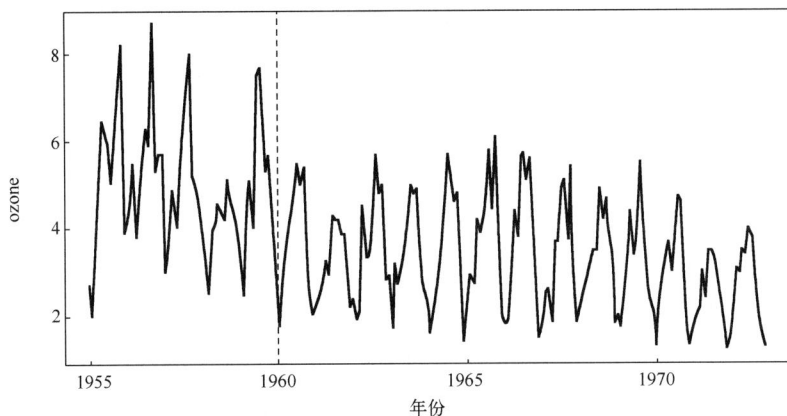

图 7-5　臭氧浓度数据时间序列图

　　在这项研究中，干预变量是 63 号法令的颁布和执行。这是一个定性变量，它没有数值，只有两个属性：1960 年之前没有执行，1960 年之后执行了。基于这种情况，Box 和 Tiao 对干预变量以虚拟变量的方式进行处理：

$$x_{1t} = \begin{cases} 0 & t处于1960年1月前 \\ 1 & t处于1960年1月后（包括1960年1月） \end{cases}$$

　　在研究中，Box 和 Tiao 发现，除政策法规这个干预变量外，影响臭氧浓度的还有一个定性变量，那就是季节。因为冬季有供暖需求，所以此时的废气排放比夏天的多；其次，冬季的温度低，污染物的扩散慢，因此冬季和夏季对臭氧浓度可能有不同的干预力度。为此，他们又构造了两个虚拟变量，用以描述季节对臭氧浓度序列的影响（这两个变量选其一即可）：

$$x_{2t} = \begin{cases} 1 & t处于6到10月 \\ 0 & t处于11到5月 \end{cases} \qquad x_{3t} = \begin{cases} 1 & t处于11到5月 \\ 0 & t处于6到10月 \end{cases}$$

互相关系数图如图 7-6 所示。

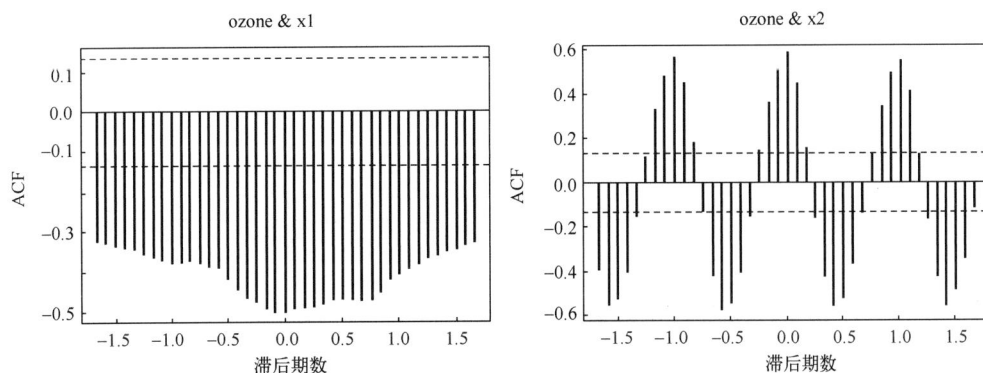

图 7-6　互相关系数图

图 7-5 显示序列有明显的季节效应。63 号法令执行之后(参照线前后),序列的周期波动特性没有明显改变,但是序列的波动水平比以前的波动水平明显降低。因此,将季节效应和 63 号法令作为两个干预变量引入臭氧浓度序列进行拟合。

第一步,图 7-6 显示,两个干预变量都是 0 阶延迟的互相关系数最大,因此假定干预变量对序列的干预只是水平影响,且无延迟。确定干预模型结构如下:

$$\text{ozone}_t = \beta_0 + \beta_1 x_{1t} + \beta_2 x_{2t} + \frac{\Theta(B)}{\Phi(B)} a_t \tag{7-9}$$

第二步,对臭氧浓度序列进行 12 步差分,实现差分平稳。

第三步,考察残差序列 $\{\varepsilon_t\}$ 的自相关图和偏自相关图(见图 7-7),为残差序列指定模型结构为 $\text{ARIMA}(1,0,0)(0,1,1)^{12}$。

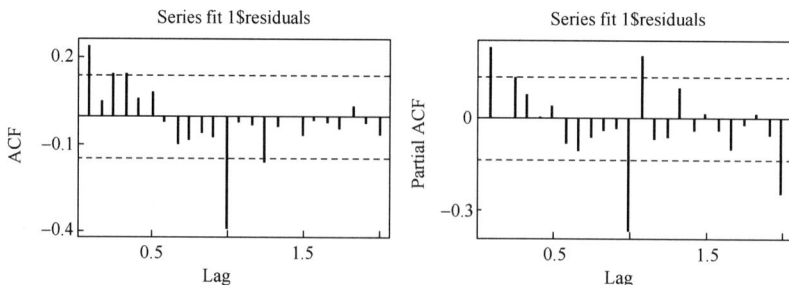

图 7-7　臭氧浓度序列建模后的自相关图和偏自相关图

确定干预模型结构为

$$\nabla_{12}\text{ozone}_t = \beta_0 + \beta_1 x_{1t} + \beta_2 x_{2t} + \frac{1 - \theta_{12}B^{12}}{1 - \varphi_1 B} a_t$$

第四步,参数估计:

```
Coefficients:
          ar1        sma1        x1_new       x2_new
          0.3143     -0.7212     -1.2247      -0.0675
s.e.      0.0679      0.0667      0.2554       0.0412

sigma^2 estimated as 0.6543: log likelihood = -250.66, aic = 509.31
```

拟合结果为

$$\text{ozone}_t = \text{ozone}_{t-12} - 1.2247 x_{1t} - 0.0675 x_{2t} + \frac{1 - 0.7212B^{12}}{1 - 0.3143B} a_t$$

第五步,拟合模型显著性检验:

```
Box-Ljung test
data: fit2$residuals
X-squared = 6.975, df = 6, p-value = 0.3232
X-squared = 9.3821, df = 12, p-value = 0.67
X-squared = 14.276, df = 18, p-value = 0.7109
X-squared = 20.049, df = 24, p-value = 0.694
X-squared = 28.021, df = 30, p-value = 0.5693
```

对干预模型残差序列进行白噪声检验,检验结果显示残差序列为白噪声序列,因此拟合模型显著成立。

第六步，干预效果解读。

根据 $\beta_1 = -1.2247$，而且该系数 t 检验显著非零的特征，可以认为 63 号法令的颁布和实施有效降低了加利福尼亚州的臭氧浓度。这说明这个法令的颁布和实施对治理加利福尼亚州的空气污染是显著有效的。又因为 $\text{mean}(\text{ozone}_t | t < 1960\text{年}) = 4.177$，即在 1960 年之前，臭氧浓度序列的平均浓度为 4.177 个单位，而因为 63 号法令的执行，臭氧浓度平均降低了 1.2247 个单位，因此 63 号法令的执行使得加利福尼亚州的臭氧浓度比法令执行之前下降了 30%左右。

根据 $\beta_2 = -0.0675$，说明夏季比冬季的臭氧浓度低，但我们的季节性划分太粗糙，因此这个系数并不显著非零。

消除政策因素和季节因素的干预影响，臭氧浓度序列自身的波动服从季节乘积模型。干预因素会影响臭氧浓度序列的浓度水平，但不会改变臭氧浓度序列的波动特性。

第七步，序列预测。

根据拟合的干预模型，事先确定未来各期干预变量的值，还可以对序列进行短期预测。未来一年每月臭氧浓度的预测值、标准差、95%置信区间如图 7-8 所示。

```
      fore        se          l95         u95
1   1.602322  0.8088985    0.01688059   3.187763
2   2.098295  0.8479228    0.43636586   3.760223
3   2.749385  0.8516820    1.08008822   4.418682
4   3.130335  0.8520526    1.46031156   4.800358
5   3.427863  0.8520892    1.75776840   5.097958
6   3.314740  0.8520928    1.64463854   4.984842
7   3.894101  0.8520931    2.22399868   5.564204
8   4.054559  0.8520932    2.38445638   5.724662
9   3.480813  0.8520932    1.81071048   5.150916
10  2.850807  0.8520932    1.18070434   4.520910
11  2.056018  0.8520932    0.38591511   3.726120
12  1.529694  0.8520931   -0.14040846   3.199796
```

图 7-8　未来一年每月臭氧浓度的预测值、标准差、95%置信区间

拟合与预测效果图如图 7-9 所示。

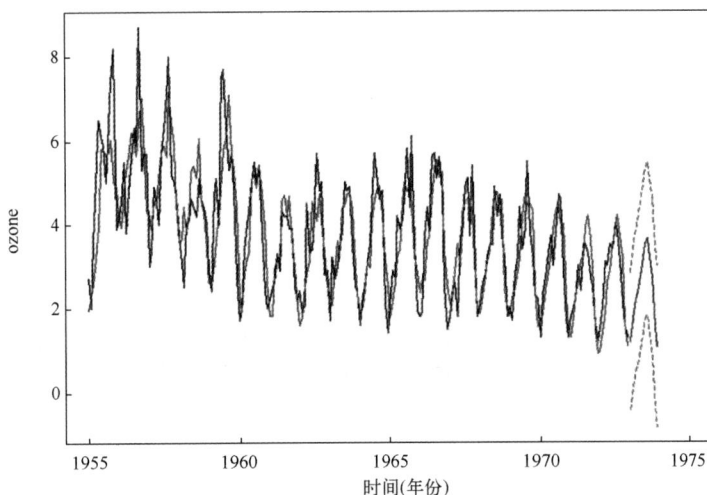

图 7-9　拟合与预测效果图

干预模型是进行政策效果评估或分析特殊事件影响的有用模型。干预模型的关键是将干预事件以虚拟变量的形式引入响应序列分析。

干预事件根据其作用机制，一般可以分为以下 **3 种类型**。

(1) **瞬时效应型 (Immediate Effect Intervention)**：干预事件的影响在发生时瞬间体现，并仅在短期内对序列产生影响，随着时间的推移，其作用逐渐消失，最终回归到正常水平。例如，突发新闻、短期促销活动、地震等自然灾害；某商场进行一天的大规模促销活动，当天销售额显著上升，但第二天回归到正常水平。

使用一个取值为 1 的虚拟变量表示干预发生的时间点，后续时间点的虚拟变量值为 0：

$$D_t = \begin{cases} 1 & \text{干预时间点} \\ 0 & \text{其他时间点} \end{cases}$$

(2) **持续效应型 (Permanent Effect Intervention)**：干预事件的影响一旦产生，就会永久性地改变序列的水平或趋势，对系统产生长期影响。例如，政策实施、技术革新、长期市场战略调整；一项新的环保法规出台后，空气污染物浓度显著下降，并在较长时间内保持低水平。

使用一个累积效应的虚拟变量表示干预事件，干预发生后变量值一直为 1：

$$D_t = \begin{cases} 0 & \text{干预前} \\ 1 & \text{干预后} \end{cases}$$

(3) **延迟效应型 (Delayed Effect Intervention)**：干预事件的影响并不是立即显现的，而是经过一定的时间延迟后才逐步体现的。例如，宣传活动效果的延迟显现、新技术推广的市场反应等。使用延迟的虚拟变量表示干预事件，干预发生时和发生后若干期的虚拟变量值为 0，延迟期后取值为 1：

$$D_t = \begin{cases} 0 & \text{干预时间点及延迟期} \\ 1 & \text{延迟期后} \end{cases}$$

例 7-2　促销活动对销售额的影响。

某超市在 2023 年 3 月开展了一次为期 1 天的促销活动。现有 2023 年 1 月至 5 月的每日销售数据，目标是分析促销活动是否显著提高了当天的销售额，以及活动对后续几天的影响。销售额时间序列如图 7-10 所示。

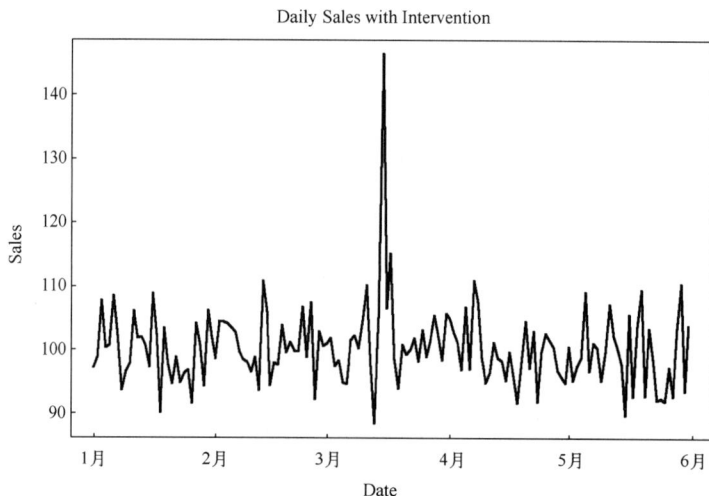

线上资源 7-2

图 7-10　销售额时间序列图

构建干预变量,将干预变量作为外部回归变量,使用 ARIMA 模型分析促销活动的影响。构建如下模型:

$$y_t = \mu + \varphi_1 y_{t-1} + \beta_1 D_t + \beta_2 L_1 + \beta_3 L_2 + \varepsilon_t$$

其中,D_t 为干预当天的虚拟变量(取值为 1);L_1 为干预后第 1 天的虚拟变量(取值为 1);L_2 为干预后第 2 天的虚拟变量(取值为 1)。参数估计结果如下:

```
Series: sales_ts
Regression with ARIMA(1,0,0) errors
Coefficients:
         ar1  intercept  Intervention    Lag1     Lag2
     -0.0132    99.9153       46.6062   6.6440  15.1949
s.e.  0.0817     0.3808        4.7274   4.7087   4.7099
sigma^2 = 22.78: log likelihood = -447.71
AIC=907.42   AICc=908.01   BIC=925.53
Training set error measures:
              ME      RMSE      MAE      MPE    MAPE MASE      ACF1
Training set -0.0002355822  4.692853 3.721999 -0.22083 3.732227  NaN
-0.0004535587
```

在干预效应方面,干预当天的销售额显著增加了 46.6062 个单位,且干预后的第 1 天和第 2 天仍有提升效应,但幅度较小。干预的延迟效应值得关注,第 2 天的提升高于第 1 天的提升,这可能与消费者行为或市场特性相关。

拟合模型的残差检验的 R 输出结果如下:

```
Bos-Ljung test
data: Residuals from Regression with ARIMA(1,0,0) errors
Q* = 21.419, df = 29, p-value = 0.8434
Model df: 1.  Total lags used: 30
```

可见,模型拟合良好,残差接近白噪声,信息准则和误差指标表明预测精度较高。

7.3 伪 回 归

20 世纪 60 年代至 20 世纪 70 年代,Granger 等统计学家提出了伪回归的概念,提醒计量经济学家注意:在对时间序列进行线性回归分析时,模型可能轻易通过显著性检验。这种现象往往并非源于序列间的真实因果关系,而是由非平稳序列之间的时间相关性导致的"伪"回归结果。

1974 年,Granger 和 Newbold 通过随机模拟实验验证了非平稳序列伪回归现象。结果表明,在非平稳条件下,参数显著性检验的第一类错误率远超预设显著性水平,伪回归现象显著成立,这为多元非平稳序列分析埋下了隐患。

实验设计思想为,分别拟合两个随机游走序列:

$$y_t = y_{t-1} + \omega_t \tag{1}$$

$$x_t = x_{t-1} + \upsilon_t \tag{2}$$

其中，$\omega_t \overset{i.i.d}{\sim} N(0, \sigma_\omega^2)$；$\upsilon_t \overset{i.i.d}{\sim} N(0, \sigma_\upsilon^2)$，且 $\text{Cov}(\omega_t, \upsilon_s) = 0$，$\forall t, s \in T$。

构建回归模型 $y_t = \beta_0 + \beta_1 x_t + \varepsilon_t$，并进行参数显著性检验。

实验结果显示，由于这是两个独立的随机游走模型，因此理论上它们应该没有任何相关性，即模型检验应该显著支持 $\beta_1 = 0$ 的假设。如果模拟结果显示拒绝原假设的概率远远高于拒真概率，就认为伪回归显著成立。

大量随机拟合的结果显示，在每 100 次回归拟合中，平均有 75 次拒绝 α 的假设，拒真概率高达 75%。这说明在非平稳场合，参数显著性检验犯拒真错误的概率远远高于 α，伪回归显著成立。

伪回归现象产生的原因是，在非平稳场合，参数的 t 检验统计量不再服从 t 分布。统计量真实的抽样分布 $t(\hat\beta_1)$ 尾部肥、方差大，比 t 分布要扁平很多。如果继续使用 t 分布的临界值进行方程显著性判断，则会导致很高的犯第一类错误的概率，如图 7-11 中的阴影部分所示。

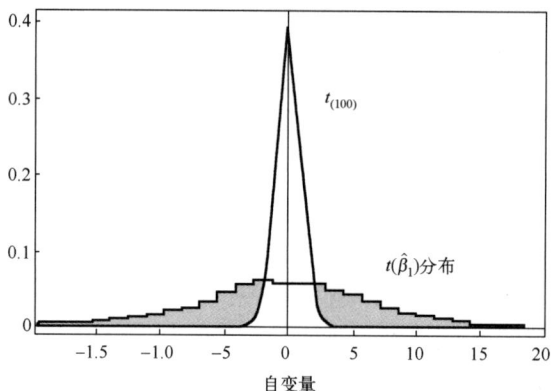

图 7-11　伪回归现象的产生

首先，非平稳序列通常包含显著的趋势成分，如线性趋势或随机游走，这会导致回归中序列之间表现出虚假的高相关性，即使它们之间没有实际的因果关系。其次，非平稳序列之间可能由于时间相关性而表现出高相关性，这种相关性往往是由共同的外部时间因素驱动的，而不是变量本身的关系。此外，传统的 t 检验和 F 检验假设残差为平稳过程，但非平稳序列的残差通常不平稳，显著性检验的第一类错误的概率因此大幅增加，错误地判定变量之间存在显著关系。同时，非平稳序列的累积波动效应会随着时间的推移夸大回归模型的拟合优度（如 R^2），进一步掩盖模型的真实问题。最后，非平稳序列之间的表面相关性可能随时间而发生漂移，导致回归结果在样本外预测和解释时缺乏可靠性。这些因素共同导致了伪回归现象的产生。

7.4　协整与误差修正模型

7.4.1　单整

如果序列平稳，则说明序列不存在单位根，这时称序列为零阶单整序列，简记为 $x_t \sim I(0)$。

假如原序列一阶差分后平稳，则说明序列存在一个单位根，这时称序列为一阶单整序列，简记为 $x_t \sim I(1)$。假如原序列至少需要进行 d 阶差分才能实现平稳，则说明原序列存在 d 个单位根，这时称序列为 d 阶单整序列，简记为 $x_t \sim I(d)$。

单整的性质如下。

(1) 若 $x_t \sim I(0)$，则对于任意非零实数 a、b，有 $a + bx_t \sim I(0)$。

(2) 若 $x_t \sim I(d)$，则对于任意非零实数 a、b，有 $a + bx_t \sim I(d)$。

(3) 若 $x_t \sim I(0)$，$y_t \sim I(0)$，则对于任意非零实数 a、b，有 $z_t = ax_t + by_t \sim I(0)$。

(4) 若 $x_t \sim I(d)$，$y_t \sim I(c)$，则对于任意非零实数 a、b，有 $k \leqslant \max[d, c]$，$z_t = ax_t + by_t \sim I(k)$。

7.4.2　协整

假定自变量序列为 $\{x_1\}, \{x_2\}, \cdots, \{x_k\}$，响应变量序列为 $\{y_t\}$，构造以下回归模型：

$$y_t = \beta_0 + \sum_{i=1}^{k} \beta_i x_{it} + \varepsilon_t \tag{7-10}$$

假如回归残差序列 $\{\varepsilon_t\}$ 平稳，则称响应序列与自变量序列之间具有协整关系。变量之间如果具有协整关系，则意味着它们具有长期稳定的均衡变化关系。

协整检验是用来判断两个或多个非平稳时间序列之间是否存在长期稳定关系的关键方法。检验假设如下。

原假设：多元非平稳序列之间不存在协整关系，即

$$H_0 : \varepsilon_t \sim I(k), \ \ k \geqslant 1$$

备择假设：多元非平稳序列之间存在协整关系，即

$$H_1 : \varepsilon_t \sim I(0)$$

常见的协整检验方法有以下 3 种。

1. Engle-Granger(EG)二步法

EG 二步法适用于两个变量的协整检验。对两个非平稳序列 y_t 和 x_t 建立线性回归模型：

$$y_t = \beta x_t + \varepsilon_t \tag{7-11}$$

其中，ε_t 为残差。对回归模型的残差序列 ε_t 进行 ADF 检验，如果残差序列是平稳的，则 y_t 和 x_t 之间存在协整关系。

2. Johansen 协整检验

Johansen 协整检验也称为 JJ 检验，适用于多变量(两个或多个变量)的协整检验，基于向量误差修正(VECM)模型进行扩展。

对变量组 $X_t = [x_{1t}, x_{2t}, \cdots, x_{nt}]'$ 建立 VECM 模型：

$$\Delta X_t = \boldsymbol{\Pi} X_{t-1} + \sum_{i=1}^{k-1} \boldsymbol{\Gamma}_i \Delta X_{t-i} + \varepsilon_t \tag{7-12}$$

其中，$\boldsymbol{\Pi}$ 包含协整信息，为长期影响矩阵，其秩 r 表示协整关系的数量，一般地，通过分

析矩阵 $\boldsymbol{\Pi}$ 的特征值确定协整向量的数量；$\boldsymbol{\Gamma}_i$ 是系统矩阵，描述了短期变化的影响；k 是滞后阶数；n 是序列的样本量。常使用 Johansen 的迹检验（Trace Test）和最大特征值检验（Max Eigenvalue Test）来判断协整关系的存在性及其数量。

3. Phillips-Ouliaris 检验

Phillips-Ouliaris 检验基于非平稳时间序列的残差直接检验协整关系。首先对变量组 $X_t = [x_{1t}, x_{2t}, \cdots, x_{nt}]'$ 进行回归，获取残差序列；然后使用 Phillips-Ouliaris 检验判断残差是否为平稳序列。

例 7-3 下面通过案例来具体实现这里的协整检验。Canada 数据集是 R 程序包 vars 中的一个内置时间序列数据集，为 1965 年第一季度至 1978 年第四季度（共 56 个季度数据）加拿大的一些宏观经济指标，具体变量名及其含义如表 7-2 所示。

线上资源 7-3

表 7-2 变量名及其含义

变量名	描述
e	消费支出（Consumption）：反映居民消费支出的季度值
u	收入（Income）：反映居民收入的季度值
prod	生产（Production）：反映工业生产总值的季度值
rw	储蓄（Saving）：反映居民储蓄的季度值

（1）EG 二步法：

```
Call:
lm(formula = z.diff ~ z.lag.1 - 1 + z.diff.lag)
Residuals:
    Min      1Q  Median      3Q     Max
-1.3060 -0.2050  0.2010  0.6079  2.0322
Coefficients:
           Estimate Std. Error t value Pr(>|t|)
z.lag.1    -0.016075   0.009142  -1.758 0.082501 .
z.diff.lag  0.382406   0.101765   3.758 0.000324 ***
---
Signif. codes:  0 '***' 0.001 '**' 0.01 '*' 0.05 '.' 0.1 ' ' 1
Residual standard error: 0.6476 on 80 degrees of freedom
Multiple R-squared: 0.2065,   Adjusted R-squared: 0.1866
F-statistic: 10.41 on 2 and 80 DF,  p-value: 9.602e-05
Value of test-statistic is: -1.7584
Critical values for test statistics:
    1pct  5pct  10pct
tau1 -2.6 -1.95 -1.61
```

上述结果表明，一阶差分延迟对当前差分有显著影响。检验统计量–1.758 介于 5% 和 10% 临界值之间，不能拒绝单位根假设在 5% 显著性水平下成立，但可以在 10% 显著性水平下拒绝单位根假设，这表明序列具有一定程度的平稳性。

（2）Johansen 协整检验。

运用迹检验，设模型无线性趋势和常数项，假设协整关系数量（r）小于或等于某值，如表 7-3 所示。

表 7-3　协整关系数量的值

r	迹统计量	10%临界值	5%临界值	1%临界值	判定
$r = 0$	55.2	17.85	19.96	24.60	拒绝 $r = 0$
$r \leqslant 1$	7.4	7.52	9.24	12.97	接受 $r \leqslant 1$

可见，$r = 0$ 时，迹统计量为 55.2，大于 5%的临界值 19.96，拒绝原假设 $r = 0$，说明至少存在 1 个协整关系；$r \leqslant 1$ 时，迹统计量为 7.4，小于 5%的临界值 9.24，接受原假设 $r \leqslant 1$，说明不存在超过 1 个协整关系。综上可得，存在 1 个协整关系。

另外，特征值表示协整关系的强度，特征值（λ）为 [0.4417, 0.0863, 1.4539×10^{-15}]，最大特征值 $\lambda_1 = 0.4417$ 对应的协整关系最强，其余特征值较小或接近零，这也说明只有一个显著的协整关系。

协整向量定义了各变量之间的长期稳定关系：

$$协整关系 = 1.000 \times consumption.12 + 6.798 \times income.12 - 1035.988$$

说明消费和收入之间存在一个长期稳定关系，且收入的长期影响较大（系数为 6.798，保留 3 位小数）。

加载矩阵用于描述短期偏离协整关系后的调整速度，具体量度如表 7-4 所示。

表 7-4　具体量度

变量	消费加载系数（$W_{consumption}$）	收入加载系数（W_{income}）
消费	−0.000511	0.004627
收入	−0.009476	−0.002554

可见，消费对协整偏离的调整速度较慢（系数绝对值小）；收入的短期调整速度较快，表明它对协整关系的偏离更敏感。

上述过程的 R 程序的执行结果如下：

```
Test type: trace statistic , without linear trend and constant in
cointegration
    Eigenvalues (lambda):
    [1] 4.417265e-01 8.628314e-02 1.453857e-15
    Values of teststatistic and critical values of test:
          test 10pct  5pct  1pct
    r <= 1 |  7.4   7.52   9.24  12.97
    r = 0  | 55.2  17.85  19.96  24.60
    Eigenvectors, normalised to first column:
    (These are the cointegration relations)
              consumption.12 income.12   constant
    consumption.12      1.000000    1.000  1.0000000
```

```
income.l2          6.797845    16.195    -0.2025463
constant        -1035.988198 -1082.369 -940.0807140
Weights W:
(This is the loading matrix)
              consumption.l2   income.l2      constant
consumption.d -0.0005115287  0.004627254  3.639920e-15
income.d      -0.0094756028 -0.002554242 -3.688547e-15


(iii)Phillips-Ouliaris 检验
该检验的原假设(H₀)：变量之间不存在协整关系。检验结果如下
Phillips-Ouliaris Cointegration Test
data: cbind(consumption, income)
Phillips-Ouliaris demeaned = -1.9668, Truncation lag parameter = 0,
p-value = 0.15
```

Truncation lag parameter 表示用于修正序列自相关性的延迟阶数。延迟阶数为 0 说明检验假设序列之间的自相关性较弱。检验结果表明，在 5%或 10%的显著性水平下，消费和收入之间没有显著的协整关系。检验未发现消费和收入之间存在长期稳定关系，这可能表明两者在长期内不存在固定的比例关系。

需要注意的是，这并不意味着变量完全无关，而是表明它们之间没有长期均衡关系。延迟阶数为 0 可能不足以捕捉序列间的动态特征，可以尝试提升延迟阶数(如设为 1 或 2)。

在协整检验中，值得注意的有以下几点。

(1)样本长度：如果样本较小，则协整关系的显著性可能难以体现。

(2)变量的平稳性：确保输入变量为同阶单整(如 $I(1)$)，否则检验可能失效。

(3)模型假设：该检验假设变量之间的关系是线性的，如果存在非线性关系，则可能需要使用非线性协整检验。

7.4.3　误差修正模型

误差修正模型(Error Correction Model，ECM)是时间序列分析中的重要工具，最早由 Hendry 和 Anderson 于 1977 年提出，主要用于解释长期均衡关系与短期动态波动之间的相互影响。在很多经济和社会现象中，变量之间存在长期稳定关系(协整关系)，但短期内可能会出现波动或偏离。ECM 通过捕捉这些短期偏离并引入误差修正项，将短期动态调整与长期均衡结合起来，为时间序列分析提供了一个更完整的视角。

ECM 的构建基于协整理论，假设两个或多个时间序列尽管其本身是非平稳的，但它们的某些线性组合是平稳的，这种线性组合反映了它们之间的长期均衡关系。一般地，若 y_t 和 x_t 之间存在长期均衡关系，即

$$y_t = \beta x_t + \varepsilon_t$$

则有

$$y_t - y_{t-1} = \beta_0 + \beta_1 x_t + \varepsilon_t - (\beta_0 + \beta_1 x_{t-1} + \varepsilon_{t-1})$$

即

$$\nabla y_t = \beta_1 \nabla x_t - \varepsilon_{t-1} + \varepsilon_t$$

其中，$\varepsilon_{t-1} = y_{t-1} - \beta_1 x_{t-1}$ 代表的是上一期的误差，特别记作 ECM_{t-1}，此时，上式可以表达为

$$\nabla y_t = \beta_1 \nabla x_t - \mathrm{ECM}_{t-1} + \varepsilon_t \tag{7-13}$$

此即 ECM。

ECM 更一般的形式为

$$\Delta Y_t = \alpha + \gamma \mathrm{ECM}_{t-1} + \sum_{i=1}^{p} \varphi_i \Delta X_{t-i} + \sum_{j=1}^{q} \psi_j \Delta Y_{t-j} + \varepsilon_t \tag{7-14}$$

其中，ΔY_t 为被解释变量的短期变化；ΔX_{t-i} 为解释变量延迟差分项，捕捉短期动态关系；ECM_{t-1} 为误差修正项，表示前期偏离长期均衡的程度；γ 为误差修正系数，反映系统向长期均衡调整的速度和方向；α 为截距项；ε_t 为随机扰动。

ECM 的构建通常包括协整关系检验、长期均衡关系估计、误差修正项计算，以及短期动态模型的拟合与验证。模型检验需要关注误差修正项的显著性、残差的平稳性及模型的动态预测能力。通过系统地构建与检验，ECM 能够提供可靠的变量间因果关系分析和短期调整机制描述，确保模型结果的科学性与适用性。

ECM 在经济学、金融学和社会科学等领域具有广泛应用，特别适用于分析长期均衡关系与短期动态调整的结合，典型场景包括消费与收入之间的关系分析，股票价格与公司基本面之间的联动，以及政策变化对经济指标的短期冲击与长期趋势的影响。在这些应用中，ECM 能够有效捕捉短期波动与长期均衡的互动，为复杂系统的动态分析提供科学依据。

例 7-4　分析消费和收入之间的长期与短期关系。收入和消费时间序列图如图 7-12 所示。

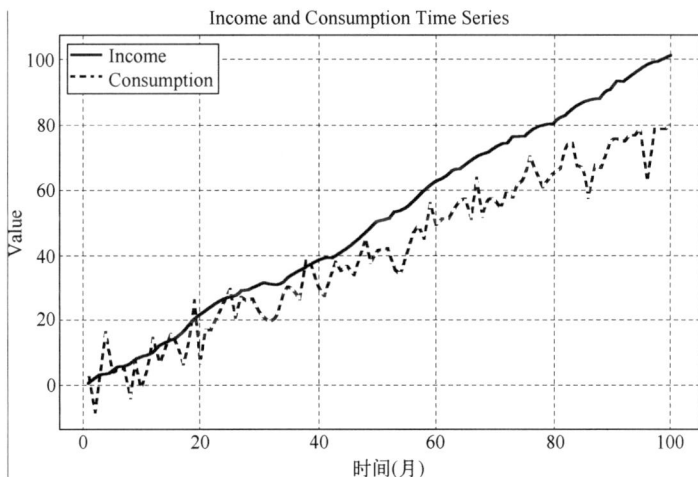

图 7-12　收入和消费时间序列图

如图 7-12 所示，收入和消费序列具有相同的变化趋势，协整检验通过，构建 ECM：

$$\Delta Y_t = \alpha + \gamma \mathrm{ECM}_{t-1} + \varphi_1 \Delta X_{t-i} + \varepsilon_t$$

基于样本信息，最终得到如下拟合模型：

$$\Delta \mathrm{consumption}_t = 0.90345 - 1.12984 \mathrm{ECM}_{t-1} - 0.0166 \Delta X_{t-i} + \varepsilon_t$$

其中，截距项 0.90345 为消费的短期基础变化水平；误差修正系数 $\gamma = -1.12984$，表明消费对长期均衡偏离的调整速度，偏离均衡越大，调整力度越强，当消费偏离均衡关系时，系统会通过短期动态调整将消费逐步拉回长期均衡状态；收入差分系数 -0.0166 表明收入短期变化对消费变化的影响，该系数不显著，说明收入的短期波动对消费的直接影响较弱。

(1)误差修正系数大小(绝对值): $|\gamma|>1$,表示消费对长期偏离的调整速度较快。如果绝对值更大,则说明系统对偏离的修正反应更敏感,调整速度更快;如果绝对值较小,则调整速度较慢。

(2)误差修正系数符号(正负号): 系数为负值($\gamma<0$)表明变量存在向长期均衡回归的趋势。也就是说,负值表示消费会朝着修正长期偏离的方向调整,具体表现如下。

- 如果 $\mathrm{ECM}_{t-1}>0$(消费高于长期均衡水平),则误差修正项为正,模型中的 $\gamma\mathrm{ECM}_{t-1}$ 为负,从而减小当前的消费差分($\Delta\mathrm{consumption}_t$),使消费回归均衡。
- 如果 $\mathrm{ECM}_{t-1}<0$(消费低于长期均衡水平),则误差修正项为负,模型中的 $\gamma\mathrm{ECM}_{t-1}$ 为正,从而增大当前的消费差分,使消费回归均衡。

因此,负值的误差修正系数确保系统具有均衡恢复机制,无论消费偏离均衡点的方向如何,消费都会向长期均衡关系回归。

- 系数较大的负值暗示系统具有较强的自我纠正能力,可较快地恢复长期均衡状态。
- 在模型的可解释上,负值确保模型中的长期均衡关系的稳定性。若系数为正值,则系统会偏离长期均衡状态,变得不稳定,模型失效。

在实际中,当消费系统偏离长期均衡关系时,系统会迅速进行调整。这种调整机制可能来源于市场自身的调节或政策干预。因此,政府在设计消费刺激政策时需要考虑这种内在调整能力,以避免过度或反向干预。

7.5 Granger 因果模型

在多元时间序列分析中,若能识别出对响应变量具有显著影响的输入序列,并验证它们之间存在协整关系,则不仅有助于更准确地预测响应变量的波动,还可以通过调控输入序列的取值来间接控制响应变量的变化。然而,这种分析的前提是输入序列与响应序列之间存在真正的因果关系,且输入序列必须是因,响应序列是果。

在某些情境下,因果关系是明确的。然而,在经济和金融领域,变量之间的关系往往很复杂。由于多个变量可能来自同一领域或系统,因此它们之间通常具有相关性,但彼此的因果关系难以直接识别。

建立协整模型时,确定变量间的因果关系是关键。以 D.A. Nichols(1983)的研究为例,他探讨了对白领阶层平均年薪(W)有决定性影响的宏观经济因素,包括通货膨胀率(CPI)、失业率(U)和最低工资标准(MW)。尽管这 3 个变量都与 W 相关,但它们是否是 W 变化的因变量并不显而易见,仅凭逻辑难以直接确认因果关系,原因有以下几点。

(1)共同驱动因素的存在:不同变量可能受到相同因素的影响,而不是彼此直接产生因果关系。例如,CPI 和 MW 都可能受到政府宏观经济政策的驱动。尽管 CPI 和 MW 可能同时变化,但这并不意味着其中一个是另一个的因。

(2)反馈效应:变量之间可能存在双向因果关系,即因果关系不是单一方向的,而是相互影响的。例如,W 的提高可能会推高 CPI,因为更高的工资水平可能增加消费需求,引发物价上涨。这意味着 W 不仅可能受 CPI 的影响,还可能反过来影响 CPI。

(3)时间先后顺序的混淆:因果关系要求因发生在果之前,但在实际中,变量的时间先后顺序可能并不明确。例如，U 和 W，在经济衰退期间，U 上升可能导致 W 下降；但反过来，若工资水平长期停滞，则也可能导致企业裁员，从而进一步推高 U。

(4)隐藏变量的干扰：某些影响因变量的关键驱动因素可能未被纳入分析范畴，从而导致错误的因果推断。例如，MW 和 W 可能同时受到经济发展水平的影响，如果经济发展水平未被纳入分析范畴，则可能错误地推断 MW 是 W 的因。

这些复杂的情况说明仅靠逻辑推断可能无法准确判断变量之间的因果关系。需要借助严谨的统计方法(如 Granger 因果检验)验证因果关系，从时间维度和统计显著性上评估变量之间的因果性。

因果关系的本质在于原因发生在先，结果发生在后，并且原因对结果的发展具有实质性的影响。也就是说，若事件 X 在时间上先于事件 Y 发生且对 Y 的发展有影响，则 X 可以被认为是 Y 的原因。基于这一逻辑，Granger(1969)提出了时间序列间因果关系的定义，即 Granger 因果关系。

1．序列因果关系的定义

假设 X 和 Y 是宽平稳序列，记

(1) I_t 为 t 时刻所有有用信息的集合：

$$I_t = \{x_t, x_{t-1}, x_{t-2}, \cdots, y_t, y_{t-1}, y_{t-2}, \cdots\}$$

(2) X_t 为 t 时刻所有 x 序列信息的集合：

$$X_t = \{x_t, x_{t-1}, x_{t-2}, \cdots\}$$

那么，此时间序列 x 是序列 y 的 Granger 原因，当且仅当 y 的最优线性预测函数使得下式成立：

$$Var(Y_{t+1}|I_t) < Var((Y_{t+1}|I_t - X_t) \tag{7-15}$$

Granger 因果关系反映的是预测意义上的因果关系，而不是严格意义上的因果关系。它无法排除潜在的共同驱动因素。

2．两变量之间的 4 种因果关系

根据 Granger 因果关系的定义，在两个序列之间存在 4 种不同的因果关系（不考虑两个变量之间的当期影响）。

(1) x 和 y 相互独立，记为 (x,y)。

(2) x 是 y 的 Granger 原因，记为 $(x \rightarrow y)$。

(3) y 是 x 的 Granger 原因，记为 $(x \leftarrow y)$。

(4) x 和 y 互为原因，这种情况称 x 和 y 存在反馈(Feedback)关系，记为 $(x \leftrightarrow y)$。

3．Granger 因果检验

Granger 因果检验认为绝大多数时间序列的生成过程都是相互独立的，因此原假设为序列 x 不是序列 y 的 Granger 原因，备择假设为序列 x 是序列 y 的 Granger 原因。

构造序列 y 的最优线性预测函数，不妨记作

$$y_t = \beta_0 + \sum_{k=1}^{p} \beta_k y_{t-k} + \sum_{k=1}^{q} \alpha_k x_{t-k} + \sum_{k=1}^{l} r_k z_{t-k} + \varepsilon_t \tag{7-16}$$

此时，Granger 因果检验的假设条件可以等价表达为

$$H_0 : \alpha_1 = \alpha_2 = \cdots = \alpha_q = 0 \leftrightarrow H_1 : \alpha_1, \alpha_2, \cdots, \alpha_q \text{不全为} 0$$

检验统计量：有多种方法构建 Granger 因果检验的统计量，在此介绍 F 检验统计量的构造原理。在该检验方法下，需要拟合两个回归模型。

在原假设成立的情况下，拟合序列 y 的有约束预测模型：

$$y_t = \beta_0 + \sum_{k=1}^{p} \beta_k y_{t-k} + \sum_{k=1}^{l} r_k z_{t-k} + \varepsilon_{1t}, \quad \text{SSE}_r = \sum_{t=1}^{n} \varepsilon_{1t}^2 = \text{SST} - \text{SSR}_{yz}$$

其中，SSE_r 为受约束的回归模型的误差平方和；ε_{1t} 为受约束模型中每个样本的残差；SST 为总平方和，用于衡量因变量的总变异性；SSR_{yz} 为因变量 y 对自变量 z 的回归平方和，表示模型解释的变异。

在备择假设成立的情况下，拟合序列 y 的无约束预测模型：

$$y_t = \beta_0 + \sum_{k=1}^{p} \beta_k y_{t-k} + \sum_{k=1}^{q} \alpha_k x_{t-k} + \sum_{k=1}^{l} r_k z_{t-k} + \varepsilon_{1t}, \quad \text{SSE}_u = \sum_{t=1}^{n} \varepsilon_{2t}^2 = \text{SST} - \text{SSR}_{yx} - \text{SSR}_{yz}$$

其中，SSE_u 为非约束回归模型的误差平方和；ε_{2t} 为非约束模型中每个样本的残差；SSR_{yx} 为因变量 y 对自变量 x 的回归平方和，表示由变量 x 解释的变异；SSR_{yz} 表示因变量 y 对自变量 z 的回归平方和，表示由变量 z 解释的变异。

检验统计量为

$$F = \frac{(\text{SSE}_r - \text{SSE}_u)/q}{\text{SSE}_u/(n-q-p-1)} \sim F(q, n-q-p-1) \tag{7-17}$$

例 7-5 对 1962—1979 年美国白领阶层平均年薪和可能对它有显著影响的宏观经济因素进行 Granger 因果检验。

第一步：检验序列的平稳性。

1962—1979 年美国白领阶层平均年薪和可能对它有显著影响的宏观经济因素时间序列图如图 7-13 所示。前 3 个序列一阶差分后平稳，第 4 个序列的原序列平稳。

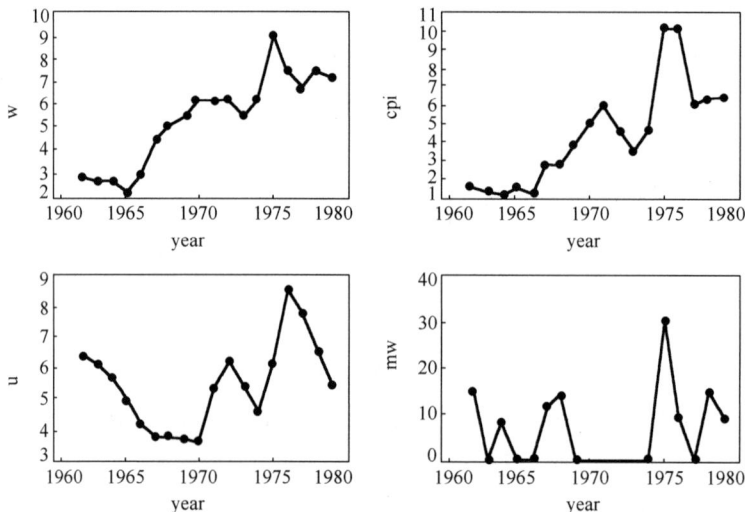

图 7-13　1962—1979 年美国白领阶层平均年薪和可能对它有显著影响的宏观经济因素时间序列图

第二步：考察年薪变量的自相关图和 3 个宏观经济变量与其的互相关图（见图 7-14），确定输入变量的延迟阶数。

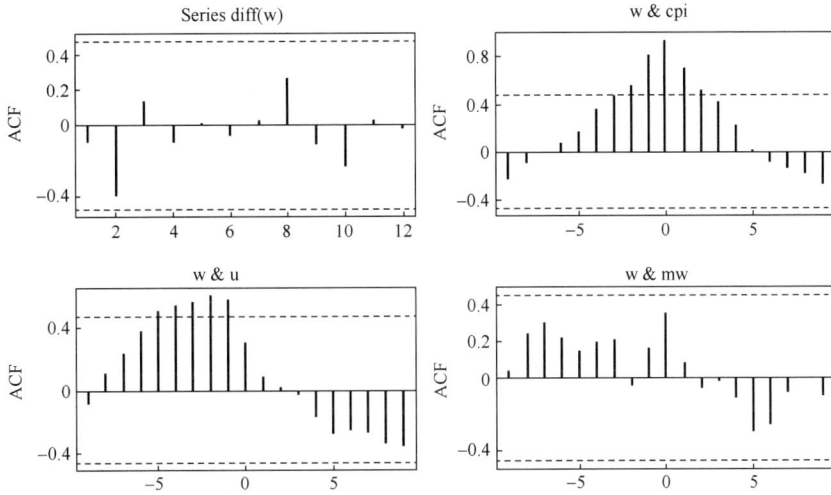

图 7-14 年薪变量的自相关图和互相关图

第三步：检验各宏观经济变量是不是年薪变量的 Granger 原因，结果如图 7-15 所示。

	F-statistic	p-value
cpi -> w	2.28727834	0.152680641
u -> w	2.98005121	0.106286699
mw -> w	4.55496675	0.050990827
w -> cpi	7.56182585	0.015648749
u -> cpi	4.83357396	0.045223958
mw -> cpi	0.06154260	0.807675940
w -> u	6.58923266	0.022369364
cpi -> u	11.30810193	0.004644617
mw -> u	2.76393239	0.118628313
w -> mw	0.48661818	0.496862218
cpi -> mw	0.11599095	0.738480548
u -> mw	0.03621507	0.851803867

图 7-15 检验结果

检验结果显示，这 3 个宏观经济变量，只有 MW 可以被认为是年薪变量的 Granger 原因，CPI 和 U 不能被视为年薪变量的 Granger 原因。

例 7-6 模拟分析 X_t（如经济增长率）是否是 Y_t（如能源消费）的 Granger 原因。

基于统计年鉴查询的数据，首先对序列进行平稳性检验：

```
Call:
lm(formula = z.diff ~ z.lag.1 + 1 + z.diff.lag)
Residuals:
    Min      1Q  Median      3Q     Max
-2.7283 -0.8231  0.0413  0.8320  3.5954
Coefficients:
```

```
           Estimate Std. Error t value Pr(>|t|)
(Intercept)  0.44569    0.16878   2.641 0.009674 **
z.lag.1     -0.34833    0.10153  -3.431 0.000892 ***
z.diff.lag  -0.31296    0.09929  -3.152 0.002169 **
---
Signif. codes: 0 '***' 0.001 '**' 0.01 '*' 0.05 '.' 0.1 ' ' 1
Residual standard error: 1.252 on 95 degrees of freedom
Multiple R-squared: 0.3253,   Adjusted R-squared: 0.3111
F-statistic: 22.91 on 2 and 95 DF, p-value: 7.612e-09
Value of test-statistic is: -3.4307 6.0075
Critical values for test statistics:
     1pct  5pct 10pct
tau2 -3.51 -2.89 -2.58
phi1  6.70  4.71  3.86
```

由于统计量–3.4307 小于 5%显著性水平的临界值–2.89，但未达到 1%显著性水平的临界值–3.51，因此可以在 5%显著性水平下拒绝单位根假设，说明序列是平稳的。确定最佳延迟阶数后，进行 Granger 因果检验，结果如下：

```
    Granger causality H0: x_diff do not Granger-cause
y_diff
    data: VAR object VAR(cbind(y_diff, x_diff), p = 2, type
= "const")
    F-Test = 3.9975, df1 = 2, df2 = 184, p-value = 0.01998
$Instant
    H0: No instantaneous causality between: x_diff and y_diff
data: VAR object VAR(cbind(y_diff, x_diff), p = 2, type = "const")
Chi-squared = 6.661, df = 1, p-value = 0.009855

    Granger causality H0: y_diff do not Granger-cause x_diff
data: VAR object VAR(cbind(y_diff, x_diff), p = 2, type = "const")
F-Test = 0.24223, df1 = 2, df2 = 184, p-value = 0.7851
$Instant
    H0: No instantaneous causality between: y_diff and x_diff
data: VAR object VAR(cbind(y_diff, x_diff), p = 2, type = "const")
Chi-squared = 6.661, df = 1, p-value = 0.009855
```

线上资源 7-5

（1）x_diff→y_diffx。

F 值为 3.9975，相伴概率为 0.01998，在 5%显著性水平下拒绝原假设，即 x_diff 是 y_diffx 的 Granger 原因，说明 x_diff 的延迟值对 y_diffx 的变化有显著的预测作用。

（2）y_diff→x_diff。

F 值为 0.24223，相伴概率为 0.7851，无法拒绝原假设，即 y_diff 不是 x_diff 的 Granger 原因，说明 y_diff 的延迟值对 x_diff 的变化没有显著的预测作用。

（3）x_diff↔y_diff。

在瞬时因果上，Chi-squared 为 6.661，相伴概率为 0.009855，在 5%显著性水平下拒绝原假设，即 x_diff 和 y_diff 之间存在显著的瞬时因果关系，表明这两个变量可能受到相同因素或噪声的同时影响。

综上结果表明，x_diff 是 y_diff 的 Granger 原因，并且两者在当前时间点具有显著的瞬时因果关系；但 y_diff 对 x_diff 没有显著的 Granger 因果影响，这表明因果关系主要是单向的，同时需要进一步挖掘瞬时因果关系的潜在原因。

4．进行 Granger 因果检验应该注意的问题

Granger 因果检验结果仅反映样本数据的特征，其因果结论依赖所选样本。如果更换数据集或增大样本容量，则结论可能会发生显著变化，这反映了 Granger 因果检验结果对样本随机性的敏感性。尤其在样本容量较小时，随机性对结果的影响更大。因此，Granger 因果检验应在较大的样本容量下进行，以增加结论的鲁棒性。

尽管 Granger 因果检验可以显著拒绝原假设，但它并不表明变量之间存在真正的因果关系。Granger 因果检验的核心思想是，能够显著提高响应变量预测精度的自变量可被视为其原因。然而，这种逻辑存在局限：虽然因变量的原因应提高预测精度，但提高预测精度的变量未必是真正的原因。因此，Granger 因果检验仅能提供统计意义上的显著性判断，而不能提供严格的因果推论。

多变量时间序列的建模通常要求变量平稳且满足协整关系，但在实际系统中，变量之间可能随时间演变呈现复杂的相互影响和嵌套关系。为进一步解析系统特征，以及探测某些变量对其他变量的冲击和影响，接下来介绍向量自回归模型及脉冲响应分析，以应对这一挑战。

7.6 向量自回归模型

向量自回归（Vector Autoregressive，VAR）模型是用于多变量时间序列分析的重要工具。它通过同时建模多变量之间的动态关系捕捉变量之间的相互作用，为预测和政策分析提供重要支持。

7.6.1 VAR(p)过程

VAR(p)过程：$\boldsymbol{X}_t$ 满足下列 p 阶自回归方程：

$$\boldsymbol{X}_t = \boldsymbol{c} + \boldsymbol{\Phi}_1 \boldsymbol{X}_{t-1} + \cdots + \boldsymbol{\Phi}_p \boldsymbol{X}_{t-p} + \boldsymbol{\varepsilon}_t \tag{7-18}$$

其中，$\boldsymbol{X}_t$ 为 $k \times 1$ 维随机向量；$p \geq 1$；$\boldsymbol{c}$ 为 $k \times 1$ 常数向量；$\boldsymbol{\Phi}_i$ 为 $k \times k$ 常数矩阵，$i = 1, 2, \cdots, p$；$\boldsymbol{\varepsilon}_t$ 为向量白噪声，且具有协方差 $\mathrm{Cov}(\boldsymbol{\varepsilon}_t, \boldsymbol{\varepsilon}_{t-i}) = E(\boldsymbol{\varepsilon}_t \boldsymbol{\varepsilon}_{t-i}^{\mathrm{T}}) = \boldsymbol{\Omega}$，当 $i = 0$ 时，$\boldsymbol{\Omega} = \sigma^2 \boldsymbol{I}_{k \times k}$；对 $\forall i \geq 1$，$E(\boldsymbol{\varepsilon}_t \boldsymbol{\varepsilon}_{t-i}^{\mathrm{T}}) = 0$。

与单变量 AR 模型类似，VAR 模型也有平稳性问题，宽平稳是基于协方差条件进行判断的。给定 VAR 方程，满足该方程的 VAR 过程 $\boldsymbol{X}_t$ 未必平稳。

例如，考虑二元 VAR(1)模型，延迟项矩阵为

$$\boldsymbol{\Phi} = \begin{bmatrix} 2 & 0.5 \\ 0 & 2 \end{bmatrix}$$

考虑 k 元 VAR(1)模型：

$$X_t = \boldsymbol{\Phi} X_{t-1} + \boldsymbol{\varepsilon}_t$$

做递推展开，可得

$$X_t = \boldsymbol{\varepsilon}_t + \boldsymbol{\Phi}\boldsymbol{\varepsilon}_{t-1} + \boldsymbol{\Phi}^2\boldsymbol{\varepsilon}_{t-2} + \cdots + \boldsymbol{\Phi}^{J-1}\boldsymbol{\varepsilon}_{t-J+1} + \boldsymbol{\Phi}^J\boldsymbol{\varepsilon}_{t-J}$$

$$= \sum_{j=0}^{J-1} \boldsymbol{\Phi}^j \boldsymbol{\varepsilon}_{t-j} + \boldsymbol{\Phi}^J X_{t-J}$$

我们知道，对于 AR(1)模型的 MA 展开形式，平稳性条件为 $\boldsymbol{\varepsilon}_{t-j}$ 前面的系数具有绝对可和性，即 $\sum_{j=0}^{J-1} |\boldsymbol{\Phi}^j| < +\infty$，同时保证 X_{t-J} 项收敛。那么，对应到 VAR(1)中，$\boldsymbol{\Phi}$ 需要满足什么性质呢？

不妨设 $\boldsymbol{\Phi}$ 具有 K 个互不相等的特征值 λ_k，$k = 1, 2, \cdots, K$，则 $\boldsymbol{\Phi}$ 可对角化，即存在可逆矩阵 C，使得 $\boldsymbol{\Phi} = C\boldsymbol{\Lambda}C^{-1}$，其中，$\boldsymbol{\Lambda} = \mathrm{diag}(\lambda_1, \lambda_2, \cdots, \lambda_K)$。

定义 $Y_t = C^{-1}X_t$，$\boldsymbol{\xi}_t = C^{-1}\boldsymbol{\varepsilon}_t$，则当 $|\lambda_k| < 1$，$\forall k$ 时

$$Y_t = \sum_{j=0}^{J-1} \boldsymbol{\Lambda}^j \boldsymbol{\xi}_{t-j} + \boldsymbol{\Lambda}^J Y_{t-J} \to \sum_{j=0}^{\infty} \boldsymbol{\Lambda}^j \boldsymbol{\xi}_{t-j} \quad J \to \infty$$

为平稳向量序列，此时 $X_t = \sum_{j=0}^{J\infty} \boldsymbol{\Phi}^j \boldsymbol{\varepsilon}_{t-j} = \sum_{j=0}^{\infty} C\boldsymbol{\Lambda}^j C^{-1} \boldsymbol{\xi}_{t-j}$

若 $\boldsymbol{\Phi}$ 不可对角化，但 $|\lambda_k| < 1$，$\forall k$，则可以用 Jordan 分解证明其平稳性。

一般地，VAR(p)模型的平稳性条件为系数行列式 $\det[\boldsymbol{A}(z)] = \det[\boldsymbol{I}_K - \boldsymbol{\Phi}_1 z - \cdots - \boldsymbol{\Phi}_p z^p]$ 的根在单位圆外。这里，$\boldsymbol{A}$ 为系数多项式矩阵。

7.6.2　VAR 模型的估计

给定以下 VAR(p)模型：

$$X_t = c + \boldsymbol{\Phi}_1 X_{t-1} + \cdots + \boldsymbol{\Phi}_p X_{t-p} + \boldsymbol{\varepsilon}_t$$

在上述方程组中，每行都是一个动态回归模型，即对每行进行最小二乘估计即可。将每行的最小二乘估计系数集合起来，得到估计 $\hat{c}$，$\hat{\boldsymbol{\Phi}}_i$，$\forall i$，进而估计样本残差：

$$\hat{\boldsymbol{\varepsilon}}_t = X_t - \hat{c} - \hat{\boldsymbol{\Phi}}_1 X_{t-1} - \cdots - \hat{\boldsymbol{\Phi}}_p X_{t-p}$$

最终通过 $\hat{\boldsymbol{\varepsilon}}_t$ 估计出残差协方差矩阵：

$$\hat{\boldsymbol{\Omega}} = \sum_{t=p+1}^{T} \hat{\boldsymbol{\varepsilon}}_t \hat{\boldsymbol{\varepsilon}}_t^{\mathrm{T}}$$

7.6.3　VAR 模型的脉冲响应和方差分解

脉冲响应函数(Impulse Response Function，IRF)用于分析 VAR 模型受到某种冲击时对系统的动态影响。

具体地说，它描述的是在某个内生变量的随机误差项上施加一个标准差大小的冲击后

对所有内生变量的当期值和未来值产生的影响。考虑模型

$$X_t = \boldsymbol{\Phi}_1 X_{t-1} + \cdots + \boldsymbol{\Phi}_p X_{t-p} + \boldsymbol{\varepsilon}_t$$

其中，$\boldsymbol{\varepsilon}_t \sim N(0, \boldsymbol{\Sigma})$，$\boldsymbol{\Sigma}$ 表示误差项 $\boldsymbol{\varepsilon}_t$ 的方差协方差矩阵且 $\boldsymbol{\Sigma}$ 相互之间可以同期相关，但不与自己的延迟值相关，也不与方程右边的变量相关。

引入延迟算子 L，$LX_t = X_{t-1}$，于是有

$$
\begin{aligned}
X_t &= (I - \boldsymbol{\Phi}_1 L - \cdots \boldsymbol{\Phi}_p L^p)^{-1} \boldsymbol{\varepsilon}_t \\
&= (I + C_1 L + C_2 L^2 + \cdots + C_q L^q + \cdots) \boldsymbol{\varepsilon}_t \\
&= \boldsymbol{\varepsilon}_t + C_1 \boldsymbol{\varepsilon}_t + C_2 \boldsymbol{\varepsilon}_{t-2} + \cdots + C_q \boldsymbol{\varepsilon}_{t-q} + \cdots
\end{aligned}
$$

从而有

$$C_q = \frac{\partial X_{t+q}}{\partial \boldsymbol{\varepsilon}_t}$$

也即

$$c_{ij}^{(q)} = \frac{\partial X_{i,t+q}}{\partial \varepsilon_{jt}}$$

其中，$c_{ij}^{(q)}$ 称为脉冲响应函数，它表示的意思是，在其他误差项于任何时期都不变的条件下，当第 j 个变量对应的误差项在 t 期受到一个单位的冲击后，对第 i 个内生变量在 $t+q$ 期造成的影响。

应用中需要注意以下两点。

(1)虽然乔莱斯基(cholesky)分解被广泛应用，但是对交叉的干扰源的归属来说，它依赖主观假设。而且 VAR 模型变量顺序的改变会影响脉冲响应函数。

(2)在应用正交化脉冲响应函数反映变量之间的动态关系时，必须对变量的顺序进行充分的考虑。通常按照变量的外生性高低进行排序。例如，对于居民消费和居民收入这两个变量，应该将居民收入排在居民消费的前面，即收入是消费的前提。

例 7-7　看一个例子，思考一下：影响中美进出口量的决定因素是什么？人民币汇率是影响中美贸易量的决定因素吗？

为充分考虑影响中美进出口量的因素，在经济体方面，将日本与欧盟的因素考虑进来；在宏观经济数据方面，考虑 GDP、CPI、汇率等因素的影响。VAR 模型中的变量包括中国 GDP、美国 GDP、日本 GDP、欧盟 GDP、人民币兑美元汇率、人民币兑日元汇率、人民币兑欧元汇率、中国 CPI、美国 CPI、中国对美国的进口总额(进口量)、中国对美国的出口总额(出口量)，共 11 个，样本区间为 2005 年 7 月至 2010 年 12 月，采用 66 个月度数据。

(1)数据处理。

- 由于进出口贸易额和 GDP 存在明显的季节趋势，因此采用 TRAMO/SEATS 方法对中国、美国、日本、欧盟的 GDP 及中美进出口量进行季节调节。
- 为了避免模型出现伪回归现象，要求各时间序列的变量具有同阶平稳性，因此，首先应对模型涉及的时间序列变量进行季节调节和一次差分，并进行 ADF 检验。ADF 检验结果表明 11 个变量都是 $I(1)$ 序列，进一步的 JJ 协整检验表明 11 个变量协整。

（2）延迟阶数的确定。

● 因为 11 个变量都是 $I(1)$ 序列，所以若直接建立 VAR 模型，则模型不稳定且脉冲响应函数不收敛。为此，采用各变量的一阶差分建立 VAR 模型。

● 运用统计软件建立 VAR 模型并考查延迟阶数，根据 AIC、SBC，本例中确定延迟阶数为 2。

（3）广义脉冲响应分析（Generalized Impulse Responses）。

● 中国、美国的 GDP 变化量对进口量变化量的影响。

● 人民币兑各币种汇率变化量对进口量变化量的影响。

● 各币种汇率变化量对出口量变化量的影响。

① 中国、美国的 GDP 变化量对进口量变化量的影响。

分别给各经济体 GDP 变化量和人民币兑各币种汇率变化量一个正的脉冲，采用广义脉冲响应分析方法得到关于中国对美国进出口量变化量的脉冲响应函数图（见图 7-15 和图 7-16）。其中，横轴表示冲击作用的延迟阶数（单位：月度），纵轴表示中国对美国进出口量变化量的响应，实线表示脉冲响应函数，代表了中国对美国进出口量变化量受到其他变量变化量的冲击后的反应；虚线表示正、负 2 倍标准差偏离带。

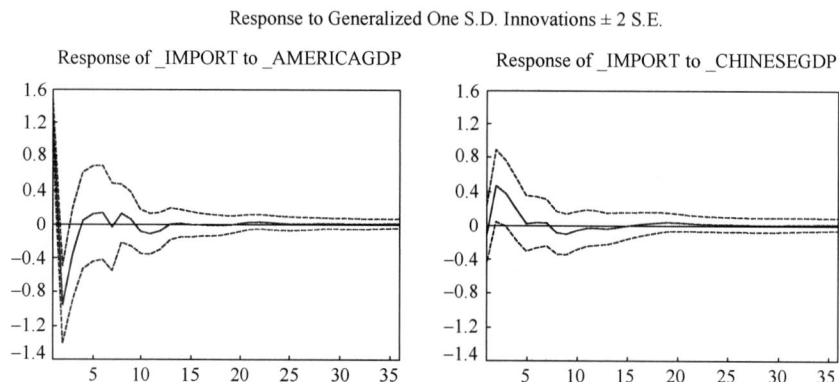

图 7-15　美国、中国的 GDP 变化量对进口量变化量的影响的脉冲响应函数图

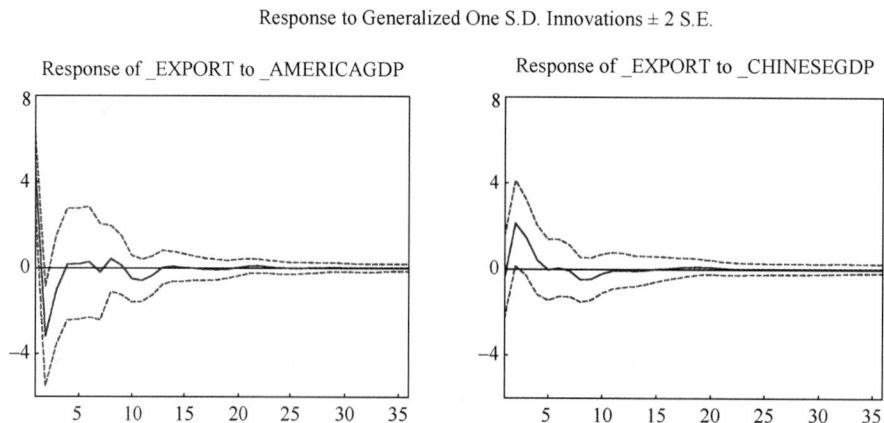

图 7-16　美国、中国的 GDP 变化量对出口量变化量的影响的脉冲响应函数图

a. 两国的 GDP 变化量的变动对进出口量变化量的影响路径几乎完全相同，侧面反映

出中美贸易的传导机制已日趋成熟、稳定。

b. 给美国 GDP 变化量一个正冲击后，中国对美国的进出口量变化量在前两期上下波动剧烈，在冲击开始即达到最高点，对出口量变化量的当期冲击分别为 1.30 和 4.99；在下一期，又迅速回落到负值最低点，分别为 0.95 和 −3.16。此后只有小幅波动，在 12 期（一年）以后。基于美国 GDP 对中美进出口贸易量的巨大影响程度，基本可以认为，当美国经济增长时，其对中国市场的需求远大于其对中国的出口能力，这是中美贸易长期逆差的主要原因。在中国对美国的出口总额中，加工贸易出口占比达到 59%，相对于一般贸易，汇率变动对加工贸易出口的影响要小于对一般贸易的影响，这是因为加工贸易的特点一般是"两头在外""以进养出"。由于人民币升值首先降低了我国企业采购进口机器设备和原材料的人民币成本，因此在加工贸易出口收汇时抵消了人民币收入的减少。伴随进出口规模的扩大，中美贸易顺差不断增加。

中美比较：相较而言，美国 GDP 变化量的变化对于进口量变化量的影响力度更大，作用时间更快（美国当期，中国下一期），且波动较为剧烈。这一情况反映出当美国国内生产增加时，传导机制畅通，能迅速转化为扩大对中国的出口，而且这一冲击在一年内都具有较大的作用。

② 人民币兑各币种汇率变化量对进口量变化量的影响（见图 7-17）。

从图 7-17 中可以看出，当在本期给人民币兑欧元汇率变化量一个正冲击后，进口量变化量在一段时期内受到正的影响，在下一期达到最高点 0.78；从第 12 期开始，影响一直为负。这表明，人民币兑欧元汇率变化量的增加（人民币兑欧元贬值）在一年时间内能够提高进口量，但是长期来看影响为负。在本期给人民币兑美元汇率变化量的正冲击对进口量变化量的影响在前 7 期为负，并且在第 4 期达到负的最大值（−0.598710），在第 8 期以后转正，有较为持续的正的影响。在本期给人民币兑日元汇率变化量的正冲击一开始有正的影响，并且在当期达到最高点 0.386097，在前 8 期内有小幅波动。

Response to Generalized One S.D. Innovations ± 2 S.E.

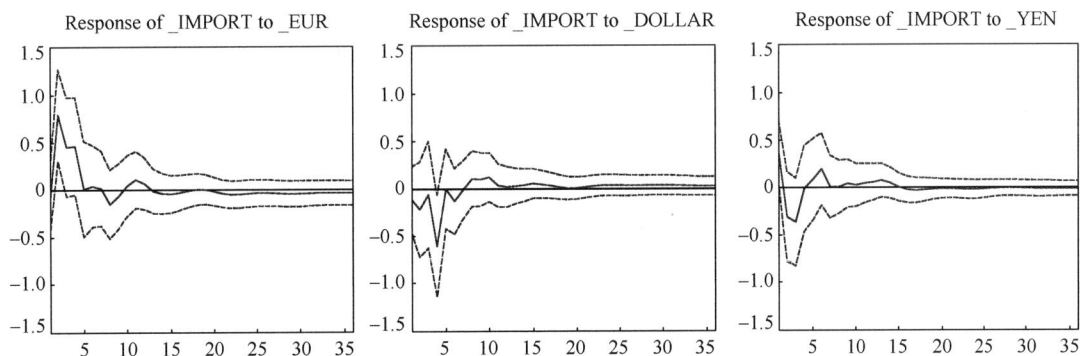

图 7-17　人民币兑欧元、美元、日元的汇率变化对进口量的脉冲响应函数图

③ 人民币兑各币种汇率变化量对出口量变化量的影响（见图 7-18）。

从图 7-18 中可以看出，当在本期给人民币兑欧元汇率变化量一个正冲击后，其一开始对出口量变化量的影响为负（−2.788876），在下一期便转为正的影响，并且在下一期达到最高点 2.371575。这表明，人民币兑欧元汇率变化量的正冲击对出口量变化量基本上具有长期的同向影响。在本期给人民币兑美元汇率变化量的正冲击对出口量变化量的影响基本为负，并且在第 4 期达到负的最大值(-1.923264)，在第 12 期以后逐渐趋于平稳。在本期给人民币兑日元汇率变化量的正冲击在一开始有正的影响(1.848245)，在前 8 期内有小幅波动，且在第 3 期达到负的最大值(-2.050993)。这表明人民币兑日元汇率的变化在短期内对出口量有较大的冲击。

Response to Generalized One S.D. Innovations ± 2 S.E.

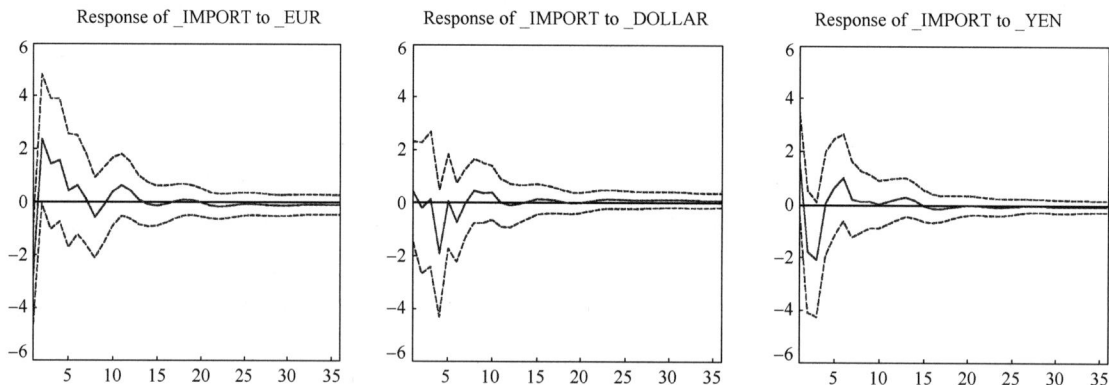

图 7-18 人民币兑欧元、美元、日元的汇率变化对出口量的脉冲响应函数图

总体来说，如图 7-19 所示，人民币兑欧元汇率变化量对进口量变化量的影响较大，而人民币兑日元汇率变化量对出口量变化量的影响甚至要稍大于人民币兑美元汇率变化量的影响。以上这些结论都说明经典马歇尔-勒纳条件在研究两国贸易量时只考虑这两国汇率的不合理性。

Accumulated Response to Generalized One S.D. Innovations ± 2 S.E.

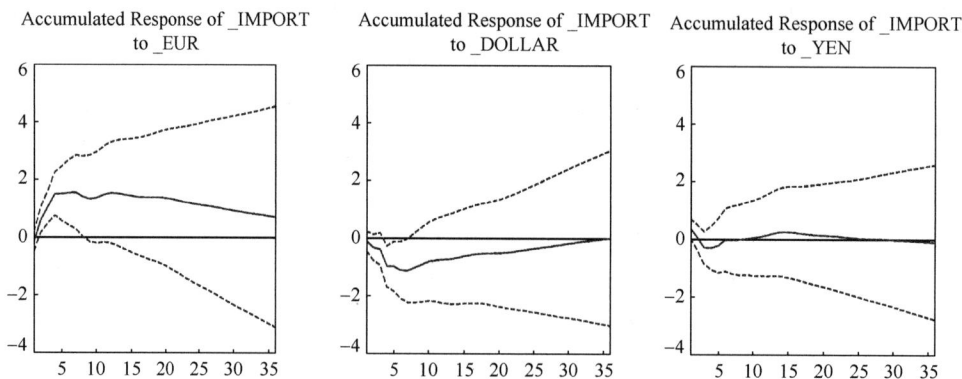

图 7-19 人民币兑欧元、美元、日元的汇率变化对中国从美国进口量累积的脉冲响应函数图

习　题

1. 简述 ARIMAX 模型的基本构建思想，并结合公式说明该模型如何同时捕捉自回归、移动平均和外部输入变量的动态特性。

2. 为什么非平稳时间序列回归分析容易出现伪回归现象？请结合实际案例和单位根检验说明如何避免此类问题。

3. 结合协整理论，解释 ECM 的构建逻辑，并说明协整关系与短期动态调整的关系。

4. 解释 Granger 因果关系的定义及其与真实因果关系的区别。为什么 Granger 因果关系不一定是真正的因果关系？

5. 给定某国的 GDP、投资和消费时间序列，构建 VAR 模型，确定延迟阶数，并解释 VAR 模型的优势。基于 VAR 模型，分析某个冲击(如投资增加)对 GDP 和消费的动态影响，并绘制脉冲响应函数图，解释其经济意义。

第8章　　时间序列的频域分析和滤波

平稳时间序列的二阶性质可以通过其频率分解进行研究，这一方法称为频域分析，又称为频谱分析或谱分析。频域分析的核心是将平稳过程的谱定义为其绝对可和自协方差函数的傅里叶变换，更广义地说，平稳过程可用谱分布函数表示。目前，频域分析广泛应用于电气工程、信息工程、物理学、天文学、海洋学和气象科学等领域，作为一种强大的纵向数据分析工具，具有重要的理论和实践价值。

8.1　周　期　性

我们首先将周期定义为在单位时间间隔内定义的正弦函数或余弦函数的一个完整周期，如下式所示，考虑周期性过程：

$$x_t = A\cos(2\pi\omega t + \varphi) \qquad t = 0, \pm 1, \pm 2, \cdots \tag{8-1}$$

其中，ω 为频率，以单位周期来定义；A 为高度或振幅；φ 为相位，用于确定余弦函数的起始点。通过振幅和相位的随机变化，可以在这个时间序列中引入随机变化。

例如，从模型 $x_t = A\cos(2\pi\omega t + \varphi) + a_t$ 中产生 $n = 500$ 个观测值序列，这里，取 $\omega = \dfrac{1}{50}$，$A = 2$，$\varphi = 0.6\pi$，$\sigma_a = 5$。序列生成的 R 代码如下：

```
cs = 2*cos(2*pi*1:500/50 + .6*pi)
w = rnorm(500,0,1)
par(mfrow=c(3,1), mar=c(3,2,2,1), cex.main=1.5)
tsplot(cs, main=expression(2*cos(2*pi*t/50+.6*pi)))
tsplot(cs+w, main=expression(2*cos(2*pi*t/50+.6*pi) + N(0,1)))
tsplot(cs+5*w, main=expression(2*cos(2*pi*t/50+.6*pi) + N(0,5^2)))
```

假设 $\omega = \dfrac{1}{50}$ 已知，但 A 和 φ 为未知参数，利用以下三角恒等式：

$$\cos(\alpha \pm \beta) = \cos(\alpha)\cos(\beta) \mp \sin(\alpha)\sin(\beta)$$

有

$$A\cos(2\pi\omega t + \varphi) = \beta_1\cos(2\pi\omega t) + \beta_2\sin(2\pi\omega t)$$

其中，$\beta_1 = A\cos(\varphi)$；$\beta_2 = -A\sin(\varphi)$。

式（8-1）也可写为通常的线性回归形式，这里不需要截距项：

$$x_t = \beta_1\cos(2\pi t / 50) + \beta_2\sin(2\pi t / 50) + a_t$$

利用回归模型的参数估计，可以得到参数 β_1 和 β_2 的估计值：$\hat{\beta}_1 = -0.74(0.33)$，$\hat{\beta}_2 = -1.99(0.33)$，括号里为参数估计的标准差；$\hat{\sigma}_\omega = 5.18$。需要注意的是，本例中参数的

真实值 $\beta_1 = 2\cos(0.6\pi) = -0.62$，$\beta_2 = -2\sin(0.6\pi) = -1.90$。

显然，利用三角恒等式，式(8-1)可以写为

$$x_t = U_1\cos(2\pi\omega t) + U_2\sin(2\pi\omega t) \tag{8-2}$$

其中，U_1、U_2 为相互独立且服从正态分布的随机变量。

设 U_1、U_2 不相关且为零均值同方差 σ^2 的随机变量，则 x_t 即零均值的平稳过程。记 $c_t = \cos(2\pi\omega t)$，$s_t = \sin(2\pi\omega t)$，则自协方差函数为

$$\gamma(h) = \text{Cov}(x_{t+h}, x_t) = \text{Cov}(U_1 c_{t+h} + U_2 s_{t+h}, U_1 c_t + U_2 s_t)$$

$$= \sigma^2 c_{t+h} c_t + 0 + 0 + \sigma^2 s_{t+h} s_t = \sigma^2 \cos(2\pi\omega h)$$

式(8-1)所示的随机过程有它自身的频率 ω。例如，设普通频率 $\omega = \frac{1}{4}$ Hz（周期/秒），则信号的周期 $T = \frac{1}{\omega} = 4$s，即每 4s 完成一次循环。对于离散时间采样，根据奈奎斯特采样定理，若采样间隔为 Δt（s），则能无失真还原的最高频率为奈奎斯特频率：$f_{\text{Nyquist}} = \frac{1}{2\Delta t}$（Hz）。若信号的实际频率超过奈奎斯特频率，则会发生混叠现象，高频成分被"折叠"为低频。例如，电影以 $f_s = 24$ 帧/秒拍摄旋转车轮，若车轮转速 $f = 24$Hz，则混叠频率为 0（车轮看起来静止）；若 $f = 25$Hz，则混叠频率为 1Hz（车轮看起来在反向慢转）。

考虑式(8-2)的推广，它允许具有多个频率和振幅的周期序列的混合：

$$x_t = \sum_{k=1}^{q}[U_{k1}\cos(2\pi\omega_k t) + U_{k2}\sin(2\pi\omega_k t)] \tag{8-3}$$

其中，U_{k1} 和 U_{k2}（$k = 1, 2, \cdots, q$）相互独立，且 $EU_{k1} = EU_{k2} = 0$，$DU_{k1} = DU_{k2} = \sigma_k^2$；$\omega_k$ 为不同的频率。自协方差函数为

$$\gamma(h) = \text{Cov}(x_{t+h}, x_t) = \text{Cov}\left(\sum_{k=1}^{q}\{U_{k1}\cos[2\pi\omega_k(t+h)] + U_{k2}\sin[2\pi\omega_k(t+h)]\},\right.$$

$$\left.\sum_{k=1}^{q}U_{k1}\cos(2\pi\omega_k t) + U_{k2}\sin(2\pi\omega_k t)]\right) = \sum_{k=1}^{q}\sigma_k^2\cos(2\pi\omega_k h)$$

显然，自协方差函数是各周期分量的和，其权重与方差 σ_k^2 成正比，从而，x_t 是一个均值为零的平稳过程，具有方差 $\gamma(0) = \text{Var}(x_t) = \sum_{k=1}^{q}\sigma_k^2$。该式也说明总体方差为各部分方差的和。

例 8-1 有以下周期序列：

$$x_{t1} = 2\cos\left(\frac{2\pi t 6}{100}\right) + 3\sin\left(\frac{2\pi t 6}{100}\right)$$

$$x_{t2} = 4\cos\left(\frac{2\pi t 10}{100}\right) + 5\sin\left(\frac{2\pi t 10}{100}\right)$$

$$x_{t3} = 6\cos\left(\frac{2\pi t 40}{100}\right) + 7\sin\left(\frac{2\pi t 40}{100}\right)$$

利用 R 绘制这 3 个周期序列的时间序列图（见图 8-1）：

```
x1 = 2*cos(2*pi*1:100*6/100) + 3*sin(2*pi*1:100*6/100)
x2 = 4*cos(2*pi*1:100*10/100) + 5*sin(2*pi*1:100*10/100)
x3 = 6*cos(2*pi*1:100*40/100) + 7*sin(2*pi*1:100*40/100)
x = x1 + x2 + x3
par(mfrow=c(2,2))
tsplot(x1, ylim=c(-10,10), main=expression(omega==6/100~~A^2==13))
tsplot(x2, ylim=c(-10,10), main=expression(omega==10/100~~A^2==41))
tsplot(x3, ylim=c(-10,10), main=expression(omega==40/100~~A^2==85))
tsplot(x, ylim=c(-16,16), main="sum")
```

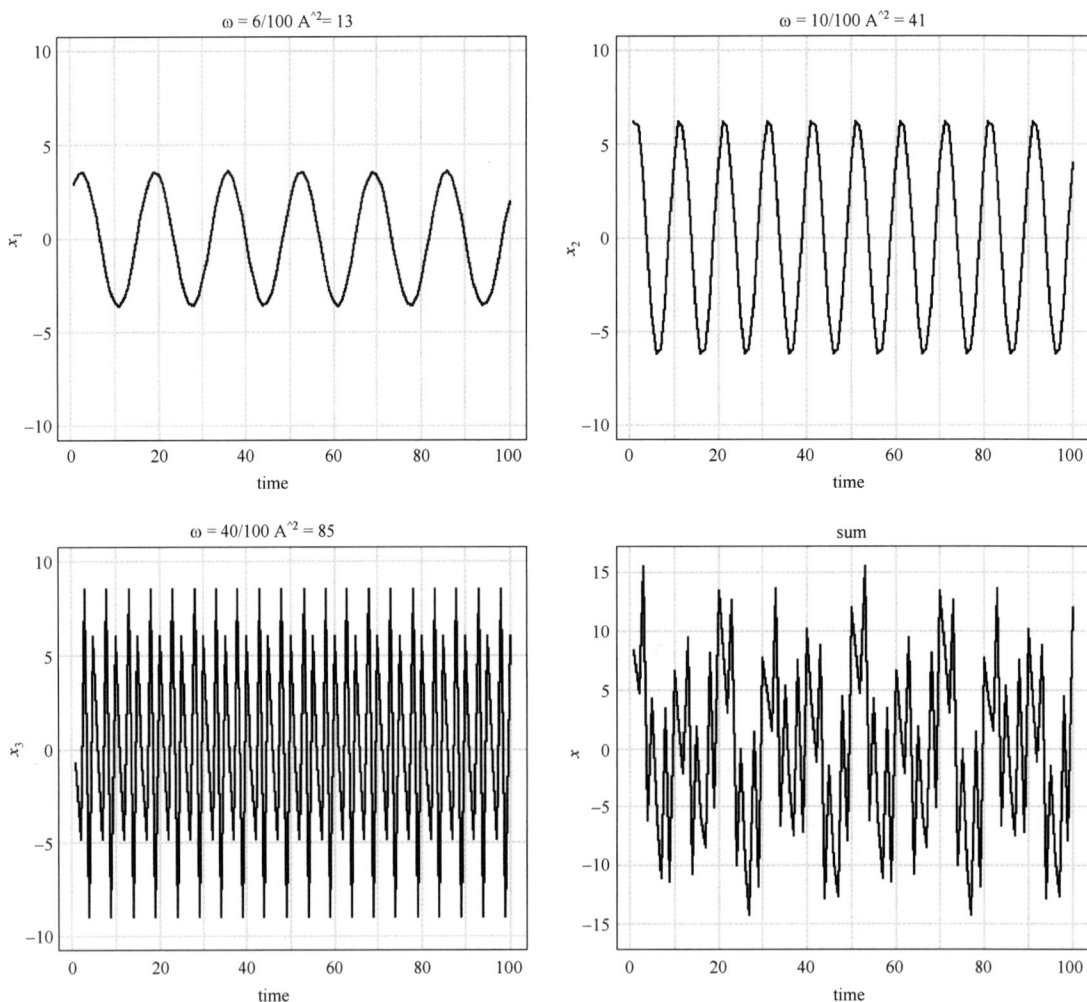

图 8-1　例 8-1 图

可见，3 个序列都有各自相应的频率和平方振幅，如 x_{t1}，$A^2=13$，x_{t1} 的最大值和最小值为 $\pm\sqrt{13}=\pm3.61$。

重建序列 $x_t=x_{t1}+x_{t2}+x_{t1}$，可以看出，x_t 也是具有一定周期的序列。频域分析的主要目标之一是对时间序列中的基本频率成分进行系统的分类，包括它们的相对贡献。

例 8-2 将长度为 n 的时间序列 $\{x_n\}$ 展开为离散傅里叶级数。

现有任一时间序列样本 $x_1, x_2, \cdots, x_n$，若 n 为奇数，则

$$x_t = a_0 + \sum_{j=1}^{\frac{n-1}{2}} [a_j \cos(2\pi tj / n) + b_j \sin(2\pi tj / n)] \quad t = 1, 2, \cdots, n \tag{8-4}$$

若 n 为偶数，则

$$x_t = a_0 + \sum_{j=1}^{\frac{n}{2}-1} [a_j \cos(2\pi tj / n) + b_j \sin(2\pi tj / n)] + a_{\frac{n}{2}} \cos\left(2\pi t \frac{1}{2}\right) \quad t = 1, 2, \cdots, n$$

其中，系数 a_j、b_j 具有 $\dfrac{\sum\limits_{t=1}^{n} x_t z_{tj}}{\sum\limits_{t=1}^{n} z_{tj}^{2}}$ 形式，这里，z_{tj} 为 $\sin\left(\dfrac{2\pi tj}{n}\right)$ 或 $\cos\left(\dfrac{2\pi tj}{n}\right)$，且当 $\dfrac{j}{n} \neq 0, \dfrac{1}{2}$ 时，

$\sum\limits_{t=1}^{n} z_{tj}^{2} = \dfrac{n}{2}$，于是，式 (8-4) 中的回归系数 a_j、b_j 可以分别写为

$$a_j = \frac{2}{n} \sum_{t=1}^{n} x_t \cos\left(\frac{2\pi tj}{n}\right), \quad b_j = \frac{2}{n} \sum_{t=1}^{n} x_t \sin\left(\frac{2\pi tj}{n}\right), \quad j = 1, 2, \cdots, n$$

定义 8-1 定义尺度周期为

$$P\left(\frac{j}{n}\right) = a_j^2 + b_j^2$$

尺度周期用于度量频率分量的大小，可以直接了解哪些频率分量较大，哪些频率分量较小。n 个时间点内的 j 个周期称为频率或基频，记为 $\omega_j = \dfrac{j}{n}$。

若 $P\left(\dfrac{j}{n}\right)$ 较大，则意味着频率 $\omega_j = \dfrac{j}{n}$ 在序列中占主导地位；反之，则意味着 $P\left(\dfrac{j}{n}\right)$ 可能是噪声。

记

$$d\left(\frac{j}{n}\right) = n^{-\frac{1}{2}} \sum_{t=1}^{n} x_t \mathrm{e}^{-\frac{2\pi tj}{n}} = n^{-\frac{1}{2}} \left(\sum_{t=1}^{n} x_t \cos\left(\frac{2\pi tj}{n}\right) - \mathrm{i} \sum_{t=1}^{n} x_t \sin\left(\frac{2\pi tj}{n}\right)\right)$$

其中，$j = 0, 1, 2, \cdots, n-1$。利用快速傅里叶变换，有

$$\left| d\left(\frac{j}{n}\right) \right|^2 = \frac{1}{n} \sum_{t=1}^{n} x_t \cos\left(\frac{2\pi tj}{n}\right)^2 + \frac{1}{n} \sum_{t=1}^{n} x_t \sin\left(\frac{2\pi tj}{n}\right)^2$$

这个量被称为周期图。利用周期图计算尺度周期，有

$$P\left(\frac{j}{n}\right) = \frac{4}{n}\left|d\left(\frac{j}{n}\right)\right|^2$$

由此容易导出 x_t 中的 3 部分 x_{t1}、x_{t2}、x_{t3}，即

$$P\left(\frac{j}{n}\right) = P\left(1 - \frac{j}{n}\right) \qquad j = 0, 1, 2, \cdots, n-1$$

在 1/2 的折叠频率处有一个镜像效应，因此，对于高于折叠频率的频率，通常不绘制周期图。此外，注意周期图中所示的缩放周期图的高度为

$$P(6/100) = P(94/100) = 13$$
$$P(10/100) = P(90/100) = 41$$
$$P(40/100) = P(60/100) = 85,$$

在其他点处，$P(j/n) = 0$。这些值正好是例子中产生的分量振幅的平方值。

从前面的案例中模拟数据 x 的 R 代码如下：

```
n = length(x)
P = (4/n) * Mod( fft(x)/sqrt(n) )^2
Fr = 0:99/100
plot(Fr, P, type="o", xlab="frequency", ylab="scaled periodogram")
```

结果如图 8-2 所示。

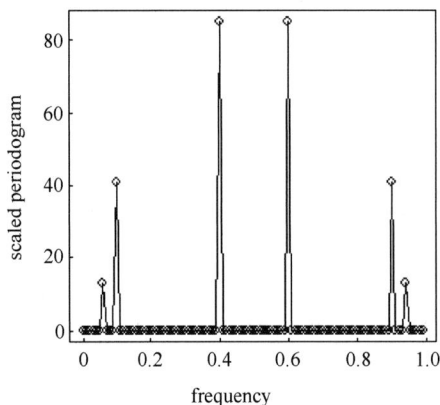

图 8-2　周期图

如果把例 8-1 中的数据 x_t 看作由不同强度(振幅)的三原色 x_{t1}、x_{t2}、x_{t3} 组成的颜色(波形)，那么可以把周期图看作将颜色 x_t 分解为其三原色(光谱)的棱镜。因此有了谱分析这个术语。

例 8-3　图 8-3 呈现了某恒星星等在连续 600 个午夜时点的观测序列。数据来源于 E.T. 惠特克和 G.罗宾逊的经典文本 *Calculus of Observations, a Treatise on Numerical Mathematics*。其中还显示了低于 0.08 频率单位的周期图；高于 0.08 频率单位的周期图基本上为零。需要注意的是，29 天周期和 25 天周期是数据中最显著的周期成分。

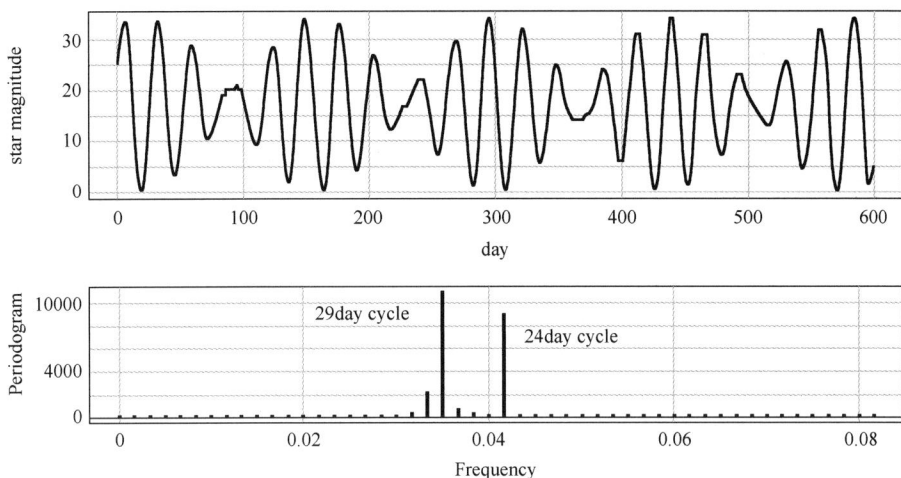

图 8-3　例 8-3 图

线上资源 8-1

周期图是一种基于样本的统计，Schuster(1898)介绍了周期图，Schuster(1906)用它研究太阳黑子系列的周期。在例 8-2 和例 8-3 中，我们讨论了这样一个事实，即周期图可以让我们了解时间序列 $\gamma(0)$ 中与每个频率相关的方差分量。然而，这些方差分量是总体参数。总体参数和样本统计的概念与时间序列的谱分析有关，可以推广到平稳时间序列，这将在 8.2 节进行讨论。

8.2　谱　密　度

由周期性成分组成的时间序列的潜在方差成比例出现是谱分析的基础。基本谱表述定理表明，式(8-4)中的分解对于任何平稳时间序列都是近似正确的。然而，8.1 节中的例子通常是不现实的，因为时间序列很少完全是这种形式(而只是近似的形式)。本节介绍一种更现实的情况。

性质 8-1　谱密度。如果平稳过程的自协方差函数 $\gamma(h)$ 满足 $\sum\limits_{h=-\infty}^{\infty}|\gamma(h)|<\infty$，则它可表示为

$$\gamma(h)=\int_{-\frac{1}{2}}^{\frac{1}{2}}\mathrm{e}^{2\pi\mathrm{i}\omega h}f(\omega)\mathrm{d}\omega \quad h=0,\pm1,\pm2,\cdots \tag{8-5}$$

其逆变换表示为

$$f(\omega)=\sum_{h=-\infty}^{\infty}\gamma(h)\mathrm{e}^{-2\pi\mathrm{i}\omega h} \quad -\frac{1}{2}\leqslant\omega\leqslant\frac{1}{2}$$

称为谱密度。

显然，谱密度的傅里叶逆变换是信号的自相关系数。由于自协方差函数具有对称性，即 $\gamma(h)=\gamma(-h)$，因此谱密度是实值函数。事实上，$\gamma(h)$ 非负确保了对于任意的 ω，都有 $f(\omega)>0$。由式(8-5)也可得 $f(\omega)=f(-\omega)$，即谱密度为偶函数。

若令 $h=0$，则有

$$\gamma(0) = \mathrm{Var}(x_t) = \int_{-\frac{1}{2}}^{\frac{1}{2}} f(\omega)\mathrm{d}\omega$$

可见，方差为所有频率上的综合谱密度。这也表明谱密度不是概率密度，而是方差密度。

例 8-4 白噪声序列：考虑不相关的随机变量序列 $\{\omega_t, t \in T\}$ 的理论功率谱，$E(\omega_t)=0$ 且有 $\mathrm{Var}(\omega_t) = \sigma_\omega^2$。

由已知得自协方差函数为

$$\gamma_\omega(s,t) = \mathrm{Cov}(\omega_s, \omega_t) = \begin{cases} \sigma_\omega^2 & s=t \\ 0 & s \neq t \end{cases}$$

也即

$$\gamma_\omega h = \begin{cases} \sigma_\omega^2 & h=0 \\ 0 & 其他 \end{cases}$$

由式 (8-5) 可知

$$f_\omega(\omega) = \sigma_\omega^2 \qquad -\frac{1}{2} \leq \omega \leq \frac{1}{2}$$

白噪声在所有频率上都具有均匀的功率分布，其功率谱密度 (PSD) 为常数。这一特性可通过其频域表现直观体现：白噪声的频谱包含所有频率成分，且各频率的功率贡献近似相等。术语"白噪声"源于与白光的类比，即正如白光由所有可见光频率等强度混合而成，白噪声在频域内也呈现类似的等能量分布特性。利用如下 R 代码可导出当 $\sigma_\omega^2 = 1$ 时的白噪声时间序列图：

```
par(mfrow=c(3,1))
arma.spec(log="no", main="White Noise")
arma.spec(ma=.5, log="no", main="Moving Average")
arma.spec(ar=c(1,-.9), log="no", main="Autoregression")
```

如果 x_t 是平稳非白噪声时间序列，则其谱密度可以利用频率的线性组合获得，因为

$$x_t = \sum_{j=0}^{\infty} \varphi_j \omega_{t-j}, \qquad \sum_{j=0}^{\infty} \varphi_j < \infty$$

设 $\psi(z) = \dfrac{\theta(z)}{\varphi(z)}$，所以类似于若 $X = aY$，则 $\mathrm{Var}(X) = a^2 \mathrm{Var}(Y)$。

对于平稳非白噪声时间序列 $\{x_t, t \in T\}$，有自协方差 γ_k，$k = 0, \pm 1, \pm 2, \cdots$，自协方差生成函数定义为

$$\gamma(B) = \sum_{k=-\infty}^{\infty} \gamma_k B^k \tag{8-6}$$

延迟 k 阶的自协方差 γ_k 是 B^k 和 B^{-k} 的系数。若给定的协方差序列 γ_k 绝对可和，那么谱密度存在且为

$$f(\omega) = \sum_{k=-\infty}^{\infty} \gamma(h) \mathrm{e}^{-2\pi i \omega k} \tag{8-7}$$

对比式 (8-6) 和式 (8-7)，可见，对于一个具有绝对可和协方差序列的过程，其谱和自协方差生成函数具有如下关系：

$$f(\omega) = \frac{1}{2\pi} \gamma(\mathrm{e}^{-\mathrm{i}\omega})$$

性质 8-2　ARMA 模型的谱密度。平稳的 ARMA(p,q) 模型 $\varphi_p(B)x_t = \theta_q(B)\omega_t$，其中，$\varphi_p(B) = 1 - \varphi_1 B - \varphi_2 B^2 - \cdots \varphi_p B^p$ 和 $\theta_q(B) = 1 - \theta_1 B - \theta_2 B^2 - \cdots - \theta_q B^q$ 无公因子，其谱密度可以表示为

$$f_X(\omega) = \sigma_\omega^2 \left| \psi(\mathrm{e}^{-2\pi i \omega}) \right|^2 = \sigma_\omega^2 \frac{\left| \theta(\mathrm{e}^{-2\pi i \omega}) \right|^2}{\left| \varphi(\mathrm{e}^{-2\pi i \omega}) \right|^2}$$

其中，$\varphi(z) = 1 - \sum_{k=1}^{p} \varphi_k z^k$；$\theta(z) = 1 + \sum_{k=1}^{q} \theta_k z^k$；$\psi(z) = \sum_{k=0}^{\infty} \psi_k z^k$。

证明：由模型可得 $x_t = \dfrac{\theta_q(B)}{\varphi_p(B)} \omega_t$，记 $\psi(B) = \dfrac{\theta_q(B)}{\varphi_p(B)}$，则 $x_t = \psi(B)\omega_t$，ARMA(p,q) 模型的自协方差生成函数变为

$$\gamma B = \sigma_\omega^2 \frac{\theta_q(B)\theta_q(B^{-1})}{\varphi_p(B)\varphi_p(B^{-1})}$$

当模型平稳时，$\varphi_p(B) = 0$ 的根都在单位圆外，这保证了自协方差函数的绝对可和性。因而，平稳 ARMA(p,q) 模型的谱密度为

$$f(\omega) = \frac{1}{2\pi} \gamma(\mathrm{e}^{-\mathrm{i}\omega}) = \frac{\sigma_\omega^2}{2\pi} \frac{\theta_q(\mathrm{e}^{-\mathrm{i}\omega})\theta_q(\mathrm{e}^{\mathrm{i}\omega})}{\varphi_p(\mathrm{e}^{-\mathrm{i}\omega})\varphi_p(\mathrm{e}^{\mathrm{i}\omega})} = \frac{\sigma_\omega^2}{2\pi} \left| \frac{\theta_q(\mathrm{e}^{-\mathrm{i}\omega})}{\varphi_p(\mathrm{e}^{-\mathrm{i}\omega})} \right|^2 = \sigma_\omega^2 \frac{\left| \theta(\mathrm{e}^{-2\pi i \omega}) \right|^2}{\left| \varphi(\mathrm{e}^{-2\pi i \omega}) \right|^2}$$

举例：移动平均模型为

$$x_t = \omega_t + 0.5\omega_{t-1}$$

显然，有

$$\gamma_0 = (1 + 0.5^2)\sigma_\omega^2 = 1.25\sigma_\omega^2 \quad \gamma(\pm 1) = 0.5\sigma_\omega^2, \quad \gamma(\pm h) = 0 \ (\text{对 } h > 1)$$

从而

$$f(\omega) = \sum_{k=-\infty}^{\infty} \gamma(h) \mathrm{e}^{-2\pi i \omega k} = \sigma_\omega^2[1.25 + 0.5(\mathrm{e}^{-2\pi i \omega} + \mathrm{e}^{2\pi i \omega})] = \sigma_\omega^2[1.25 + \cos(2\pi\omega)]$$

也可以利用性质 8-2 来计算谱密度，对于 MA 模型，$f(\omega) = \sigma_\omega^2 \left| \theta(\mathrm{e}^{-2\pi i \omega}) \right|^2$，因为 $\theta(z) = 1 + 0.5z$，所以有

$$\left|\theta(e^{-2\pi i\omega})\right|^2 = \left|1 + 0.5e^{-2\pi i\omega}\right|^2 = (1 + 0.5e^{2\pi i\omega})(1 + 0.5e^{-2\pi i\omega})$$

$$1 + 0.5e^{-2\pi i\omega} + 0.5e^{2\pi i\omega} + 0.25e^{2\pi i\omega}e^{-2\pi i\omega} = 1.25 + 0.5(e^{-2\pi i\omega} + e^{2\pi i\omega})$$

图 8-4 的中间图形展示了 $\sigma_\omega^2 = 1$ 的谱密度，表明较低的频率比较高的频率具有更大的功率。

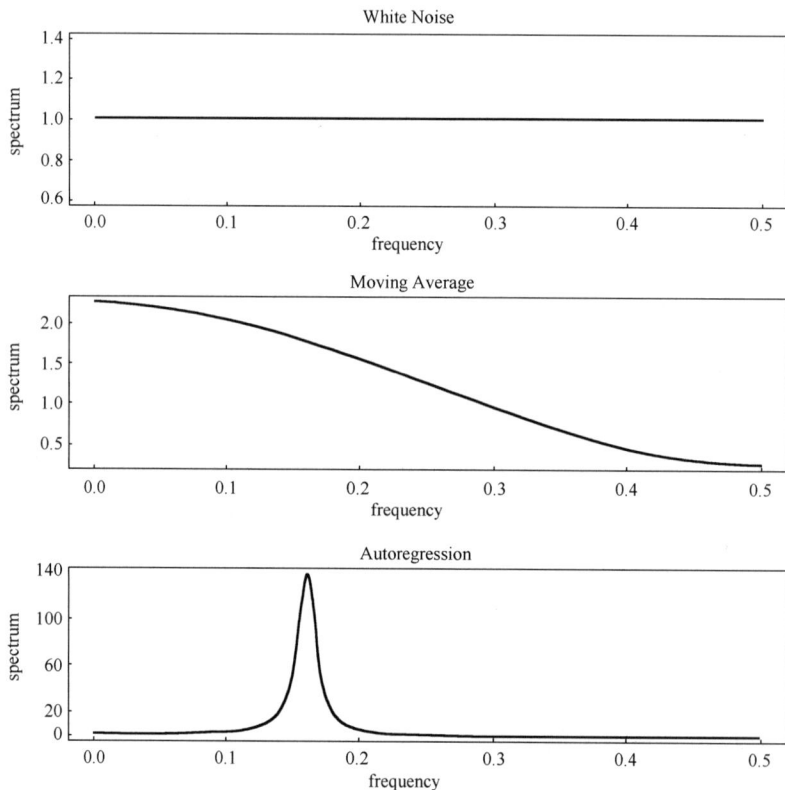

图 8-4　理论白噪声频谱（上）、一阶移动平均（中）和二阶自回归过程（下）

例 8-5　二阶自回归序列：考虑 AR(2) 模型，形如 $x_t - \varphi_1 x_{t-1} - \varphi_2 x_{t-2} = a_t$，设 $\varphi_1 = 1$，$\varphi_2 = 0.9$，若 $\sigma_a = 1$，则其仿真实现如图 8-5 所示。注意到，数据显示出极强的周期特征，大约每 6 个点形成一个周期。

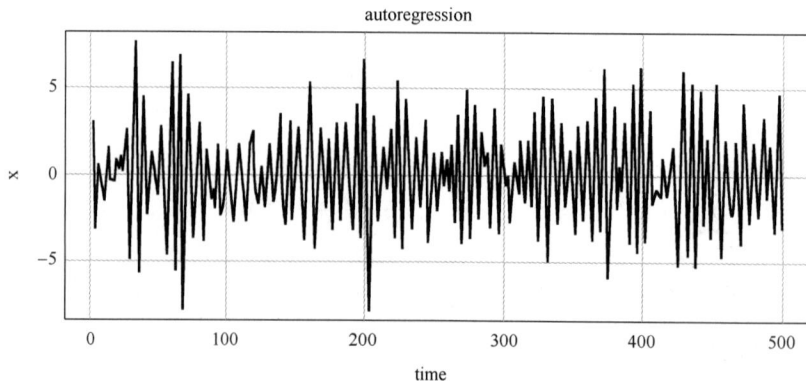

图 8-5　例 8-5 图

R 代码实现如下：

```
w = rnorm(550,0,1) # 50 extra to avoid startup problems
x = filter(w, filter=c(1,-.9), method="recursive")[-(1:50)]
tsplot(x, main="autoregression")
```

利用性质 8-2，注意 $\theta(z)=1$，$\varphi(z)=1-z+0.9z^2$，且

$$\left|\varphi(\mathrm{e}^{-2\pi i\omega})\right|^2 = (1-\mathrm{e}^{-2\pi i\omega}+0.9\mathrm{e}^{-4\pi i\omega})(1-\mathrm{e}^{2\pi i\omega}+0.9\mathrm{e}^{4\pi i\omega})$$

$$= 2.81-1.9(\mathrm{e}^{-2\pi i\omega}+\mathrm{e}^{2\pi i\omega})+0.9(\mathrm{e}^{-4\pi i\omega}+\mathrm{e}^{4\pi i\omega})$$

$$= 2.81-3.8\cos(2\pi\omega)+1.8\cos(2\pi\omega)$$

进而有

$$f_x(\omega) = \frac{\sigma_\omega^2}{2.81-3.8\cos(2\pi\omega)+1.8\cos(2\pi\omega)}$$

令 $\sigma_a=1$，并在大约 $\omega=16$ 周期/点或 $6\sim7$ 周期/点之间显示强大的功率，其他频率处的功率非常小。在这种情况下，序列近似于正弦曲线，但不精确，这对实际数据来说似乎更真实（见图 8-4 中的下图）。R 代码实现如下：

```
par(mfrow=c(3,1))
arma.spec(log="no", main="White Noise")
arma.spec(ma=.5, log="no", main="Moving Average")
arma.spec(ar=c(1,-.9), log="no", main="Autoregression")
```

上述代码通过绘制三类平稳时间序列的功率谱密度曲线，直观展示了理论方差的频域分布特征。通过谱密度函数 $f(\omega)$ 进行分析，可将时域的理论方差分解为不同频率分量 ω 的贡献。这一方法本质上是频域的方差分析（ANOVA），其中频率 ω 作为自变量，其效应通过 $f(\omega)$ 的幅值量化。

8.3　谱　估　计

8.3.1　非参数谱估计

考虑引入频率带 B，存在 $L\ll n$，对于接近兴趣频率 ω 的连续基本频率，以 $\omega_j=\dfrac{j}{n}$ 为中心，定义

$$B = \left\{\omega^* : \omega_j - \frac{k}{n} \leqslant \omega^* \leqslant \omega_j + \frac{k}{n}\right\}$$

这里，L 为频率带内点数，且 $L=2m+1$ 是一个奇数，在区间 B 内选择谱值，$f\left(\omega_j+\dfrac{j}{n}\right)$，$k=-m,\cdots,0,\cdots,m$。该值近似等于 $f(\omega)$。例如，从图 8-6 中看到 AR(2)光谱的一小段（接近峰值），R 代码实现如下：

```
arma.spec(ar=c(1,-.9), xlim=c(.15,.151), n.freq=100000)
```

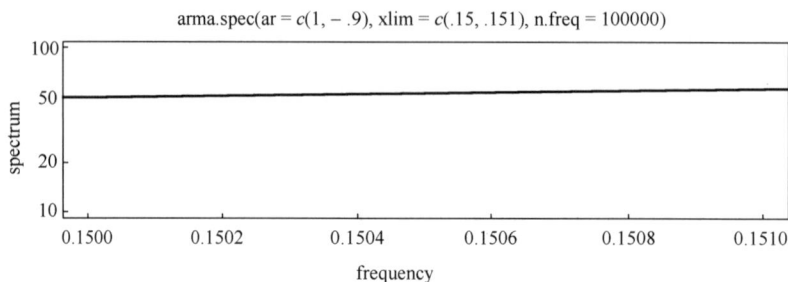

图 8-6 图 8-4 所示的 AR(2)谱的一个小截面(接近峰值)

在频率带 B 上,将平均(或平滑)周期图定义为周期图值的均值:

$$\bar{f}(\omega) = \frac{1}{L} \sum_{k=-m}^{m} I\left(\omega_j + \frac{j}{n}\right) \tag{8-8}$$

假设光谱密度在 B 波段是相当恒定的,当 $L \ll n$ 时,式(8-8)的周期图为独立随机变量 $f(\omega)\frac{\chi_2^2}{2}$ 的近似分布。因此,在适当条件下,$L\bar{f}(\omega)$ 是以 $f(\omega)$ 为中心、近似服从独立随机变量分布的随机量。在适当的条件下(如光谱密度在某种特定波段内相对恒定且 $L=n\Delta(t)$),$L\bar{f}(\omega)$ 的分布可以通过 $f(\omega)\frac{\chi_2^2}{2}$ 近似得到。由此可见,当 n 较大时,有

$$\frac{2L\bar{f}(\omega)}{f(\omega)} \sim \chi_{2L}^2 \tag{8-9}$$

于是有 $E[\bar{f}(\omega)] \approx f(\omega)$,且 $\mathrm{Var}[\bar{f}(\omega)] \approx \frac{[f(\omega)]^2}{L}$。

称 $\frac{L}{n}$ 为平滑窗带宽,其中 L 为频率带内点数,n 为数据长度。由式(8-9)的分布信息可导出真实谱密度 $f(\omega)$ 的显著性水平为 $(1-\alpha)\%$ 的置信区间:

$$\frac{2L\bar{f}(\omega)}{\chi_{2L}^2\left(1-\frac{\alpha}{2}\right)} \leqslant f(\omega) \leqslant \frac{2L\bar{f}(\omega)}{\chi_{2L}^2\left(\frac{\alpha}{2}\right)} \tag{8-10}$$

如前所述,光谱密度图的视觉效果将通过绘制光谱的对数得到改善,这是在这种情况下的方差稳定变换。这种现象可能发生在频谱区间的峰值比一些主要的功率成分小的情况下。对于对数谱,可得到一个这样的区间 $\left[\log\bar{f}(\omega) + \log 2L - \log\chi_{2L}^2\left(1-\frac{\alpha}{2}\right),\right.$ $\left.\log\bar{f}(\omega) + \log 2L - \log\chi_{2L}^2\left(\frac{\alpha}{2}\right)\right]$,要将自由度调整为 $\mathrm{df} = \frac{2Ln}{n'}$,如式(8-10)可写为

$$\frac{2L\bar{f}(\omega)}{\chi_{\mathrm{df}}^2\left(1-\frac{\alpha}{2}\right)} \leqslant f(\omega) \leqslant \frac{2L\bar{f}(\omega)}{\chi_{\mathrm{df}}^2\left(\frac{\alpha}{2}\right)}$$

例 8-6 南方涛动指数(SOI)和种群补充量(Recruitment)。

一般来说，尝试几个似乎与频谱的总体形状相容的带宽是一个不错的思路。SOI 和 Recruitment 系列周期图（见图 8-7）表明，需要平滑较低 El Niño（厄尔尼诺）频率的功率，以识别主要的整体周期。选择不同的 L 值进行尝试，发现 $L = 9$ 比较接近，结果如图 8-8 所示。

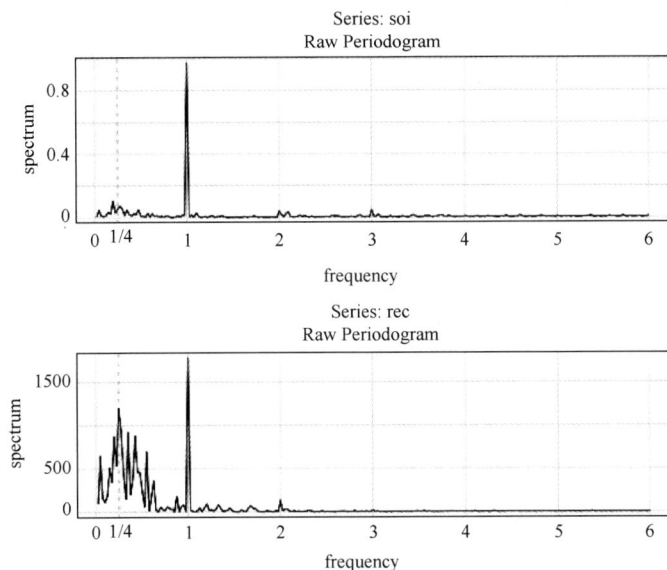

图 8-7　SOI 和 Recruitment 系列周期图

[样本长度 $n=453$（经过零填充后，调整为 $n_0=480$）。频谱图的横轴以年为单位标记频率。需要注意的是，在 $\omega=1$ 处可以观察到显著的峰值，这对应每年 1 个周期；同时，在 $\omega=1/4$ 附近，也可以看到一些较大的峰值，表明存在每 4 年 1 个周期的现象。]

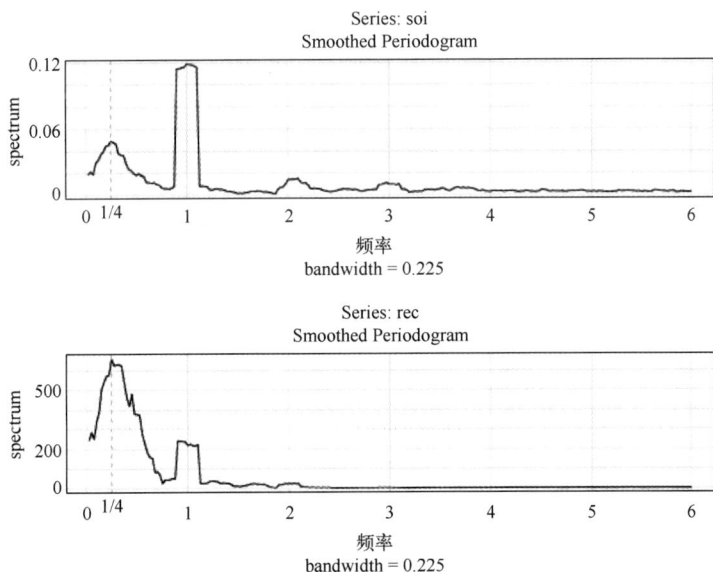

图 8-8　SOI 和 Recruitment 系列平均周期图

[样本长度 $n=453$（经过零填充后，调整为 $n_0=480$）df = 17，在 4 年周期内，$\omega = 1$ 周期/4 年；在 1 年周期内，$\omega = 1$ 周期/年，以及 $k = 2,3$ 时的一些谐波 $\omega = k$。]

图 8-8 所示的平滑频谱在图 8-7 所示的有噪声的频谱与过度平滑之间取得了合理平衡。这种折中处理可能导致部分频谱峰值的衰减，尤其在年周期频率（$\omega = 1$）处表现显著。

平滑效应：图 8-7 中原本尖锐的窄带谱峰（反映精确周期特征）被展宽为宽峰（见图 8-8），其能量扩散至邻近频段，这是加窗平滑处理的固有现象。

谐波特征：图 8-8 标记了年周期谐波分量（$\omega = k$, $k = 1, 2, \cdots$），其存在表明原始信号中的周期成分具有非正弦波形（如方波、锯齿波等），这类波形在频域会生成基频整数倍的谐波。

可以使用以下命令在 R 中再现图 8-8。[要计算平均周期图，使用 daniell 核，并指定 m，其中 $L = 2m + 1$（本例中 $L = 9$，$m = 4$）]：

```
par(mfrow=c(2,1))
(k = kernel("daniell", 4))
soi.ave = mvspec(soi, k, log="no"); abline(v=c(.25,1,2,3), lty=2)
rec.ave = mvspec(rec, k, log="no"); abline(v=c(.25,1,2,3), lty=2)
soi.ave$bandwidth # = 0.225
soi.ave$df
```

图 8-8 显示的带宽（0.225）根据以下事实进行了调整：图表的频率尺度是按每年的周期而不是按月的周期（数据的原始单位）计算的。使用式（8-10），按月的周期计算的带宽为 $9/480 = 0.01875$，显示的值被简单地转换为年：

$$0.01875\frac{\text{cycles}}{\text{month}} \times 12\frac{\text{months}}{\text{year}} = 0.225\frac{\text{cycles}}{\text{year}}$$

调整的自由度为 $\text{df} = \dfrac{2(9)(453)}{480} \approx 17$。我们可以将此值用于图 8-9 对应的对数尺度上的谱估计值，图中右上角的符号表示 95% 置信区间。对于确定功率最大的两个频带，可以查看 95% 置信区间，看看下限是否高于相邻的基线光谱水平。

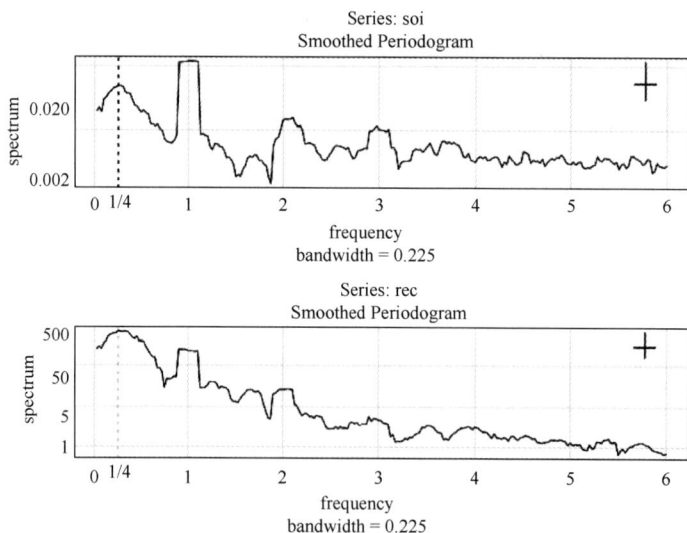

图 8-9　以 $\log_{10}$ 尺度绘制的平均周期图坐标

例 8-7　谐波。

从前面的例子中可以观察到，年周期信号的频谱在主频（基频）及其谐波处呈现出明显的峰值特征。具体而言，在频率 $\omega = 1$ 处，即每年发生一次的周期信号位置，有一个大的峰值。这是信号的基频，代表年周期的主要波动。此外，在 $\omega = 2, 3, \cdots$ 这些谐波频率处，也存在较小的峰值，如每年 2 次(对应 $\omega=2$)或每年 3 次(对应 $\omega=3$)的波动。这些谐波用于捕捉信号中的高频成分或非正弦特性。

大多数自然或实际信号通常不是完美的正弦波(或完全循环的波形)，因此它们的频谱会在基频之外显示出这些谐波频率的特征。这种现象是由信号包含复杂的周期波动导致的，谐波的存在可以有效描述这些波动的非正弦行为。

为了更直观地说明这一点，可以参考图 8-10 中的示例。在这个示例中，信号由一个基本正弦波(基频)及其谐波构成，基频为每单位时间两个周期($\omega=2$)，同时还包含 3～6 次谐波($\omega=3,4,5,6$)，这些谐波的振幅逐渐递减。信号的形式如下(体现了通过谐波频率刻画非正弦行为的必要性，这种分解方法为信号分析提供了更丰富的细节)：

$$x_t = \sin(2\pi 2t) + 0.5\sin(2\pi 4t) + 0.4\sin(2\pi 6t) + 0.3\sin(2\pi 8t) + 0.2\sin(2\pi 10t) + 0.1\sin(2\pi 12t)\ t \leqslant 1$$

请注意，信号在外观上是非正弦的，并且迅速上升，然后缓慢下降。

例 8-7 指出有必要使用一些相对系统的程序来决定峰值是否显著。决定一个单峰是否显著的问题通常取决于建立我们可能认为的光谱基线水平，通常可以通过观察包括峰在内的光谱的整体形状来猜测这一剖面；通常，一种基线水平是明显的，峰值似乎出现在这个基线水平。如果光谱值的较低置信限在某些预定的显著性水平下仍然高于基线水平，那么可以称频率值是一个统计显著峰值。

线上资源 8-2

当恒定方差假设在波段上得不到满足时，采用太宽的波段会使数据中的有效峰值变得平滑，选择太窄的波段将导致置信区间太宽，以至于峰值在统计上不再显著。因此，注意到这里存在方差属性和带宽稳定性之间的冲突，可以通过增大 B 来改善，而分辨率则可以通过减小 B 来改善。一种常见的方法是尝试很多不同的带宽，并定性地观察每种情况下的谱估计。

为了更清晰地解决分辨率问题，可以观察到，图 8-8 和图 8-9 中的峰值变化是由于在计算 $f(\omega)$ 时，使用了式(8-8)中定义的简单均值造成的。事实上，没有特别的理论依据要求必须使用简单均值。可以通过采用加权平均的方式来改进估计，从而在计算过程中更好地反映数据特性并提高结果的准确性。

$$\hat{f}(\omega) = \sum_{k=-m}^{m} h_k I(\omega_j + k/n)\ \ h_k > 0 \tag{8-11}$$

满足 $\sum_{k=-m}^{m} h_k = 1$

如果使用随着距离中心权重 h_0 的增大而减小的权重，则估计器的分辨率将会提高。为了得到周期图均值，在式(8-11)中，设 $h_k = L^{-1}$，其中，$L = 2m+1$。为 $\overline{f}(\omega)$ 建立的大样本理论对 $\hat{f}(\omega)$ 仍然成立，前提是权值满足附加条件：如果 $m \to \infty$ 且 $n \to \infty$，但 $m/n \to 0$，则

$$\sum_{k=-m}^{m} h_k^2 \to 0$$

当 n 很大时，有

$$E[\hat{f}(\omega)] \approx f(\omega)\ , \quad \mathrm{Var}[\hat{f}(\omega)] \approx f(\omega)^2 \sum_{k=-m}^{m} h_k^2$$

当权重为常数，即 $h_k = L^{-1}$ 时，$\sum_{k=-m}^{m} h_k^2 = L^{-1}$。令

$$L_h = \left(\sum_{k=-m}^{m} h_k^2 \right)^{-1}$$

利用渐近分布式

$$\frac{2L_h \hat{f}(\omega)}{f(\omega)} \sim \chi^2_{2L_h}$$

在此条件下，定义带宽为

$$B_\omega = \frac{L_h}{n}$$

真实谱的显著性水平为 $(1-\alpha)\%$ 的置信区间为

$$\frac{2L_h \hat{f}(\omega)}{\chi^2_{2L_h}\left(1 - \frac{\alpha}{2}\right)} \leqslant f(\omega) \leqslant \frac{2L_h \hat{f}(\omega)}{\chi^2_{2L_h}\left(\frac{\alpha}{2}\right)}$$

若样本容量为 n'，则用 $\mathrm{df} = \dfrac{2L_h n}{n'}$ 替换上式中的 $2L_h$。

R 中一种简便生成权重的方式就是重复使用 daniell 核。例如，当 $m=1$ 时，$L = 2m+1 = 3$，使用 daniell 核就有权重 $\{h_k\} = \left\{ \dfrac{1}{3}, \dfrac{1}{3}, \dfrac{1}{3} \right\}$，应用该核生成序列 $\{u_t\}$：

$$\hat{u}_t = \frac{1}{3} u_{t-1} + \frac{1}{3} u_t + \frac{1}{3} u_{t+1}$$

还可以应用相同的核生成

$$\hat{\hat{u}}_t = \frac{1}{3} \hat{u}_{t-1} + \frac{1}{3} \hat{u}_t + \frac{1}{3} \hat{u}_{t+1}$$

于是，综合两式得

$$\hat{\hat{u}}_t = \frac{1}{9} u_{t-2} + \frac{2}{9} u_{t-1} + \frac{3}{9} u_t + \frac{2}{9} u_{t+1} + \frac{1}{9} u_{t+2}$$

daniell 核也可以调整，当 $m = 1$ 时，权重 $\{h_k\} = \left\{ \dfrac{1}{4}, \dfrac{2}{4}, \dfrac{1}{4} \right\}$，于是有

$$\hat{u}_t = \frac{1}{4} u_{t-1} + \frac{1}{2} u_t + \frac{1}{4} u_{t+1}$$

进而有

$$\hat{\hat{u}}_t = \frac{1}{16} u_{t-2} + \frac{4}{16} u_{t-1} + \frac{6}{16} u_t + \frac{4}{16} u_{t+1} + \frac{1}{16} u_{t+2} \tag{8-12}$$

系数可以通过 R 中的命令 kernel 生成。例如，执行命令 kernel("modified.daniell", c(1,1)) 就生成式 (8-12) 中的系数。

例 8-8 为了更精确地估计 SOI 和 Recruitment 系列的频谱特性，通常需要通过平滑方

法来减小频谱估计中的随机波动。本例采用式(8-11)中定义的平滑周期图公式，对 SOI 和 Recruitment 系列的谱密度进行平滑估计。为达到这一目的，利用调整后的 daniell 核进行两次平滑处理，并将每次的平滑参数设置为 $m = 3$。经过计算，权重因子 L_h 的表达式如下：

$$L_h = \left(\sum_{k=-m}^{m} h_k^2 \right)^{-1} = 9.232$$

这个值非常接近例 8-6 中的 $L = 9$，带宽 $B_\omega = \dfrac{9.232}{480} = 0.019$。调整的自由度 df $= 2L_h 453 / 480 \approx 17.43$. 权重 h_k 可以通过如下 R 代码获得（见图 8-10）：

```
kernel("modified.daniell", c(3,3)) # for a list
plot(kernel("modified.daniell", c(3,3))) # for a plot
```

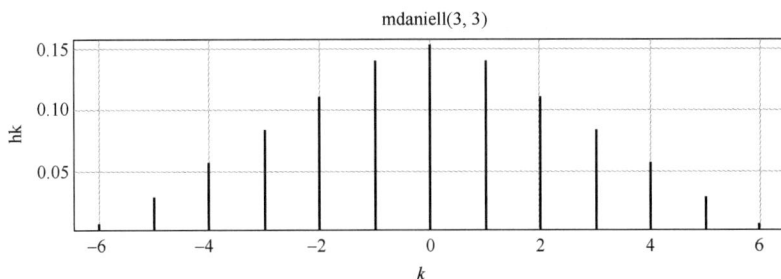

图 8-10　调整的 daniell 核的权重

对应的谱估计如图 8-11 所示。注意到，这个图更有说服力。图 8-11 对应的 R 代码如下：

```
k = kernel("modified.daniell", c(3,3))
soi.smo = mvspec(soi, k, taper=.1, log="no") # a taper is used
abline(v=c(1/4,1), lty="dotted")
## Repeat above lines with rec replacing soi in line 3
df = soi.smo$df # df = 17.42618
soi.smo$bandwidth # Bw = 0.2308103 = 12*9.232/480
```

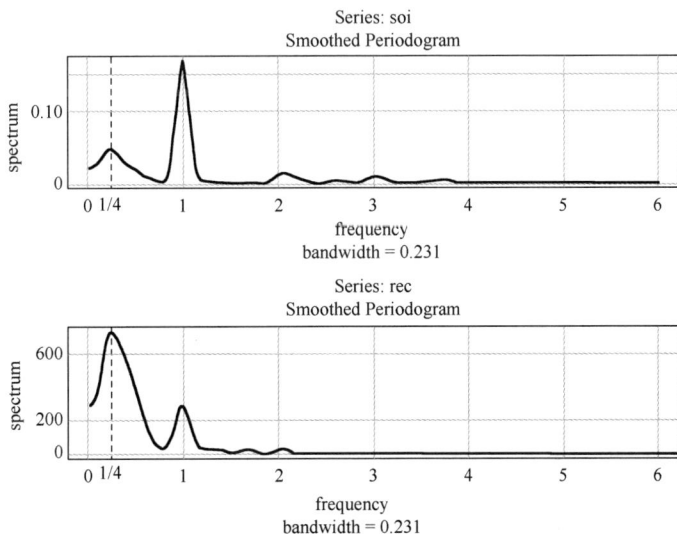

图 8-11　SOI 和 Recruitment 系列的平滑（锥形）谱估计

在上述 R 命令中，如果删除 log="no"后重新执行 mvspec()命令，则会生成类似图 8-9 的结果。此外，前面还提到，可以使用默认的修改版 daniell 核进行平滑处理，通过更简洁的 soi.smo 命令来实现这一操作。

```
soi.smo = mvspec(soi, taper=.1, spans=c(7,7))
```

需要注意的是，spans 是一个奇整数向量，以 $L = 2m + 1$ 而不是 m 表示。这些值给出了用于平滑周期图的修正 daniell 平滑器的宽度。

8.3.2　参数谱估计

非参数谱估计没有对谱密度的参数形式做出假设。基于性质 8-2 中的 ARMA 模型谱密度解析形式，将基于数据拟合的 ARMA(p, q)模型参数估计代入性质 8-2 的谱密度 $f_x(\omega)$ 公式中，由此得到的估计量称为参数谱估计量。为方便起见，通过对数据拟合 AR(p) 来获得参数谱估计量，其中，阶数 p 由模型选择标准，如 AIC 和 BIC 等来决定。参数自回归谱估计量在出现几个间隔很近的窄谱峰的问题中通常具有较高的分辨率，并且被工程师用于解决各种各样的问题。Parzen 总结了自回归谱估计量的发展。

设对序列 $\{x_t\}$ 拟合的模型为 AR(p)，$\hat\varphi_1, \hat\varphi_2, \cdots, \hat\varphi_p$ 和 $\hat\sigma_\omega^2$ 为其参数估计量，基于性质 8-2，谱密度估计为

$$\hat{f}_\omega(\omega) = \frac{\hat\sigma_\omega^2}{\left|\hat\varphi(\mathrm{e}^{-2\pi\mathrm{i}\omega})\right|^2}$$

其中，$\hat\varphi(z) = 1 - \hat\varphi_1 z - \hat\varphi_2 z^2 - \cdots - \hat\varphi_p z^p$。

关于性质 8-2 的有理谱的一个有趣的事实是，任何谱密度都可以通过 AR 过程的谱来近似，任意接近。

性质 8-3　AR 模型的谱近似。

设 $g(\omega)$ 是平稳过程 $\{x_t\}$ 的谱密度，则当给定 $\varepsilon > 0$ 时，AR(p)模型可以表示为

$$x_t = \sum_{k=1}^{p} \varphi_k x_{t-k} + a_t$$

其中，a_t 是方差为 σ_a^2 的白噪声，使得

$$|f_x(\omega) - g(\omega)| < \varepsilon, \quad \forall \omega \in \left[-\frac{1}{2}, \frac{1}{2}\right]$$

p 为有限值，且系数多项式 $\varphi(z) = 1 - \sum_{k=1}^{p} \varphi_k z^k$ 的根在单位圆外。

然而，该性质的一个局限在于它并未明确指出需要多大的 p 值才能实现合理的近似，在某些情况下，所需的 p 值可能非常大。此外，性质 8-3 通常也适用于 MA 和 ARMA 过程，其相关证明可以参考 Fuller(1996，第 4 章)。

例 8-9　SOI 的自回归谱估计量。考虑获得与 SOI 的图 8-9 所示的非参数估计量相比较的结果。对 $p = 1, 2, \cdots, 30$ 时的高阶 AR(p)模型进行逐次拟合，在 $p = 15$ 时得到最小的 BIC

和 AIC，如图 8-12 所示。

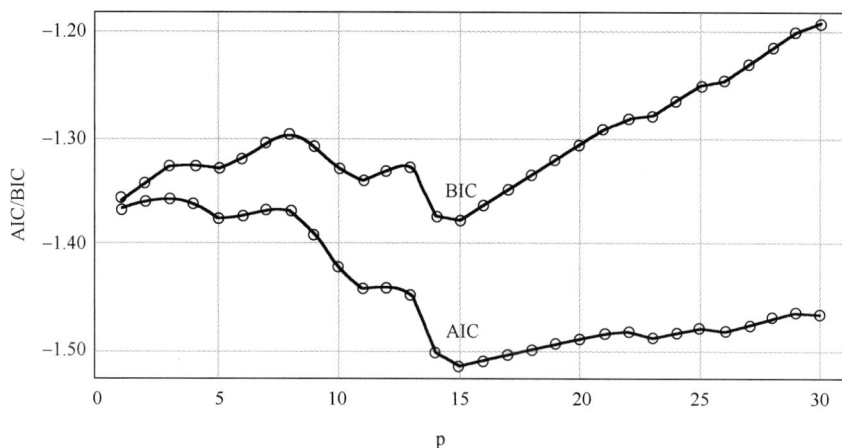

图 8-12　AIC 和 BIC 在不同的自回归阶数 p 下的比较（基于 SOI 时间序列）

在 R 中，命令 spec.ar 可以用于画出谱密度图，寻找最小的 AIC 来确定最佳模型。快速获得 AIC 的值可以通过命令 ar 来实现，代码如下：

```
spaic = spec.ar(soi, log="no") # min AIC spec
abline(v=frequency(soi)*1/52, lty="dotted") # El Nino Cycle
(soi.ar = ar(soi, order.max=30)) # estimates and AICs
dev.new()
plot(1:30, soi.ar$aic[-1], type="o") # plot AICs
```

图 8-12 的 R 代码如下（这里对 AIC、BIC 的值加 1，以减少图形中的空白）：

```
n = length(soi)
c() -> AIC -> AICc -> BIC
for (k in 1:30){
sigma2 = ar(soi, order=k, aic=FALSE)$var.pred
BIC[k] = log(sigma2) + (k*log(n)/n)
AICc[k] = log(sigma2) + ((n+k)/(n-k-2))
AIC[k] = log(sigma2) + ((n+2*k)/n)
}
IC = cbind(AIC, BIC+1)
ts.plot(IC, type="o", xlab="p", ylab="AIC/BIC")
```

8.4　线性滤波器

前几节的示例表明，通过线性变换调整时间序列的功率或方差分布是可行的。本节将深入探讨这一概念，通过引入线性滤波器的定义，阐明其在从时间序列中提取信号方面的应用。线性滤波器通过系统地改变时间序列的频谱特性实现对信号的精确提取和分析。研究和应用线性滤波器的特性是时间序列分析领域的重要课题，为数据的特征提取和模式识别提供了关键工具。

线性滤波是指利用给定的系数 $\{a_j, \quad j=0,\pm1,\pm2,\cdots\}$ 进行序列变换，设输入序列为 $\{x_t\}$，输出序列为 $\{y_t\}$，则

$$y_t = \sum_{j=-\infty}^{\infty} a_j x_{t-j} \quad \sum_{j=-\infty}^{\infty} |a_j| < \infty \tag{8-13}$$

式 (8-13) 在统计学习、机器学习中也被称为卷积，其系数称为脉冲响应函数，必须满足绝对可和性，因此式 (8-13) 中的 y_t 存在均方极限和无限傅里叶变换：

$$A_{yx}(\omega) = \sum_{j=-\infty}^{\infty} a_j \mathrm{e}^{-2\pi \mathrm{i}\omega j} \tag{8-14}$$

称 $A_{yx}(\omega)$ 为频率响应函数。

线性滤波器的重要性在于它能增强输入序列频谱的某些部分。

性质 8-4 滤波平稳级数的输出谱。

假定序列的谱密度存在，式 (8-13) 中的滤波输出序列 $\{y_t\}$ 的谱密度是关于输入序列 $\{x_t\}$ 的谱密度的函数，即

$$f_{yy}(\omega) = \left| A_{yx}(\omega) \right|^2 f_{xx}(\omega) \tag{8-15}$$

其中，频率响应函数 $A_{yx}(\omega) = \sum_{j=-\infty}^{\infty} a_j \mathrm{e}^{-2\pi \mathrm{i}\omega j}$。

这一重要性质表明，经过线性滤波后，输入时间序列的频谱会发生变化。这种变化可以用频率响应函数的平方幅值与相应频率的乘积来描述。类似于经典统计学中关于方差的性质：如果随机变量 X 的方差为 σ^2，那么经过 $Y = aX$ 变换后，方差为 $\sigma_Y^2 = a^2 \sigma_X^2$。这一性质为分析滤波对时间序列的方差和频谱特性的影响提供了理论依据。

性质 8-2 给出了 ARMA 过程的谱密度，这仅仅是性质 8-4 的一个特例，当 $x_t = \omega_t$ 为白噪声序列时，有

$$f_{xx}(\omega) = \sigma_\omega^2, \quad a_j = \varphi_j$$

$$A_{yx}(\omega) = \psi(\mathrm{e}^{-2\pi \mathrm{i}\omega}) = \frac{\theta(\mathrm{e}^{-2\pi \mathrm{i}\omega})}{\varphi(\mathrm{e}^{-2\pi \mathrm{i}\omega})}$$

例 8-10 一阶差分移动平均滤波。

这里用两个常见的例子来说明滤波的效果。第一个是差分滤波：

$$y_t = \nabla x_t = x_t - x_{t-1}$$

第二个是对称移动平均滤波

$$y_t = \frac{1}{24} x_{t-6} - x_{t+6} + \frac{1}{12} \sum_{r=-5}^{5} x_{t-r}$$

即调整的 m-6 型的 daniell 核。利用两个滤波的 SOI 时间序列如图 8-13 所示。

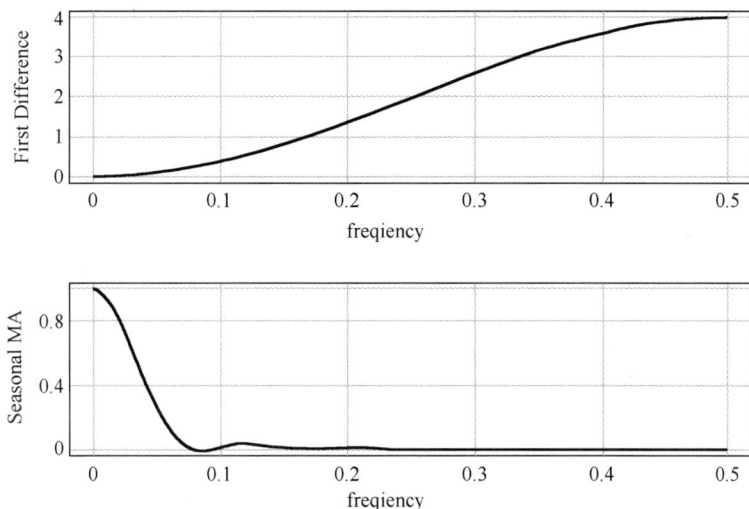

图 8-13　一阶差分(上)和 12 个月移动平均(下)滤波后的平方频率响应函数

需要注意的是，差分会使时间序列变得更加粗糙，这是因为它倾向于保留较高频率或快速变化的成分。相反，简单中心移动平均会平滑时间序列，因为它保留了较低频率，同时衰减较高频率的变化。通常来说，差分可以被视为一种高通滤波器，因为它允许较高频率通过；而简单中心移动平均则是低通滤波器的典型例子，因为它主要允许较低频率通过。

在对称移动平均线的作用下，较慢变化的周期被放大，而季节性或年度频率则被削弱。经过滤波处理的序列显示出大约 9 个周期(约每 52 个月为一个周期)的波动特征,这表明移动平均滤波器能够有效增强或提取与 El Niño 相关的信号。此外，通过对数据进行低通滤波，可以更清晰地观察到 El Niño 效应及其伴随的不规则性，从而为深入研究其长期影响奠定更为可靠的基础。

现在，完成滤波之后，确定线性滤波器改变输入频谱的确切方式是至关重要的。为此，使用式(8-14)和式(8-15)。第一个差分滤波器可以写成(8-13)所示的形式，否则，让 $a_0 = 1$，$a_1 = -1$，$a_r = 0$。这意味着

$$A_{yx}(\omega) = 1 - e^{-2\pi i \omega}$$

于是，平方频率响应变为

$$\left| A_{yx}(\omega) \right|^2 = (1 - e^{-2\pi i \omega})(1 - e^{2\pi i \omega}) = 2[1 - \cos(2\pi\omega)]$$

图 8-13 显示一阶差分滤波器在较低频率范围内会衰减信号，而在较高频率范围内会增强信号。这是因为其频谱乘数 $\left| A_{yx}(\omega) \right|^2$ 在高频时较大，而在低频时则较小。总体而言，由于该滤波器的频率响应呈现缓慢上升的特性，因此它并不适合作为专门保留高频信号的滤波器。

对中心化 12 个月移动平均而言，设 $a_{-6} = a_6 = \dfrac{1}{24}$，当 $-5 \leqslant k \leqslant 5$ 时，$a_k = \dfrac{1}{12}$。

替换和识别余弦项给出

$$A_{yx}(\omega) = \frac{1}{12}\left[1 + \cos(12\pi\omega) + 2\sum_{k=1}^{5}\cos(2\pi\omega k)\right]$$

图 8-13 表明该滤波器能够显著削减频率高于每点 0.05 循环的信号内容。这相当于移除了周期小于 1/0.05 = 20 个时间点的频率分量，尤其减小了周期为 12 个月的年度成分，同时增强了与 El Niño 相关的频率分量。尽管如此，该滤波器在完全衰减高频信号方面仍存在一定的局限性，一些高频功率仍然保留在信号中。

线上资源 8-3

线上资源 8-3 展示了如何对数据进行滤波，对经过滤波的序列进行频谱分析，并绘制差分和移动平均滤波器的频率响应曲线的平方。

习　　题

1．什么是时间序列的周期性？简述周期性对时间序列分析的重要性，并举例说明实际数据中可能出现的周期性特征。

2．简述非参数谱估计（如周期图法）和参数谱估计（如 AR 模型法）的基本原理，并比较两种方法的优点和缺点。

3．什么是线性滤波器？简述其在时间序列分析中的作用，以及高通滤波器和低通滤波器的基本原理。

4．使用 R 语言对一个经济时间序列（如股票价格）进行低通滤波，提取其长期趋势，并解释滤波后的序列特性。

第9章 时间序列的机器学习/深度学习模型

随着大数据和人工智能的兴起，传统方法的局限性逐渐显现，如对平稳性的强假设和难以捕捉复杂非线性关系的问题。为解决这些问题，机器学习方法逐步融入时间序列分析，为非线性关系建模、多维数据处理等问题提供了全新的视角。

9.1 时间序列分析中的机器学习

传统统计模型的核心思想基于时间序列的概率分布及其线性相关性，通常假设数据服从某种特定的概率分布（如正态分布）或序列平稳，并利用参数估计、假设检验和回归分析等进一步量化变量之间的关系。例如，随机森林（Random Forest）可以通过决策树的集成方式对非线性特征建模，支持向量机（SVM）利用核函数捕捉高维特征；提升树模型（如XGBoost）在处理大规模数据时表现尤为优越。此外，机器学习方法还可以结合不同的特征工程技术有效增强模型预测能力。

从应用角度看，机器学习在时间序列分析中的优势主要包括以下几方面。

(1) 非线性建模能力：机器学习算法无须依赖时间序列的线性假设，能够自动发现变量间的复杂关系。例如，随机森林能够捕捉输入特征与目标变量之间的非线性相互作用。

(2) 多维特征融合：传统时间序列模型往往专注于单一序列的建模，而机器学习则可以自然地应对多输入变量的情况（如同时考虑环境数据、市场因素等）。

(3) 鲁棒性强：面对缺失值、噪声或异常点，机器学习模型通常能更鲁棒地进行处理，避免预测结果过度敏感。

(4) 任务多样性：机器学习不仅适用于时间序列预测，还能在分类、异常检测等任务中发挥作用。

例如，在工业设备监控中，机器学习模型能够实时检测运行异常；在金融领域，机器学习被广泛用于股票价格的涨跌预测。

机器学习在时间序列分析中的应用涵盖多个领域，包括但不限于以下几个。

- **预测**：如能源消耗、气象数据、销售量的预测。
- **分类**：如客户分群、疾病诊断、信贷风险分类。
- **异常检测**：如工业设备故障、金融交易异常。

这些场景的共同特点是时间序列往往伴随着复杂的非线性特征及多维因素的交互效应，传统模型在处理这些问题时力不从心，而机器学习则能够提供更加灵活且有效的解决方案。

为了从理论上系统化机器学习在时间序列分析中的作用，将时间序列数据表示为

$$Y_t = \{y_1, y_2, \cdots, y_T\}, \quad X_t = \{x_1, x_2, \cdots, x_T\}$$

其中，Y_t 是目标序列；X_t 是外部输入特征（如延迟特征、趋势、季节性指标等）。

机器学习模型的目标是构建一个非线性映射函数 $f(\cdot)$，使得

$$\hat{y}_t = f(x_{t-1}, x_{t-2}, \cdots, x_{t-p}; \theta)$$

其中，θ 为模型参数；$[x_{t-1}, x_{t-2}, \cdots, x_{t-p}]$ 为延迟特征向量。与传统时间序列模型不同，机器学习方法对 $f(\cdot)$ 的形式没有特定假设，而是通过数据学习得到的。

机器学习方法的核心包括以下 3 点。

(1) 特征工程：提取具有时间序列特征的输入变量 X_t。

(2) 模型选择：选择合适的机器学习算法（如随机森林、支持向量机）。

(3) 模型评估：利用交叉验证或时间序列拆分法评估模型性能。

例 9-1 基于历史股票价格及其技术指标数据预测未来股票价格的方向（涨或跌）。通过引入随机森林分类模型说明机器学习在时间序列分类中的应用。

首先进行数据准备。这里随机生成一组股票价格数据（200 个时间点）。提取股票价格的延迟值，包括延迟 1 期（lag_1）、延迟 2 期（lag_2）和延迟 3 期（lag_3）。延迟变量的引入旨在捕捉股票价格的短期历史信息，以便为后续的分类模型提供输入特征。然后根据股票价格的方向构造分类标签（direction），标签值为 1 表示股票价格上涨，为 0 表示股票价格下跌。使用一阶差分（diff）判断股票价格变动的方向，并将结果转化为二分类标签。

最后划分训练集和测试集。随机抽取 70% 的样本作为训练集，剩余 30% 的样本作为测试集。训练集用于构建随机森林分类模型，测试集用于模型评估。使用随机森林作为分类模型，选择延迟变量（lag_1、lag_2、lag_3）作为输入特征，分类标签作为目标变量。设置树的数量（ntree = 100），即用 100 棵树构成随机森林分类模型。结果如下：

```
    Call:
     randomForest(formula = direction ~ lag_1 + lag_2 + lag_3, data = train_data,
ntree = 100)
                    Type of random forest: classification
                       Number of trees: 100
    No. of variables tried at each split: 1
           OOB estimate of error rate: 53.28%
    Confusion matrix:
       0   1   class.error
    0  18  39  0.6842105
    1  34  46  0.4250000
```

使用训练好的随机森林分类模型预测测试集数据，得到预测标签。比较预测标签和真实标签，构造混淆矩阵以评估模型分类性能。混淆矩阵展示模型在不同分类（上涨/下跌）下的预测正确率和错误率：

```
    Actual
    0   1
     Predicted   0   9   13
            1   18   20
```

结果如图 9-1 所示。

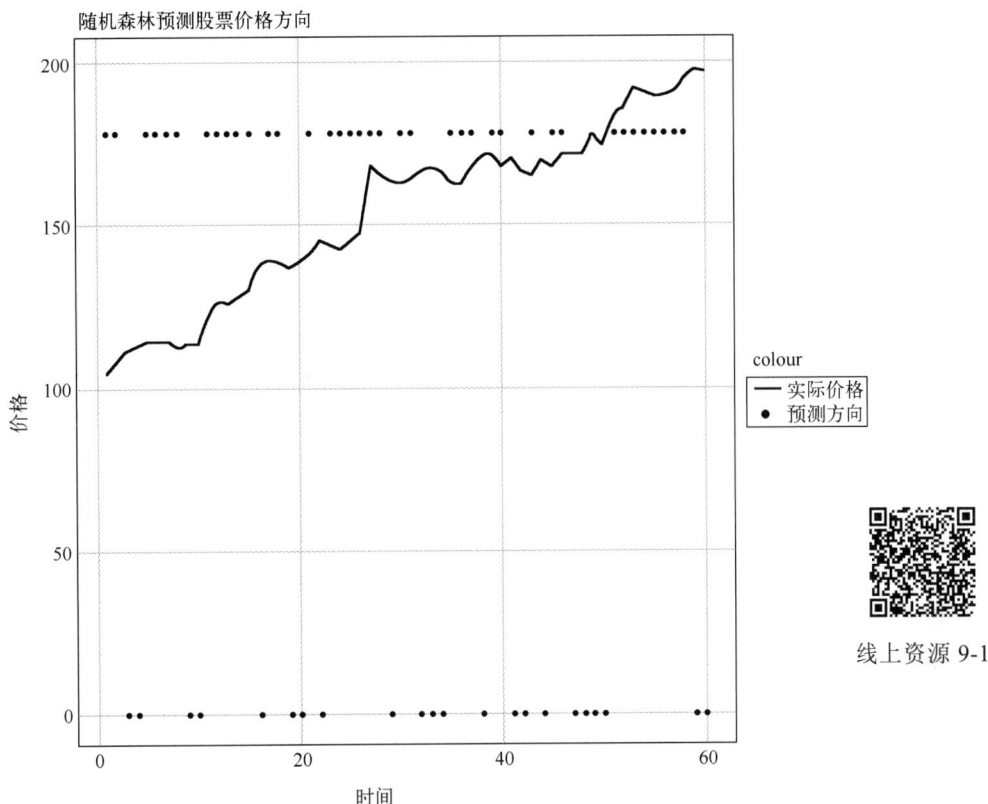

图 9-1　基于随机森林的股票价格涨跌预测

在图 9-1 中，曲线表示实际股票价格的趋势变化，圆点表示模型对股票价格方向（上涨或下跌）的预测。从整体来看，随机森林分类模型能够在一定程度上捕捉价格变化的方向，圆点大致分布在两个水平位置（0 或 1），分别对应价格的下跌和上涨，且分布较为集中，说明模型预测与趋势相符。在某些阶段（如价格快速上升的中后期），模型预测方向与实际价格方向匹配较好，表现为圆点分布与价格上升趋势相符。但在价格波动较小或转折点处（如价格缓慢变化的初期和转折处），圆点分布可能与实际价格方向存在一定的偏差，反映了模型在捕捉价格短期变化方面的局限性。

总的来说，随机森林分类模型对于价格变化的主要趋势（特别是长期方向）具有较强的捕捉能力，但在处理价格的短期剧烈波动或细微调整时，可能会有一定的延迟性或误判。

9.2　特征工程与时间序列预处理

特征工程是机器学习建模中最重要的环节之一，对时间序列数据而言，良好的特征提取和预处理方法能够大幅提升模型的预测精度与鲁棒性。本节从时间序列的特征提取、降维方法及数据预处理方面展开探讨。

9.2.1 时间序列特征提取

时间序列特征提取旨在从原始序列中构建对预测或分类任务有意义的变量，主要方法如下。

(1)延迟特征：通过历史值的延迟构建输入特征，捕捉时间序列的短期动态信息。延迟阶数通常需要结合领域知识或通过验证来确定。例如，选择延迟 p 阶的时间序列 $\{x_t, x_{t-1}, \cdots, x_{t-p}\}$ 作为学习特征。

(2)时间窗口特征：将一段时间内的统计量作为特征，如移动均值、最大值、最小值和标准差等。例如，移动均值：

$$\mathrm{MA}_t = \frac{1}{w} \sum_{i=t-w+1}^{t} x_i \tag{9-1}$$

其中，w 是窗口大小。

(3)趋势和季节性特征：趋势通过多项式拟合或移动平均提取，季节性可通过傅里叶变换或周期性指标(如月份、周)提取。

(4)领域特定特征：根据具体领域生成的特征，如股票的技术指标(移动平均线、相对强弱指数等)。

例如，股票价格特征提取：

```
# 生成移动平均特征和波动率特征
data$rolling_mean <- zoo::rollmean(data$stock_price, k = 5, fill = NA)
data$rolling_sd <- zoo::rollapply(data$stock_price, width = 5, FUN = sd,
fill = NA)
```

9.2.2 时间序列降维

在高维时间序列中，特征冗余可能会降低模型性能，降维方法通过提取主要信息简化特征空间，常用的方法有主成分分析和因子分析等。

主成分分析(PCA)通过线性变换找到特征的主要方向，保留主要特征。设特征矩阵为 $\boldsymbol{X}$，PCA 提取其前 k 个主成分：$\boldsymbol{Z}=\boldsymbol{XW}_k$，$\boldsymbol{W}_k$ 为前 k 个特征向量，从而实现降维目的。如果特征由少量潜在因子驱动，则也可通过模型拟合等方式提取潜在因子。例如：

```
# 对延迟特征进行 PCA 降维
pca_result <- prcomp(data[, c("lag_1", "lag_2", "lag_3")], scale. = TRUE)
data$pca_1 <- pca_result$x[, 1]  # 提取第一主成分
```

9.2.3 数据预处理

数据预处理的目标是提高数据的质量和改善模型的表现，常见方法包括以下几种。

(1)平稳化处理：时间序列需要平稳化以满足机器学习算法的假设。常用的方法有差分、对数变换等。

(2)归一化与标准化处理：归一化将特征缩放到[0,1]区间：$x' = \dfrac{x - \min(x)}{\max(x) - \min(x)}$；标准

化使特征符合某种标准，如标准正态分布 $x' = \dfrac{x - \text{mean}(x)}{\sqrt{\text{Var}(x)}}$。

(3)缺失值处理：填补方法一般有前向填充、插值法或删除缺失值等。

平稳化和标准化处理的例子：

```
# 平稳化处理(对数)
log_data$stock_price <- log(data$stock_price)
# 平稳化处理(差分)
data$diff_price <- diff(data$stock_price)
# 标准化处理
data$standardized_price <- scale(data$stock_price)
```

例 9-2 通过时间序列特征提取和预处理构建预测能源消耗的输入数据，获得能源消耗预测的特征工程。

使用随机数生成服从正态分布的增量数据，通过累加生成一组模拟的能源消耗时间序列(energy_consumption)。该序列表现为累积增长趋势，模拟了能源消耗的逐步变化特征。使用正弦函数生成周期性变化的温度序列(temperature)，周期为 12(模拟一年中的月份变化)。数据的正弦波形式捕捉了温度的季节性规律。使用月份编号(season)生成循环变量，代表每个月份，捕捉季节对能源消耗的潜在影响。基于上述生成数据，实现如下处理。

通过 lag()函数分别提取能源消耗延迟 1 期(lag_1)和延迟 2 期(lag_2)的数据；保留能源消耗的原始值(consumption)作为目标变量；加入温度(temperature)作为外部变量；捕捉环境因素对能源消耗的影响；将季节(season)作为分类变量，帮助捕捉长期的季节性模式。线上资源 9-2 提供完整的 R 代码实现过程。

线上资源 9-2

9.3 时间序列回归模型

9.3.1 支持向量回归

支持向量机主要解决分类问题，其核心是为混杂在一起的两类或多类数据寻找一个最优分离超平面(Cortes & Vapnik，1995)。随后，Vapnik(1995)将支持向量方法扩展到回归领域，提出支持向量回归(Support Vector Regression，SVR)。SVR 结合了支持向量机的合页损失(Hinge Loss)函数，以高效处理回归任务。以下通过时间序列回归为例介绍 SVR 的实现过程。

先来看简单情况，对于一个二维空间里的数据集，如图 9-2(a)所示，两类点分布在这个平面上，希望找到一条直线把它们分开。假设该直线的表达式为 $w \cdot x + b = 0$，通过样本数据集，可以找到靠近彼此点集的最近的那些点，如图 9-2(b)中的 $w \cdot x + b = 1$ 和 $w \cdot x + b = -1$ 两条直线上的点，这两条直线就构成了支持向量。做出两个支持向量的中线，就可以把两类点很好地分开了。支持向量机模型可以表示为

$$w \cdot x + b = 0 \tag{9-1}$$

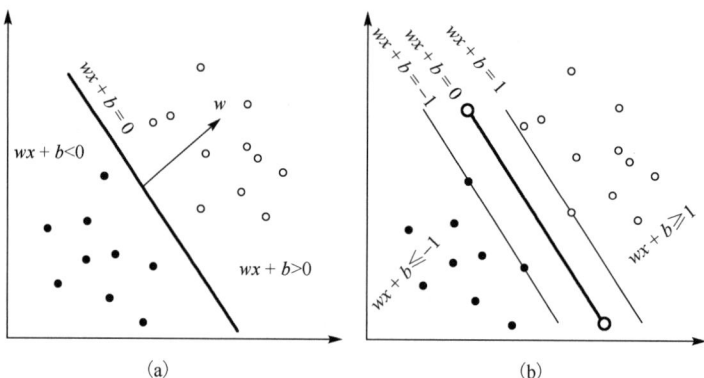

图 9-2　二元支持向量机图解

支持向量机模型的求解就是寻找具有最大边缘（间隔）的超平面 $w \cdot x + b = 1$ 和 $w \cdot x + b = -1$，位于间隔里面的平行的超平面 $w \cdot x + b = 0$ 实现对数据点的线性可分。

更一般地，设多元时间序列样本 $\{y_t, x_t\}_{t=1}^{T}$，考虑

$$y_t = f(x_t) + e_t$$

其中，x_t 可以包含 y_t 的延迟项和其他可以用来预测的解释变量，$f(x) = w \cdot x + b$，w 和 b 为待确定的模型参数。该线性设定在实际应用时可以放宽为 $f(x) = w'\varphi(x) + b$，其中的非线性函数 $\varphi(x)$（特种空间中的特征向量）已知。如果 $\varphi(x)$ 未知，则通常可以通过再生核希尔伯特空间（Reproducing Kernel Hilbert Space，RKHS）来近似。

SVR 在估计参数 w 和 b 时，其损失函数和经典的回归模型有很大的不同。在经典的回归模型中，只有当 $f(x)$ 准确预测 y 时，损失才会为零。SVR 容忍预测可以存在一个较小的 ε 偏差，即只有预测的差别大于 ε 时才计算损失。这样定义的损失函数可以理解为以 $f(x)$ 为中心，构建一个宽度为 2ε 的间隔带，落入此间隔带的样本都被判定为准确预测。

下面定义 ε-不敏感损失（ε-Insensitive Loss）函数，即

$$l_\varepsilon(e) = \begin{cases} 0 & |e| \leqslant \varepsilon \\ |e| - \varepsilon & \text{其他} \end{cases} \tag{9-2}$$

易知，ε-不敏感损失函数在零附近的 ε 邻域内取值为 0，邻域外为绝对误差损失。

SVR 的目标函数为

$$\min_{w,b} \sum_{t=1}^{T} l_\varepsilon(y_t - w'x_t - b) + \frac{1}{2\lambda} w'w \tag{9-3}$$

其中，λ 为正则化参数；$w'w$ 为 w 的 L_2 范数。式（9-3）可以看作带惩罚项的最优化问题。由于 SVR 使用了 ε-不敏感损失函数，因此它也被称为 ε-回归。

在非线性 SVR 中，采用核函数 $k(\cdot, \cdot)$，可以将未知函数（近似）表示为

$$f(x_t) = \sum_{s=1}^{T} \alpha_t k(x_t, x_s) + b = K_t \alpha + b \tag{9-4}$$

其中，$K_t = [k(x_t, x_1), \cdots, k(x_t, x_T)]$ 是半正定核矩阵 K 的第 t 行。常用的核函数如表 9-1 所示。若将数据中心化，则上述截距项 b 一般可以去掉。

表 9-1　常用的核函数

核函数名称	函数形式	参数
线性核	$k(x_s, x_t) = x'_s x_t$	—
多项式核	$k(x_s, x_t) = (x'_s x_t)^p$	$p \geqslant 1$ 为多项式
高斯核	$k(x_s, x_t) = \exp\left(-\dfrac{\|x_s - x_t\|^2}{2\sigma^2}\right)$	$\sigma > 0$ 为带宽
拉普拉斯核	$k(x_s, x_t) = \exp\left(-\dfrac{\|x_s - x_t\|}{\sigma}\right)$	$\sigma > 0$
Sigmoid 核	$k(x_s, x_t) = \tanh(\theta x'_s x_t + \gamma)$	$\theta > 0$，$\gamma < 0$

非线性 SVR 的目标函数为

$$\min_{\alpha} \sum_{t=1}^{T} l_\varepsilon(y_t - K_t \alpha) + \frac{1}{2\lambda} \alpha' \boldsymbol{K} \alpha \tag{9-5}$$

该问题没有显式解，一般通过最优化算法(二次规划，如 SMO 算法)来求解，实际计算的复杂度较大。在实际应用中，也可以采用最小二乘损失函数：

$$l_2(e) = e^2 \tag{9-6}$$

最小绝对偏差(Least Absolute Deviation)损失函数：

$$l_1(e) = |e| \tag{9-7}$$

以及 Huber 损失函数：

$$l_h(e) = \begin{cases} |e| & |e| > h \\ \dfrac{e^2}{2h} + \dfrac{h}{2} & |e| \leqslant h \end{cases} \tag{9-8}$$

来替代 ε-不敏感损失函数，构造 LS-SVM、LAD-SVM 和 Huber-SVM。

例 9-3　结合 R 程序包 e1071 SVR，以预测能源消耗为例，展示基于 ε-不敏感损失函数的 SVR 过程，并比较不同核函数的表现。

这里，首先生成模拟的能源消耗时间序列数据，提取延迟特征作为输入变量；然后构建 SVR 模型，并使用 ε-不敏感损失函数和不同核函数训练模型；最后评估 SVR 模型的预测性能，并比较不同核函数的效果。实现结果如下：

线上资源 9-3

```
Support Vector Machine object of class "ksvm"
SV type: eps-svr  (regression)
 parameter : epsilon = 0.1  cost C = 10
Gaussian Radial Basis kernel function.
 Hyperparameter : sigma = 3.09046407326528
Number of Support Vectors : 23
Objective Function Value : -4.4972
Training error : 0.007641
```

当前的径向基核函数和参数设置使得模型能够适应非线性关系。支持向量数量占总训练数据的一部分，表明模型具备较好的泛化能力。当前的 $\varepsilon = 0.1$ 容许预测误差在 0.1 以内的样本不被计算为错误，这种设置适合为较平滑的数据建模。$C = 1$ 是一个相对中等的惩罚参数，既能避免过拟合，又能减少欠拟合。

比较各种核函数的效果：

	Kernel	MSE	MAE
1	linear	3.70199	1.427812
2	polynomial	5767.17919	65.665932
3	radial	965.82447	28.079508
4	sigmoid	84294.35959	279.090841

显然，当前的数据特征比较适合线性核，线性核 (linear) 的 MSE (均方误差) = 3.70199，在所有比较的核函数中，其均方误差最小，表明它具有最高的预测精度，因此线性核能够以最低复杂度捕捉数据特性。多项式核 (polynomial) 的 MSE = 5767.17919，MAE = 65.665932。可见，多项式核的误差非常大，表明它在拟合该数据时表现较差。多项式核函数可能对该数据的特征过拟合或不适应数据分布，导致模型性能显著下降。径向基核 (radial) 的 MSE = 965.82447，MAE = 28.079508。可见，径向基核的性能比多项式核的性能好，但其误差仍远大于线性核的误差。径向基核适用于捕捉复杂的非线性关系，但当前数据可能以线性关系为主，导致非线性核未能充分发挥作用。Sigmoid 核 (sigmoid) 的 MSE = 84294.35959，MAE = 279.090841。可见，Sigmoid 核的误差最大，远大于其他核的误差。Sigmoid 核在此任务中完全不适合，可能出现模型不收敛或极端过拟合的情况。在当前模型和参数设置下，预测值并不理想，需要调整合适的参数，实现更优的拟合。

9.3.2 回归树

回归树算法最早由 Morgan 和 Sonquist 于 1963 年提出的 AID (Automatic Interaction Detection) 方法引入。Breiman 等于 1984 年对分类与回归树 (Classification and Regression Tree，CART) 进行了系统研究，使回归树算法重新受到关注并得到广泛应用。CART 基于观测样本 $\{y_t, x_t\}_{t=1}^{T}$ 构建以下回归方程：

$$y_t = f(x_t) + e_t$$

其中，$f(\cdot)$ 为分段常值函数，即存在正整数 M 和 x_t，对于取值空间 χ 的一个划分，使得 $\chi = \bigcup_{m=1}^{M} R_m$ 且

$$f(x) = \sum_{m=1}^{M} c_m 1\{x \in R_m\} \tag{9-9}$$

在给定上述划分时，可采用平方预测误差 (也称为不纯度) 来度量该回归函数在训练数据上的预测精度。易见，使得平方预测误差最小的预测为

$$\hat{c}_m = \arg\min_{c_m} \sum_{x_t \in R_m} [y_t - f(x_t)]^2$$

$$= \frac{\sum\limits_{t=1}^{T} y_t 1(x_t \in R_m)}{\sum\limits_{t=1}^{T} 1(x_t \in R_m)} \tag{9-10}$$

$$= \text{avg}(y_t \mid x_t \in R_m)$$

即落入 R_m 中所有 x_t 对应的 y_t 的样本均值。

在实际数据分析中，划分的区域个数 M 及划分的区域 $R_1, R_2, \cdots, R_M$ 都未知。CART 利用分类树的思想，把 x_t 取值的区域递归地分成两个子区域 $R_1(x,s) = \{x \mid x \le s\}$ 和 $R_2(x,s) = \{x \mid x > s\}$，并确定每个子区域上 y 的预测值。进而对每个子区域重复这个过程，直到某种停止条件得到满足。这样就确定了划分的区域个数、所有的子区域及每个子区域上 y 的预测值。

例 9-4　用模拟数据展示 CART 的构建、剪枝和性能评估的完整过程。首先，生成具有随机性和周期性特征的能源消耗数据，并划分为训练集和测试集，构建初始回归树模型，通过递归切分确定最优切分变量和切分点，并基于叶节点的均值进行预测。在模型性能评估环节，计算测试集上的 MSE，通过可视化实际值与预测值的关系，直观展示模型效果。然后，引入剪枝策略，根据复杂度参数(CP)进行后剪枝，生成简化的回归树并优化模型的泛化能力。最后，通过比较剪枝前后的测试集的 MSE，验证剪枝是否有效提升了预测性能。

基于模拟能源数据序列的 CART 回归树如图 9-3 所示。

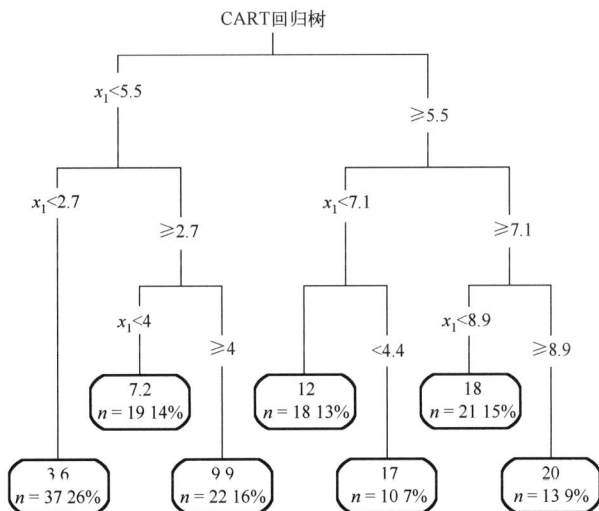

图 9-3　基于模拟能源数据序列的 CART 回归树

在图 9-3 中，框中的 3 个数字分别代表预测值(如分支路径终端节点的目标变量均值)、样本容量及其占总样本的比例。例如，7.2 表示该路径所对应的子集的目标变量预测值是 7.2，$n = 19$ 14%表示该终端节点包含 19 个样本，占总样本的 14%。

进而导出实际值与预测值结果。

在图 9-4 中，虚线代表参考线，表示理想情况下预测值与实际值完全一致，即预测值应分布在这条对角线上；圆点代表每个样本的预测值与实际值的关系。圆点越接近虚线，表示模型对该样本的预测越准确。图 9-4 中的圆点的总体分布大致沿虚线分布，说明 CART 模型捕捉到了数据的主要趋势，预测具有一定的准确性。然而，可以观察到部分圆点偏离虚线较远，尤其在高值或低值区域，说明模型在某些区间的预测误差较大。这可能是因为 CART 模型对数据的切分过于局部化，导致无法准确拟合全局趋势。偏离对角线较远的圆点可能对应较少的数据样本或较复杂的特征关系。另外，CART 的分段常值特性(每个叶节点的预测值均为均值)可能导致预测值缺乏连续性，因此在某些连续变量的区间上会表现出一定程度的误差。

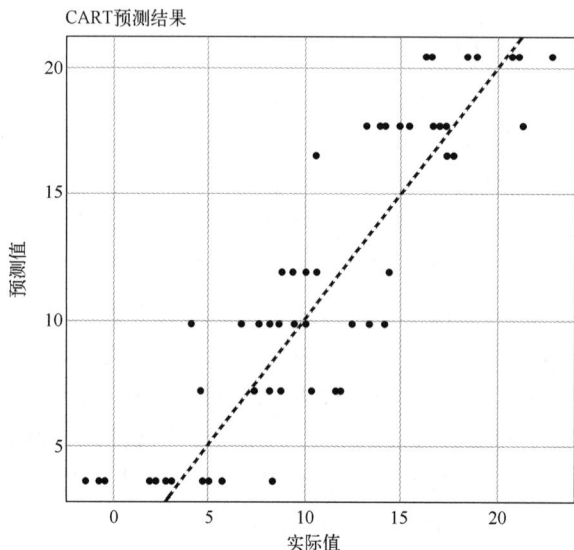

线上资源 9-4

图 9-4　CART 预测图

引入剪枝策略，根据复杂度参数进行后剪枝，生成简化的回归树，如图 9-5 所示。

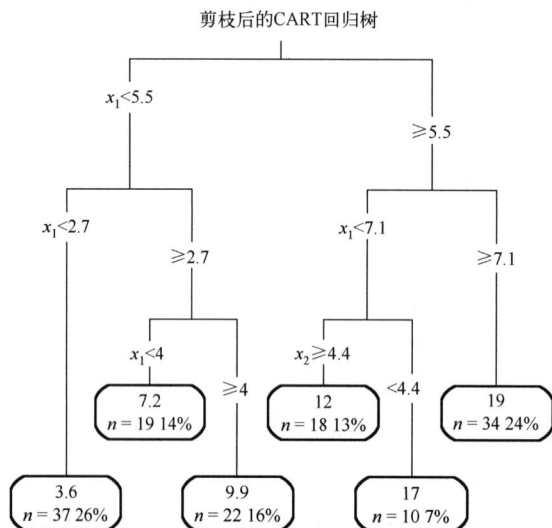

图 9-5　应用剪枝策略生成的简化的回归树

可见，剪枝减少了不必要的分割节点，使树的复杂度降低，提升了模型的泛化能力。剪枝后的树包含 6 个叶节点，表示最终划分的区域个数为 6。这棵剪枝后的回归树模型通过优化后的分割结构较好地平衡了模型复杂度和预测性能，展示了变量在预测目标变量中的重要作用。模型结果具有良好的解释性，同时在一定程度上避免了过拟合现象。

9.4　时间序列分类和聚类模型

9.4.1　分类模型

时间序列分类模型旨在根据输入的时间序列数据预测其类别或状态(如涨跌、故障与否等)。与回归模型不同，分类模型的输出是离散的类别标签。

时间序列分类任务通常涉及根据时间序列的特征预测目标类别。例如，根据股票价格历史数据预测其未来的涨跌情况，根据设备运行时间序列检测设备是否发生故障，根据生物时间序列(如心电图)划分疾病等。

时间序列分类问题可表示为

$$\hat{y} = f(X_{t-1}, X_{t-2}, \cdots, X_{t-p})$$

其中，$\hat{y}$ 是预测的类别标签；$X_{t-1}, X_{t-2}, \cdots, X_{t-p}$ 是当前时间点和延迟时间点的输入特征；f 是分类模型，通过学习时间序列的模式预测目标类别。

将时间序列特征映射到高维空间，通过分类模型找到特征与类别标签之间的最优边界。常用模型包括逻辑回归、随机森林、多层感知机(多层感知器)和循环神经网络等。

(1)逻辑回归用于二分类任务，模型输出概率值，通过阈值判断类别：

$$P(y = 1|X) = \frac{1}{1 + e^{-\left(\beta_0 + \sum\limits_{i=1}^{p} \beta_i x_i\right)}} \tag{9-11}$$

(2)随机森林是一种基于决策树的集成学习算法，旨在通过构建多棵决策树进行分类或回归，其核心思想是，通过集成学习的方式将多个弱分类器(单棵决策树)结合起来，提升模型的鲁棒性和预测精度。

(3)多层感知机(MLP)的输入层接收时间序列特征(如延迟变量)；隐藏层通过非线性激活函数(如 ReLU、Sigmoid)对输入特征进行非线性变换；输出层针对分类任务输出类别概率，针对回归任务输出预测值。

(4)循环神经网络(RNN)是一种专为时间序列数据设计的神经网络，通过引入隐藏状态将前一时间步的信息传递到当前时间步，从而捕捉序列数据的动态特性。

在时间序列分析中，这些算法的特点和适用场景如表 9-2 所示。

表 9-2　时间序列中的机器学习分类算法的特点和适用场景

方法	特点	适用场景
随机森林	集成模型，具有强大的非线性建模能力；支持特征重要性分析；对噪声鲁棒性好	处理高维特征的时间序列建模和分类任务
多层感知机	通用神经网络，适合捕捉复杂非线性关系，但无法建模时间依赖性	时间序列回归或分类，适用于短期依赖问题
循环神经网络	专为时间序列设计，能够捕捉时间依赖性；LSTM 和 GRU 进一步解决梯度消失问题	长期依赖性建模，适用于复杂时间序列预测和分类任务
逻辑回归	简单、线性模型，易于实现和解释，无法捕捉非线性关系；对特征噪声较为敏感	适合处理短期依赖的时间序列分类任务，特征维度较低时效果较好

例 9-5 为了对时间序列数据进行分类预测，采用逻辑回归、随机森林、多层感知机和循环神经网络 4 种算法，分别展示从线性到非线性建模的完整实现过程。生成模拟的能源消耗时间序列数据，并基于延迟特征(如过去几期的能源消耗和温度)构建输入变量，同时定义目标变量为能源消耗的涨跌方向。逻辑回归通过线性模型对特征和目标进行简单建模；随机森林利用多棵决策树进行投票，捕捉非线性关系；多层感知机通过多层神经网络学习复杂的特征交互；循环神经网络进一步引入时间序列的时间依赖性，利用深度学习建模长短期关系。每种模型分别在训练集上拟合，并在测试集上验证性能，通过预测准确率进行比较，展现不同算法在时间序列分类中的适用性和优势。

针对模拟生成的数据，4 种分类算法的最终性能对比如图 9-6 所示。

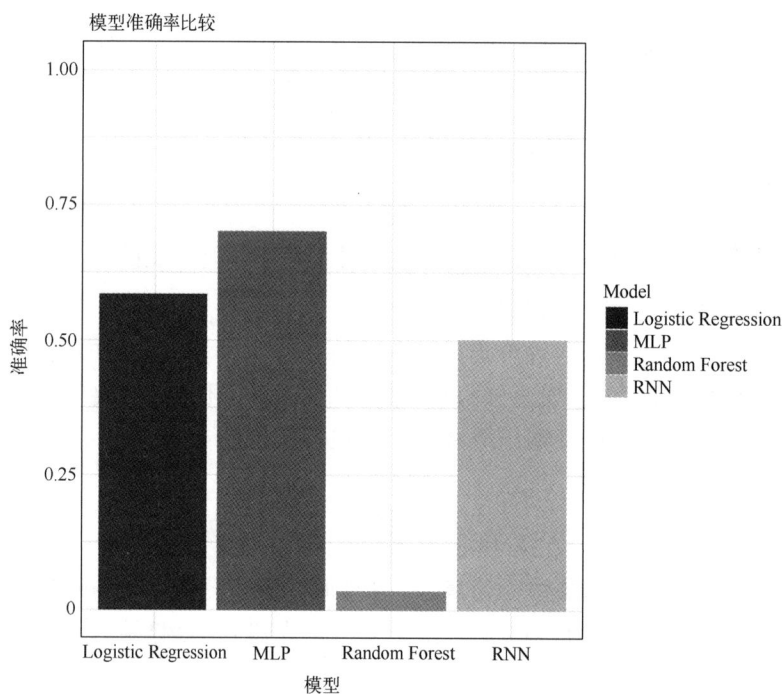

线上资源 9-5

图 9-6 4 种分类算法的最终性能对比

多层感知机和循环神经网络是处理时间序列数据分类的较优选择，特别是多层感知机在此场景下表现最佳。逻辑回归在快速验证简单线性关系时仍具备参考价值，但性能有限。随机森林对时间序列数据不适用，因为它无法有效利用时间依赖性。对于改善随机森林的表现，可以尝试结合时间窗口特征或其他增强方法。对于更高的预测准确率，可以进一步优化学习模型(如调整超参数、增加数据量或采用更复杂的架构)。

9.4.2 聚类模型

聚类(Clustering)是一种常见的无监督学习方法，其目标是在没有预测变量的情况下，根据数据特征将观测数据划分为若干类别。同一类别的数据在特征上具有较高的相似性，而不同类别之间的相似性较低，从而使每类数据都可以用简单的特征进行概括。在实际应用中，聚类方法广泛应用于消费者市场细分(Market Segmentation)、金融市场分类等场景。

聚类的基本假设是，观测数据来源于 K 个类别，不同类别的数据特征具有显著差异。

这些特征可以是原始数据值(如均值)、从数据中提取的统计特征(如方差、相关性、小波变换等)或数据符合的模型参数等。下面以基于原始数据的聚类为例,介绍聚类的基本思想、距离度量方法。

将观测值 $\{x_t\}_{t=1}^T$ 的下标 $\{1,2,\cdots,T\}$ 划分成 K 个不相交的集合 $\{I_1,I_2,\cdots,I_K\}$,从而对 $\forall t \in \{1,2,\cdots,T\}$,存在唯一的 k,使得 $t \in I_k$。对于每个类 I_k,定义它的中心位置为 c_k,并度量落在该类中的观测值到中心位置的距离(相似度)为

$$d_k = \sum_{t \in I_k} d(x_t, c_k) \tag{9-12}$$

其中,$d(\cdot,\cdot)$ 为距离函数。

常用的距离函数如下。

(1)欧几里得距离:$d(a,b) = \sqrt{\sum_{j=1}^p (a_j - b_j)^2}$。

(2)切比雪夫距离:$d(a,b) = \max_{j=1,2,\cdots,p} |a_j - b_j|$。

(3)曼哈顿距离:$d(a,b) = \sum_{j=1}^p |a_j - b_j|$。

(4)闵可夫斯基距离:$d(a,b) = \left[\sum_{j=1}^p |a_j - b_j|^q \right]^{1/q}$。

易见,当 $q = 1,2,\infty$ 时,闵可夫斯基距离分别对应曼哈顿距离、欧几里得距离和切比雪夫距离。

中心位置 c_k 通常通过最小化 I_k 中的元素到它的距离 d_k 来求得。如果选择 $d(\cdot,\cdot)$ 为欧几里得距离的平方,则易得

$$\hat{c}_m = \arg\min \sum_{t \in I_k} (x_t - c_k)^2 = \frac{1}{|I_k|} \sum_{t \in I_k} x_t \tag{9-13}$$

聚类是要找到 $\{1,2,\cdots,T\}$ 的划分 $\{I_1,I_2,\cdots,I_K\}$,使得各类中的数据到其中心位置的距离和最小,即

$$\min_{I_1,I_2,\cdots,I_k} \sum_{k=1}^K \sum_{t \in I_k} d(x_t, c_k) \tag{9-14}$$

其中

$$c_m = \arg\min \sum_{t \in I_k} d(x_t - c)$$

易见,中心位置 c_k 的确定依赖分类 I_k,而分类又依赖中心位置,因此该问题没有显式解,一般需要通过迭代算法来实现。另外,上述最优化问题的求解非常困难,其计算复杂度为 $O(K^T)$(每个数据都有 K 种可能的分类选择)。

例 9-6 模拟 12 个美国工业生产指数的月度时间序列数据，并对其进行一阶差分以去除长期趋势。随后，拟合 AR 模型以提取每个时间序列的前 3 个 AR 系数作为特征，并通过欧几里得距离计算序列之间的相似性（AR 距离）。基于此特征矩阵，采用手肘法确定 k 均值聚类的最优聚类数目 $K=5$，并通过三维散点图展示聚类结果。此外，还使用分层聚类的 4 种方法（完全连接、平均连接、单一连接和中心连接）绘制树状图，对聚类结构进行可视化和比较。

这里采用的时间序列 $\{x_t\}$ 和 $\{y_t\}$ 之间的 AR 距离定义为

$$d = \sqrt{\sum_{j=1}^{\infty}(\pi_{xj} - \pi_{yj})^2} \tag{9-15}$$

其中，π_{xj} 和 π_{yj} 分别代表时间序列与所拟合的第 j 个 AR 系数的值。

针对得到的 AR 系数矩阵，首先采用 k 均值聚类的方法，对这 12 个时间序列进行分类。一个重要的问题是如何选择聚类数目 K？这里采用手肘法。为此，针对 $K = 1,2,\cdots,10$，计算相应的误差平方和，并画图，结果显示在图 9-7 中。从图 9-7 中可以看出，SSE 的"手肘"在 $K = 5$ 处拐弯，因此选择 $K=5$。

为便于在三维空间可视化，使用前 3 个特征变量（前 3 个 AR 系数）进行聚类分析。首先，用 R 程序包 rgl 中的 plot3d() 函数画三维散点图。将 12 个变量聚类成 5 类，并根据分类结果给数据上色，将最终结果展示在图 9-8 中。

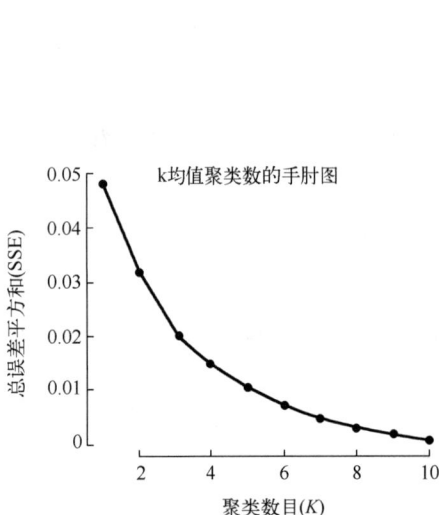

图 9-7　k 均值聚类的手肘图　　　　图 9-8　前 3 个 AR 系数的三维散点图

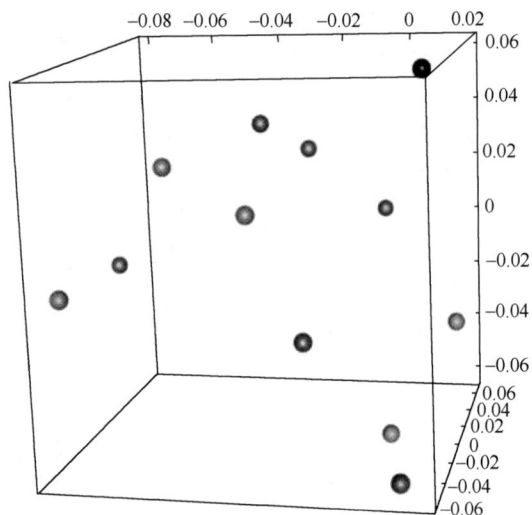

下一步，使用 hclust() 函数实现分层聚类。完全连接树状图，计算聚类之间的最大距离作为合并准则。树状图显示，序列 11、10 最早被聚为一类，表明它们之间的相似性最高。随着聚类的层次增加，其他序列逐步被合并。完全连接倾向于形成较为紧密的、具有较小直径的聚类，适合避免噪声点的影响。

不同连接方式聚类图如图 9-9 所示。

　　平均连接树状图使用聚类之间所有点对距离的均值来决定合并顺序。树状图的分层结果较为平衡，说明该方法对聚类之间距离的计算较为温和，适合数据特征较为均匀的情况。序列 2、6 和 4 较早聚为一类。

　　单一连接树状图基于最短距离合并聚类，倾向于生成链状的树状结构。图 9-9 中显示序列逐一被加入同一类，产生了一个相对拉长的聚类结构。这种方法对噪声点和离群点较为敏感，可能导致过于松散的聚类。

　　中心连接树状图基于聚类中心之间的距离进行合并，结果更倾向于生成紧凑的聚类。图 9-9 中显示序列 3、8 和 2 较早聚为一类，形成了一些较为清晰的紧凑子集。

　　不同方法对同一时间序列数据的聚类结果有所差异。完全连接强调聚类的紧密性，单一连接可能过于松散，平均连接和中心连接提供了折中的结果。在实际应用中，选择哪种聚类方法应视具体分析需求而定，如优先考虑类内相似性或全局的聚类稳定性。

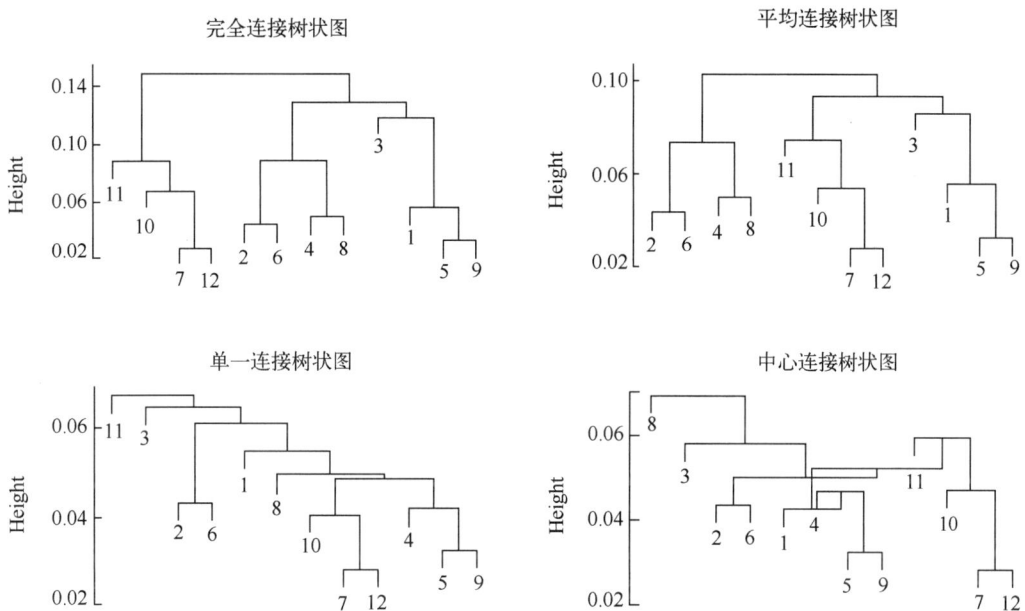

图 9-9　不同连接方式聚类图

9.5　时间序列异常值检测模型

线上资源 9-6

　　时间序列异常值检测的目标是识别数据中偏离正常模式的点或区间，这些异常值可能由测量错误、系统故障或特殊事件引起。异常值检测对于数据预处理、模型的稳定性及异常行为分析至关重要。

　　给定时间序列 $\{x_t, t \in T\}$，异常值通常包括以下几类。

　　(1) 点异常(Point Anomalies)：单个数据点明显偏离正常模式。

　　(2) 区间异常(Contextual Anomalies)：数据点在特定上下文中异常，如季节性模式中的偏差。

　　(3) 结构性异常(Structural Anomalies)：序列整体结构异常，如突发趋势或周期性变化中断。

假设时间序列 x_t 可以用模型 $x_t = f(x_t, x_{t-1}, \cdots, x_{t-p})$ 表示，残差 $e_t = x_t - \hat{x}_t$ 为实际值与预测值之间的偏差，异常值定义为满足 $e_t > \tau$ 的点，其中 τ 是基于统计或经验设定的阈值。检测方法有以下几种。

(1)基本统计法。

Z 分数法：计算标准化残差 $z = \dfrac{x_t - \mu}{\sigma}$，$|z| > k$ 时标记为异常值，k 为给定阈值。

IQR(四分位距)法：超过 $[Q_1 - 1.5 \times \text{IQR}, Q_3 + 1.5 \times \text{IQR}]$ 的点即异常点，其中，Q_1、Q_3 分别为序列的四分之一分位点和四分之三分位点。

(2)基于模型的方法。

自回归模型(ARIMA)：基于时间序列模型的残差进行异常值检测。

支持向量机(SVM)：使用带有核函数的分类模型检测异常值。

循环神经网络与自编码器：通过捕获时间序列的长期依赖性自动学习正常行为，并检测偏离点。

(3)基于密度和邻域的方法。

LOF(局部异常因子)：基于邻域密度对异常点进行评估。

DBSCAN：通过聚类分析识别密度稀疏的异常点。

例 9-7 仍然以模拟能源消耗数据为例，运用统计方法(Z 分数法)和自编码器进行异常值检测，并可视化检测结果。

标准化能源消耗时间序列如图 9-10 所示。

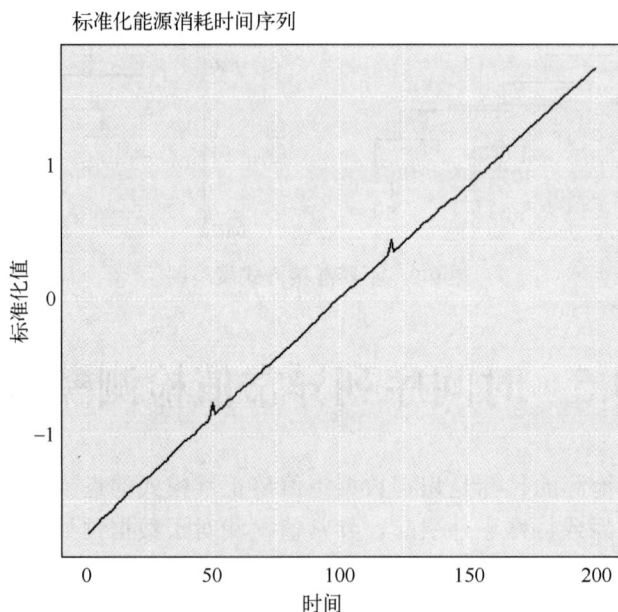

图 9-10 标准化能源消耗时间序列

给定阈值 3，Z 分数法的检测效果显著，如图 9-11 所示。

Z分数法异常值检测结果

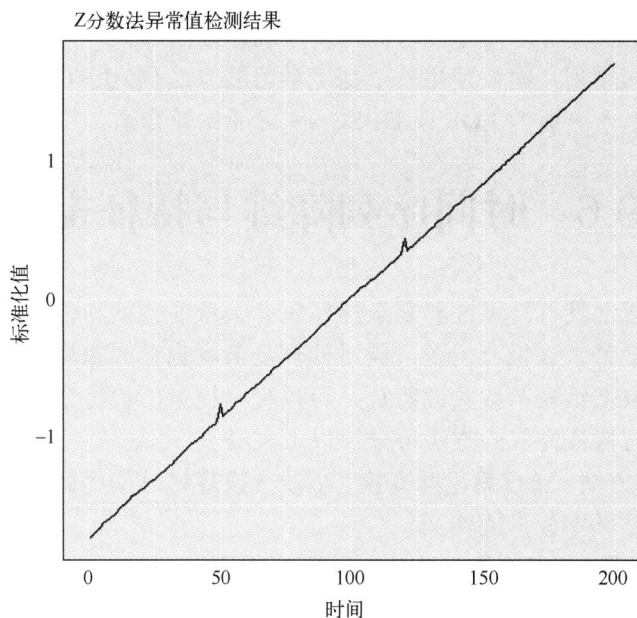

图 9-11　Z 分数法异常值检测结果

设定步长为 10，自编码器的检测效果如图 9-12 所示。

自编码器异常值检测结果

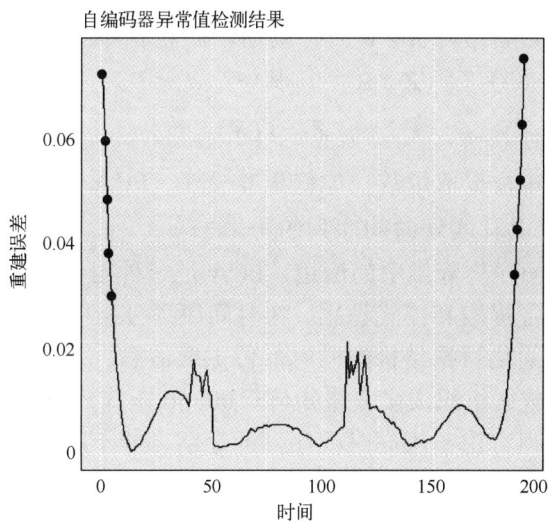

图 9-12　自编码器的检测效果

图 9-12 中的曲线表示时间序列的重建误差随时间的变化，重建误差越大，表示该时间点更可能是异常值；圆点标注了检测出的异常点，这些点的重建误差显著大于其他时间点的重建误差。异常点主要出现在序列的两端（时间点 0～时间点 10 和时间点 190～时间点 200）。这种分布表明时间序列在起始和结束部分的特性与中间部分的行为存在较大差异，可能的原因包括起始点或结束点的数据异常、边界效应（如序列开始或结束时的波动）、模型对边界数据的拟合能力较弱。如果这些异常点来自实际数据而非噪声，则可能反映了特殊事件或突变。例如，本例中的异常点对应外部干扰。

线上资源 9-7

总的来说，对于单变量时间序列，优先使用统计方法(如 Z 分数法、季节性分解)；对于复杂或多变量时间序列，建议使用基于深度学习的方法(如 LSTM、自编码器)；对于高维或非线性模式，基于密度的 LOF 或 DBSCAN 可能比较合适。

9.6 时间序列降维与特征提取

时间序列数据通常具有高维性和复杂性，包含大量的特征和信息。在分析和建模过程中，高维数据可能会带来过拟合问题，同时计算复杂度也会大幅增加。时间序列降维与特征提取技术通过提取低维表示或关键特征，可以提升模型的训练效率和预测性能。

时间序列降维与特征提取的方法可分为以下几类。

(1)基于变换的方法：通过傅里叶变换、小波变换等将时间序列数据从时域映射到频域或其他域，提取主要频率分量或特征。

(2)基于统计特征的特征提取：计算时间序列的均值、方差、峰度、偏度、自相关系数等统计特征。

(3)降维方法：利用 PCA、t-SNE 等方法对高维时间序列数据进行降维处理。

(4)基于深度学习的自动特征提取：利用卷积神经网络(CNN)或变分自编码器(VAE)等方法自动学习时间序列的关键特征。

给定一个时间序列数据矩阵 $X \in \mathbf{R}^{n \times T}$，其中，$n$ 为序列数，T 为每个时间序列的长度。目标是将 X 降维为一个低维表示 $Z \in \mathbf{R}^{n \times d}$，其中，$d \ll T$。降维过程可表示为

$$Z = f(X)$$

其中，$f(\cdot)$ 表示降维或特征提取函数，如傅里叶变换、PCA 或深度学习模型等。

下面以 PCA 为例，具体实现时间序列的降维。

例 9-8 PCA 在时间序列降维中的应用。PCA 是一种用于降维的无监督学习方法，广泛应用于高维数据的特征提取和模式识别。在时间序列分析中，PCA 可用于从多个相关变量中提取主要特征，在简化数据结构的同时保留主要信息。

首先，将时间序列数据组织成多变量矩阵(100×50 矩阵)，其中每列为不同的变量，每行为时间点对应的观测值。由于不同时间序列的量纲可能不同，因此需要对数据进行标准化处理，使其均值为 0、标准差为 1。协方差矩阵用于度量变量之间的线性关系。对协方差矩阵进行特征值分解，提取特征值和特征向量。其中，特征值代表每个主成分的解释方差比例，特征向量定义了主成分的方向。随后，根据累积解释方差选择前几个主成分，确保在保留足够的信息量的同时实现降维。将原始时间序列数据投影到选择的主成分方向上，得到降维后的数据。通过可视化降维后的数据，观察主成分在时间序列特征提取中的作用，并用于后续建模或分类。基于模拟的时间序列数据，得到的结果如图 9-13 所示。

显然，第 1 个主成分(PC1)解释了超过 50%的方差，是最重要的主成分；第 2 个主成分(PC2)解释了 6.3%的方差；从第 3 个主成分开始，每个主成分的方差解释比例迅速下降，仅为 0.6%或更低。"肘部"特征显示，在 PC2 处出现明显的"肘部"说明从 PC3 开始，每个主成分的贡献非常小。可以认为前 2 个主成分(PC1 和 PC2)已经捕捉了绝大部分信息。

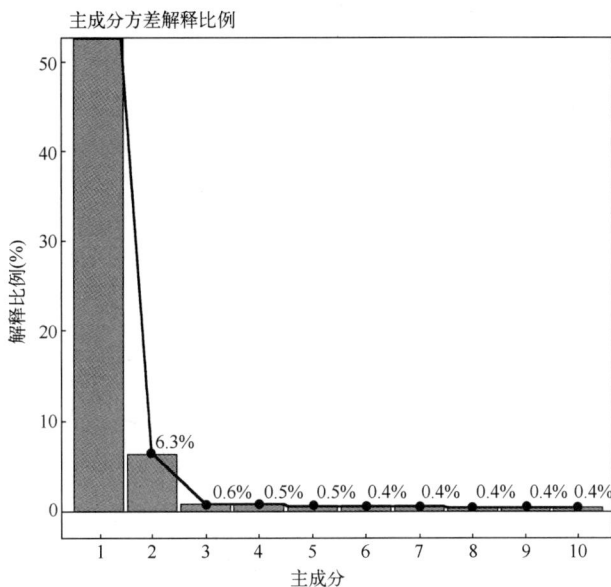

主成分方差解释比例

图 9-13 时间序列的主成分信息提取

线上资源 9-8

9.7 时间序列的生成对抗网络模型

生成对抗网络(Generative Adversarial Networks,GAN)是一类生成模型,通过两个神经网络——生成器(Generator)和判别器(Discriminator)之间的对抗训练达到生成数据的目的。近年来,GAN 被广泛应用于图像生成、语音合成、数据增强等领域,在时间序列数据生成和异常值检测方面也显示出巨大的潜力。

时间序列 GAN(TS-GAN)是 GAN 在时间序列数据上的扩展,其主要目标是生成与真实时间序列分布一致的合成数据,并在此基础上实现数据增强、异常值检测等任务。

时间序列 GAN 包含两个模块,即生成器(G)和判别器(D)。生成器接收随机噪声 $z \sim P_z$,生成伪时间序列数据 $\hat{X} = G(z)$。判别器接收输入时间序列(真实时间序列 X 或伪时间序列 $\hat{X}$),输出该序列为真实数据的概率。

GAN 的目标是最小化-最大化 $V(D,G)$,即

$$\min_G \max_D V(D,G) = E_{X \sim P_{\text{data}}}[\log D(X)] + E_{X \sim P_z}[\log(1 - D(G(z)))]$$

通过对判别器和生成器交替进行训练,并采用梯度惩罚或改进的损失函数(如 Wasserstein 距离)改善生成效果,以实现分类或预测。

例 9-9 设计添加随机噪声生成一个周期性时间序列,并对其进行归一化和重塑。生成器模型从随机噪声中生成合成序列,判别器模型用于判断序列是真实数据还是生成数据。两者结合形成 GAN 模型,其中,生成器通过不断优化,学习生成能够"欺骗"判别器的逼真序列。在训练过程中,交替更新判别器(用于提高区分真假数据的能力)和生成器(用于生成更接近真实数据的序列)。训练完成后,生成器被用来生成新的合成时间序列,并通过可视化验证生成结果的质量。在上述设计下,通过 GAN 模拟的 10 个生成序列如图 9-14 所示。

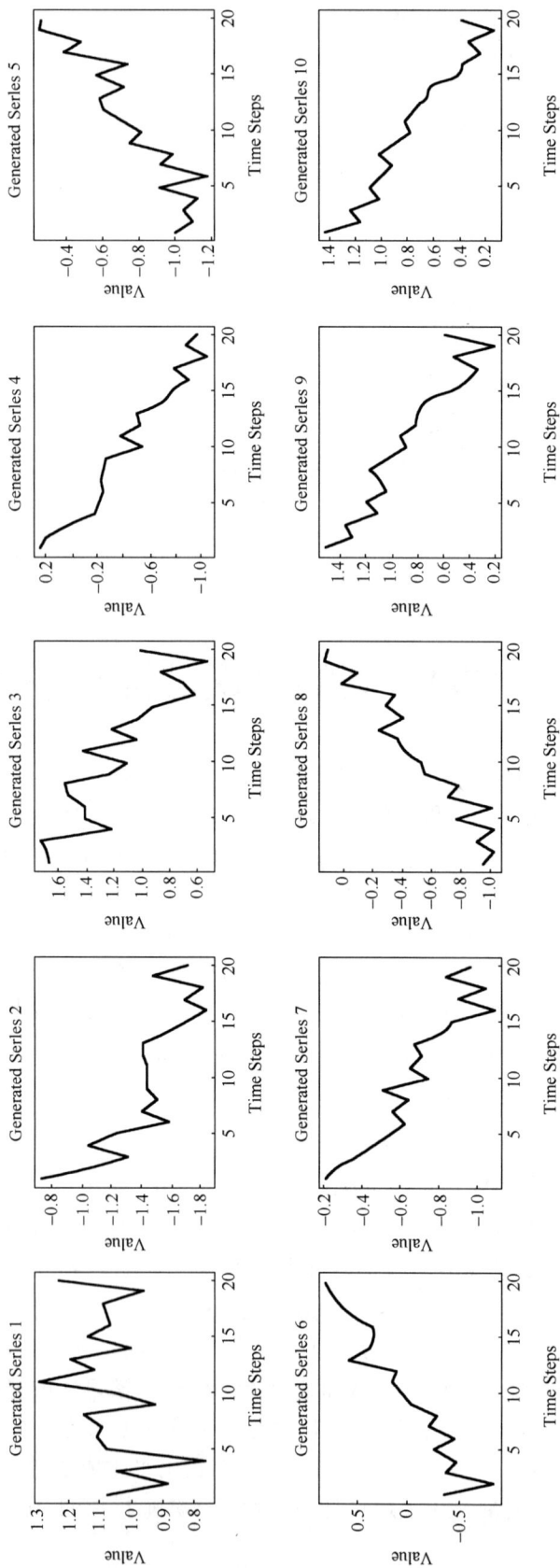

图 9-14 通过 GAN 模拟的 10 个生成序列

那么，如何评价生成序列呢？

（1）定性比较。

可进行可视化比较，对生成数据与真实数据进行对比。例如，绘制时间序列图，查看生成数据的整体趋势、波动和周期性是否与真实数据的一致。也可以观察生成数据的样本是否存在模式重复或缺乏变化的问题，确保生成数据具备多样性。

（2）定量比较。

①分布对比。

概率分布对比：比较生成数据与真实数据的统计特征，如均值、标准差、偏度、峰度等，或者通过直方图或核密度估计查看生成数据与真实数据的分布相似度。

②时间序列特征对比：计算真实数据和生成数据的自相关系数或偏自相关系数，观察其相似性；或者对数据进行傅里叶变换，比较真实数据和生成数据的频谱特性（如周期性）。

③统计检验：进行 Kolmogorov-Smirnov 检验，检验生成数据和真实数据的分布是否显著不同；或者进行独立样本 T 检验，比较真实数据与生成数据在某些统计指标上的均值差异是否显著。

④任务性能验证：如果生成数据用于下游任务（如分类、回归等），则可以使用由真实数据训练的模型对生成数据进行测试，观察模型性能（如准确率、RMSE 等）；也可以使用由生成数据训练的模型对真实数据进行测试，评估生成数据是否有助于模型泛化。

⑤Fréchet Inception Distance（FID）：对于时间序列数据，可以设计类似的特征提取机制，如基于序列嵌入计算特征分布差异。

基于上述评价方法，对案例生成数据进行评价。

（1）可视化比较。这里对模拟的 10 个生成序列的其中 1 个的可视化比较如图 9-15 所示。

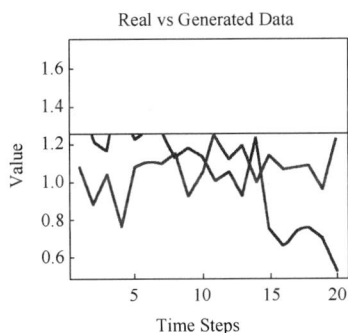

图 9-15　可视化比较

（2）自相关性比较，如图 9-16 所示。

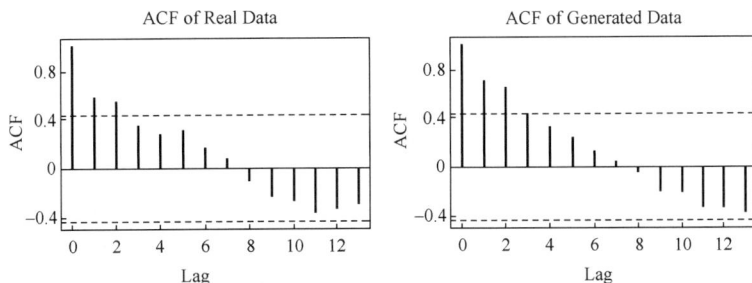

线上资源 9-9

图 9-16　自相关性比较

9.8 时间序列的注意力机制模型

随着深度学习技术在时间序列分析中的广泛应用，注意力机制(Attention Mechanism)逐渐成为解决复杂时间序列问题的重要工具。注意力机制最早由 Bahdanau 等 (2014) 提出，用于提高序列到序列(Seq2Seq)模型的性能，其核心思想是，通过权重分配，模型能够专注于输入序列中对输出预测更为重要的部分。

在传统的循环神经网络(RNN)或长短期记忆网络(LSTM)中，隐藏状态通过时间序列逐步传递，导致远距离依赖信息容易被遗忘。注意力机制通过动态调整输入特征的权重，有效捕获序列中的重要模式，解决了长序列依赖问题。

给定输入序列 $X = \{x_1, x_2, \cdots, x_T\}$ 和对应的隐藏状态 $H = \{h_1, h_2, \cdots, h_T\}$，注意力机制通过以下步骤计算每个时间步的权重。

(1) 注意力权重：

$$e_t = \text{score}(\boldsymbol{h}_t, \boldsymbol{q}), \quad \alpha_t = \frac{\exp(e_t)}{\sum_{t=1}^{T} \exp(e_t)} \tag{9-16}$$

其中，$\text{score}(\boldsymbol{h}_t, \boldsymbol{q})$ 是得分函数；α_t 是时间步 t 的注意力权重；$\boldsymbol{h}_t$ 是隐藏状态；$\boldsymbol{q}$ 是查询向量 (Query Vector)，在 Seq2Seq 模型中，它是解码器当前时间步的隐藏状态，在其他时间序列模型中，它可能是一个固定向量、全局上下文向量或来自其他网络层的输出。

常用的注意力得分函数有以下几个。

① 点积(Dot-Product Attention)：$\text{score}(\boldsymbol{h}_t, \boldsymbol{q}) = \boldsymbol{h}_t^{\mathrm{T}} \boldsymbol{q}$。

② 加性注意力(Additive Attention)：$\text{score}(\boldsymbol{h}_t, \boldsymbol{q}) = \boldsymbol{W}[\boldsymbol{h}_t; \boldsymbol{q}] + b$。

这里，$\boldsymbol{W}$ 是一个可学习的参数矩阵，用于线性变换。在加性注意力中，$\boldsymbol{W}$ 用于将隐藏状态 $\boldsymbol{h}_t$ 和查询向量 $\boldsymbol{q}$ 进行线性组合。$\boldsymbol{W}$ 通过矩阵操作，将 $\boldsymbol{h}_t; \boldsymbol{q}$ 的拼接向量映射到一个得分空间，这个过程允许模型捕捉 $\boldsymbol{h}_t$ 和 $\boldsymbol{q}$ 之间的复杂非线性关系。

③ 缩放点积(Scaled Dot-Product Attention)：$\text{score}(\boldsymbol{h}_t, \boldsymbol{q}) = \dfrac{\boldsymbol{h}_t^{\mathrm{T}} \boldsymbol{q}}{\sqrt{d_n}}$。

这里，$\boldsymbol{h}_t$ 表示键值向量；$\boldsymbol{q}$ 表示查询向量，用于查找与其相关联的值；d_n 表示键值向量和查询向量的维度，即向量的长度，用于缩放点积的结果，以防止较高维度带来的数值过大问题(稳定梯度)。$\boldsymbol{h}_t^{\mathrm{T}} \boldsymbol{q}$ 表示键值向量和查询向量的点积，计算查询向量和键值向量的相似度。

(2) 上下文向量生成：

$$c = \sum_{t=1}^{T} \alpha_t \boldsymbol{h}_t$$

上下文向量 c 是加权隐藏状态的线性组合，用于捕获与当前任务相关的全局信息。

在时间序列分析中，注意力机制可以与不同模型结合，主要包括基于 RNN 的注意力模型和 Transformer 模型。前者利用 RNN 捕获时间序列的顺序特征，并利用注意力机制增强远程依赖信息。后者是完全基于注意力机制的深度学习模型，通过多头注意力和位置编码显著增强长序列建模能力。

下面以加性注意力为例，给出时间序列注意力机制的计算流程。

(1) 隐藏状态和查询向量的结合：$e_t = \boldsymbol{v}^{\mathrm{T}} \tanh(\boldsymbol{W}_1 \boldsymbol{h}_t + \boldsymbol{W}_2 \boldsymbol{q})$。

这里，$\boldsymbol{v}$ 是一个可学习的权重向量，用于将隐藏状态 $\boldsymbol{h}_t$ 和查询向量 $\boldsymbol{q}$ 的非线性组合（通过 tanh 激活函数）映射为一个标量得分 e_t，本质上对 $\tanh(\boldsymbol{W}_1 \boldsymbol{h}_t + \boldsymbol{W}_2 \boldsymbol{q})$ 的不同维度进行加权求和；$\boldsymbol{W}_1$ 是隐藏状态的权重矩阵，用于对隐藏状态 $\boldsymbol{h}_t$ 进行特征变换；$\boldsymbol{W}_2$ 是查询向量的权重矩阵。

(2) 注意力权重的计算：$\alpha_t = \dfrac{\exp(e_t)}{\displaystyle\sum_{t=1}^{T} \exp(e_t)}$。

(3) 生成上下文向量：$\boldsymbol{c} = \displaystyle\sum_{t=1}^{T} \alpha_t \boldsymbol{h}_t$。

(4) 输出预测：$\hat{y} = f(\boldsymbol{c})$。

例 9-10　基于 LSTM 和注意力机制的时间序列预测。基于模拟时间序列数据，首先对原始时间序列数据进行归一化处理，生成模型输入、输出所需的训练集和测试集，确保数据适配 LSTM 模型的输入格式（三维张量：样本数×时间步长×特征数）。然后构建一个基于 LSTM 和注意力机制的神经网络，其中，LSTM 层提取时间序列中的长期依赖关系，注意力机制通过计算不同时间步的权重突出对预测结果贡献较大的时间步特征，从而提升预测性能。随后采用自适应优化器（如 Adam）和 MSE 损失函数编译模型。在模型的训练过程中，利用训练数据进行多轮迭代以优化网络权重，并实时监测训练误差。通过自定义层或函数计算 LSTM 的隐藏状态与上下文信息的权重，动态分配每个时间步的重要性。最后在测试数据上评估模型性能，通过计算 MSE 和对可视化预测结果与真实值的对比，验证模型的预测能力。

图 9-17 显示了模型训练过程中训练损失与验证损失随着训练轮数（epoch）的变化趋势：训练损失（下面的曲线）呈下降趋势，说明模型能够较快地学习到训练数据中的模式，随着训练轮数的增加，训练损失趋于平稳，说明模型逐步达到训练数据的拟合上限；验证损失（上面的曲线）也呈现下降趋势，表明模型在验证集上的性能逐渐提升，验证损失的下降幅度较训练损失的下降幅度略缓慢，这通常是由验证集数据没有直接用于模型优化导致的。

验证损失始终高于训练损失，说明模型在验证数据上的误差大于在训练数据上的误差。这是正常现象，因为训练数据是模型直接学习的对象，而验证数据则是用于检验模型的泛化能力的。在整个训练过程中，两条曲线的趋势非常接近，且验证损失没有明显上升，表明模型当前并未出现明显的过拟合现象。如果训练损失持续下降而验证损失停止下降或开始上升，则说明出现了过拟合，此时可能需要早停或使用正则化技术。

通过图 9-17 可以看出，当前的 LSTM+注意力机制在训练数据和验证数据上的表现良好，且未出现明显的过拟合现象，是一个有效的时间序列模型。

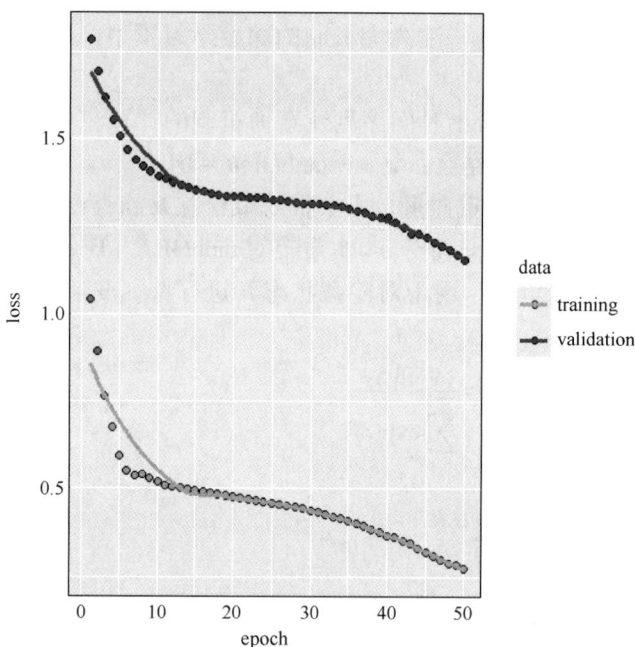

线上资源 9-10

图 9-17　基于 LSTM 和注意力机制的时间序列预测中的训练损失与验证损失

本章深入探讨了时间序列分析中的机器学习和深度学习模型，从基础方法到复杂模型的实现，包括逻辑回归、随机森林、多层感知机、生成对抗网络和注意力机制等。系统性地介绍了时间序列的特征提取与降维、预测建模、分类、异常值检测等关键任务，同时结合实际案例展示了各类模型在时间序列问题中的具体应用和性能分析。特别是注意力机制和生成对抗网络的引入，为复杂时间序列建模提供了新思路。

尽管本章覆盖了时间序列分析的多种方法，但仍有一些内容值得进一步完善。例如，尚未充分探讨多元时间序列的联合建模和跨时间尺度分析，实时时间序列预测的流数据处理技术也需要补充。此外，针对小样本时间序列的建模方法，如迁移学习和元学习的应用尚未深入。

习　题

1. 设定一个包含多维时间序列的气象数据集(如温度、湿度、风速等)，完成以下任务。

(1)提取时间序列的延迟特征。

(2)使用逻辑回归和随机森林分别构建预测模型，预测未来一天的温度变化趋势(上升或下降)。

(3)比较两种模型的准确率，并分析其差异。

2. 请对某企业的销售记录进行调查，按月度提供产品的销量和价格信息，并基于这些数据进行以下分析。

(1)构建一个分类模型，预测下个月销量是"高"还是"低"。

(2)分别使用多层感知机和随机森林模型实现，并绘制混淆矩阵。

(3)讨论不同模型的适用场景和优点、缺点。

3．模拟或获取一组网络流量数据，完成以下任务。

(1)使用自编码器检测异常流量模式。

(2)将结果可视化，标注异常点，并分析模型的预测精度和召回率。

(3)进一步使用支持向量机进行异常值检测，比较两种方法的效果。

4．模拟生成一组日交易量数据，并基于生成对抗网络完成以下任务。

(1)构建生成对抗网络模型，生成新的交易量序列。

(2)使用判别器验证生成数据的质量，并与真实数据进行对比。

(3)探讨生成对抗网络生成数据在时间序列分析中的实际应用场景。

5．针对某股票价格时间序列数据，设计一个基于 LSTM 和注意力机制的模型。

(1)预测未来一周的股票收盘价格。

(2)可视化注意力权重，解释哪些时间点对预测最为重要。

(3)比较引入注意力机制前后的模型性能。

6．使用 PCA 处理一组高维时间序列数据。

(1)提取前 3 个主成分，并重构数据。

(2)使用降维后的数据完成预测任务，比较降维前后模型的性能。

(3)分析 PCA 在时间序列数据降维中的作用和局限性。

7．针对某企业的季度销售额数据，完成以下任务。

(1)使用网格搜索优化随机森林模型的超参数(树的数量和最大深度)。

(2)使用交叉验证评估模型的性能。

(3)讨论超参数调优对模型准确率的影响，并总结调优经验。

8．在实际应用中，时间序列的预测、分类和异常值检测可能使用不同的模型。请结合本章内容：

(1)列出逻辑回归、随机森林、多层感知机、LSTM 和注意力机制模型的适用场景。

(2)根据不同任务(如预测未来趋势、检测异常点、分类模式等)，说明选择模型的原因及其优势。

第10章 时间序列的强化学习模型

强化学习（Reinforcement Learning，RL）近年来在时间序列分析中逐渐展现出巨大的潜力，尤其在决策优化、动态系统建模和策略学习等任务中。相比于传统的监督学习和无监督学习，强化学习通过与环境进行交互、逐步优化策略来最大化长期收益。

10.1 强化学习的基本理论

10.1.1 强化学习的概念与基础

强化学习是一种通过智能体与环境反复进行交互，在基于奖励的反馈中优化策略以实现某种目标的机器学习方法。强化学习不同于监督学习，它无须明确的标签，而依靠环境反馈的奖励信号学会最优的动作选择策略。

强化学习的理论框架由以下几个核心概念组成。

智能体（Agent）：强化学习中的决策主体，在每步中根据当前状态选择动作并与环境进行交互。智能体的目标是学习最优策略 π，使其在交互过程中获得的长期累积奖励最大化。

环境（Environment）：智能体的外部系统，智能体通过动作影响环境，并从环境中接收新的状态和奖励信号。

状态（State）：环境在某一时刻对智能体的描述。假设状态空间为 S，则状态 $s_t \in S$ 表示智能体在时刻 t 所处的状态。

动作（Action）：智能体在状态 s_t 下采取的操作。假设动作空间为 A，则动作 $a_t \in A$ 表示智能体在时刻 t 采取的动作。

奖励（Reward）：奖励信号 $r_t \in \mathbf{R}$ 是环境对智能体在状态 s_t 下采取动作 a_t 后给予的反馈。奖励的目的是引导智能体优化其行为。

策略（Policy）：智能体在每个状态 s_t 下选择动作 a_t 的概率分布，可以表示为

$$\pi(a_t \mid s_t) = P(a_t \mid s_t)$$

策略可以是确定性的（Deterministic），即总是选择相同的动作；也可以是随机的（Stochastic）。

值函数（Value Function）：用于估计智能体在某一状态或状态-动作对下能够获得的长期累积奖励。

状态值函数 $V^{\pi}(s) = E_{\pi}\left[\sum_{t=0}^{\infty} r^t r_t \mid s_0\right]$，其中，$\gamma \in [0,1]$ 为折扣因子，用于衡量未来奖励的重要性。

状态-动作值函数 $Q^\pi(s,\alpha)=E_\pi\left[\sum_{t=0}^{\infty}r^t r_t \mid s_0=s,\alpha_0=\alpha\right]$。

强化学习的目标是优化策略 π，最大化累积奖励期望 G_t：

$$G_t=\sum_{k=0}^{\infty}r^k r_{t+k} \tag{10-1}$$

通过学习一个近似最优策略 π^*，满足

$$\pi^*=\arg\max_\pi V^\pi(s) \quad \forall s \in S \tag{10-2}$$

强化学习的交互可以通过一个马尔可夫决策过程（**Markov Decision Process，MDP**）来描述。一个 MDP 由五元组 (S,A,P,R,γ) 构成。

- S：有限状态集合。
- A：有限动作集合。
- $P(s'|s,a)$：状态转移概率，表示在状态 s 下采取动作 a 后转移到状态 s' 的概率。
- $R(s,a)$：即时奖励，表示在状态 s 下执行动作 a 获得的奖励。
- γ：折扣因子，用于权衡即时奖励和长期奖励。

强化学习的交互过程如下。

(1) 智能体从环境中接收当前状态 s_t。

(2) 智能体根据策略 $\pi(a|s)$ 选择动作 a_t。

(3) 环境根据 a_t 和状态转移概率 $P(s'|s,a)$ 转移到新状态 s_{t+1}。

(4) 环境给予即时奖励 $r_t=R(s_t,a_t)$。

(5) 智能体更新策略或值函数，重复交互。

强化学习一般有两种学习方式，即基于模型的强化学习和无模型的强化学习。前者通过学习环境的状态转移概率 $P(s'|s,a)$ 和奖励函数 $R(s,a)$ 推导最优策略。后者直接通过与环境进行交互估计值函数或优化策略。例如，Q-Learning 的状态-动作值函数 $Q(s,a)$ 的更新依据贝尔曼方程：

$$Q(s_t,a_t) \leftarrow Q(s_t,a_t)+\alpha[r_t+\gamma\max_\pi Q(s_{t+1},a)-Q(s_t,a_t)] \tag{10-3}$$

其中，α 为学习率；γ 为折扣因子；$\max_\pi Q(s_{t+1},a)$ 为未来奖励的最优估计。

10.1.2 强化学习的主要算法

强化学习算法根据其学习方式的不同，可以分为 3 类：值函数方法（Value-Based Methods）、策略梯度方法（Policy Gradient Methods）和演员-评论家方法（Actor-Critic Methods）。

1. 值函数方法

值函数方法的核心思想是，通过估计状态值函数 $V(s)$ 或状态-动作值函数 $Q(s,a)$ 来优化策略，常用算法有动态规划（Dynamic Programming，DP）、SARSA 和 Q-Learning。这里仅介绍 Q-Learning。

Q-Learning 是一种无模型的强化学习算法，旨在直接优化状态-动作值函数 $Q(s,a)$，如式 (10-3) 所示。

该算法的流程如下。

(1) 初始化 $Q(s,a)$ 为任意值。

(2) 从起始状态 s_0 开始。

(3) 根据当前 $Q(s,a)$ 选择动作 a_t（如采用 ε-贪婪策略）。

(4) 执行动作 a_t，接收奖励 r_t 和下一状态 s_{t+1}。

(5) 根据更新规则更新 $Q(s_t,a_t)$。

(6) 重复以上步骤，直到满足终止条件。

2. 策略梯度方法

策略梯度方法直接优化策略 $\pi(a\,|\,s;\theta)$，通过梯度上升方法期望累积奖励 $J(\pi)$ 最大化。优化目标为

$$J(\pi_\theta) = E_{\pi_\theta}\left[\sum_{t=0}^{\infty} r^t r_t\right] \tag{10-4}$$

策略梯度方法通过梯度上升进行优化：

$$\theta \leftarrow \theta + \alpha\nabla_\theta J(\pi_\theta)$$

其中，$\nabla_\theta J(\pi_\theta) = E_{\pi_\theta}[\nabla_\theta \log \pi_\theta(a\,|\,s)Q^\pi(s,a)]$。

3. 演员-评论家方法

演员-评论家方法结合了值函数方法和策略梯度方法，两个模块协同优化。

演员（Actor）通过学习策略 $\pi(a\,|\,s;\theta)$，直接输出动作概率；更新策略函数为

$$\theta \leftarrow \theta + \alpha\nabla_\theta \log \pi_\theta(a\,|\,s)A^\pi(s,a)$$

其中，$A^\pi(s,a)$ 是优势函数，表示动作相对于基线的相对优越性。

评论家（Critic）通过学习值函数 $V(s;w)$，评估当前策略的表现，更新值函数参数：

$$\omega \leftarrow \omega + \beta\nabla_\omega (r + \gamma V(s_{t+1};\omega) - V(s_t;\omega))^2$$

4. 深度 Q 网络学习（Deep Q-Network，DQN）

DQN 用神经网络逼近 $Q(s,a)$，其目标函数为

$$L(\theta) = E_{(s,a,r,s')}[r + \gamma \max_a Q(s',a';\theta^-) - Q(s,a;\theta)]^2 \tag{10-5}$$

其中，θ^- 是目标网络的参数。

例 10-1 Q-Learning 的时间序列分析。下面通过 R 实现一个基于 Q-Learning 的简单时间序列决策模型，模拟一个基于时间序列数据的动态库存管理问题。

首先模拟一个时间序列需求环境（需求变化随时间波动），并通过学习状态（库存水平）与动作（订货或不订货）的交互过程优化库存管理策略。然后将状态-动作对的 Q 值更新，基于每次动作的即时奖励和未来收益（通过 Q 值来估计）逐步更新 Q 值表。采用 ε-贪心策略在探索和利用之间平衡，通过随机采样环境和动作不断完善学习。随后最大化累积奖励，避免库存不足或过剩。最后，训练生成 Q 值表和最优策略分布，以揭示不同库存状态下的最优决策。

库存管理图如图 10-1 所示。

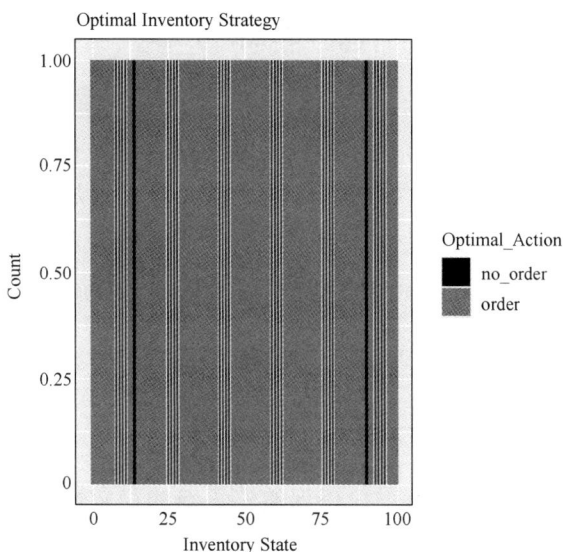

图 10-1　库存管理图

线上资源 10-1

图 10-1 显示了每个库存状态下的最优策略分布：**蓝色("order")**表示低库存状态，订货是最优策略；**红色("no_order")**表示高库存状态，不订货是最优策略。

例 10-2　DQN 实现时间序列分析与动态决策优化的结合。生成一个季节性时间序列数据，模拟电力消耗的周期变化和随机波动，利用电力需求的时间序列数据构建一个强化学习环境，其中，状态是最近的历史需求窗口，动作是调节电力供应的策略，奖励基于需求满足情况定义。通过 DQN，智能体学习在不同状态下的最优策略，以最大化长期累积奖励。训练过程中引入经验回放和 ε-贪心策略，以提高模型的学习稳定性与探索能力，最终在测试集上评估智能体的决策性能，从而验证模型的实用性和合理性。

线上资源 10-2

扫描右侧二维码可获取 R 代码实现过程。

10.2　时间序列的策略优化与控制

10.2.1　时间序列的策略优化模型

在强化学习中，策略优化是智能体学习的核心目标之一。策略优化模型通过直接优化策略函数或间接优化值函数来提升智能体在时间序列决策中的表现。本节探讨时间序列策略优化的关键方法，包括策略梯度方法、近端策略优化（1PPO）、信赖域策略优化（2TRPO）等，结合时间序列分析的实际需求，提供理论和案例支持。

1. 策略梯度方法

策略梯度方法通过优化参数化的策略函数 $\pi_\theta(a\,|\,s)$ 来直接提升决策的期望累积奖励，其核心思想是，通过梯度上升方法更新策略参数：

$$\nabla_\theta J(\pi_\theta) = E_{\tau \sim \pi_\theta}[\nabla_\theta \log \pi_\theta(as) Q^{\pi_\theta}(s,a)] \tag{10-6}$$

其中，τ 是由策略 π_θ 生成的轨迹；$Q^{\pi_\theta}(s,a)$ 是动作值函数，表示在状态 s 下采取动作 a 后的长期回报。

2. PPO

PPO 是一种稳定且高效的策略优化算法，避免了策略更新过程中过大的参数偏移。PPO 使用剪切目标函数：

$$L^{\text{CLIP}}(\theta) = E[\min(r(\theta)\tilde{A}, \text{clip}(r(\theta), 1-\varepsilon, 1+\varepsilon)\tilde{A})] \tag{10-7}$$

其中，$r(\theta) = \dfrac{\pi_\theta(a|s)}{\pi_{\theta_{\text{old}}}(a|s)}$ 为重要性采样比率；$\tilde{A}$ 为优势函数估计；ε 为控制更新速度。

3. TRPO

TRPO 通过约束更新步骤的 KL 散度确保策略更新的稳定性：

$$\max_\theta E\left[\frac{\pi_\theta(a|s)}{\pi_{\theta_{\text{old}}}(a|s)} Q^{\pi_\theta}(s,a)\right] \tag{10-8}$$

在满足 $D_{\text{KL}}(\pi_{\theta_{\text{old}}} \| \pi_\theta) \leq \delta$ 的约束下优化。

时间序列中的策略优化需要面对一些挑战，如时间序列的非平稳性导致环境动态变化，策略优化模型需要快速适应；时间序列决策常伴随延迟奖励，优化策略需要平衡短期与长期目标；多变量时间序列的高维状态空间需要高效的表示和探索。策略优化模型可以应用于：动态库存管理，优化订货策略以最小化库存成本；投资组合管理，动态调整资产分配以最大化回报；能源需求预测，优化能源供需匹配策略以降低损失等。下面以具体案例实现时间序列的策略优化。

例 10-3 基于 PPO 的时间序列策略优化。利用 PPO，在动态电力需求时间序列中学习最优供需匹配策略。首先模拟生成带有长期趋势和季节性成分的电力需求时间序列数据，并定义强化学习的基本环境，包括状态（过去的需求窗口）、动作（调整供给的策略）和奖励（根据供需匹配情况定义）。策略网络通过深度神经网络建模，输出不同动作的概率分布。在训练过程中，通过与环境进行交互收集经验并存储，使用经验回放机制随机采样小批量数据以更新策略网络参数，同时采用概率修正和采样技术来优化策略，确保稳定性。基于训练后的策略网络对测试集进行评估，计算平均奖励以衡量策略的有效性，验证 PPO 在动态时间序列优化中的适用性和表现。

线上资源 10-3

10.2.2 强化学习在时间序列控制中的应用

动态优化与控制是强化学习应用于时间序列分析的重要方向，其核心目标是通过学习最优策略，在动态环境中实现决策变量的优化，使得长期累积奖励最大。强化学习的动态决策能力和自适应性提供了独特优势，尤其在能源管理、交通调度等实际场景中。

动态优化问题通常可以表示为一个 MDP，其元素包括以下几个。

- **状态空间**(S)：环境的所有可能状态，如当前时间的电力需求水平。

- **动作空间**（A）：智能体可采取的所有可能动作，如增加、减少或维持供电。
- **状态转移概率**（$P(s_{t+1}|s_t,a_t)$）：在状态 s_t 下采取动作 a_t 后转移到状态 s_{t+1} 的概率。
- **奖励函数**（$R(s_t,a_t)$）：在状态 s_t 下采取动作 a_t 获得的即时奖励。
- **折扣因子**（γ）：权衡当前奖励与未来奖励的重要性，$\gamma\in[0,1)$。

强化学习的目标是在环境中找到最优策略 π^*，使得累积奖励最大：

$$\pi^* = \arg\max_{\pi} E\left[\sum_{t=0}^{\infty}\gamma^t R(s_t,a_t)\,|\,\pi\right] \tag{10-9}$$

在策略 π 下，从状态 s 开始的累积奖励期望值为

$$V^\pi(s) = E\left[\sum_{t=0}^{\infty}\gamma^t R(s_t,a_t)\,|\,s_0=s,\pi\right]$$

在状态 s 下采取动作 a 后的累积奖励期望值为

$$Q^\pi(s,a) = E[R(s,a)+\gamma V^\pi(s')\,|\,s_0=s,a_0=a,\pi] \tag{10-10}$$

强化学习在时间序列控制方面的问题于能源和交通场景中非常常见，常用的方法有 DDPG（Deep Deterministic Policy Gradient，深度确定性策略梯度）和 TD3（Twin Delayed DDPG）。DDPG 适用于连续动作空间，通过演员-评论家结构分别优化策略和值函数。TD3 改进了 DDPG 的稳定性，通过引入双网络和目标延迟更新机制，减小了策略训练中的方差。

例 10-4　基于强化学习的能源负荷优化。通过模拟动态电力负荷时间序列，设计强化学习环境和基于演员-评论家算法的模型，旨在优化能源分配策略。通过将滑动窗口的历史负荷作为状态，定义动作（如增加、减少或维持供电）和奖励机制，强化学习智能体能够在动态环境中学习最佳供电决策。训练过程结合经验回放和探索-利用策略，通过评论家模型估计动作的 Q 值并指导评论家模型优化策略。最终在测试集上验证策略的有效性，以量化模型在复杂电力负荷场景中的决策能力，实现上述思路过程分为以下 5 个步骤。

步骤 1．数据模拟。

模拟一个动态电力负荷时间序列，包含长期趋势、季节性和随机波动成分。

步骤 2．强化学习环境定义。

步骤 3．构建演员和评论家模型。

步骤 4．强化学习训练过程。

步骤 5．策略测试与评价。　　　　　　　　　　　　　　　　线上资源 10-4

在训练过程中，每轮累积奖励逐步增大，表明强化学习模型逐步学习到了优化的能源分配策略。测试集上的平均奖励反映了最终策略的性能，表明模型在测试集上能够较好地做出能源分配决策。扫描线上资源 10-4 可获得具体的 R 代码实现过程。

10.3　时间序列异常检测中的强化学习

异常检测是时间序列分析中的关键任务，旨在识别与正常模式显著偏离的数据点。传统的异常检测方法依赖统计学和机器学习，而强化学习则为异常检测提供了动态交互与优

化的新思路。通过引入强化学习，智能体可以通过与环境的交互学习动态调整检测策略，实现对异常点的精确识别。

在时间序列异常检测中，可探索的前沿强化学习算法有 DQN、DDPG、PPO 等。DQN 适用于离散动作空间，通过 Q 值函数学习最佳动作；DDPG 用于连续动作空间的优化；PPO 在策略优化中表现稳定，适用于复杂环境。

10.3.1　DQN 模型化与算法

设环境在某一时刻的状态集合为 S，智能体在某一状态下可以采取的动作集合为 A，从环境中获得奖励的集合为 R，则在状态 s 下采取动作 a 的预期累积奖励为

$$Q(s,a) = E\left[\sum_{t=0}^{\infty}\gamma^t R_{t+1} \mid s_t = s, a_t = a\right] \tag{10-11}$$

DQN 的目标是最小化贝尔曼方程误差：

$$L(\theta) = E_{(s,a,r,s')}[(y - Q(s,a;\theta))^2] \tag{10-12}$$

其中，$y = r + \gamma\max_{a'}Q(s',a';\theta^-)$ 为目标 Q 值，θ 为当前网络参数；θ^- 为目标网络参数（固定一段时间后更新）。

使用 ε-贪心策略选择动作：

$$a_t = \begin{cases} \text{随机动作} & \text{概率为}\varepsilon \\ \arg\max_a Q(s,a;\theta) & \text{概率为}1-\varepsilon \end{cases}$$

DQN 的具体步骤如下。

（1）**初始化**：初始化当前网络参数 θ 和目标网络参数 θ^-，创建经验回放缓冲池 D（最大容量为 N）。

（2）**训练过程**：对于每一轮：

①初始化状态 s_0。

②对于时间步 $t=0,1,\cdots$：

a．根据 ε-贪心策略选择动作 a_t。

b．执行动作 a_t，观察奖励 r_t 和下一状态 s_{t+1}。

c．将经验（s_t, a_t, r_t, s_{t+1})存储到经验回放缓冲池 D。

d．从 D 中随机采样小批量经验 (s,a,r,s')。

e．计算目标 Q 值：

$$y = \begin{cases} r & s'\text{为终止状态} \\ r + \gamma\max_{a'}Q(s',a';\theta^-) & \text{其他} \end{cases}$$

f．更新当前网络参数 θ，使预测值 $Q(s,a;\theta)$ 最接近目标值 y。

g．定期更新目标网络参数 θ^-。

（3）**输出**：在训练完成后，使用 Q 网络近似的策略选择动作 $\pi(s) = \arg\max_a Q(s,a;\theta)$。

DQN 是一种高效的强化学习算法，通过使用深度学习模型近似 Q 值函数，解决了传统 Q-Learning 在高维状态空间中的限制。

10.3.2 异常检测中的 DDPG

DDPG 是一种结合策略梯度和深度强化学习的算法，用于解决连续动作空间中的控制问题。它通过策略网络和 Q 网络（值网络）实现连续动作的优化。

设策略网络由参数 θ^μ 定义，记为 $\mu(s;\theta^\mu)$，其从状态 s 输出动作 a。值网络用于预测累积奖励，其目标函数遵循贝尔曼方程，值网络的参数记为 θ^Q，并表示为 $Q(s,a;\theta^Q)$：

$$Q(s,a;\theta^Q) = r + \gamma Q(s',\mu(s';\theta^\mu);\theta^Q) \tag{10-13}$$

其中，s' 是下一状态。策略网络通过优化以最大化值网络的输出：

$$\nabla_{\theta^\mu} J = E\left[\nabla_a Q(s,a;\theta^Q)\nabla_{\theta^\mu}\mu(s;\theta^\mu)\right]$$

其中，∇ 为梯度运算符，a 是动作变量。

DDPG 的具体步骤如下。

（1）初始化：初始化策略网络 $\mu(s;\theta^\mu)$ 和值网络 $Q(s,a;\theta^Q)$、目标网络 $\mu'(s;\theta^{\mu'})$ 和 $Q'(s,a;\theta^{Q'})$，并设 $\theta^{\mu'} \leftarrow \theta^\mu$，$\theta^{Q'} \leftarrow \theta^Q$，以及初始化经验回放缓冲池 D。

（2）训练过程：对于每一轮：

①设置初始化状态 s。

②对于时间步 t：

a. 添加噪声 N_t 以实现探索，选择动作 $a_t = \mu(s_t;\theta^\mu) + N_t$。

b. 执行动作 a_t，观察奖励 r_t 和下一状态 s_{t+1}。

c. 将经验 (s_t,a_t,r_t,s_{t+1}) 存入经验回放缓冲池 D。

d. 从 D 中随机采样小批量经验 (s,a,r,s')。

e. 更新值网络参数 θ^Q：

$$y = r + \gamma Q'(s',\mu'(s';\theta\mu');\theta Q')$$

$$L(\theta^Q) = \frac{1}{N}\sum(y - Q(s,a;\theta^Q))^2$$

f. 更新策略网络参数 θ^μ：

$$\nabla_{\theta^\mu} J = E\left[\nabla_a Q(s,a;\theta^Q)\nabla_{\theta^\mu}\mu(s;\theta^\mu)\right]$$

g. 软更新目标网络：

$$\theta^{\mu'} \leftarrow \tau\theta^\mu + (1-\tau)\theta^{\mu'}$$

$$\theta^{Q'} \leftarrow \tau\theta^Q + (1-\tau)\theta^{Q'}$$

其中，$\tau \in (0,1)$ 为软更新系数。

（3）输出：训练完成后，策略网络 $\mu(s;\theta^\mu)$ 即优化的决策策略。

DDPG 是一种强大的深度强化学习算法，适用于连续动作空间的优化问题，其关键在于结合策略梯度方法和深度学习的表示能力，实现对复杂环境中连续动作的有效决策优化。

10.3.3　异常检测中的 PPO

PPO 是一种稳定且高效的策略优化算法，通过限制策略更新幅度，保证训练过程的稳定性，同时保留深度强化学习的强表现力。

设在状态 s 下执行动作 a 的优势函数为 $A(s,a)$：

$$A(s,a) = Q(s,a) - V(s)$$

其中，$Q(s,a)$ 是状态-动作值函数；$V(s)$ 是状态值函数。

策略比值为

$$r_t(\theta) = \frac{\pi_\theta(a_t \mid s_t)}{\pi_{\theta_{old}}(a_t \mid s_t)} \tag{10-14}$$

其中，$\pi_{\theta_{old}}$ 是旧策略。

裁剪目标函数为

$$L^{clip}(\theta) = E_t[\min(r_t(\theta)A_t, \text{clip}(r_t(\theta), 1-\varepsilon, 1+\varepsilon)A_t)] \tag{10-15}$$

其中，ε 是裁剪范围，用于限制策略更新幅度。

值函数误差为

$$L^{value} = \frac{1}{2}E_t[V_\theta(s_t) - R_t)^2] \tag{10-16}$$

其中，R_t 是回报。

结合策略和值函数的 PPO 的优化目标为

$$L(\theta) = L^{clip}(\theta) - c_1 L^{value} + c_2 H(\pi_\theta)$$

其中，c_1 和 c_2 是权重超参数；$H(\pi_\theta)$ 是策略熵，用于鼓励探索。

设定环境状态 s，奖励 r，策略网络 π_θ，值函数网络 V_θ，以及超参数中的裁剪范围 ε、折扣因子 γ、熵权重 c_2，PPO 算法设计如下。

（1）初始化策略网络 $\pi_\theta(a \mid s)$ 和值函数网络 $V_\theta(s)$。

（2）数据采样。使用当前策略 π_θ 与环境进行交互，收集轨迹 (s_t, a_t, r_t)。

（3）计算优势函数。

回报 $R_t = r_t + \gamma r_{t+1} + \gamma^2 r_{t+2} + \cdots$。

总优势估计（Generalized Advantage Estimation，GAE）为

$$A_t = \delta_t + (\gamma\lambda)\delta_{t+1} + (\gamma\lambda)^2\delta_{t+2} + \cdots$$

其中，$\delta_t = r_t + \gamma V(s_{t+1}) - V(s_t)$。

（4）更新策略：计算策略比值 $r_t(\theta)$，并根据裁剪目标函数 $L^{clip}(\theta)$ 优化策略网络。

（5）更新值函数网络：使用均方误差 L^{value} 更新值函数网络。

（6）熵正则化：添加熵正则化 $H(\pi_\theta)$ 以提高探索能力。

（7）迭代：重复步骤（2）到步骤（6），直到收敛或达到最大迭代次数。

例 10-5　基于强化学习的异常检测。基于模拟数据，生成如图 10-2 所示的带异常点的时间序列。

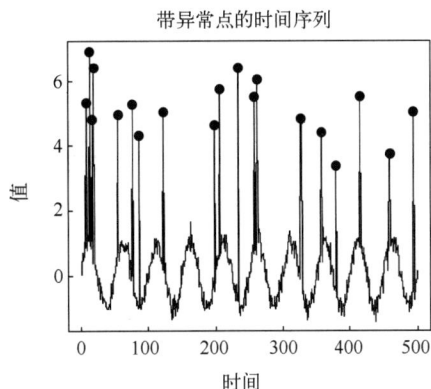

图 10-2　带异常点的时间序列

可以通过以下步骤实现基于 DQN 的时间序列异常检测。（扫描线上资源 10-5，获得完整 R 代码实现）

第 1 步，**数据模拟**：生成一个包含正常模式和随机异常点的时间序列数据，通过可视化正常数据与异常点的分布，为后续的异常检测任务提供基础数据。

第 2 步，**环境定义**：将时间序列转化为状态窗口（嵌入形式），并定义动作空间（正常点、异常点）和奖励函数，用以描述智能体在检测异常点时的正确性及相应的回报。

第 3 步，**DQN 模型构建**：设计一个深度神经网络，用以估计每个状态下不同动作的 Q 值。该网络结合值函数近似，预测在特定状态下采取某一动作的长期收益。

第 4 步，**强化学习训练过程**：通过 ε-贪心策略在训练中平衡探索与利用，利用经验回放机制采样历史交互记录的优化网络。模型通过更新目标网络和当前值网络稳定训练过程，同时通过奖励函数不断提高异常点检测的准确性。

第 5 步，**测试与评估**：通过模型在测试集上的表现计算平均奖励，评估其对异常点的检测能力和整体性能。

线上资源 10-5

10.4　强化学习与时间序列模型的联合优化

强化学习与时间序列模型的联合优化是一种通过时间序列模型提供强化学习环境支持，反过来利用强化学习优化时间序列预测的框架。这种方法可以广泛应用于金融投资、能源负荷分配、物流调度等动态环境中的时间序列分析任务。

10.4.1　基于强化学习的时间序列优化预测

首先构建时间序列模型 $f(x_t,\theta)$ 来最小化预测误差：

$$\min_{\theta} E[(y_t - f(x_t,\theta))^2] \tag{10-17}$$

然后找到一个策略 $\pi(a\,|\,s)$，最大化累积奖励：

$$\max_{\pi} E[R] = E\left[\sum_{t=1}^{T} r_t\right]$$

最后实现联合优化，即时间序列模型 f 提供动态环境，强化学习通过学习最优动作(如调节预测参数或分配资源)优化预测或控制任务。

具体来说，时间序列窗口 $x_t = [y_{t-1}, y_{t-2}, \cdots, y_{t-n}]$ 平移构成不同的状态 s_t，在时间序列模型的调节或系统的控制策略 a_t 下，获得基于预测误差或控制效果的反馈或奖励 r_t：

$$r_t = -|y_{t-1} - \hat{y}_t|$$

最终通过强化学习优化策略 π，同时训练时间序列模型 f 以提高系统性能。

算法设计如下。

(1)初始化：构建时间序列模型 $f(x_t, \theta)$，定义强化学习的状态、动作、奖励函数，并初始化强化学习模型(如 DQN 或 PPO)。

(2)数据生成：模拟时间序列数据，并划分为训练集和测试集。

(3)强化学习训练：首先根据当前时间序列模型 f 提供的状态 s_t 强化学习模型 π 决策；然后执行动作 a_t，并根据奖励函数计算 r_t，进而存储经验，并更新强化学习模型。

(4)时间序列模型更新：基于强化学习策略 π 和动作 a_t 优化时间序列模型参数 θ。

(5)迭代更新：交替更新时间序列模型 f 和强化学习策略 π，直至收敛。

例 10-6 强化学习与时间序列模型联合优化。首先，模拟动态时间序列数据，并用 LSTM 模型进行预测，以捕捉时间序列的趋势与模式。接着，构建一个 DQN 作为强化学习的策略模型，定义状态、动作和奖励，以优化对时间序列的决策。在训练过程中，通过 ε-贪心策略选择动作，根据预测误差和动作生成奖励，结合经验回放机制，更新 DQN 的 Q 值函数。同时，通过强化学习策略调整时间序列模型的行为，不断优化预测效果和系统性能。最后，通过测试和评估验证模型的稳定性与优化效果，计算测试集上的平均奖励，反映联合优化的成果。此过程有效整合了深度学习的预测能力与强化学习的决策优化能力，可以实现动态环境下的复杂系统优化。模拟生成的动态时间序列如图 10-3 所示。

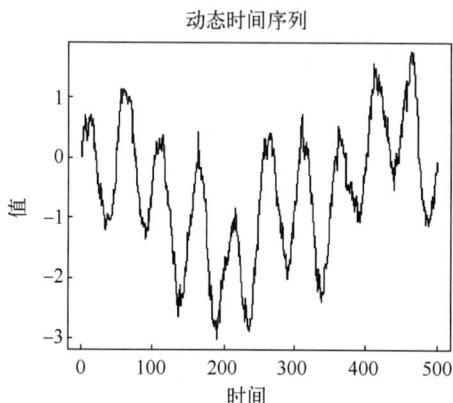

线上资源 10-6

图 10-3 模拟生成的动态时间序列

10.4.2 时间序列中的多智能体强化学习

多智能体强化学习(Multi-Agent Reinforcement Learning，MARL)是一种扩展的强化学习方法，适用于多个智能体相互作用并共同优化目标的情景。在时间序列分析中，MARL 可应用于多维动态系统的建模和优化，如多节点能源分配、交通流优化、多市场交易策略等。

记 A 为智能体集合，$A = \{a_1, a_2, \cdots, a_N\}$，$N$ 为智能体个数。$s_t \in S$ 为系统在时间 t 的全局状态，动作空间 A_i 为智能体 a_i 的动作集合，$R_i(s_t, a_{t,i})$ 为智能体 a_i 的奖励，每个智能体的策略 π_i 是从状态到动作的映射，构成联合策略 $\pi = \{\pi_1, \pi_2, \cdots, \pi_N\}$。在策略 π 下，智能体 a_i 在状态 s_t 下的期望累积奖励值函数为 $V_i^\pi(s_t)$，给定状态 s_t 和动作 $a_{t,i}$ 的长期回报为联合 Q 值函数 $Q_i^\pi(s_t, a_{t,i})$。智能体可以通过合作、竞争或混合方式进行决策。但是每个智能体只能看到局部状态 $o_{t,i} \subseteq s_t$。MARL 习的特点在于，优化每个智能体的策略 π_i，同时考虑对其他智能体的影响。算法实现过程如下。

(1) 初始化每个智能体的策略网络 $\pi_i(\theta_i)$ 和值网络 $Q_i(\phi_i)$，并设置目标网络 $\pi_i'(\theta_i')$ 和 $Q_i'(\phi_i')$。对每个智能体，初始化经验回放池 D_i。

(2) 交互过程：在时间为 t 处，每个智能体根据策略 $\pi_i(o_{t,i})$ 或 ε-贪心策略选择动作 $a_{t,i}$。执行动作 a_t，观察下一状态 s_{t+1} 和奖励 $r_{t,i}$，存储经验 $(s_t, o_{t,i}, a_{t,i}, r_{t,i} s_{t+1})$ 到 D_i。

(3) 更新过程：从 D_i 中随机采样经验，批量更新每个智能体的值网络，最小化

$$L(\phi_i) = E_{(s_t, a_t, r_t, s_{t+1})}[(Q_i^\pi(s_t, \boldsymbol{a}_t) - (r_{t,i} + \gamma Q_i'(s_{t+1}, \boldsymbol{a}_{t+1})))^2] \tag{10-18}$$

通过策略梯度

$$\nabla_{\theta_i} J(\boldsymbol{\pi}_i) = E[\nabla_{\theta_i} \boldsymbol{\pi}_i(o_{t,i}) \nabla_{o_{t,i}} Q_i(s_t, \boldsymbol{a}_t)]$$

更新策略网络 π_i。

例 10-7　多节点电力负载优化。通过 MARL 方法，优化多节点电力负载的动态调整策略，模拟和解决实际的负载分配问题。实现步骤如下。

(1) 数据模拟：生成包含多个节点的时间序列数据，每个节点都具有独立的动态负载波动特性，以模拟实际电力负载分布中的复杂性。

(2) 环境定义：设置强化学习环境，包括状态(最近的负载窗口)、动作(负载调整策略)、奖励函数(基于负载调整与实际需求的偏差)，以刻画问题的优化目标。

(3) 构建模型：使用 DQN 学习每个节点的最优策略，通过状态到动作的映射逐步逼近最佳负载分配方案。

(4) 训练过程：通过经验回放和 ε-贪心策略更新值网络权重，使模型能够在多轮训练中稳定学习到有效的负载调整策略，兼顾探索与利用。

(5) 测试与评估：用测试集验证模型性能，通过计算奖励衡量策略的优化效果，从而评估模型在负载分配中的实际应用能力。

线上资源 10-7

10.5　时间序列强化学习模型的评价与改进

10.5.1　模型评价与改进方向

在时间序列强化学习中，模型评价通常表现在以下几方面。

(1) 累积奖励：衡量智能体在特定环境中表现的主要指标，其公式为

$$R = \sum_{t=1}^{T} r_t \tag{10-19}$$

其中，r_t 为智能体在第 t 个时间步的即时奖励。

(2)策略稳定性：通过多次实验计算策略的方差，衡量智能体在动态环境中的适应能力，即

$$\sigma^2 = \frac{1}{N}\sum_{i=1}^{N}(R_i - \bar{R})^2 \tag{10-20}$$

(3)预测精度：针对时间序列预测任务，使用 MSE 或平均绝对误差(MAE)评价模型性能。MSE 的公式为

$$\text{MSE} = \frac{1}{n}\sum_{i=1}^{n}(y_i - \bar{y}_i)^2 \tag{10-21}$$

针对模型评价中发现的问题，以下是常用的改进方向。

(1)引入多步更新：使用 n 步更新算法，优化 Q 值学习的效率，改进单步更新中可能的延迟问题。更新公式为

$$Q(s_t, a_t) \leftarrow Q(s_t, a_t) + \alpha\left[\sum_{k=0}^{n-1}\gamma^k r_{t+k+1} + r^n Q(s_{t+n}, a_{t+n}) - Q(s_t, a_t)\right] \tag{10-22}$$

(2)优先级经验回放：根据奖励值或 TD 误差为经验分配采样权重，提升经验采样的效率。

(3)分布式强化学习：在多智能体场景下，通过共享或分布式学习方法加速模型训练，提升策略协同效率。

(4)注意力机制：在时间序列中引入注意力机制，使智能体更关注关键的时间步，提高策略决策的准确性。

(5)改进策略结构：引入 PPO、DDPG 等算法，以适应更复杂的环境和任务。

例 10-8 改进时间序列强化学习模型，在时间序列异常检测任务中优化 DQN 模型。首先，模拟生成带有异常点的时间序列数据，作为智能体的训练环境，并定义状态、动作、奖励函数以明确任务目标。其次，通过构建改进后的 DQN 模型，引入多步更新和优先级经验回放，提升智能体的学习效率和对关键经验的关注度。在训练过程中，智能体通过 ε-贪心策略选择动作，利用经验回放池存储并采样历史经验以更新值网络，同时逐步调整探索策略，在动态环境中提升智能体检测异常点的准确性和稳定性，通过累积奖励和测试性能评估优化策略效果。扫描右侧二维码可获取这一过程的 R 实现。

线上资源 10-8

10.5.2 基于强化学习的时间序列应用

本节通过两个具体案例展示强化学习在时间序列预测和动态优化中的实际应用，分别介绍基于 Q-Learning 的时间序列趋势预测和基于深度强化学习的动态能源分配优化。

案例 1：基于 Q-Learning 的时间序列趋势预测。

（1）数据生成与预处理：

```r
# 数据生成
set.seed(123)
n <- 200
time <- 1:n
trend <- 0.5 * time
seasonal <- 10 * sin(2 * pi * time / 50)
noise <- rnorm(n, mean = 0, sd = 5)
time_series <- trend + seasonal + noise
# 标签定义(趋势方向)
labels <- ifelse(diff(time_series) > 0, 1, 0)  # 1 表示上升，0 表示下降
labels <- c(NA, labels)  # 与时间序列对齐
# 状态空间
timesteps <- 10
states <- embed(time_series, timesteps)  # 创建延迟窗口
labels <- labels[-(1:(timesteps - 1))]  # 与状态对齐
```

（2）模型实现与训练：

```r
# 初始化 Q 值表
n_states <- nrow(states)
n_actions <- 2  # 两种趋势(上升或下降)
q_table <- matrix(0, nrow = n_states, ncol = n_actions)
# 参数设置
alpha <- 0.1  # 学习率
gamma <- 0.95 # 折扣因子
epsilon <- 1.0
epsilon_decay <- 0.995
epsilon_min <- 0.1
# 训练 Q-Learning
for (episode in 1:500) {
    for (t in 1:(n_states - 1)) {
        state <- t
        if (runif(1) < epsilon) {
            action <- sample(1:n_actions, 1)
        } else {
            action <- which.max(q_table[state, ])
        }
        reward <- ifelse(action == labels[t + 1], 1, -1)
        next_state <- state + 1
        q_table[state, action] <- q_table[state, action] +
            alpha * (reward + gamma * max(q_table[next_state, ]) -
q_table[state, action])
    }
    epsilon <- max(epsilon * epsilon_decay, epsilon_min)
}
# 查看 Q 值表
print(q_table)
```

（3）结果分析与评价：

```
# 测试集预测
predicted_trends <- apply(q_table, 1, which.max) - 1
accuracy <- mean(predicted_trends == labels[-1], na.rm = TRUE)
cat("Q-Learning趋势预测准确率: ", accuracy, "\n")
```

案例 2：基于深度强化学习的动态能源分配优化。

（1）数据生成与预处理：

```
# 模拟动态能源需求数据
set.seed(123)
n <- 300
time <- 1:n
demand <- 50 + 10 * sin(2 * pi * time / 50) + rnorm(n, mean = 0, sd = 5)
```

（2）使用 DQN 优化动态能源分配方案：

```
library(keras)
# 构建 DQN 模型
build_dqn <- function(input_shape, n_actions) {
    keras_model_sequential() %>%
        layer_dense(units = 64, activation = "relu", input_shape =
input_shape) %>%
        layer_dense(units = 64, activation = "relu") %>%
        layer_dense(units = n_actions, activation = "linear") %>%
        compile(optimizer = optimizer_adam(learning_rate = 0.001), loss
= "mse")
    }
timesteps <- 10
n_actions <- 3  # "增加供电", "减少供电", "维持供电"
states <- embed(demand, timesteps)
n_states <- nrow(states)
q_network <- build_dqn(c(timesteps), n_actions)
target_network <- build_dqn(c(timesteps), n_actions)
target_network$set_weights(q_network$get_weights())
```

（3）训练过程：

```
# 参数设置
gamma <- 0.95
epsilon <- 1.0
epsilon_decay <- 0.995
epsilon_min <- 0.1
batch_size <- 32
max_memory <- 1000
experience_replay <- list()
# 训练 DQN
for (episode in 1:200) {
    state <- states[1, ]
```

```r
        total_reward <- 0
        for (t in 1:(n_states - 1)) {
            if (runif(1) < epsilon) {
                action <- sample(1:n_actions, 1)
            } else {
                q_values <- q_network %>% predict(matrix(state, nrow = 1))
                action <- which.max(q_values)
            }

            next_state <- states[t + 1, ]
            reward <- if (action == 1) {
                -abs(demand[t + timesteps] - mean(demand))
            } else {
                -abs(demand[t + timesteps])
            }
            total_reward <- total_reward + reward

            experience_replay <- append(experience_replay, list(list(state,
action, reward, next_state)))
            if (length(experience_replay) > max_memory) {
                experience_replay <- experience_replay[-1]
            }
            if (length(experience_replay) >= batch_size) {
                batch <- sample(experience_replay, batch_size)
                x_state <- do.call(rbind, lapply(batch, function(x) x[[1]]))
                x_action <- sapply(batch, function(x) x[[2]])
                y_reward <- sapply(batch, function(x) x[[3]])
                x_next_state <- do.call(rbind, lapply(batch, function(x)
x[[4]]))

                q_next <- target_network %>% predict(x_next_state)
                q_target <- y_reward + gamma * apply(q_next, 1, max)

                q_values <- q_network %>% predict(x_state)
                for (i in seq_along(x_action)) {
                    q_values[i, x_action[i]] <- q_target[i]
                }
                q_network %>% fit(x_state, q_values, epochs = 1, verbose = 0)
            }
            state <- next_state
        }
        epsilon <- max(epsilon * epsilon_decay, epsilon_min)
        if (episode %% 10 == 0) {
            target_network$set_weights(q_network$get_weights())
        }
        cat(sprintf("Episode %d: Total Reward = %.2f\n", episode,
total_reward))
    }
```

(4)可视化与评价：

```
# 动作效果分析
predicted_actions <- apply(q_network %>% predict(states), 1, which.max)
plot(time[timesteps:n], demand[timesteps:n], type = "l", col = "blue",
main = "动态能源分配")
points(time[timesteps:n], predicted_actions, col = "red", pch = 19)
```

请读者自行运行上述代码，并根据实现的功能，结合实际问题，拓展到实际应用背景问题中，以带来更多收获。

时间序列与强化学习的结合为传统时间序列分析注入了新的活力，推动了决策智能化的发展。这不仅是技术进步的体现，还是解决实际问题的重要手段。随着数据获取和计算能力的不断提升，时间序列与强化学习的应用将从理论研究走向更加广泛的产业落地，为多个领域带来革命性变革。本书的讨论为读者提供了部分理论基础和实践工具，希望为未来的研究与创新提供有力的参考和启发。

尽管时间序列与强化学习的融合展示出巨大的潜力，但在实际应用中仍然面临以下挑战。

- **数据稀缺性**：强化学习需要大量交互数据，而时间序列数据则通常稀缺或难以模拟真实环境中的分布特性，限制了强化学习算法的训练效果。
- **计算成本高昂**：强化学习的探索和策略优化往往伴随高昂的计算成本，尤其在高维时间序列和连续动作空间场景中。
- **延迟奖励问题**：时间序列中的行为决策通常具有延迟效应，如何有效定义奖励函数并解决信用分配问题仍是关键难题。
- **模型的复杂性与解释性**：强化学习模型的黑箱特性增加了其在时间序列分析中的解释性挑战，尤其在医疗和金融等对透明性要求较高的领域。

展望未来，我们可以从以下几方面进一步拓展强化学习。

- **实时强化学习**：随着边缘计算和在线学习技术的发展，实时强化学习将有助于应对时间序列数据中的快速动态变化。例如，构建轻量化强化学习模型，用于实时金融交易预测或能源管理。
- **多模态时间序列分析**：整合来自不同传感器、系统或数据源的时间序列信息，将强化学习扩展到多模态时间序列数据的优化中，提升模型的泛化能力。
- **强化学习的可解释性**：结合可解释的强化学习方法，为时间序列决策提供透明的依据，如对医疗治疗计划或供应链管理的优化进行可视化解释。
- **混合模型框架**：通过将强化学习与其他机器学习方法(如图神经网络、贝叶斯方法)相结合，实现对时间序列数据更全面的分析与更精细的决策支持。

习　题

1. 根据强化学习的核心概念，回答以下问题。

(1)强化学习中的状态、动作和奖励分别代表什么？

(2)值函数与策略的区别是什么？

(3)什么是贝尔曼方程,它在强化学习中起到什么作用?请用公式表达。

2．假设一个智能电网系统的动态电力需求被建模为时间序列数据。设计一个基于 Q-Learning 的策略优化模型,描述其状态、动作和奖励的定义。

3．在能源管理中,连续控制问题可以通过 DDPG 模型来优化。请简述 DDPG 模型的结构及其如何在连续动作空间中实现策略优化。

4．假设某金融时间序列中包含异常点,请定义一个基于 DQN 的异常检测模型的奖励函数,并简述如何通过强化学习优化异常点的识别。

5．结合本章内容,解释如何将 LSTM 模型与强化学习算法相结合以实现时间序列预测和策略优化。

6．定义一个基于 MARL 的时间序列应用任务,描述智能体之间的交互与奖励机制。

7．在时间序列强化学习模型中,常用哪些指标对模型的表现进行评价?请简述这些指标的定义与意义。

8．针对 DQN 模型中可能出现的过拟合问题,请列出至少两种改进方法并进行说明。

参 考 文 献

[1] 王燕. 时间序列分析：基于 R[M]. 2 版. 北京：中国人民大学出版社，2020.

[2] 易丹辉，王燕. 应用时间序列分析[M]. 5 版. 北京：人民大学出版社，2019.

[3] MADSEN H. Time Series Analysis[M]. London：Chapman & Hall，2008

[4] HAMILTON J D. 时间序列分析[M]. 北京：中国人民大学出版社，2015.

[5] 何书元. 应用时间序列分析[M]. 北京：北京大学出版社，2004.

[6] 陈希孺. 数理统计学简史[M]. 哈尔滨：哈尔滨工业大学出版社，2021.

[7] 聂淑媛. 时间序列分析发展简史[M]. 北京：科学出版社，2019.

[8] SHUMWAY R, ROBERT H, DAVID S. Time Series Analysis and Its Applications With R Examples[M]. 4th. New York: Springer, 2017.

[9] 涂云东. 时间序列分析[M]. 北京：人民邮电出版社，2022.